谢建华管理技术文库·质量管理实践经典教材

新版FMEA实施方法及防错技术应用实务

基于AIAG&VDA失效模式及影响分析的应用

谢建华 ◎ 编著

·北京·

图书在版编目（CIP）数据

新版FMEA实施方法及防错技术应用实务：基于AIAG &VDA失效模式及影响分析的应用／谢建华编著．--北京：中国经济出版社，2022.1（2025.3重印）
（谢建华管理技术文库）
质量管理实践经典教材
ISBN 978-7-5136-6731-9

Ⅰ．①新… Ⅱ．①谢… Ⅲ．①汽车-产品质量-质量管理-中国-教材 Ⅳ．①F426.471.63

中国版本图书馆CIP数据核字（2021）第235568号

策划编辑　崔姜薇
责任编辑　郭书芳　张　博
责任印制　李　伟
封面设计　任燕飞装帧设计工作室

出版发行　中国经济出版社
印　刷　者　北京富泰印刷有限责任公司
经　销　者　各地新华书店
开　　　本　880mm×1230mm　1/16
印　　　张　21.25
字　　　数　568千字
版　　　次　2022年1月第1版
印　　　次　2025年3月第2次
定　　　价　168.00元
广告经营许可证　京西工商广字第8179号

中国经济出版社 网址 www.economyph.com 社址 北京市东城区安定门外大街58号 邮编 100011
本版图书如存在印装质量问题，请与本社销售中心联系调换（联系电话：010-57512564）

版权所有　盗版必究（举报电话：010-57512600）
国家版权局反盗版举报中心（举报电话：12390）　　服务热线：010-57512564

序　言

FMEA（失效模式及影响分析）是一种面向团队的、系统的定性分析方法。FMEA 旨在通过对产品（系统、子系统、零部件）各组成部分/过程步骤进行事前分析，发现、评价产品/过程中的潜在失效模式、失效影响和失效起因，评估产品/过程中失效的潜在风险，针对降低风险确定措施优先级，并提出预防和/或探测控制措施，对产品/过程进行优化和改进，以及不断地完善。

20 世纪 50 年代初期，美国格鲁曼（Grumman）公司第一次把 FMEA 思想用于一种战斗机的操纵系统的设计分析，取得较好效果。60—80 年代，FMEA 逐渐推广应用于航空航天、核电工程、微电子、医疗和电信工程等领域。1993 年，由美国三大汽车公司（通用、福特、克莱斯勒）编制成 FMEA 手册以配合 QS-9000 的实施，其后在汽车行业被迅速推广，并被很多非汽车制造企业所采用，取得了广泛的成效。

随着顾客对质量要求不断提高，厂商不得不对产品和过程进行成本优化，更高的复杂程度以及法律要求设计提供商和制造商承担更多的产品责任，使汽车行业面临各种挑战。因此，我们需要采用更科学、更严密的 FMEA 方法来解决技术问题，以降低风险。

要取得最大成效，FMEA 必须在产品设计开发的早期进行，预先花时间完成 FMEA，产品/过程的更改会在难度和成本最低的情况下进行，并且将降低后期更改的概率。

FMEA 的目标是识别产品的功能或过程步骤以及相关的潜在失效模式、失效影响和失效起因，用于评估计划中的预防和探测措施是否是充分的，以提供所需的优化措施。对于采取的措施，FMEA 将形成文件并跟踪这些措施的实施情况，以降低风险。FMEA 方法可帮助工程师将各种事项按重要性排序，并将重点放在产品和/或过程中发生问题的预防上。

对于汽车行业来说，实施 FMEA 有如下商业目标：
- 提高汽车产品的质量、可靠性、可制造性、可服务性和安全性；
- 确保获取各组件、系统和车辆之间的层次结构、连接、接口、级联和要求符合性信息；
- 降低保修和商誉成本；
- 在激烈的市场竞争中提高顾客满意度；
- 证实产品和过程的风险分析，从而为承担法律责任提供依据；
- 减少开发过程中的后期变更；
- 保持无缺陷产品的发布；
- 在内外部顾客和供应商之间进行有针对性的沟通；
- 在公司内部建立知识库，将获得的经验教训形成文件；
- 使组件、系统和车辆符合注册获批所需的法规要求。

在产品质量先期策划（APQP）或设计开发过程中，产品设计输入、设计 FMEA、特殊特性清单、过程流程图、过程 FMEA、控制计划（CP）、作业指导书各环节的先后顺序如图 0-1 所示。

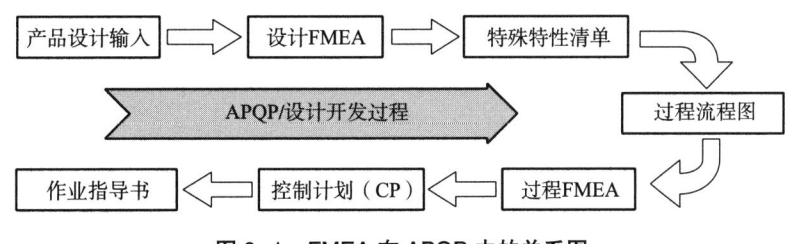

图 0-1　FMEA 在 APQP 中的关系图

FMEA 的成功有赖于管理者特别是高层管理者的重视和支持。对汽车行业来说，FMEA 在企业内是一项重要的活动。FMEA 的开发是一项多学科活动，影响整个产品的实现过程，它的执行需要很好的策划才能达到更好的效果。这个过程需要花费相当多的时间并耗费所需资源，但更重要的是过程所有者和高层管理者的承诺。

但是在现实中，很多企业管理者宁可承担返工、返修、报废、退货、索赔的损失，也不愿意多投入一些时间和资源去做事前 FMEA 预防，认识不到 FMEA 的价值，不能不说，这也是管理者所欠缺的能力之一。

AIAG 和 VDA 于 2019 年 6 月联合发布了新版 FMEA，新版 FMEA 以过程为导向，以"七步法"的逻辑顺序完整展现了 FMEA 的实施步骤和文件化结果。

为帮助企业设计开发人员、工程技术人员、质量管理人员、生产管理人员等理解和掌握 FMEA 的实施方法，笔者结合自己多年的实践经验编写了本书。主要内容包括：

- 设计 FMEA（DFMEA）
- 过程 FMEA（PFMEA）
- 监视及系统响应的补充 FMEA（FMEA-MSR）
- 检验过程 FMEA
- 返工/返修 FMEA（RFMEA）
- 基于失效模式的设计评审（DRBFM）
- 防错技术应用

本书在编写中参考和引用了很多文献（列于正文之后），有些信息资料来源于网上，特向这些署名或未署名的作者表示由衷的感谢！

由于篇幅所限，很多相关内容未能详尽地阐释，加之笔者专业知识水平和经验有限，书中的偏差和不当之处在所难免，诚恳地希望有关专家、学者及广大读者批评指正，在此深表感谢！

最后，感谢参与本书编写的全体编委会成员，他们是：张振江、何绍伯、周永平、刘祖艳、陈英飞、何庆成、刘美义。

谢建华

2021 年 10 月于广州

目 录

序 言

第一章 FMEA 概述

第一节 FMEA 的基本概念 / 3
一、什么是 FMEA / 4
二、失效、失效模式及失效影响 / 4
三、失效可能带来的损失 / 6

第二节 FMEA 的应用和发展历程 / 8

第二章 新版 FMEA 的"七步法"简介

第一节 关于新版 FMEA 的说明 / 11
一、新版 FMEA 的由来 / 11
二、新版 FMEA 手册包含的 FMEA 类型 / 11
三、FMEA 是一种定性的技术风险分析方法 / 13
四、IATF 16949 对 FMEA 的重点要求 / 13
五、FMEA 应用的三种情形 / 14

第二节 新版 FMEA 的"七步法"简介 / 15
一、新版 FMEA "七步法"的逻辑结构 / 15
二、新版 FMEA 手册的表格结构 / 15
三、FMEA 的基本逻辑思路 / 16
四、FMEA "七步法"简要说明 / 17
五、新版 FMEA 表格与 AIAG 第四版 FMEA 表格的对比 / 18
六、FMEA 的启动和完成时间 / 19

第三章 设计 FMEA 的实施方法

第一节 设计 FMEA 实施的过程管理 / 25
一、设计 FMEA（DFMEA）概述 / 25
二、DFMEA 的"七步法" / 26
三、DFMEA 实施的过程管理 / 26

第二节 DFMEA 步骤一：策划和准备 / 27
一、DFMEA "策划和准备"的主要工作和目标 / 27
二、组建 DFMEA 团队（跨功能小组）/ 28
三、定义顾客并理解其需求和期望 / 31
四、确定 DFMEA 项目和范围 / 32
五、制定 DFMEA 项目计划 / 36
六、识别和利用基础 FMEA 或家族 FMEA / 37

七、填写 DFMEA 表中"策划和准备"的信息 / 38
第三节　DFMEA 步骤二：结构分析 / 39
　　一、DFMEA"结构分析"的主要工作和目标 / 39
　　二、系统结构及可视化 / 39
　　三、方块图/边界图及结构树分析 / 42
　　四、填写 DFMEA 表中"结构分析"的内容 / 46
第四节　DFMEA 步骤三：功能分析 / 47
　　一、DFMEA"功能分析"的主要工作和目标 / 47
　　二、功能描述 / 48
　　三、确定要求 / 49
　　四、参数图（P 图）分析 / 50
　　五、功能分析——创建功能树/功能网 / 52
　　六、填写 DFMEA 表中"功能分析"的内容 / 53
第五节　DFMEA 步骤四：失效分析 / 54
　　一、DFMEA"失效分析"的主要工作和目标 / 54
　　二、失效链 / 54
　　三、失效模式 / 54
　　四、失效影响 / 57
　　五、失效起因 / 58
　　六、不同级别的失效结构 / 59
　　七、创建失效树 / 61
　　八、填写 DFMEA 表中"失效分析"的内容 / 62
第六节　DFMEA 步骤五：风险分析 / 64
　　一、DFMEA"风险分析"的主要工作和目标 / 64
　　二、确定现有设计控制（预防控制和探测控制）/ 64
　　三、评估严重度（S）、频度（O）和探测度（D）/ 66
　　四、评估措施优先级（AP）/ 72
　　五、填写 DFMEA 表中"风险分析"的内容 / 75
第七节　DFMEA 步骤六：优化 / 76
　　一、DFMEA"优化"的主要工作和目标 / 76
　　二、确定必要的措施 / 76
　　三、责任分配 / 78
　　四、措施的状态 / 78
　　五、措施有效性评估 / 79
　　六、填写完成 DFMEA 表中"优化"的内容 / 79
　　七、DFMEA 团队、管理层、顾客和供应商之间针对潜在失效的协作 / 80
第八节　DFMEA 步骤七：结果文件化 / 81
　　一、DFMEA"结果文件化"的主要工作和目标 / 81
　　二、DFMEA 报告的内容 / 81
　　三、DFMEA 报告的参考格式 / 82
第九节　DFMEA 使用表格说明和 DFMEA 案例 / 84

一、DFMEA 使用表格说明 / 84

二、DFMEA 案例 / 88

三、AIAG & VDA 新版 FMEA 手册中的 DFMEA 案例说明 / 99

第四章 过程 FMEA 的实施方法

第一节 PFMEA 实施的过程管理 / 103

一、过程 FMEA（PFMEA）概述 / 103

二、PFMEA 的"七步法" / 104

三、PFMEA 实施的过程管理 / 104

第二节 PFMEA 步骤一：策划和准备 / 105

一、PFMEA "策划和准备"的主要工作和目标 / 105

二、组建 PFMEA 团队（跨功能小组）/ 106

三、PFMEA 项目识别和边界确定 / 109

四、制定 PFMEA 项目计划 / 113

五、识别和利用基础 FMEA 或家族 FMEA / 115

六、填写 PFMEA 表中"策划和准备"的信息 / 115

第三节 PFMEA 步骤二：结构分析 / 116

一、PFMEA "结构分析"的主要工作和目标 / 116

二、建立过程流程图 / 116

三、过程结构树分析 / 119

四、填写 PFMEA 表中"结构分析"的内容 / 120

第四节 PFMEA 步骤三：功能分析 / 121

一、PFMEA "功能分析"的主要工作和目标 / 121

二、定义过程功能 / 121

三、定义要求（特性）/ 122

四、过程参数图（P 图）/ 125

五、功能关系可视化 / 126

六、填写 PFMEA 表中"功能分析"的内容 / 127

七、工程团队（系统、安全和/或组件）之间的协作 / 128

第五节 PFMEA 步骤四：失效分析 / 128

一、PFMEA "失效分析"的主要工作和目标 / 128

二、失效链 / 128

三、过程失效模式 / 129

四、失效影响 / 130

五、失效起因 / 132

六、建立失效树 / 133

七、填写 PFMEA 表中"失效分析"的内容 / 135

第六节 PFMEA 步骤五：风险分析 / 138

一、PFMEA "风险分析"的主要工作和目标 / 138

二、确定现有和/或计划的过程控制 / 138

三、评估严重度（S）、频度（O）和探测度（D）/ 140

四、评估措施优先级（AP）／145
　　五、PFMEA 与 DFMEA 有关严重度的传递／148
　　六、填写 PFMEA 表中"风险分析"的内容／149

第七节　PFMEA 步骤六：优化／151
　　一、PFMEA"优化"的主要工作和目标／151
　　二、确定必要的措施／151
　　三、责任分配／152
　　四、措施的状态／153
　　五、措施有效性评估／153
　　六、填写完成 PFMEA 表中"优化"的内容／153
　　七、PFMEA 团队、管理层、顾客和供应商之间针对潜在失效的协作／156

第八节　PFMEA 步骤七：结果文件化／157
　　一、PFMEA"结果文件化"的主要工作和目标／157
　　二、PFMEA 报告的内容／157
　　三、PFMEA 报告的参考格式／158

第九节　PFMEA 使用表格说明和 PFMEA 案例／161
　　一、PFMEA 使用表格说明／161
　　二、PFMEA 案例／165
　　三、AIAG & VDA 新版 FMEA 手册中的 PFMEA 案例说明／181

第五章　监视及系统响应的补充 FMEA（FMEA-MSR）实施方法

第一节　监视及系统响应的补充 FMEA（FMEA-MSR）概述／185
　　一、什么是监视和系统响应／185
　　二、什么是监视和系统响应的补充 FMEA（FMEA-MSR）／186
　　三、FMEA-MSR 与 DFMEA 的联系／188

第二节　FMEA-MSR 步骤一至步骤七实施说明／191
　　一、FMEA-MSR 步骤一：策划和准备／191
　　二、FMEA-MSR 步骤二：结构分析／193
　　三、FMEA-MSR 步骤三：功能分析／194
　　四、FMEA-MSR 步骤四：失效分析／195
　　五、FMEA-MSR 步骤五：风险分析／198
　　六、FMEA-MSR 步骤六：优化／207
　　七、FMEA-MSR 步骤七：结果文件化／209
　　八、FMEA-MSR 的使用表格／213

第六章　FMEA 总结和其他特定应用说明

第一节　FMEA 总结／219
　　一、FMEA 的成功有赖于高层管理者的重视和支持／219
　　二、FMEA 是一项系统工程／219
　　三、FMEA 的评审和修订时机／220
　　四、基础 FMEA 和家族 FMEA／221

五、应用新版 FMEA 的过渡策略 / 221
　　六、逆向/反向 PFMEA / 221
　　七、DFMEA、特殊特性清单、过程流程图、PFMEA、控制计划、作业指导书之间的联系 / 223
　　八、顾客和供应商之间的协作（严重度）/ 225
　第二节　基于失效模式的设计评审（DRBFM）/ 225
　　一、什么是 DRBFM / 225
　　二、DFMEA 与 DRBFM 的关系 / 226
　　三、DRBFM 的核心原则 / 226
　　四、DRBFM 在开发过程中的实施时机 / 227
　　五、DRBFM 的实施步骤 / 228
　第三节　标准件如何应用 FMEA / 230
　　一、什么是标准件 / 230
　　二、广义标准件 / 230
　　三、狭义标准件 / 231
　　四、标准件是否需要做 DFMEA / 232
　　五、标准件如何做 PFMEA / 232
　第四节　检验过程如何应用 PFMEA / 233
　　一、检验过程是否要做 PFMEA / 233
　　二、哪些检验需要做 PFMEA / 233
　　三、检验过程如何做 PFMEA / 233
　第五节　返工/返修的 FMEA、控制计划和作业指导书 / 242
　　一、理解返工和返修的定义 / 242
　　二、IATF16949 标准对返工和返修产品的控制要求 / 243
　　三、工厂内如何识别和确定所需的返工/返修 / 244
　　四、返工/返修 FMEA 的实施方法 / 247
　　五、编制返工/返修的控制计划 / 249
　　六、编制返工/返修作业指导书 / 252

第七章　防错技术及应用

　第一节　感受生活中的防错 / 255
　　一、自动取票机的倾斜感应区 / 255
　　二、自动扶梯的扶手差速 / 255
　　三、高铁上大件行李架的下层防护 / 255
　　四、"烦人"的蛇形护栏 / 256
　　五、盘式蚊香 / 256
　　六、很难开的药瓶 / 256
　　七、高速路上无聊的弯道 / 256
　　八、汽车的保险杠是塑料做的 / 257
　　九、塑料凳子上的圆洞 / 258
　　十、汽水瓶口螺旋处有缺口 / 258
　　十一、烦人的减速带 / 258

十二、表针是弯的 / 258

第二节 防错法概述 / 259
一、什么是防错法 / 259
二、防错法的起源 / 259
三、墨菲定律 / 260
四、正确认识错误与缺陷 / 261
五、解决错误和缺陷的方法 / 263
六、防错法在生产中的作用和益处 / 263
七、5M1E 分析和常用解决方法 / 264

第三节 防错的基本方法和常用的 11 个原理 / 264
一、防错法的 3 种策略 / 264
二、防错的 4 个基本原则 / 266
三、防错的 5 个基本思路 / 267
四、11 个常用防错原理 / 268

第四节 防错法在产品设计和过程设计中的应用 / 275
一、质量零缺陷观念 / 275
二、IATF16949 对防错的要求 / 276
三、防错应用流程与 DFMEA、PFMEA 及控制计划的关联 / 277
四、防错设计的技术思维 / 279
五、防错法在产品设计中的应用说明 / 279
六、产品设计中的防错案例 / 285
七、防错法在制造过程设计中的应用说明 / 291
八、汽车零部件生产过程常用的防错方法 / 294
九、过程防错应用案例 / 295
十、过程常用防错装置 / 300

第五节 对现有过程和问题实施防错改善的流程及方法 / 300
一、对现有过程和问题实施防错改善的工作流程 / 300
二、对现有过程和问题实施防错改善的工作方法 / 301
三、防错清单的建立 / 308

第六节 防错装置的验证和防错运行审核 / 310
一、防错装置验证 / 310
二、建立防错装置验证清单 / 311
三、防错装置验证的作业流程 / 313
四、防错装置验证作业指导书和验证记录 / 313
五、防错装置验证状态的标识 / 316
六、防错运行审核 / 317

参考文献 / 318

表目录

表 2-1　DFMEA 表格构成／16
表 3-1　DFMEA 团队成员及职责表（示例）／30
表 3-2　初始风险评价矩阵表（示例）／35
表 3-3　DFMEA 项目清单（示例）／36
表 3-4　DFMEA 项目计划（示例）／37
表 3-5　DFMEA 表　步骤一（示例）／38
表 3-6　DFMEA 表　步骤一和步骤二（示例）／46
表 3-7　DFMEA 表　步骤一至步骤三（示例）／53
表 3-8　类似产品失效信息清单／57
表 3-9　失效模式和失效影响（示例）／58
表 3-10　失效模式和失效起因（示例）／59
表 3-11　DFMEA 表　步骤一至步骤四（示例）／62
表 3-12　预防控制和探测控制（示例）／66
表 3-13　D1-DFMEA 严重度（S）／67
表 3-14　D2-DFMEA 频度（O）／68
表 3-15　D3-DFMEA 探测度（D）／71
表 3-16　DFMEA 和 PFMEA 的措施优先级表（AP 表）／72
表 3-17　DFMEA 和 PFMEA 的措施优先级（AP）矩阵表／75
表 3-18　DFMEA 表　步骤一至步骤五（示例）／75
表 3-19　失效起因、控制和建议措施（示例）／78
表 3-20　DFMEA 表　步骤四至步骤六（示例）／80
表 3-21　DFMEA 标准表格／85
表 3-22　DFMEA 备选表格 1／86
表 3-23　DFMEA 备选表格 2／87
表 3-24　DFMEA 表　步骤一至步骤六的内容汇总／88
表 3-25　雨刮电机电磁转换系统的 DFMEA（部分）／89
表 3-26　DFMEA 案例　项目清单／91
表 3-27　DFMEA 案例　项目计划／92
表 3-28　DFMEA 案例　步骤一／92
表 3-29　DFMEA 案例　步骤二（示例 1）／94
表 3-30　DFMEA 案例　步骤二（示例 2）／94
表 3-31　DFMEA 案例　步骤三（示例 1）／95
表 3-32　DFMEA 案例　步骤三（示例 2）／95
表 3-33　DFMEA 案例　步骤四／96
表 3-34　DFMEA 案例　步骤四至步骤五／97
表 3-35　DFMEA 案例　步骤六／97
表 3-36　DFMEA 案例汇总表／98
表 3-37　AIAG & VDA DFMEA 案例　步骤一至步骤三／99
表 3-38　AIAG & VDA DFMEA 案例　步骤四至步骤五／100
表 3-39　AIAG & VDA DFMEA 案例　步骤六／100
表 4-1　PFMEA 团队成员及职责表（示例）／108
表 4-2　PFMEA 项目清单（示例）／113
表 4-3　PFMEA 项目计划（示例）／114
表 4-4　PFMEA 表　步骤一（示例）／115
表 4-5　工艺流程图基本符号／116

表 4-6　PFMEA 表　步骤二（示例）／120
表 4-7　过程功能/要求及相关失效模式（示例）／122
表 4-8　盖板加工过程流程及功能、要求和特性（示例）／123
表 4-9　产品和过程特殊特性清单（示例）／125
表 4-10　PFMEA 表　步骤三（示例）／127
表 4-11　过程潜在失效模式与潜在失效影响（示例）／132
表 4-12　过程潜在失效模式与失效起因（示例）／134
表 4-13　PFMEA 表　步骤四（示例）／135
表 4-14　PFMEA 表　步骤二至步骤四汇总（示例）／137
表 4-15　潜在失效模式、失效起因和控制（示例）／140
表 4-16　P1-PFMEA 严重度（S）／141
表 4-17　P2-PFMEA 频度（O）／143
表 4-18　P3-PFMEA 探测度（D）／144
表 4-19　DFMEA 和 PFMEA 的措施优先级表（AP 表）／145
表 4-20　DFMEA 和 PFMEA 的措施优先级（AP）矩阵表／147
表 4-21　PFMEA 表　步骤四至步骤五（示例）／149
表 4-22　失效起因、控制和建议措施（示例）／152
表 4-23　PFMEA 表　步骤四至步骤六汇总（示例）／154
表 4-24　PFMEA 标准表格／162
表 4-25　PFMEA 备选表格 1／163
表 4-26　PFMEA 备选表格 2／164
表 4-27　PFMEA 表　步骤一至步骤六的内容汇总／165
表 4-28　盖板加工过程的 PFMEA（部分）／170
表 4-29　PFMEA 案例　团队成员及职责表／172
表 4-30　PFMEA 案例　项目计划／173
表 4-31　PFMEA 案例　步骤一／173
表 4-32　PFMEA 案例　步骤二／175
表 4-33　PFMEA 案例　步骤三／176
表 4-34　PFMEA 案例　步骤四／177
表 4-35　PFMEA 案例　步骤四至步骤五／178
表 4-36　PFMEA 案例　步骤五至步骤六／179
表 4-37　PFMEA 案例汇总表／180
表 4-38　AIAG & VDA PFMEA 案例　步骤一至步骤三／181
表 4-39　AIAG & VDA PFMEA 案例　步骤四至步骤五／182
表 4-40　AIAG & VDA PFMEA 案例　步骤五至步骤六／182
表 5-1　FMEA-MSR 表（示例）／188
表 5-2　FMEA-MSR 项目计划（示例）／193
表 5-3　FMEA-MSR 表　步骤一（示例）／193
表 5-4　FMEA-MSR 表　步骤二（示例）／194
表 5-5　FMEA-MSR 表　步骤二至步骤三（示例）／195
表 5-6　FMEA-MSR 表　步骤二至步骤四（示例）／198
表 5-7　MSR1-补充 FMEA（FMEA-MSR）严重度（S）／199
表 5-8　MSR2-补充 FMEA（FMEA-MSR）频率（F）／200
表 5-9　MSR3-补充 FMEA（FMEA-MSR）监视（M）／202
表 5-10　FMEA-MSR 措施优先级表（AP 表）／204
表 5-11　FMEA-MSR 措施优先级（AP）矩阵表／206
表 5-12　FMEA-MSR 表　步骤二至步骤五（示例）／206
表 5-13　FMEA-MSR 表　步骤五至步骤六（示例）／209

表目录

表5-14　FMEA-MSR 标准表格／214
表5-15　FMEA-MSR 备选表格／215
表6-1　逆向 PFMEA 检查清单／222
表6-2　DRBFM 工作表／228
表6-3　标准件 PFMEA 表／232
表6-4　成品检验过程失效表（示例）／235
表6-5　检验过程 PFMEA 团队成员表（示例）／236
表6-6　检验过程 PFMEA 计划（示例）／237
表6-7　检验过程 PFMEA 表／238
表6-8　检验过程的功能分析和失效分析（示例）／238
表6-9　检验过程的风险分析和优化（示例）／239
表6-10　成品检验过程 PFMEA（示例）／241
表6-11　返工和返修定义比较表／242
表6-12　IATF16949 对返工和返修的控制要求比较／243
表6-13　包含返工/返修的制造过程流程表／244
表6-14　不合格品返工/返修目录／246
表6-15　返工/返修 RFMEA 计划（示例）／247
表6-16　返工流程确认表／248
表6-17　返工过程 RFMEA 表／249
表6-18　冲压件补焊返修过程 RFMEA 表／250
表6-19　冲压件补焊返修过程控制计划（示例）／251
表6-20　冲压件返修作业指导书（示例）／252
表7-1　发生错误的常见原因和现象／261
表7-2　8 种导致错误的原因统计／262
表7-3　针对 5M1E 原因的常用解决方法／264
表7-4　防错的 5 个基本思路／267
表7-5　DFMEA 和 PFMEA 的措施优先级（AP）矩阵表／278
表7-6　焊料不足导致质量不良原因归类／292
表7-7　人机工程与人的因素评价表／292
表7-8　特殊特性在制造过程中的防错示例／293
表7-9　常用定性防错技术／294
表7-10　常用定量防错技术／294
表7-11　过程常用防错装置及防错类型／300
表7-12　常见检测项目和检测装置／300
表7-13　类似产品失效信息清单（示例）／302
表7-14　质量缺陷统计表（年度）／303
表7-15　综合评价后的改善项目顺序表／305
表7-16　工装防错清单／308
表7-17　设备感应防错清单／308
表7-18　组装车间防错清单／309
表7-19　防错装置验证计划（示例）／311
表7-20　防错清单及定期验证计划（示例）／312
表7-21　防错验证作业指导书（示例）／314
表7-22　防错验证点检表（示例）／314
表7-23　防错验证记录（示例）／315
表7-24　班组每日防错运行检查表（示例）／317
表7-25　某个工序分层审核的检查表（示例）／317

图目录

图 0-1　FMEA 在 APQP 中的关系图／1
图 1-1　产品失效的通常表现／5
图 1-2　失效模式导致失效影响（示例）／6
图 1-3　符合质量要求的成本和不符合质量要求的成本／6
图 1-4　不同阶段失效可能造成的损失程度（示意图）／7
图 1-5　失效可能给企业带来的后果／7
图 2-1　新版 FMEA 手册中的 FMEA 类型／12
图 2-2　DFMEA 中的系统、子系统、组件、零件之间的层级关系／12
图 2-3　风险管理的三个层级／13
图 2-4　新版 FMEA "七步法"结构图／15
图 2-5　FMEA 的基本逻辑思路／16
图 2-6　FMEA 七个步骤的主要工作和目标／17
图 2-7　新版 DFMEA 表与 AIAG 第四版 DFMEA 表的对比（步骤二至步骤四）／18
图 2-8　新版 DFMEA 表与 AIAG 第四版 DFMEA 表的对比（步骤五至步骤六）／18
图 2-9　"关注要素"作为分析主体的上下层级关联／19
图 2-10　产品质量先期策划（APQP）对应各阶段的 FMEA 时间安排／20
图 2-11　VDA 新零件成熟度保障（MLA）对应各阶段的 FMEA 时间安排／21
图 2-12　产品开发过程的设计变更情况／21
图 3-1　产品生命周期的失效率浴盆曲线／25
图 3-2　DFMEA 的"七步法"／26
图 3-3　DFMEA 过程管理／27
图 3-4　DFMEA "策划和准备"的主要工作和目标／27
图 3-5　DFMEA 团队组成／28
图 3-6　DFMEA 的顾客组成／31
图 3-7　前风窗雨刮系统组成／32
图 3-8　项目范围分析图示／33
图 3-9　前风窗雨刮系统总成／34
图 3-10　电机及减速机构整体图／34
图 3-11　电机及减速机构解体图／35
图 3-12　DFMEA "结构分析"的主要工作和目标／39
图 3-13　系统和要素之间的关系图示／39
图 3-14　系统为关注要素的结构关系图／40
图 3-15　子系统为关注要素的结构关系图／40
图 3-16　组件为关注要素的结构关系图／40
图 3-17　零件为关注要素的结构关系图／41
图 3-18　从整车到零件特性的结构关系图／41
图 3-19　功能系统为关注要素的结构关系图／41
图 3-20　雨刮电机方块图/边界图（示例）／42

图 3-21　系统层级方块图/边界图（示例）/ 43
图 3-22　方块图/边界图分层（示例）/ 44
图 3-23　雨刮系统连杆机构方块图/边界图（示例）/ 45
图 3-24　结构分析的结构树（示例1）/ 45
图 3-25　结构分析的结构树（示例2）/ 46
图 3-26　DFMEA"功能分析"的主要工作和目标 / 47
图 3-27　质量策划和功能展开 / 47
图 3-28　功能和接口图示 / 48
图 3-29　功能的分类 / 48
图 3-30　理想与期望的系统行为图示 / 50
图 3-31　实际与要求的系统行为图示 / 50
图 3-32　雨刮电机参数图（示例）/ 51
图 3-33　雨刮电机功能分析功能树（示例）/ 52
图 3-34　DFMEA"失效分析"的主要工作和目标 / 54
图 3-35　DFMEA 失效链模型 / 54
图 3-36　DFMEA 失效模式的类型 / 55
图 3-37　影响失效的因素和表现 / 55
图 3-38　不同级别的失效结构 / 59
图 3-39　DFMEA 的多层级关联 / 60
图 3-40　失效分析失效树（示例1）/ 61
图 3-41　失效分析失效树（示例2）/ 61
图 3-42　DFMEA 步骤二至步骤四纵向对比 / 63
图 3-43　DFMEA"风险分析"的主要工作和目标 / 64
图 3-44　DFMEA 中对预防控制和探测控制的理解 / 64
图 3-45　DFMEA 中预防控制和探测控制的确认 / 66
图 3-46　DFMEA 严重度（S）评价步骤 / 67
图 3-47　DFMEA 频度（O）评价步骤 / 70
图 3-48　DFMEA"优化"的主要工作和目标 / 76
图 3-49　DFMEA"结果文件化"的主要工作和目标 / 81
图 3-50　DFMEA 案例"七步法"顺序图 / 90
图 3-51　前风窗雨刮系统结构 / 91
图 3-52　DFMEA 案例　项目范围分析图示 / 91
图 3-53　DFMEA 案例　方块图/边界图 / 93
图 3-54　DFMEA 案例　结构树 / 93
图 3-55　DFMEA 案例　功能树 / 94
图 3-56　DFMEA 案例　失效树 / 96
图 3-57　AIAG & VDA DFMEA 案例　结构树 / 99
图 4-1　PFMEA 的应用范围 / 103
图 4-2　PFMEA 的"七步法" / 104
图 4-3　PFMEA 过程管理 / 105
图 4-4　PFMEA"策划和准备"的主要工作和目标 / 105

图 4-5　PFMEA 团队组成 / 106
图 4-6　某产品实现过程作业流程图 / 110
图 4-7　某产品制造、加工、装配过程 / 110
图 4-8　公司层面过程项目识别和边界确定 / 111
图 4-9　部门层面过程项目识别和边界确定 / 111
图 4-10　PFMEA "结构分析"的主要工作和目标 / 116
图 4-11　某线路板生产过程流程图（示例）/ 117
图 4-12　零件加工子过程和成品组装过程流程结构图（示例）/ 117
图 4-13　某零件机加工过程流程图（示例）/ 118
图 4-14　"盖板"零件加工过程流程图（示例）/ 118
图 4-15　盖板加工过程结构树（示例）/ 119
图 4-16　5M1E 鱼骨图 / 120
图 4-17　PFMEA "功能分析"的主要工作和目标 / 121
图 4-18　过程特性影响产品特性 / 125
图 4-19　喷漆过程步骤参数图 / 126
图 4-20　过程功能分析功能树（示例）/ 126
图 4-21　PFMEA "失效分析"的主要工作和目标 / 128
图 4-22　过程失效链模型 / 129
图 4-23　过程失效分析结构树（示例）/ 134
图 4-24　PFMEA 失效起因、失效模式与过程特性、产品特性的关联 / 136
图 4-25　PFMEA "风险分析"的主要工作和目标 / 138
图 4-26　PFMEA 中对预防控制和探测控制的理解 / 138
图 4-27　PFMEA 中预防控制和探测控制的确认 / 139
图 4-28　PFMEA 严重度评价步骤 / 142
图 4-29　PFMEA 与 DFMEA 有关严重度的传递 / 148
图 4-30　PFMEA "优化"的主要工作和目标 / 151
图 4-31　PFMEA "结果文件化"的主要工作和目标 / 157
图 4-32　PFMEA 案例 "七步法"顺序图 / 171
图 4-33　PFMEA 案例　传动轴总成焊装 / 171
图 4-34　PFMEA 案例　边界图 / 172
图 4-35　PFMEA 案例　焊装过程流程图 / 174
图 4-36　PFMEA 案例　焊装过程结构树 / 174
图 4-37　PFMEA 案例　过程参数图 / 175
图 4-38　PFMEA 案例　过程功能分析功能树 / 176
图 4-39　PFMEA 案例　过程失效分析失效树 / 177
图 4-40　AIAG & VDA PFMEA 案例　结构树 / 181
图 5-1　电气/电子/可编程电子系统的一般方块图 / 185
图 5-2　某型号发动机的电子控制系统 / 185
图 5-3　某型号发动机各种传感器的安装位置 / 186
图 5-4　FMEA-MSR 中的措施和系统响应 / 187
图 5-5　FMEA-MSR 实施的"七步法" / 191

图 5-6　车窗升降系统结构树（示例）／194
图 5-7　带内部感测元件和接口输出的智能传感器结构树（示例）／194
图 5-8　FMEA-MSR 功能结构树（示例）／195
图 5-9　理论失效链模型 DFMEA 和 FMEA-MSR／196
图 5-10　失效场景（1）——无危险事件／196
图 5-11　失效场景（2）——危险事件／196
图 5-12　失效场景（3）——减缓影响／197
图 5-13　不具有或仅部分有效的监视功能的失效链结构场景（1）和场景（2）／197
图 5-14　具有始终有效且将系统切换到减缓失效影响的监视功能的预期行为场景（3）／198
图 5-15　FMEA-MSR 失效网（示例）／198
图 5-16　FMEA-MSR 严重度（S）评价步骤／200
图 5-17　未实施或未考虑适用的 FMEA-MSR 监视／203
图 5-18　FMEA-MSR 可靠的诊断监视／203
图 5-19　部分有效的 FMEA-MSR 诊断监视／204
图 6-1　逆向 PFMEA 的开展流程／222
图 6-2　FMEA 在 APQP 中的关系图／223
图 6-3　DFMEA、特殊特性清单、过程流程图、PFMEA、控制计划、作业指导书的关联／224
图 6-4　顾客和供应商之间的严重度传递／225
图 6-5　DFMEA 与 DRBFM 的共存关系／226
图 6-6　DRBFM 的思考过程／227
图 6-7　DRBFM 在 APQP 中的实施时机／227
图 6-8　部分紧固件图示／230
图 6-9　电机装配线过程流程图／234
图 6-10　检验过程与测量系统变异／234
图 6-11　检验过程边界图（示例）／236
图 6-12　检验过程结构树（示例）／237
图 6-13　返工/返修控制流程／244
图 6-14　线外单独返修作业图示／245
图 6-15　设置不同返工区域图示／246
图 6-16　返修过程结构树（示例）／248
图 6-17　返工/返修标识（示例）／252
图 7-1　自助取票机的倾斜感应区／255
图 7-2　自动扶梯的扶手差速／255
图 7-3　高铁上大件行李架的下层防护／256
图 7-4　蛇形护栏／256
图 7-5　盘式蚊香／256
图 7-6　很难开的药瓶／256
图 7-7　高速路上的弯道／257
图 7-8　塑料保险杠／257
图 7-9　塑料保险杠在车辆上的缓冲作用／257
图 7-10　塑料凳子上的圆洞／258

图 7-11　汽水瓶口螺旋处有缺口 / 258

图 7-12　连续的减速带 / 258

图 7-13　弯曲的表针 / 258

图 7-14　新乡重夫的简单防错法 / 259

图 7-15　容易发生错误的 4 种情形 / 261

图 7-16　缺陷可能导致的后果 / 262

图 7-17　生产中采用防错方法带来成本的降低 / 263

图 7-18　5M1E 鱼骨图原因分析（示例）/ 264

图 7-19　防错法的 3 种策略（示例）/ 265

图 7-20　对同一问题可能采用的 3 种防错方法（示例）/ 266

图 7-21　使作业动作轻松（示例）/ 266

图 7-22　使作业不需要技能与直觉（示例）/ 266

图 7-23　使作业不会有危险（示例）/ 267

图 7-24　使作业不依赖感官（示例）/ 267

图 7-25　断根原理（示例）/ 268

图 7-26　保险原理（例 1～例 3）/ 269

图 7-27　保险原理（例 4～例 6）/ 269

图 7-28　自动原理（示例）/ 270

图 7-29　相符原理（示例）/ 270

图 7-30　顺序原理（示例）/ 271

图 7-31　隔离原理（示例）/ 271

图 7-32　复制原理（示例）/ 271

图 7-33　用复制原理进行制程中的改善（示例）/ 272

图 7-34　层别原理（示例）/ 272

图 7-35　警告原理（示例）/ 273

图 7-36　缓和原理（示例）/ 273

图 7-37　条件原理（示例 1）/ 274

图 7-38　条件原理（示例 2）/ 274

图 7-39　条件原理（示例 3）/ 274

图 7-40　菲利浦·克劳士比的《质量免费》/ 275

图 7-41　防错应用流程 / 277

图 7-42　防错与 DFMEA、PFMEA 的同步关联 / 277

图 7-43　防错方法在 PFMEA 和控制计划中的关联 / 278

图 7-44　故障树分析—马达不转示例 / 282

图 7-45　故障树分析—发电机启动故障（示例）/ 283

图 7-46　零件仅具有唯一正确的装配位置（示例 1）/ 285

图 7-47　零件仅具有唯一正确的装配位置（示例 2）/ 286

图 7-48　零件仅具有唯一正确的装配位置（示例 3）/ 286

图 7-49　零件仅具有唯一正确的装配位置（示例 4）/ 286

图 7-50　零件与零件之间仅具有唯一正确的装配位置（示例）/ 287

图 7-51　不好的防错设计特征（示例）/ 287

图 7-52　好的防错设计特征（示例）／287
图 7-53　合并相似零件（示例）／288
图 7-54　夸大零件的不相似性（示例）／288
图 7-55　统一零件标准和完全对称（示例）／288
图 7-56　尽量提高零件对称度（示例）／289
图 7-57　不需借助工具开启瓶盖（示例）／289
图 7-58　改变紧固方式（示例）／289
图 7-59　设计明显防错标识（示例1）／290
图 7-60　设计明显防错标识（示例2）／290
图 7-61　新的制造过程中运用防错方法的流程／291
图 7-62　利用夹具防止装错（示例）／295
图 7-63　加装垫块防止装错（示例）／295
图 7-64　改善治具防止装错（示例）／296
图 7-65　改善工具防止漏装（1）（示例）／296
图 7-66　改善工具防止漏装（2）（示例）／296
图 7-67　夹具与量具的结合／297
图 7-68　利用空气原理防错（示例）／297
图 7-69　利用磁铁原理防错（示例）／297
图 7-70　利用磁铁同极相斥原理防错（示例）／298
图 7-71　工具增加导角防错（示例）／298
图 7-72　利用滑槽识别尺寸不良（示例）／298
图 7-73　分类标示防错（示例）／299
图 7-74　利用感应器防错（示例）／299
图 7-75　限位防错（示例）／299
图 7-76　对现有过程和问题实施防错改善的工作流程／301
图 7-77　鱼骨图（特性要因图）的一种参考格式／304
图 7-78　5Why方法的一种参考格式／304
图 7-79　防错运行监控和评估流程／307
图 7-80　防错装置验证／310
图 7-81　防错装置验证作业流程／313
图 7-82　防错验证状态的标识牌／316
图 7-83　防错工位看板可视化／316
图 7-84　车间防错系统看板展示／316

第一章
FMEA概述

- FMEA的基本概念
- FMEA的应用和发展历程

第一节 FMEA 的基本概念

我们先从大家熟悉的一个典故"扁鹊见蔡桓公"说起。

> **原文：**
> 扁鹊见蔡桓公，立有间，扁鹊曰："君有疾在腠理，不治将恐深。"桓侯曰："寡人无疾。"扁鹊出，桓侯曰："医之好治不病以为功！"居十日，扁鹊复见，曰："君之病在肌肤，不治将益深。"桓侯不应。扁鹊出，桓侯又不悦。居十日，扁鹊复见，曰："君之病在肠胃，不治将益深。"桓侯又不应。扁鹊出，桓侯又不悦。居十日，扁鹊望桓侯而还走。桓侯故使人问之，扁鹊曰："疾在腠理，汤熨之所及也；在肌肤，针石之所及也；在肠胃，火齐之所及也；在骨髓，司命之所属，无奈何也。今在骨髓，臣是以无请也。"居五日，桓公体痛，使人索扁鹊，已逃秦矣。桓侯遂死。
>
> 注 1：原文出自《韩非子·喻老》。
>
> 注 2：扁鹊（前 407—前 310 年），姬姓，秦氏，名缓，字越人，又号卢医，春秋战国时期名医。春秋战国时期渤海郡郑（今河北沧州市任丘市）人。由于他的医术高超，被认为是神医，所以当时的人们借用了上古神医"扁鹊"的名号来称呼他。
>
> 注 3：蔡桓公是齐国国君，田齐桓公（前 400—前 357 年），《史记·扁鹊仓公列传》中称"齐桓侯"。
>
> **译文：**
> 扁鹊觐见蔡桓公，在蔡桓公面前站了一会儿，扁鹊说："您在肌肤纹理间有些小病，不医治的话恐怕会加重。"蔡桓公说："我没有病。"扁鹊离开后，蔡桓公说："医生总是喜欢给没病的人治病，以此作为（自己的）功劳。"过了十天，扁鹊再次觐见蔡桓公，说："您的病已经在肌肉里了，不及时医治的话会更加严重。"蔡桓公不理睬他。扁鹊离开后，蔡桓公又不高兴。又过了十天，扁鹊再一次觐见蔡桓公，说："您的病已经到肠胃里了，不及时治疗将要更加严重。"蔡桓公又没有理睬。扁鹊离开后，蔡桓公又不高兴。又过了十天，扁鹊远远看见蔡桓公，转身就跑。蔡桓公于是特意派人问扁鹊，扁鹊说："小病在皮肤纹理之间，是汤熨（中医用布包热药敷患处）的力量所能达到的；病在肌肉和皮肤里面，用针灸可以治好；病在肠胃里，用火剂汤药可以治好；病在骨髓里，那是司命神管辖的事情了，医生是没有办法医治的。现在病在骨髓里面，我因此不再请求为他治病了。"又过了五天，蔡桓公身体疼痛，派人寻找扁鹊，扁鹊已经逃到秦国了。于是蔡桓公就病死了。

这个典故告诉我们：要善于听取他人意见，要懂得见微知著，防患于未然，不要讳疾忌医。

虽然是几千年前就有的道理，但是在现实生活及企业管理中依然经常发生相似的情况。

很多企业的管理者不愿意正视问题，不重视对产品质量的早期策划，对产品设计和过程设计投入不足，缺乏对风险的分析和管控。往往在发生顾客投诉、批量退货、召回等事件后才匆忙应对，给自己造成更大的经济损失，或者订单丢失，更甚者导致顾客流失。

2020 年 9 月 8 日，全国抗击新冠肺炎疫情表彰大会在北京人民大会堂隆重举行。中共中央总书记、国家主席、中央军委主席习近平向"共和国勋章"获得者钟南山，"人民英雄"国家荣誉称号获得者张伯礼、张定宇、陈薇颁授勋章奖章。

我们看到，钟南山院士之所以获得"共和国勋章"，并不是因为他医治好多少新冠肺炎感染者，而是因为他在新冠肺炎疫情发生后，敢医敢言，提出存在"人传人"现象，强调严格防控，领导撰写新冠肺炎诊疗方案，在疫情防控、重症救治、科研攻关等方面作出杰出贡献。正是由于全国迅速形成统一指挥、全面部署、立体防控的战略布局，有效遏制了疫情大面积蔓延，有力控制了病毒传播的危险进程，中国在两个月内控制住疫情，取得抗疫的阶段性成果，也才有了后来的全面复工、复产、复市。

所以，在企业中真正有重大贡献的是那些能够在早期发现问题、采取控制措施避免或减少问题发生的人，而不是那些在发生问题后才进行事后处理的人。现实的情况是，在一些企业可能恰恰相反，就如同"曲突徙薪"的故事。

> 《汉书·霍光传》记录了"曲突徙薪"的故事："客有过主人者，见其灶直突，傍有积薪。客谓主人：'更为曲突，远徙其薪；不者且有火患。'主人嘿然不应。俄而，家果失火，邻里共救之，幸而得息。于是杀牛置酒，谢其邻人，灼烂者在于上行，余各以功次坐，而不录言曲突者。人谓主人曰：'乡使听客之言，不费牛酒，终亡火患。今论功而请宾，曲突徙薪亡恩泽，焦头烂额为上客耶？'主人乃寤而请之。"
>
> 意思是说，有一个拜访主人的客人，看到（主人家）炉灶的烟囱是直的，旁边还堆积着柴草，便对主人说："把烟囱改为拐弯的，将柴草搬到远处。不然的话，将会发生火灾。"主人沉默不搭理。不久，家里果然失火，邻居们一同来救火，幸好把火扑灭了。于是，（主人）杀牛置办酒席，答谢邻居们。被火烧伤的人被主人安排在上座，其余的人按照功劳的大小依次排定座位，却不邀请提"曲突"建议的客人。有人对主人说："当初如果听了那位客人的话，也就不用破费摆设酒席，始终也不会有火患。现在论功劳邀请宾客，（为什么）提'曲突徙薪'建议的人没有得到答谢、恩惠，而被烧伤的人却被奉为上宾呢？"主人这才醒悟，去邀请那位客人。

我们讲的FMEA，就是在产品设计和过程设计早期阶段采用的一种风险分析技术，是一种在产品和过程开发（APQP）中对潜在问题予以事先考虑和阐述，并能采取预防措施和探测措施以避免发生问题或防止不合格产品流出的分析方法。

一、什么是FMEA

FMEA是Failure Mode and Effects Analysis的简称，即失效模式及影响分析。

FMEA是一种面向团队的、系统的定性分析方法。FMEA旨在通过对产品（系统、子系统、零部件）各组成部分/过程步骤进行事前分析，发现、评价产品/过程中的潜在失效模式、失效影响和失效起因，评估产品/过程中失效的潜在风险，针对降低风险确定措施优先级，并提出预防和/或探测控制措施，对产品/过程进行优化和改进，以及不断地完善。

对于汽车行业来说，实施FMEA有如下商业目标：

- 提高汽车产品的质量及可靠性、可制造性、可服务性和安全性；
- 确保获取各组件、系统和车辆之间的层次结构、连接、接口、级联和要求符合性信息；
- 降低保修和商誉成本；
- 在激烈的市场竞争中提高顾客满意度；
- 证实产品和过程的风险分析，从而为承担法律责任提供依据；
- 减少开发过程中的后期变更；
- 保持无缺陷产品的发布；
- 在内外部顾客和供应商之间进行有针对性的沟通；
- 在公司内部建立知识库，将获得的经验教训形成文件；
- 使组件、系统和车辆符合注册获批所需的法规要求。

二、失效、失效模式及失效影响

1. 什么是失效

失效（Failure）：执行要求功能的某项能力的终结。（GB/T 5226.1—2019/IEC 60204-1：2016中的术语与定义）

失效可以是产品、过程或系统的失效。

故障（Fault）：不能执行某要求功能的一种特征状态。（GB/T 5226.1—2019/IEC 60204-1: 2016 中的术语与定义）

故障经常作为功能项本身失效的结果。实际中，故障和失效经常作同义词用。

失效可能是潜在的和显在的。

潜在失效：有可能发生，也有可能不发生的失效。

显在失效：已经实际发生过的失效。

产品失效的通常表现如图 1-1 所示。

图 1-1　产品失效的通常表现

2. 什么是失效模式

失效模式：失效的表现形式，失效模式是失效的一种现象。

对于产品功能，潜在失效模式通常表现为：

- 功能丧失——无法操作、突然失效；
- 功能退化——性能随时间损失；
- 功能间歇——功能时有时无；
- 部分功能丧失——性能损失；
- 非预期功能——在错误的时间操作、意外的方向、不相等的性能；
- 功能超范围——超出可接受极限的操作；
- 功能延迟——非预期时间间隔后的操作。

对于过程功能，潜在失效模式通常表现为：

- 过程功能丧失——操作未执行；
- 部分功能丧失——操作不完整；
- 过程功能降低；
- 过程功能超出预期——高出太多；
- 间歇过程功能——操作不一致；
- 非预期过程功能——操作错误；
- 过程功能延迟——操作太迟；
- 安装错误零件。

3. 什么是失效影响

失效影响：失效模式对产品运行、功能或状态导致的后果。

失效模式导致失效影响示例（见图 1-2）。

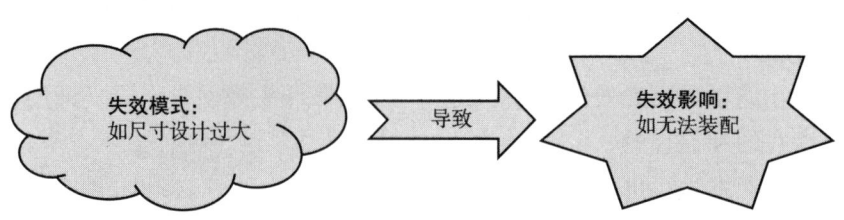

图 1-2 失效模式导致失效影响（示例）

失效影响包括：
- 对下一级产品集成的影响（内部或外部）；
- 对操作整车的最终用户的影响（外部）；
- 对适用的政府法规的影响（监管）。

对下一级产品集成的失效影响示例：
- 无法安装；
- 配合不良；
- 无法完成规定功能；
- 性能不良；
- 对其他零件造成损伤。

对最终用户的失效影响示例：
- 外观不良，如褪色、表面腐蚀；
- 噪声，如摩擦声、液体噪声；
- 异味、手感粗糙、操作更费劲；
- 操作受损、间歇、无法操作；
- 外部泄漏造成性能损失、运行不稳定；
- 无法驾驶整车；
- 转向或刹车功能损失等。

三、失效可能带来的损失

1. 质量的成本观念

据统计，在制造问题中有 80% 是由糟糕的设计（包括产品设计和过程设计）引起的。在很多制造过程中，缺陷产品仍然以百分数来衡量，而不是以 PPM（百万分率）衡量。

通过投入适当的预防成本和鉴定成本来避免产生大量的失败成本。

符合质量要求的成本和不符合质量要求的成本可能如下（见图 1-3）。

符合质量要求的成本	不符合质量要求的成本
失效模式及影响分析 实验设计 设计评审、设计验证、设计确认 培训 质量管理职能配置 检验和试验 ……	重新设计 返工、返修 产品退货或召回 索赔 官司 市场丢失 ……

图 1-3 符合质量要求的成本和不符合质量要求的成本

2. 不同阶段失效可能造成的损失程度

全球各大汽车企业都发生过不少的召回事件，其损失是巨大的。

失效发现越早，采取措施越及时，损失越低，否则损失将会呈几何级数增长（见图1-4）。

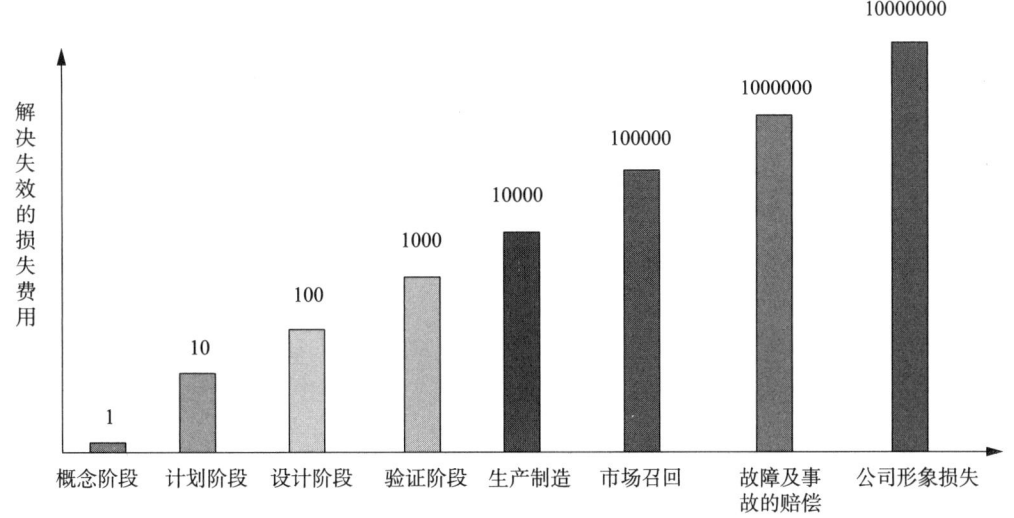

图 1-4　不同阶段失效可能造成的损失程度（示意图）

3. 失效可能给企业带来的后果

失效可能给企业带来的后果如图1-5所示。

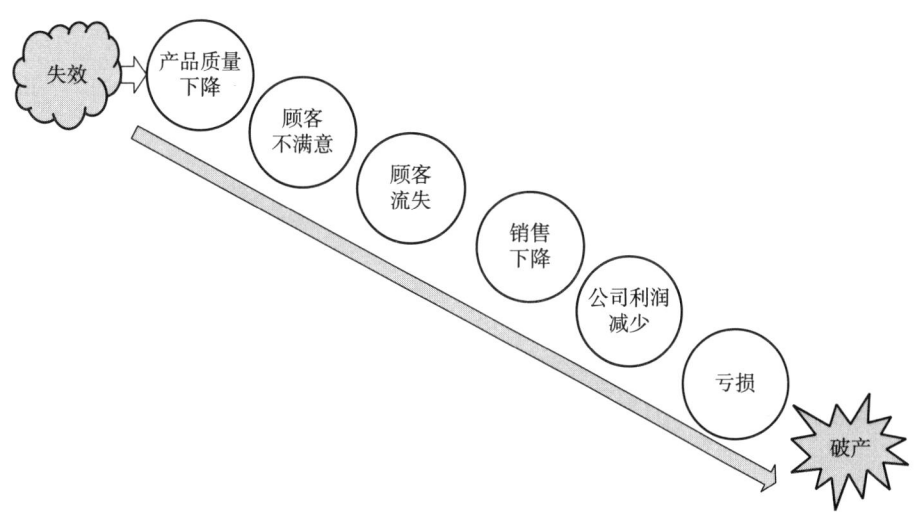

图 1-5　失效可能给企业带来的后果

4. 质量管理"五不要"原则

设计问题，不要依赖工艺解决！

工艺问题，不要依赖生产解决！

生产问题，不要依赖检验解决！

检验问题，不要依赖售后解决！

内部问题，不要依赖客户解决！

第二节　FMEA 的应用和发展历程

- 20 世纪 50 年代初期，美国格鲁曼（Grumman）公司第一次把 FMEA 用于一种战斗机操纵系统的设计分析，取得较好效果并逐渐推广。
- 1963 年，美国国家航空航天局（NASA）制定了"失效模式、影响和关键性分析"（FMECA），应用于阿波罗项目。
- 1974 年，FMEA 技术应用于美国海军（MIL-STD-1629A 军用标准）。
- 1975 年，FMEA 方法被应用于核电工程以及其他领域。
- 1980 年，德国将失效模式和影响分析以"FMEA（DIN 25448）"为标题进行了标准化，德国汽车工业联合会（VDA）将该方法专门应用于汽车领域。
- 20 世纪 80 年代，FMEA 方法进入微电子工业，其后被应用于医疗和电信工程领域。
- 1985 年，国际电工委员会（IEC）公布了 FMEA 标准：IEC 812，IEC 60812/2006/2018，失效模式和影响分析（FMEA 和 FMECA）。这个标准被我国等同采用为 GB/T 7826—1987/2012：《系统可靠性分析技术，失效模式和影响分析（FMEA）程序》。
- 1986 年，首个 FMEA 方法说明被公布于 VDA 第 4 卷"量产前的质量保证"，并被越来越多地应用于德国汽车工业。
- 1993 年，由美国三大汽车公司（通用、福特、克莱斯勒）编制成 FMEA 手册以配合 QS-9000 的实施。美国汽车工业行动集团（AIAG）发行：1993 年 2 月第一版、1995 年 2 月第二版、2001 年 7 月第三版、2008 年 7 月第四版。
- 1994 年 7 月，美国汽车工程师协会（SAE）发布 SAE J1739 标准：设计中的潜在失效模式和影响分析（设计 FMEA）、制造和装配过程中的潜在失效模式和影响分析（过程 FMEA）；后于 2002 年及 2009 年做了修订；2021 年 1 月发布新版本，并增加了监视及系统响应的补充 FMEA（FMEA-MSR）。
- 1996 年，VDA 发布手册 4.2 "批量投产前的质量保证—系统 FMEA"；2007 年改版 VDA 手册 4 "产品和过程 FMEA"。

从 ISO/TS16949：1999 到 IATF16949：2016，汽车质量管理体系标准将 FMEA 作为质量管理体系的重要运用工具。

- 2019 年 6 月，AIAG 和 VDA 共同发布 FMEA 手册第一版。

第二章
新版FMEA的"七步法"简介

- 关于新版FMEA的说明
- 新版FMEA的"七步法"简介

第一节　关于新版 FMEA 的说明

一、新版 FMEA 的由来

我们先了解一下 AIAG 和 VDA 这两个组织。

AIAG 全称 Automotive Industry Action Group，即美国汽车工业行动集团。该组织成立于 1982 年，由美国三大汽车公司（通用、福特和克莱斯勒）共同创建，是全球公认的著名的非营利组织。它为汽车整车制造商和零部件供应商提供了唯一的平台以共同处理和解决影响全球汽车供应链的问题。

目前已有超过 1000 多家的成员公司，其中包括整车制造商克莱斯勒、福特、通用、北美丰田和北美本田，以及一级供应商德尔福、江森自控、固特异、麦格纳、约翰迪尔、伟世通、李尔、博格华纳等。

在行业标准、最佳实践和工具方面，AIAG 出版了整套汽车工业的管理体系标准和技术工具，最主要的包括早期的质量管理体系标准 QS-9000、五大技术工具，以及 CQI 系列手册。

其中，应用最广泛的当属 APQP、FMEA、SPC、MSA、PPAP 这五个技术工具。

VDA 全称 Verband der Automobilindustrie，即德国汽车工业联合会，是由德国主要汽车制造商包括奔驰、大众、奥迪、保时捷，及其合作伙伴、供应商和部分拖拉机制造商组成的一个协会性组织。加入该协会的有超过 620 家公司。

德国汽车工业联合会（VDA）的主要工作是努力争取和维护整个德国汽车工业在本国及全球汽车及相关领域的种种利益，例如维护德国汽车工业在经济、运输、环保政策、技术法规、标准和质量保证方面的利益。

VDA 代表德国汽车工业也有一套质量管理体系标准和技术手册，从 VDA1 到 VDA19，包括 40 余本没有编号的手册，企业用得比较多的是 VDA6.1（质量管理体系审核—批量产品）、VDA6.3（过程审核）、VDA6.5（产品审核）。

随着顾客对质量要求不断提高，厂商不得不对产品和过程进行成本优化，更高的复杂程度以及法律要求设计提供商和制造商承担更多的产品责任，使汽车行业面临各种挑战。因此，汽车行业必须采用更科学和严密的 FMEA 方法来解决技术问题，以降低风险。

此前，AIAG 已出版了第四版 FMEA 参考手册，被广泛应用于汽车行业和非汽车制造业。VDA 也发行了第四卷《产品和过程 FMEA》，主要是德系的汽车供应商在应用。

AIAG 和 VDA 各自的 FMEA 手册在分析方法和风险评估方面存在差异，美系汽车厂习惯使用 AIAG 手册，德系汽车厂则要求使用 VDA 手册，相互之间也并不认同。当企业既供货给美系汽车厂又供货给德系汽车厂时，为了满足客户要求，就需要做两份不同的 FMEA，导致资源和人力的浪费。

于是，AIAG 与 VDA 的整车厂（OEM）和一级供应商成员合作，用了三年多的时间，整合各自优点，编制了新版 FMEA，并在几个关键部分对 FMEA 方法进行了修订，同时也与 SAE J1739（美国汽车工程师协会的 FMEA 标准）保持一致。2019 年 6 月，共同发布了 "AIAG & VDA 失效模式及影响分析 FMEA 手册"。

因为 AIAG 手册封面一般用蓝色，VDA 手册封面一般用红色，所以新版手册封面采用了蓝红各半，既体现了各自原来的风格，又体现相互对等的原则。

二、新版 FMEA 手册包含的 FMEA 类型

新版 FMEA 手册详细介绍了三种类型的 FMEA，包括：
- 设计失效模式及影响分析（简称设计 FMEA）——DFMEA

- 过程失效模式及影响分析（简称过程FMEA）——PFMEA
- 监视及系统响应的补充FMEA——FMEA-MSR

三种类型的FMEA可以表述如下（见图2-1）。

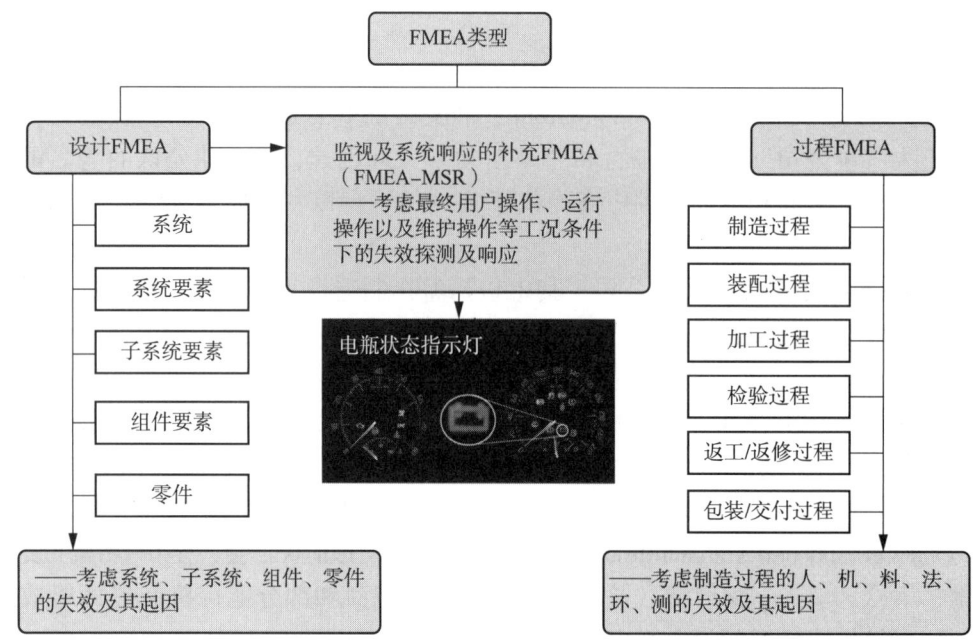

图2-1　新版FMEA手册中的FMEA类型

1. 设计FMEA

——设计FMEA（DFMEA）是一种主要由设计责任工程师/团队使用的分析技术，用于将零件交付生产之前，尽可能考虑并解决潜在失效模式及相关失效起因。

——设计FMEA用于分析所定义的系统、子系统或相关组件的功能，分析其内部要素之间的关系以及与系统边界外要素之间的关系，从而识别出可能存在的设计缺陷，将潜在的失效风险降到最低。在DFMEA中，系统、子系统、组件、零件之间的层级关系如下（见图2-2）。

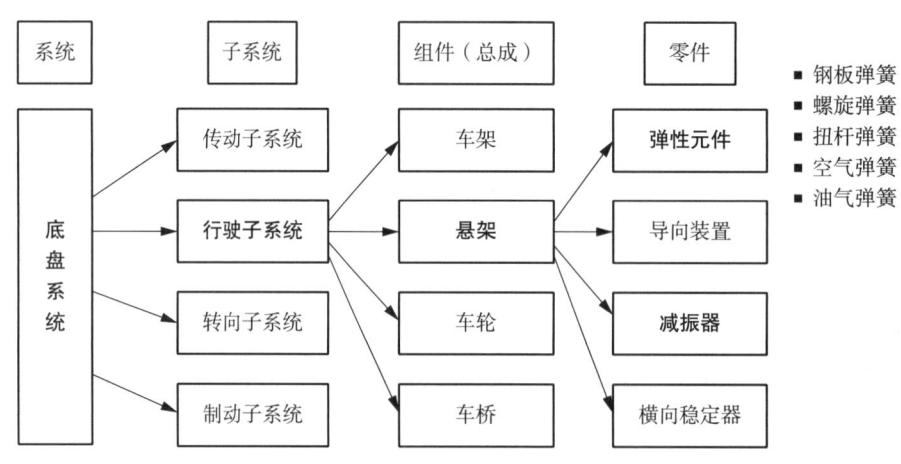

图2-2　DFMEA中的系统、子系统、组件、零件之间的层级关系

2. 过程FMEA

——过程FMEA（PFMEA）即过程失效模式及影响分析，它分析的是在制造、加工、装配和物流等过程中的潜在失效，以确保生产的产品符合设计目的。

——过程FMEA通过考虑过程变差可能导致的潜在失效模式来分析过程，以确定预防措施的优先顺序，并根据需要改进控制。

3. 监视及系统响应的补充 FMEA

——监视及系统响应的补充 FMEA（FMEA-MSR）是对顾客操作条件下（驾驶、保养、维修等）可能出现的潜在失效起因进行分析。该方法主要考虑失效起因或失效模式是否由该系统探测到或失效影响是否由驾驶员探测到。通过与可接受的残余风险条件进行比较并评估当前失效风险的状态，得出额外监视的必要性。

三、FMEA 是一种定性的技术风险分析方法

在 IATF 16949 质量管理体系中，风险管理通常包括三个层级（见图 2-3）。

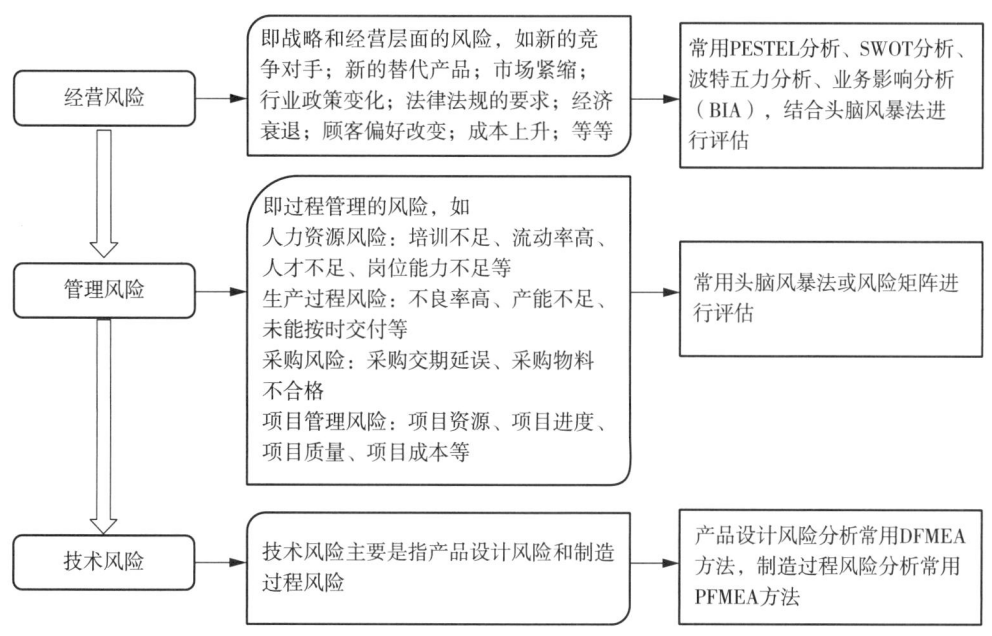

图 2-3　风险管理的三个层级

FMEA 仅用于分析技术风险，从而减少失效，提高产品和过程的安全性。

虽然 FMEA 中的严重度（S）、频度（O）、探测度（D）是用等级 1~10 评价的，但其本质并非对特性的定量评价，而只是把对应情况分成 10 个等级而已；最终评价风险采取措施的优先级也是用高（H）、中（M）、低（L）三个等级表述。

因此，FMEA 是一种面向团队的、系统的定性分析方法，其目的是：

- 评估产品/过程中失效的潜在技术风险；
- 分析失效起因和失效影响；
- 记录预防和探测措施；
- 针对降低风险的措施提出建议；
- 实施措施并评价其有效性。

FMEA 是"事前"行为，而不是"事后"行动。事先花时间很好地进行综合的 FMEA，能够更容易、更低成本地对产品或过程进行修改，从而减少或消除因修改带来的更大损失。

四、IATF 16949 对 FMEA 的重点要求

IATF 16949 是全球统一和公认的汽车质量管理体系标准，标准中对 FMEA 的应用提出了以下要求：

8.3.5.1 设计和开发输出—补充

产品设计输出应包括：a）设计风险分析（FMEA）。

8.3.5.2 制造过程设计输出

制造过程设计输出应包括：g) 制造过程 FMEA。

4.4.1.2 产品安全

成文的过程应包括：c) 设计 FMEA 的特殊批准；f) 控制计划和过程 FMEA 的特殊批准。

8.5.6.1 更改的控制—补充

组织应：c) 对相关风险分析的证据形成文件。

8.5.6.1.1 过程控制的临时更改

组织应基于风险分析（例如 FMEA）和严重程度，在本过程中包含要在生产中实施替代控制方法之前获得的内部批准。

8.7.1.4 返工产品的控制

组织应在决定对产品进行返工之前，利用风险分析（如 FMEA）方法来评估返工过程中的风险。

8.7.1.5 返修产品的控制

组织应在决定对产品进行返修之前，利用风险分析（如 FMEA）方法来评估返修过程中的风险。

10.3.1 持续改进—补充

组织应有一个形成文件的持续改进过程。组织在本过程中包括以下内容：c) 风险分析（例如 FMEA）。

因此，FMEA 方法是产品设计和过程设计活动中，变更以及返工、返修和持续改进中必要的风险分析技术。

五、FMEA 应用的三种情形

FMEA 在三种基本情形下使用，每种情形都有不同的范围或重点。

情形 1：新设计、新技术或新过程

FMEA 的范围包括完整的设计、技术或过程。

——在新产品设计的时候要做完整的设计 FMEA；
——在引入新技术的时候要做全部的新技术 FMEA；
——在设计新的制造过程时要做完整的过程 FMEA。

情形 2：现有设计或过程的新应用

FMEA 的范围应关注于新环境、新场地或新应用对现有设计或过程的影响。

——现有设计或过程应用在新环境、新场地或新应用时，应对现有的设计或过程在新环境、新场地或新应用上的影响进行分析。

情形 3：现有设计或过程的工程变更

新技术开发、新要求、产品召回和使用现场失效可能需要变更设计和/或过程。在这种情况下，可能需要对 FMEA 进行评审或修订。

——对现有的产品进行设计修改时，要对修改的部分以及由于修改所产生的影响进行 FMEA；
——对现有的制造过程进行修改时，要对修改的过程进行 FMEA。

FMEA 在以下的适当情况下，可以在生产开始后进行修订：

- 设计或过程变更；
- 运行条件变更；
- 要求变更（法律、规范、顾客或最新技术变更）；
- 质量问题，即工厂经验、零公里质量、使用现场问题、内部/外部投诉；
- 产品监视和测量过程中发现问题；

- 经验教训。

因此，FMEA 是一份动态文件，FMEA 不是一劳永逸，而是应随着产品或过程因素的变化不断地修订和完善。一份好的 FMEA 文件能够给后续的产品设计或过程设计提供很好的思路和借鉴。

第二节　新版 FMEA 的"七步法"简介

一、新版 FMEA"七步法"的逻辑结构

新版 FMEA 分七个步骤执行。这七个步骤提供了执行失效模式及影响分析的系统方法，新版 FMEA"七步法"结构图如下（见图 2-4）。

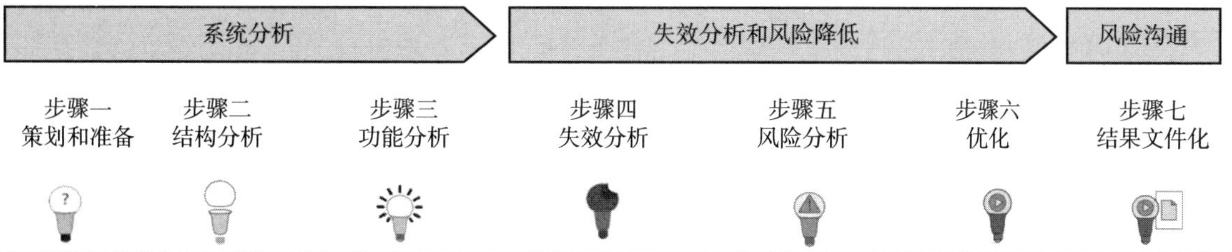

	系统分析			失效分析和风险降低			风险沟通
	步骤一 策划和准备	步骤二 结构分析	步骤三 功能分析	步骤四 失效分析	步骤五 风险分析	步骤六 优化	步骤七 结果文件化
	项目确定	分析范围可视化	产品或过程功能可视化	建立失效链	为失效制定现有和/或计划的控制措施和评级	识别降低风险的必要措施	对降低风险的措施进行沟通
	确定项目和边界 项目规划：目的、时间安排、团队、任务和工具	DFMEA： （1）结构树或其他：方块图/边界图、数学模型、实体部件 （2）设计接口，相互作用和间隙的识别	DFMEA： （1）功能树/网、功能矩阵、参数图（P图） （2）将相关要求与（内部和外部）顾客功能关联，将要求或特性与功能关联	DFMEA： （1）每个产品功能的潜在失效影响、失效模式和失效起因 （2）用参数图（P图）或失效网来识别产品失效起因	为失效起因制定预防控制措施 为失效起因和/或失效模式准备探测控制 为每个失效链的严重度、频度和探测度进行评级	确定必要的措施，并为实施措施分配职责和期限 措施实施包括：确定效果，采取措施后进行风险评估	建立文件化的内容 文件的内容满足组织、预期读者和有关利益相关方的要求 记录风险分析和风险降低到的可接受水平
		PFMEA： （1）结构树或过程流程图 （2）过程步骤和子步骤的识别	PFMEA： （1）功能树/网或其他过程流程图 （2）将要求或特性与功能关联	PFMEA： （1）每个过程功能的潜在失效影响、失效模式和失效起因 （2）用鱼骨图（4M）或失效网来识别过程的起因			

图 2-4　新版 FMEA"七步法"结构图

七个步骤有着严密的逻辑结构：
- 步骤一"策划和准备"是确定范围和边界，作为步骤二"结构分析"的基础；
- 在"结构分析"的基础上展开步骤三"功能分析"；
- 根据"功能分析"的结果进行步骤四"失效分析"；
- 对"失效分析"的结果进行步骤五"风险分析"；
- 根据风险评价的优先级实施步骤六"优化"；
- 针对 FMEA 活动的结果进行总结和交流就是步骤七"结果文件化"。

二、新版 FMEA 手册的表格结构

新版 FMEA 的表格中只有六个步骤，作为技术风险分析的一个记录，步骤七"结果文件化"是形成单独的 FMEA 总结报告。DFMEA 表格构成如下（见表 2-1）。

表2-1 DFMEA表格构成

设计失效模式及影响分析（设计FMEA）			
策划和准备（步骤一）			
公司名称		项目名称	（系统、子系统和/或组件）
工程地点		DFMEA开始日期	DFMEA ID编号　公司规定的FMEA编号
顾客名称		DFMEA修订日期	设计责任人　DFMEA的负责人
年型/项目		跨职能团队	保密级别　□商业应用□专有□保密

结构分析（步骤二）			功能分析（步骤三）			失效分析（步骤四）		
1.上一较高级别	2.关注要素	3.下一较低级别或特性类型	1.上一较高级别功能及要求	2.关注要素功能及要求	3.下一较低级别的功能及要求或特性	1.对于上一较高级别要素和/或最终用户的失效影响（FE）	失效影响的严重度（S）	2.关注要素的失效模式（FM）	3.下一较低级别要素或特性的失效起因（FC）

DFMEA风险分析（步骤五）					DFMEA优化（步骤六）								
对失效起因的当前预防控制（PC）	失效起因的频度（O）	对失效起因或失效模式的当前探测控制（DC）	失效起因或失效模式的探测度（D）	DFMEA措施优先级（AP）	筛选器代码（可选）	DFMEA预防措施	DFMEA探测措施	负责人姓名	目标完成日期	状态	采取基于证据的措施	完成日期	严重度（S）	频度（O）	探测度（D）	措施后的DFMEA AP	备注

三、FMEA的基本逻辑思路

上面的FMEA分析表看起来比较复杂，针对某个项目的产品/过程功能可以通过下面简化的表格了解FMEA的基本逻辑思路（见图2-5）。

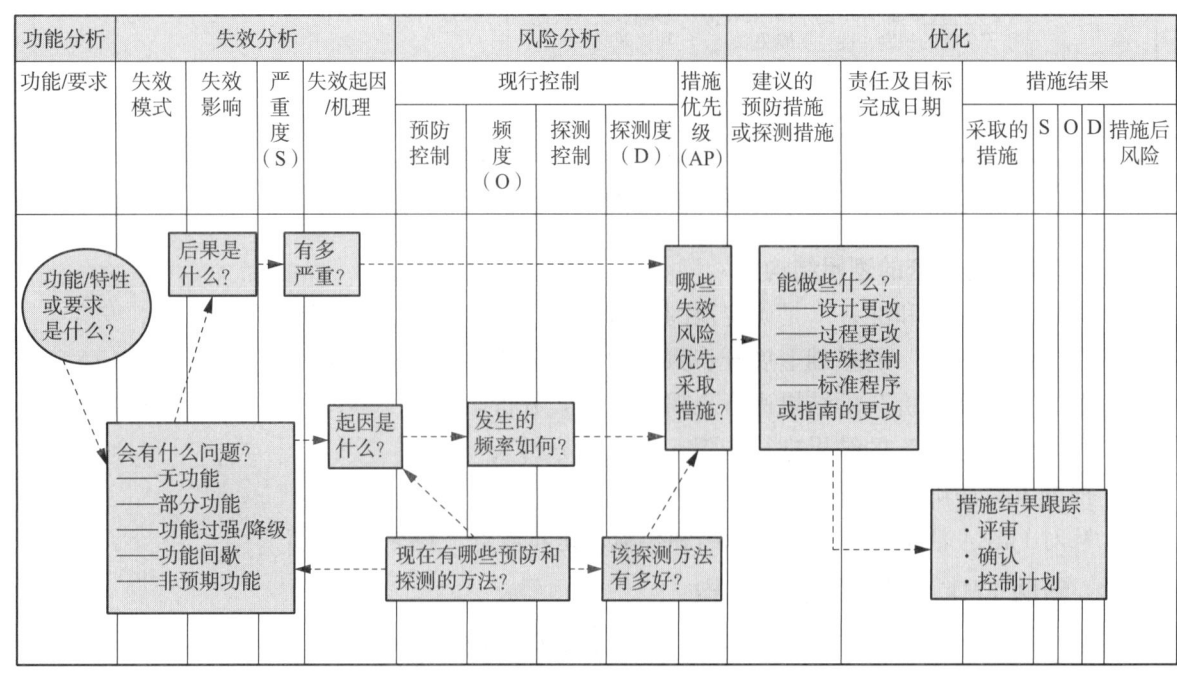

图2-5 FMEA的基本逻辑思路

四、FMEA"七步法"简要说明

对 FMEA 七个步骤的主要工作和目标简述如下（见图 2-6）。

步骤一 策划和准备

"策划和准备"的主要工作和目标：
- 项目确定：确定要分析的项目，如系统、子系统、部件或制造过程
- 项目计划：目的、时间安排、FMEA团队、工作任务和技术工具
- 分析边界：分析项目中包括什么、不包括什么，可用方块图、边界图、材料清单等
- 确认可利用的以往类似FMEA的经验

步骤二 结构分析

"结构分析"的主要工作和目标：
- 建立可视化的分析范围，使用结构树或其他数字模型、结构图、过程流程图等
- 识别设计接口、相互作用和间隙，确定过程步骤和子步骤
- 确定顾客和供应商工程团队之间的协作（接口职责）

步骤三 功能分析

"功能分析"的主要工作和目标：
- 建立产品/过程功能的可视化
- 识别并理解与定义范围相关的功能、要求和规范
- 将相关要求与（内部和外部）顾客功能关联
- 将要求或特性与功能关联
- 可使用参数图（P图）、功能树/网

步骤四 失效分析

"失效分析"的主要工作和目标：
- 失效模式可定义为产品和过程未满足设计目的或过程要求的形式或状态
- 确认每个产品/过程功能的潜在失效模式、失效影响和失效起因（失效链）
- 建立失效分析结构树

步骤五 风险分析

"风险分析"的主要工作和目标：
- 确定现有和/或计划的设计控制
- 针对失效起因，确定预防控制
- 针对失效起因和/或失效模式，确定探测控制
- 针对每个失效链进行严重度、发生频度和探测度评级
  严重度（S）：是评估失效对顾客影响的程度
  发生频度（O）：是指一个失效原因可能的发生频率
  探测度（D）：是评估产品和过程控制对失效原因或失效模式的探测能力
- 确定采取措施的高、中、低优先级

步骤六 优化

"优化"的主要工作和目标：
- 确认降低风险的必要措施
- 为措施实施分配职责和任务期限
- 实施措施并将其形成文件，包括对所实施措施有效性的确认以及采取措施后的风险评估
- FMEA团队、管理层、顾客和供应商在潜在失效方面的协作

步骤七 结果文件化

"结果文件化"的主要工作和目标：
- 对结果和分析结论进行沟通
- 建立文件内容
- 将采取的措施文件化，包括对实施措施的效果进行确认、采取措施后进行风险评估
- 在组织内部，以及与客户和/或供应商之间（如需要）针对降低风险的措施进行沟通
- 记录风险分析和风险降低到的可接受水平

图 2-6 FMEA 七个步骤的主要工作和目标

五、新版 FMEA 表格与 AIAG 第四版 FMEA 表格的对比

之前对 AIAG FMEA 第四版不了解的读者朋友可以直接略过,不必阅读这段内容。

在过去 FMEA 的实际应用中,AIAG 第四版因其比较简单易懂,被众多企业接受和普遍使用。那么,我们对比一下 AIAG 第四版 FMEA 表和新版 FMEA 表在结构上的变化(以 DFMEA 表为例)如图 2-7 和图 2-8 所示。

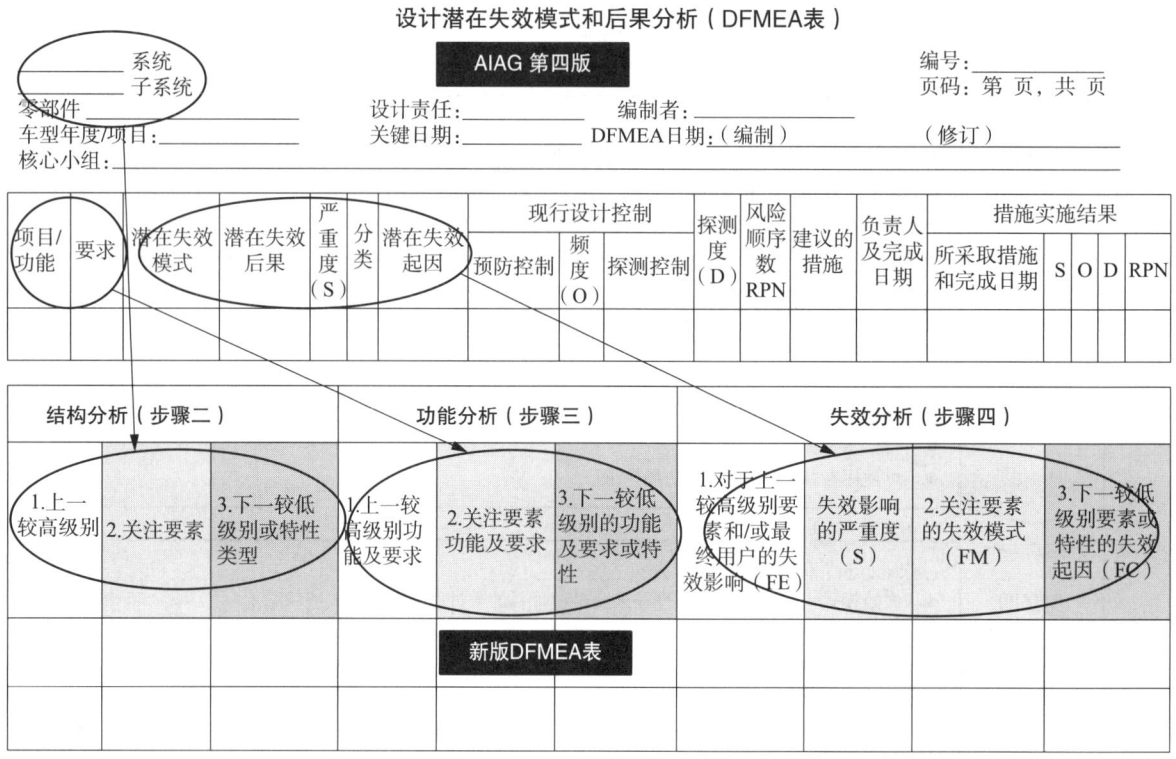

图 2-7 新版 DFMEA 表与 AIAG 第四版 DFMEA 表的对比(步骤二至步骤四)

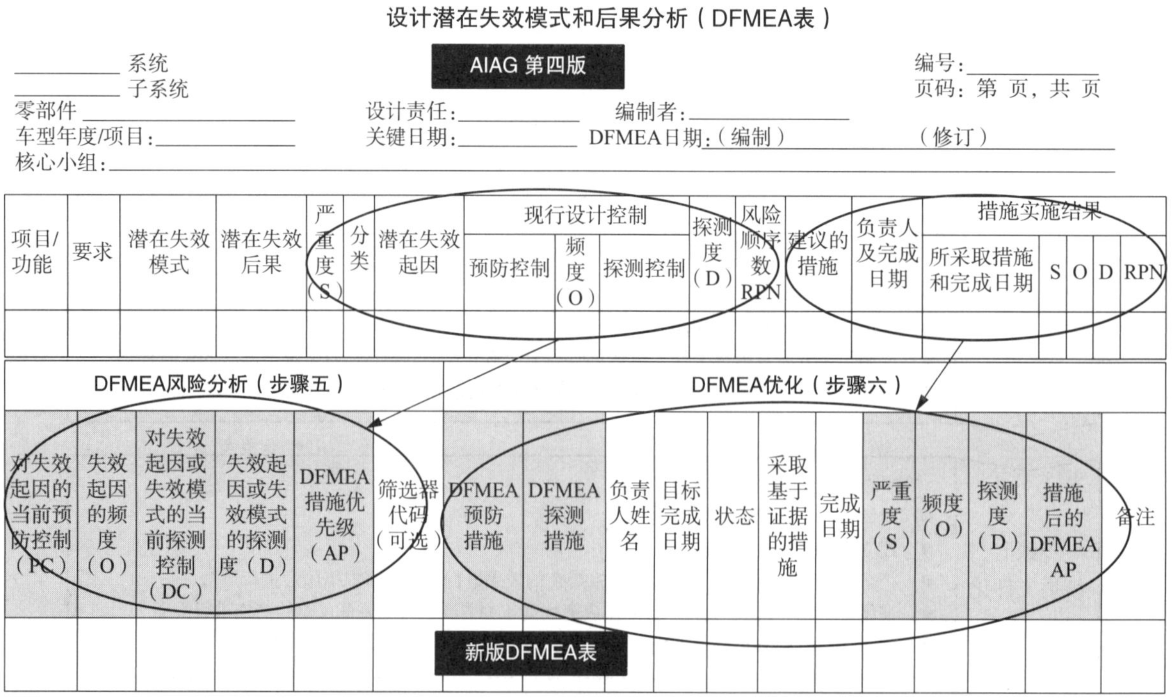

图 2-8 新版 DFMEA 表与 AIAG 第四版 DFMEA 表的对比(步骤五至步骤六)

通过以上对比，我们发现新版"七步法"中，中间的五个步骤"结构分析—功能分析—失效分析—风险分析—优化"在 AIAG 第四版中已经存在，只是在新版中把步骤明确定义了，然后对分析项目进行了上下级别之间的连接，这样前后逻辑更加清晰，更能联系到直接顾客和最终用户的要求。

在新版 FMEA 中，"关注要素"作为分析的主体，与上下层级关联，如图 2-9 所示。

结构分析（步骤二）		
1.上一较高级别	2.关注要素	3.下一较低级别或特性类型
雨刮电机	电磁转换系统	电枢绕组

功能分析（步骤三）		
1.上一较高级别功能及要求	2.关注要素功能及要求	3.下一较低级别功能及要求或特性
功能： 根据参数设置将电能转换成机械能 功能性要求： 产生规定的扭矩和转速，按规定的频率和扭力摆动雨刮	功能： 将电场转换成随角度变换的磁场（旋转磁场） 要求： 在规定的电流、电压条件下，产生规定的磁场强度和电磁转矩	功能： 电流通过时产生电磁场和电磁转矩 要求： 产生规定的磁场强度和电磁转矩

失效分析（步骤四）		
1.对于上一较高级别要素和/或最终用户的失效影响（FE）	2.关注要素的失效模式（FM）	3.下一较低级别要素或特性的失效起因（FC）
（1）电机转速过低或过高 （2）电机产生的扭矩过小或过大 （3）雨刮摆动不正常，影响车辆在雨天行驶	（1）磁场强度过低或过高 （2）电磁转矩过小或过大	由于绕组线圈的匝数和线径设计不当，导致产生的磁场强度和电磁转矩不足或过强

图 2-9 "关注要素"作为分析主体的上下层级关联

六、FMEA 的启动和完成时间

FMEA 是一种"事发前"的行为，而不是"事发后"的行动。由于产品或过程存在潜在的失效模式，为了达到最大价值，FMEA 应在产品或过程实施之前进行。

成功实施 FMEA 方案的最重要因素之一是及时性。为了产品/过程变更可以更容易和低成本执行，提前正确完成 FMEA，将最小化后期变更的风险。

应根据项目计划实施 FMEA，并根据分析状态在项目不同里程碑进行评估。

对比 AIAG 产品质量先期策划（APQP）的五个阶段，FMEA 在相应阶段的时间安排如下（见图 2-10）。

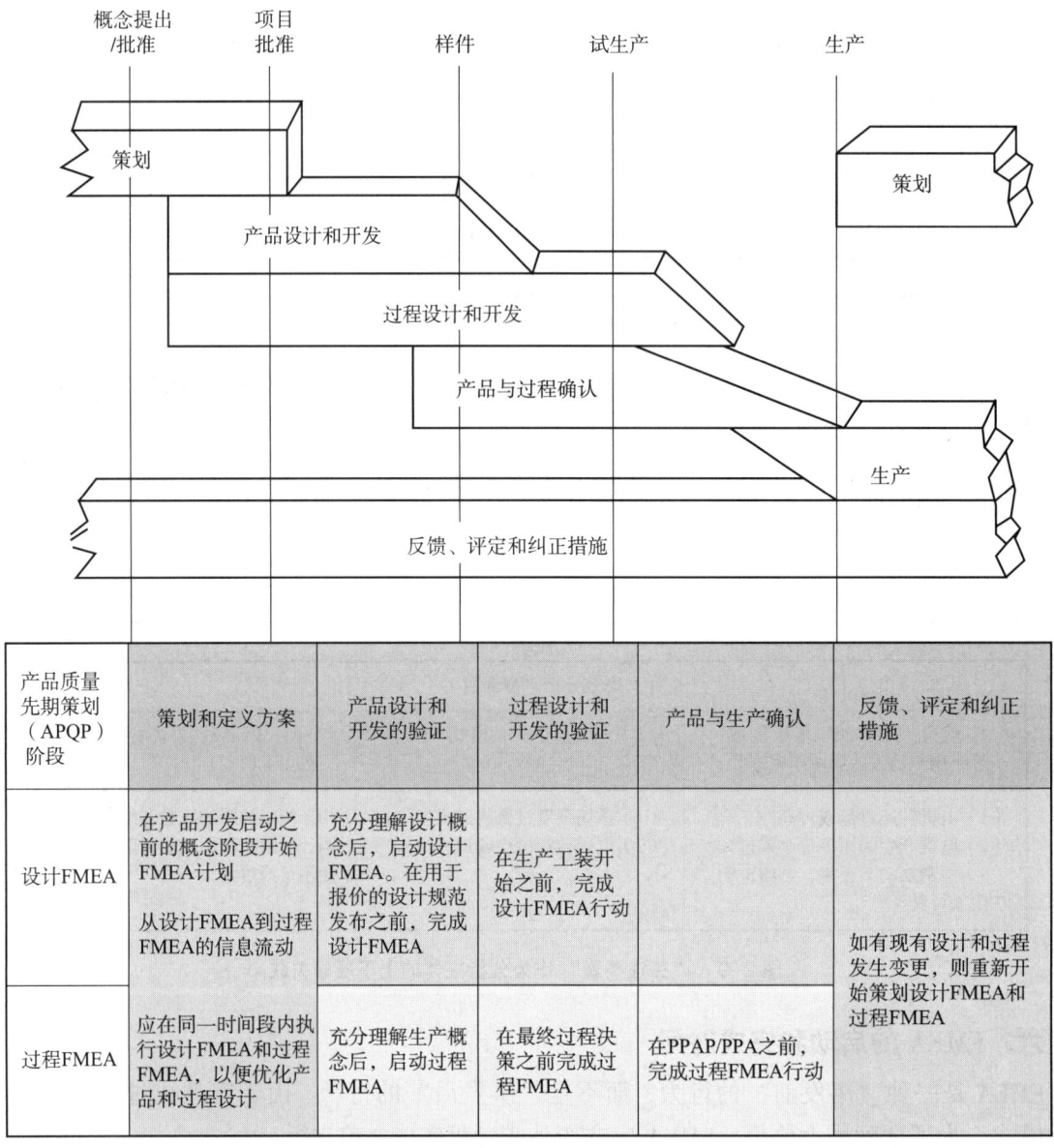

图 2-10 产品质量先期策划（APQP）对应各阶段的 FMEA 时间安排

对比 VDA 新零件成熟度保障（MLA）的 ML0~ML7 阶段，FMEA 在相应阶段的时间安排如图 2-11 所示。

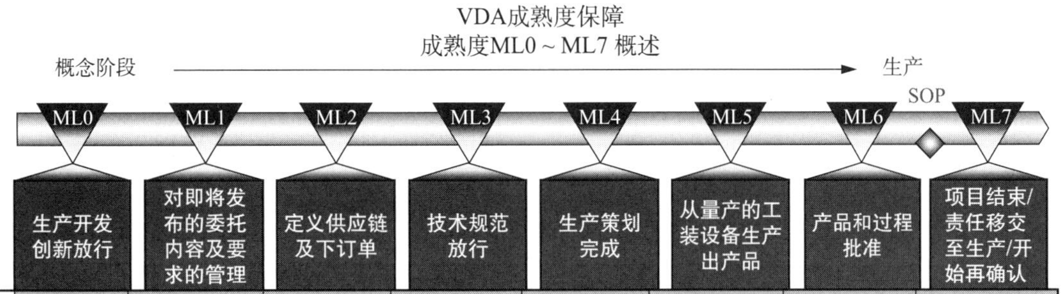

	ML0	ML1	ML2	ML3	ML4	ML5	ML6	ML7
	生产开发创新放行	对即将发布的委托内容及要求的管理	定义供应链及下订单	技术规范放行	生产策划完成	从量产的工装设备生产出产品	产品和过程批准	项目结束/责任移交至生产/开始再确认
新零件成熟度保障	ML0	ML1	ML2	ML3	ML4	ML5	ML6	ML7
	量产开发创新批准	采购范围的需求管理	确定供应链并下订单	技术规范批准	生产策划完成	从量产的工装和设备生产出产品	产品和过程的批准	项目结束，责任移交至批量生产，开始再确认
设计 FMEA		在产品开发启动之前的概念阶段，开始FMEA计划	充分理解设计概念后，启动设计FMEA	在用于报价的设计规范发布之前，完成设计FMEA		在生产工装开始之前，完成设计FMEA行动		如现有设计和过程发生变更，则重新开始策划设计FMEA和过程FMEA
过程 FMEA		从设计FMEA到过程FMEA的信息流动 应在同一时间段内执行设计FMEA和过程FMEA，以便优化产品和过程设计	充分理解生产概念后，启动过程FMEA		在最终过程决策之前，完成过程FMEA		在PPAP/PPA之前，完成过程FMEA行动	

图 2-11 VDA 新零件成熟度保障（MLA）对应各阶段的 FMEA 时间安排

过去的统计数据表明，设计变更集中在开发后半段，批量生产以后还有大量变更会导致更大的损失。早期导入 FMEA 使设计变更尽可能在工装样件之前完成（见图 2-12）。

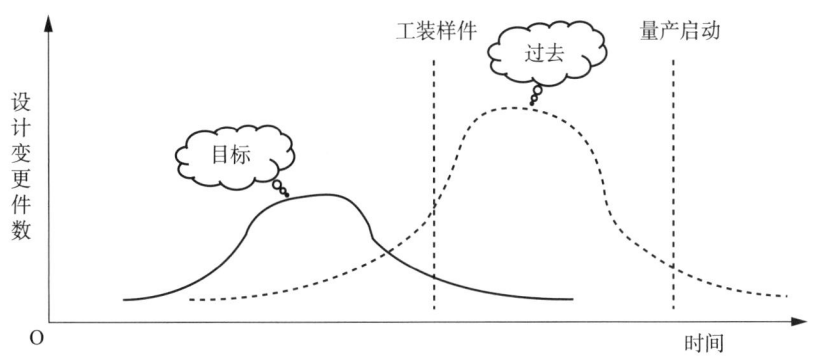

图 2-12 产品开发过程的设计变更情况

第三章
设计FMEA的实施方法

- 设计FMEA实施的过程管理
- DFMEA步骤一：策划和准备
- DFMEA步骤二：结构分析
- DFMEA步骤三：功能分析
- DFMEA步骤四：失效分析
- DFMEA步骤五：风险分析
- DFMEA步骤六：优化
- DFMEA步骤七：结果文件化
- DFMEA使用表格说明和DFMEA案例

第一节　设计 FMEA 实施的过程管理

一、设计 FMEA（DFMEA）概述

1. 产品生命周期的失效率浴盆曲线

实践证明，大多数设备的失效率是时间的函数，典型的失效率曲线被称为浴盆曲线（Bathtub Curve）。失效率浴盆曲线是指产品从投入到报废的整个生命周期内，其可靠性的变化呈现一定的规律。失效率随使用时间的变化可分为三个时期：早期失效期、偶然失效期和损耗失效期（见图3-1）。

由于设计和制造上的缺陷而诱发的早期失效，其失效率往往较高。假如在产品出厂前即进行旨在消除或降低这类缺陷的过程，在产品正式使用时，便可大大地降低失效率。

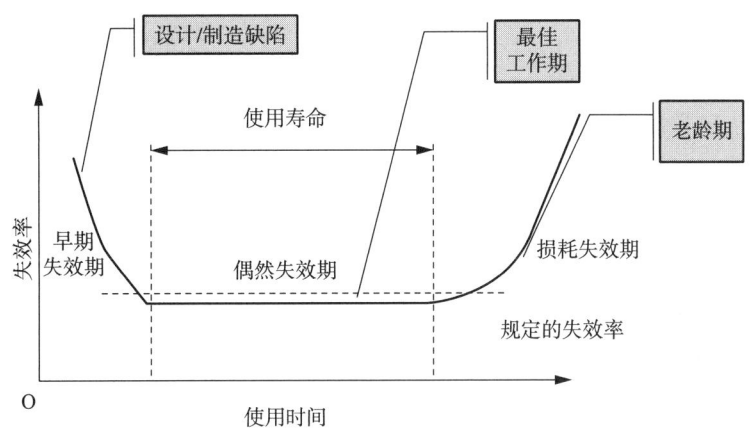

图 3-1　产品生命周期的失效率浴盆曲线

2. 什么是设计 FMEA

——设计 FMEA（Design Failure Mode and Effects Analysis，简称 DFMEA）即设计失效模式及影响分析，是一种主要由设计责任工程师/团队使用的分析技术，用于将零件交付生产之前，尽可能考虑并解决潜在失效模式及相关失效起因。

——DFMEA 用于分析所定义的系统、子系统或相关组件的功能，其内部要素之间的关系以及与系统边界外部要素之间的关系，从而识别出可能存在的设计缺陷，将潜在的失效风险降到最低。

——DFMEA 要考虑有关设计评估和应用方面的可能更改，以及对潜在失效导致的风险进行讨论。特别是与安全相关的部件应给予更高的优先权。

3. DFMEA 的目的

DFMEA 通过以下几方面降低风险支持设计过程：

- 有助于对包括功能要求和设计方案在内的设计进行客观评价；
- 对制造、装配、服务和回收要求的最初设计进行评价；
- 提高在设计和开发过程中已考虑潜在失效模式及其对产品运行影响的可能性；
- 为全面有效的设计、开发和项目确认的策划提供更多的信息；
- 根据潜在失效模式对"顾客"的影响，对其进行排序列表，进而建立一套改进设计和开发试验的优先控制系统；
- 为建议和跟踪降低风险的措施，提供一个公开的讨论形式；

- 为将来阐述售后市场情况、评价设计更改及开发先进的设计提供参考（学到的经验）。

4. DFMEA 对可制造性、可装配性、可维修性的考虑

DFMEA 应该包含任何由设计导致的在制造或装配过程中发生的潜在失效模式和要因，这些失效模式可能可以通过设计更改消除或降低。

在进行 DFMEA 时，需要把制造和装配过程中的技术、物理限制考虑在内。例如：

- 必要的拔模斜度（与模具有关的产品设计）；
- 表面处理的限制；
- 装配空间（工具的可达性）；
- 钢材强度的局限性；
- 公差/过程能力/性能。

DFMEA 也应考虑产品进入市场后，产品的服务可行性、回收的技术和物理限制。例如：

- 便利的维修工具；
- 简便的诊断方法；
- 材料分类标志（回收利用）；
- 材料/化学品是否满足环保要求。

二、DFMEA 的"七步法"

DFMEA 按"七步法"的逻辑顺序展开分析和呈现结果（见图 3-2）。

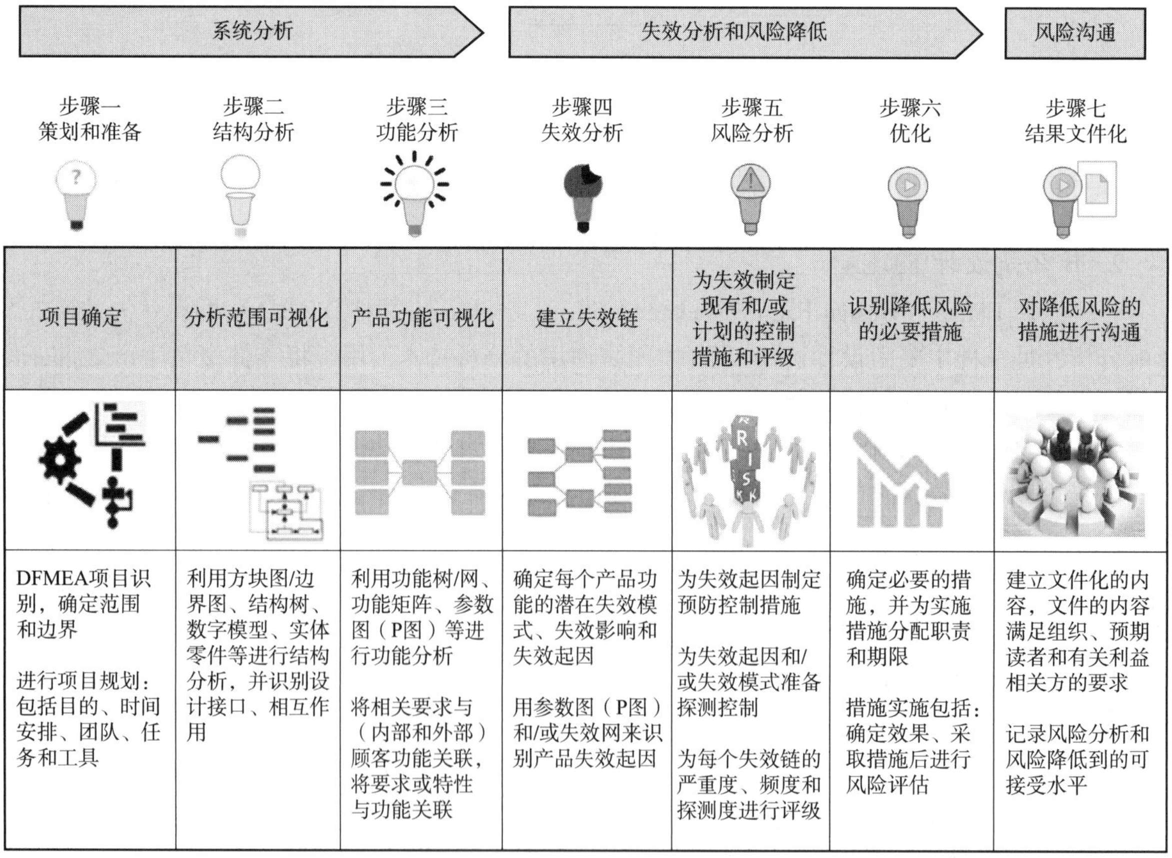

系统分析			失效分析和风险降低			风险沟通
步骤一 策划和准备	步骤二 结构分析	步骤三 功能分析	步骤四 失效分析	步骤五 风险分析	步骤六 优化	步骤七 结果文件化
项目确定	分析范围可视化	产品功能可视化	建立失效链	为失效制定现有和/或计划的控制措施和评级	识别降低风险的必要措施	对降低风险的措施进行沟通
DFMEA项目识别，确定范围和边界 进行项目规划：包括目的、时间安排、团队、任务和工具	利用方块图/边界图、结构树、数字模型、实体零件等进行结构分析，并识别设计接口、相互作用	利用功能树/网、功能矩阵、参数图（P图）等进行功能分析 将相关要求与（内部和外部）顾客功能关联，将要求或特性与功能关联	确定每个产品功能的潜在失效模式、失效影响和失效起因 用参数图（P图）和/或失效网来识别产品失效起因	为失效起因制定预防控制措施 为失效起因和/或失效模式准备探测控制 为每个失效链的严重度、频度和探测度进行评级	确定必要的措施，并为实施措施分配职责和期限 措施实施包括：确定效果、采取措施后进行风险评估	建立文件化的内容，文件的内容满足组织、预期读者和有关利益相关方的要求 记录风险分析和风险降低到的可接受水平

图 3-2 DFMEA 的"七步法"

三、DFMEA 实施的过程管理

DFMEA 的实施也是一个过程管理，包括明确 DFMEA 的过程输入、过程活动、过程输出，

确定过程执行者，提供过程所需的资源，明确使用的方法/工具/技术，以及确定过程的绩效目标。如图 3-3 所示。

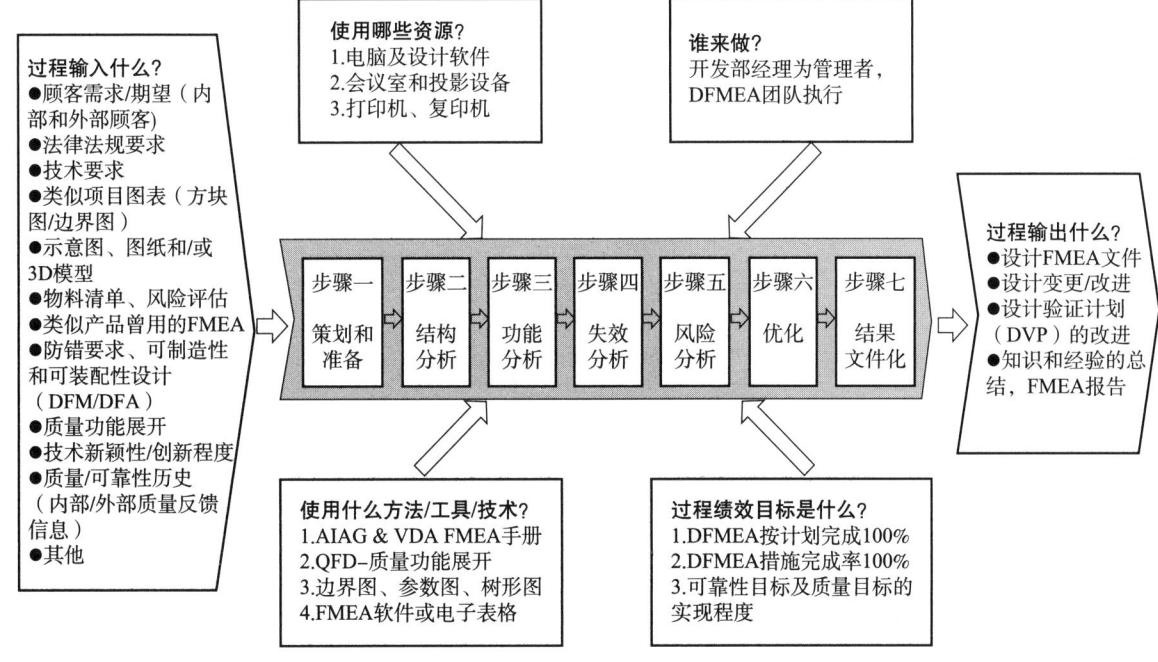

图 3-3　DFMEA 过程管理

第二节　DFMEA 步骤一：策划和准备

一、DFMEA"策划和准备"的主要工作和目标

DFMEA"七步法"的第一步"策划和准备"，其目的是①确定项目将要执行的 DFMEA 分析类型，即系统、子系统或组件，定义每个 DFMEA 类型中包含和不包含的内容，也就是确定分析对象和范围。②制定项目计划，收集产品的经验和教训。

DFMEA"策划和准备"的主要工作和目标如下（见图 3-4）。

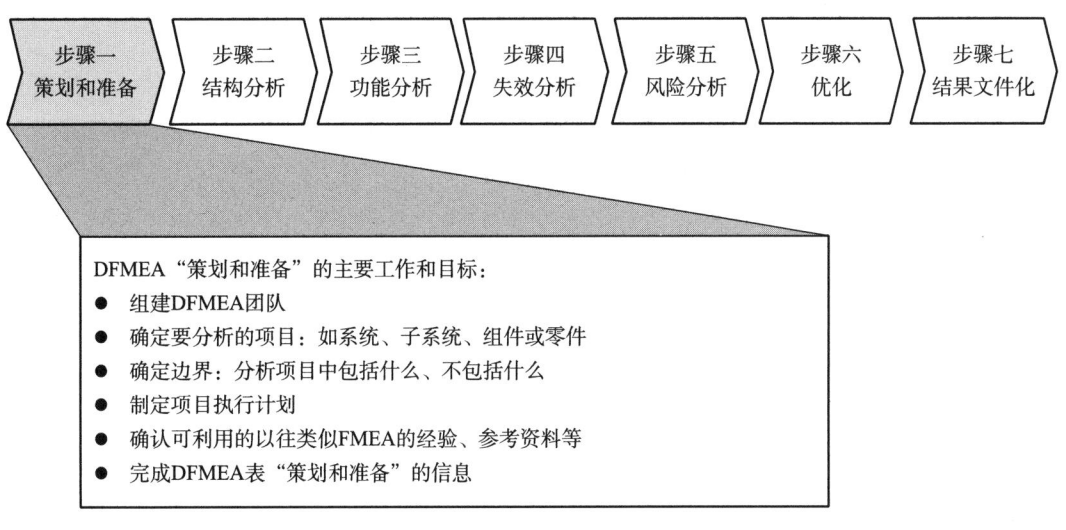

图 3-4　DFMEA"策划和准备"的主要工作和目标

二、组建 DFMEA 团队（跨功能小组）

成功执行 DFMEA 的重要因素之一便是团队的共同努力，包括管理者的参与。

在任何公司内 DFMEA 都是一项重要的活动。DFMEA 的开发是一项多学科活动，影响整个产品的实现过程，需要很好的策划才能达到更好的效果。这个过程需要花费相当多的时间并耗费所需资源，但更重要的是过程所有者（技术主管或项目经理）和高层管理者的承诺。

DFMEA 团队的规模取决于设计的类型、复杂程度和公司架构。DFMEA 团队组成如下（见图 3-5）。

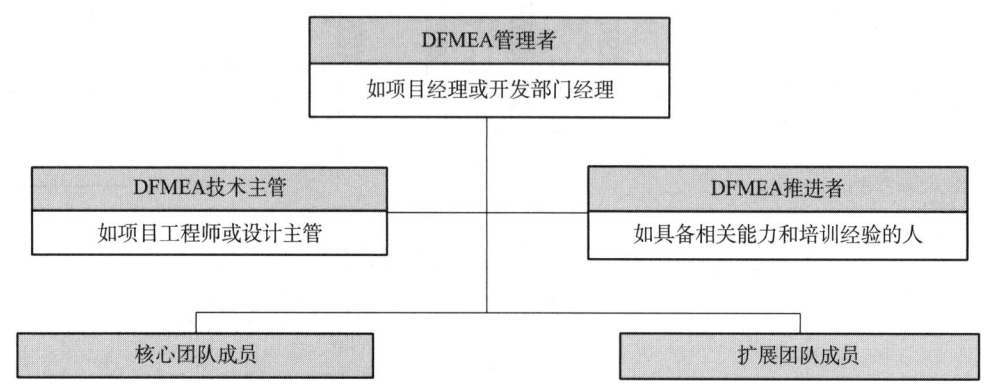

图 3-5 DFMEA 团队组成

DFMEA 团队由具备不同职能（跨职能）的成员组成，他们具备必要的专业知识，包括能促进 DFMEA 分析的专业技术和知识。

DFMEA 核心团队可由以下人员组成：

- 推进者；
- 设计工程师；
- 系统工程师；
- 零件工程师；
- 测试工程师；
- 质量/可靠性工程师；
- 负责产品开发的其他人员。

核心团队成员准备 DFMEA 系统分析（步骤一至步骤三）并参加 DFMEA 会议。扩展团队成员根据需要参与（由 DFMEA 推进者或会议组织人员协调）DFMEA 各阶段的活动。

DFMEA 扩展团队可由以下人员组成：

- 技术专家；
- 过程/制造工程师；
- 维修工程师；
- 功能安全工程师；
- 采购；
- 供应商；
- 顾客代表；
- 其他具有专业知识的人员。

在公司的产品开发过程中，DFMEA 参与的角色和责任应该分配，某个角色的责任由不同的人员分担，或者可以将多个角色分配给同一个人。

DFMEA 管理者（如项目经理或开发部门经理）的职责：
- 指定前期工作负责人、DFMEA 推进者，并指定设计工程师负责执行来自分析结果的措施；
- 对识别风险和执行措施是否可接受有决定权；
- 负责选择和分配资源，并确保在计划的项目时间内实施有效的风险管理；
- 作为 DFMEA 开发和维护的责任人和所有者；
- 通过不断评审和消除障碍，为团队提供直接的资源；
- 负责预算。

DFMEA 技术主管（如项目工程师或设计主管）的职责：
- 对 DFMEA 内容负技术责任；
- 为技术/财务决策准备商业案例；
- 定义要素、功能、要求和接口；
- 关注项目；
- 为采购准备必要的文件和信息；
- 吸取经验教训。

DFMEA 推进者的职责：
- DFMEA 工作流程的协调和组织；
- 缓解冲突；
- 参与组建团队；
- 参与编制粗略的时间表；
- 参与分析阶段第一次团队会议的邀请；
- 参与拟定决策准则/标准；
- 培训方法能力（DFMEA）以及使参与者熟悉 DFMEA 方法；
- DFMEA 软件文件化能力（必要时）；
- 作为调解、说服、沟通的主持人；
- 管理 DFMEA "七步法" 的执行；
- 如有必要，准备和总结 DFMEA 会议；
- 协调 DFMEA 工作组的工作。

任何具有相关能力和培训经验的团队成员都可以担任推进者。

DFMEA 核心团队成员的职责：
- 提供相关产品的相关经验知识；
- 提供关于 DFMEA 关注产品的必要信息；
- 提供现有 DFMEA 已知经验；
- 参与执行 DFMEA 的七个步骤；
- 参与编写商业案例；
- 吸取经验教训。

DFMEA 扩展团队成员的职责：
- 提供有关特殊项目的补充资料；
- 提供关于 DFMEA 关注产品和过程的必要信息；
- 参与编写商业案例。

管理者是 DFMEA 过程的拥有者，管理者有选择和应用资源以及确保有效管理风险过程，包括时间调配在内的最终责任。

在"策划和准备"阶段，首先应确定参与 DFMEA 核心团队和扩展团队的具体人员，建立 DFMEA 团队成员及职责表（团队成员可根据需要进行动态调整），以下为示例（见表3-1）。

表3-1 DFMEA 团队成员及职责表（示例）

核心团队成员完成 DFMEA 系统分析（步骤一至步骤三）并参加 DFMEA 会议。扩展团队成员根据需要参与（由 DFMEA 推进者或会议组织人协调）DFMEA 不同阶段的活动							
核心团队成员							
姓名	来自部门	职位	团队角色	电话	电子邮箱	主要职责	专业知识/技能要求
	开发部	项目经理	DFMEA 管理者			• 指定前期工作负责人、DFMEA 推进者，并指定设计工程师负责执行来自分析结果的措施 • 对识别风险和执行措施是否可接受有决定权 • 负责选择和分配资源，并确保在计划的项目时间内实施有效的风险管理 • 作为 DFMEA 开发和维护的责任人和所有者 • 通过不断评审和消除障碍，为团队提供直接的资源 • 负责预算	
	开发部	项目工程师	DFMEA 技术主管			• 对 DFMEA 内容负技术责任 • 为技术/财务决策准备商业案例 • 定义要素、功能、要求和接口 • 关注项目 • 为采购准备必要的文件和信息 • 吸取经验教训	
	开发部	设计工程师或其他适合的人员	DFMEA 推进者			• DFMEA 工作流程的协调和组织 • 缓解冲突 • 参与组建团队 • 参与编制粗略的时间表 • 参与分析阶段第一次团队会议 • 参与拟定决策准则/标准 • 培训方法能力（DFMEA）以及使参与者熟悉 DFMEA 方法 • DFMEA 软件文件化能力（必要时） • 作为调解、说服、沟通的主持人 • 管理 DFMEA "七步法"的执行 • 如有必要，准备和总结 DFMEA 会议 • 协调 DFMEA 工作组的工作	

续表

核心团队成员							
姓名	来自部门	职位	团队角色	电话	电子邮箱	主要职责	专业知识/技能要求
		系统工程师	核心成员			• 提供相关产品的相关经验知识 • 提供关于 DFMEA 关注产品的必要信息 • 提供现有 DFMEA 已知经验 • 参与执行 DFMEA 的七个步骤 • 参与编写商业案例 • 吸取经验教训	
		零件工程师	核心成员			^	
		测试工程师	核心成员			^	
		质量/可靠性工程师	核心成员			^	
		负责产品开发的其他人员	核心成员			^	
扩展团队成员							
姓名	来自部门	职位	团队角色	电话	电子邮箱	主要职责	专业知识/技能要求
		技术专家	扩展成员			• 提供有关特殊项目的补充资料 • 提供关于 DFMEA 关注产品的必要信息 • 参与编写商业案例	
		过程/制造工程师	扩展成员			^	
		维修工程师	扩展成员			^	
		功能安全工程师	扩展成员			^	
		采购	扩展成员			^	
		供应商	扩展成员			^	
		顾客代表	扩展成员			^	
		其他具有专业知识的人员	扩展成员			^	

三、定义顾客并理解其需求和期望

DFMEA 过程中有四类主要的顾客，他们的所有需要均应在 DFMEA 分析中予以考虑。DFMEA 的顾客组成如图 3-6 所示。

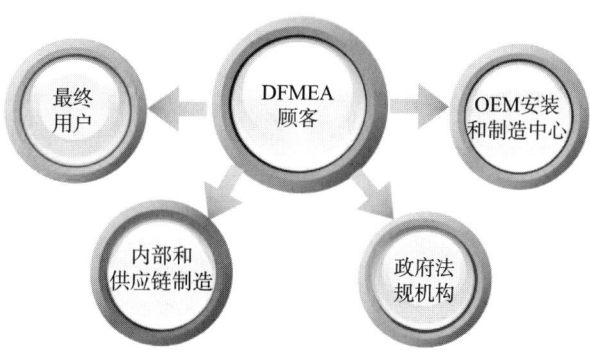

图 3-6　DFMEA 的顾客组成

最终用户（终端顾客）：

——在产品充分开发和销售后使用该产品的个人。

OEM 安装和制造中心（工厂）：

——OEM（整车厂）生产运作（如动力总成、冲压和制造）和组装场所。阐述产品和组装过程的界面对有效的 DFMEA 分析是关键的。

内部和供应链制造：

——生产材料和零件的加工、制作或组装的供应场所。这可能是任何后续或下游作业、下一级的制造过程。

政府法规机构：

——政府机构确定要求以及监控服从那些对产品或过程有影响的安全和环境规范。

在产品质量策划的早期阶段，重要的是了解顾客需求、期望和要求，DFMEA 团队应明确下列事项：

- 了解顾客的需求，如技术规范、可靠性和试验要求、质量目标等；
- 理解顾客的期望，如可维修性、保障性、可测试性、环境适应性；
- 法律法规的要求；
- 可制造性、可装配性的要求；
- 成本、进度和应考虑的限制条件；
- 确定所需来自顾客的帮助。

四、确定 DFMEA 项目和范围

值得注意的是，DFMEA 项目识别的前提是公司有产品设计职责，若公司没有产品设计职责则不需要执行 DFMEA，而是仅考虑 PFMEA。

在组建了 DFMEA 团队后，首要任务是识别需要进行 DFMEA 的项目及确定范围。

确定项目将要执行的 DFMEA 分析类型，即系统、子系统或组件，定义每个 DFMEA 类型中包含和不包含的内容，也就是确定分析对象范围。

下面我们以汽车前风窗雨刮系统为例进行说明。

前风窗雨刮系统通常分为雨刮电机和连杆机构、刮臂及刮刷（见图 3-7）。

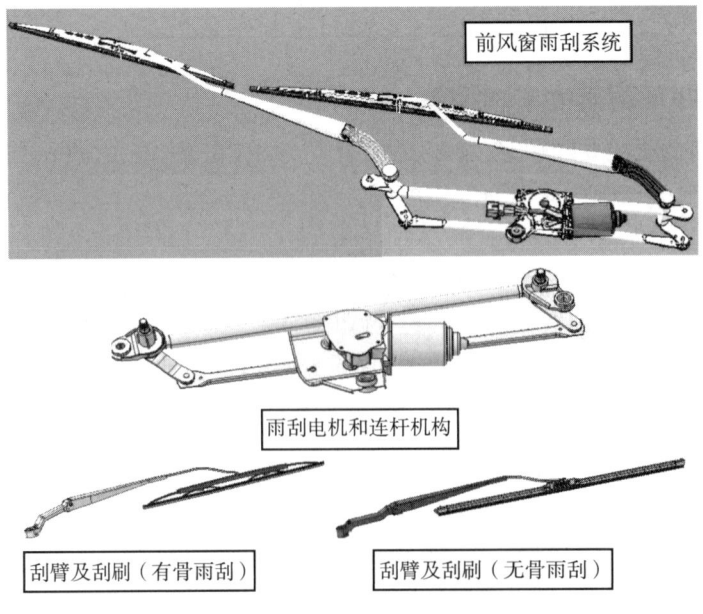

图 3-7 前风窗雨刮系统组成

通常，一家企业并不是做整个雨刮系统的全部组件，有的企业做电机及减速机构，有的企业做连杆机构，有的企业做刮臂和雨刷，有的企业只做雨刷。

所以，首先需要明确我们的产品范围，然后确定需要进行 DFMEA 分析的系统、组件和零件。

——可以思考以下基本问题，帮助识别 DFMEA 项目：

- 顾客要向我们购买什么？
- 是否有新要求？
- 顾客或公司是否需要 DFMEA？
- 我们是否负责产品设计并制造？
- 我们是否只负责产品设计，但不制造？
- 我们是否购买其中的某些零部件，但不拥有设计控制权？
- 谁负责接口设计？是顾客还是我们？
- 我们是否需要系统、子系统、组件或其他层面的分析？

——考虑以下内容可有助于团队定义范围和边界，适用时包括：

- 法律要求；
- 技术要求；
- 顾客需求/期望（内部和外部顾客）；
- 需求规范；
- 类似项目图表（方块图/边界图）；
- 示意图、图纸和/或 3D 模型；
- 物料清单、风险评估；
- 类似产品曾用的 DFMEA；
- 防错要求、可制造性和可装配性设计（DFM/DFA）；
- 质量功能展开；
- 技术新颖性/创新程度；
- 质量/可靠性历史（内部质量、零公里质量、现场失效、类似产品的保修和保险索赔）；
- 设计的复杂性；
- 人员和系统安全性；
- 网络物理系统（包括网络安全）；
- 目录和标准零件。

通过分析我们与客户及供应商的职责和项目范围，可以更清晰地明确 DFMEA 的项目、范围和接口（见图3-8）。

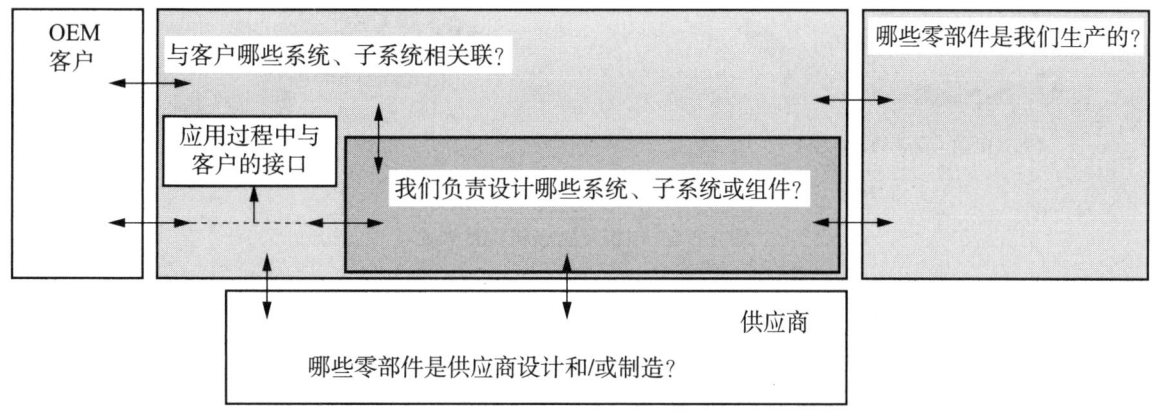

图3-8　项目范围分析图示

对这些问题和内容进行思考及评审有助于创建所需的 DFMEA 项目清单，从而确保与顾客及内部的方向、承诺和工作重点的一致性。

我们以雨刮系统的电机及减速机构为例进行说明。

先了解一下普通的电动式雨刮系统的工作原理：

如图 3-9 所示，当电机"1"工作时，带动曲柄"2"做圆周运动，通过连杆"3"使摇柄"4"做往返运动，而摇柄"4"又带动刮臂刮刷组件"5"做往返运动以除去玻璃上的雨水或灰尘。

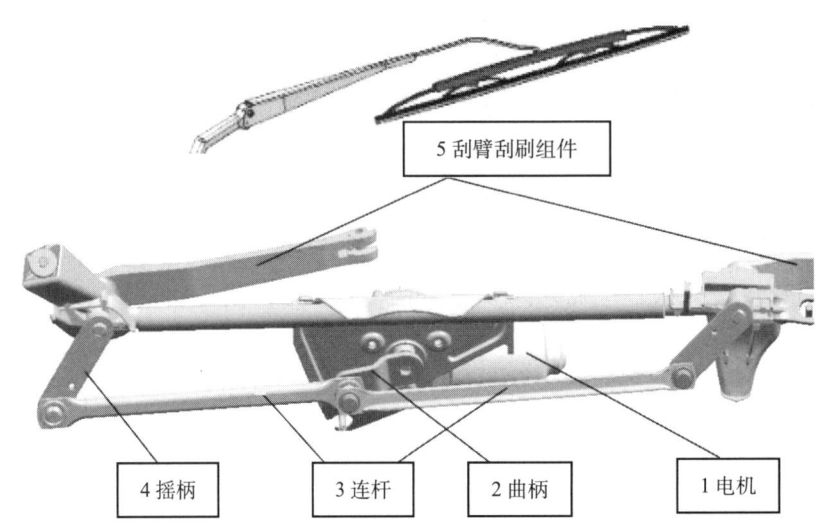

图 3-9 前风窗雨刮系统总成

雨刮系统的电机及减速机构的实物结构如图 3-10 和图 3-11 所示。

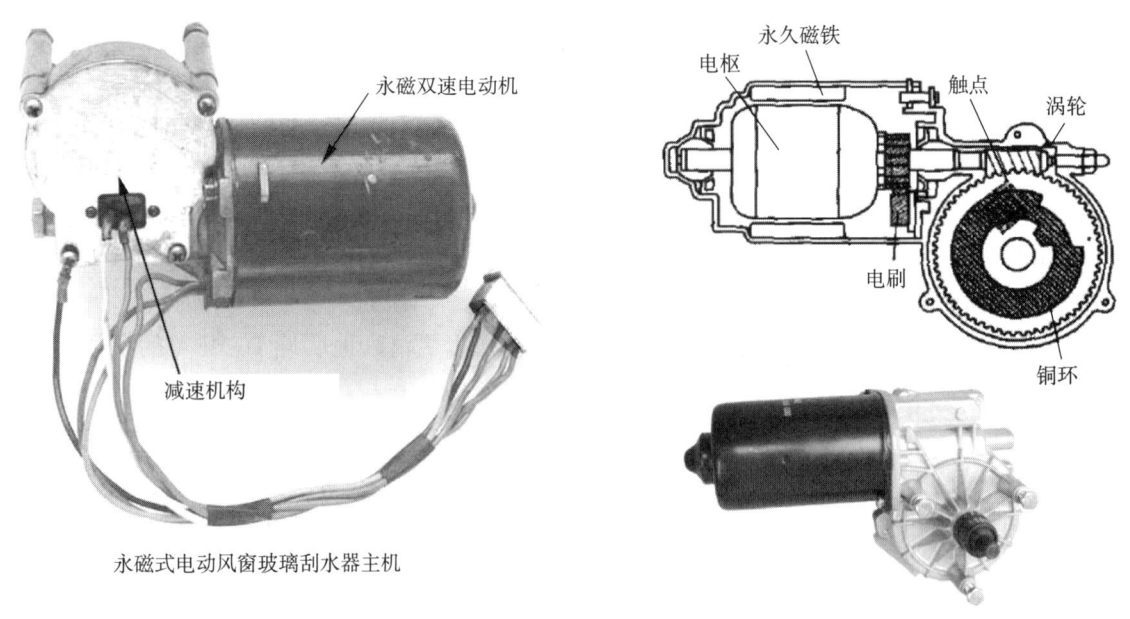

图 3-10 电机及减速机构整体图

雨刮器的动力源来自电动机，它是整个雨刮系统的核心。它采用直流永磁电动机，一般与减速机械部分做成一体。减速机构的作用是减速增扭，其输出轴带动四连杆机构，通过四连杆机构使连续的旋转运动改为左右摆动的运动。

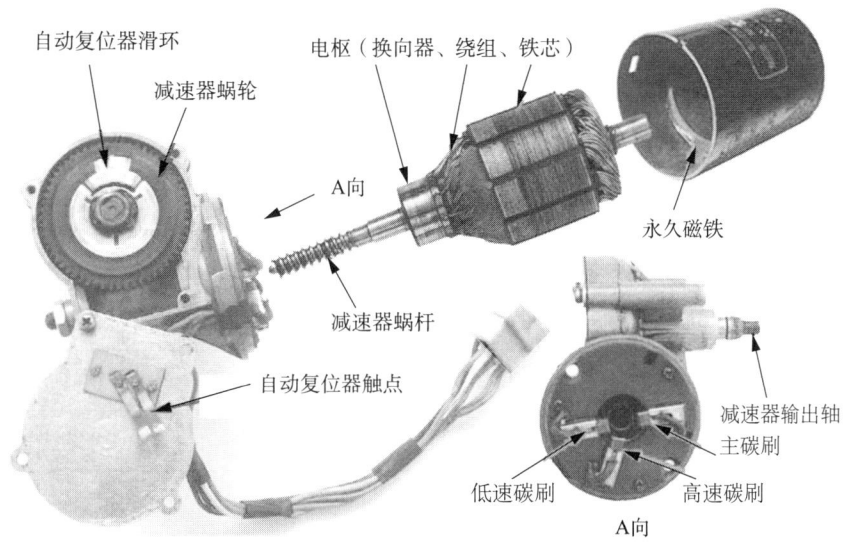

图 3-11 电机及减速机构解体图

确定 DFMEA 分析项目时的初步风险评估：

美国汽车工程师协会（SAE）于 2021 年 1 月发布了新修订的 FMEA 指南"地面车辆标准 SAE J1739 FMEA 手册"，其中提出，在确定分析项目时，可进行初始风险评估。

DFMEA 分析是比较花费时间和资源的，有的产品设计可能包括几十甚至上百个组件或零件，很多公司可能在时间上不允许对每一个零件都完整地执行 DFMEA。因此，可以进行初步风险评估，确定重点分析项目，将资源集中在一些高风险的组件或零件上。

初步风险评估包括三个方面的内容：

- 项目组认同风险评价因素；
- 将系统层次的结构分解到每一个组件或零件；
- 使用 1、2、3 分级评分，将各评价因素得分相乘，得到优先级。

SAE J1739—2021 标准中给出了以雨刮和洗涤系统为例的初始风险评价矩阵表，以下为示例（见表 3-2）。

表 3-2 初始风险评价矩阵表（示例）

项目	安全考虑	新技术	变化程度	现场问题	监管风险	供应商问题	其他风险因素	优先级度量	创建/更新 FMEA（是/否）
雨刮器	3	3	2	3	2	3		324	是
雨刮电机	2	3	2	3	2	3		216	是
雨刮连杆	1	1	1	2	1	2		4	否
雨刮臂	3	1	3	3	2	2		108	是
雨刮片	2	2	1	2	2	1		16	否
控制模组	2	1	1	1	1	1		2	否
雨刮继电器	3	1	1	2	2	3		36	否
储液罐总成（包括传感器）	2	2	2	3	2	3		144	是

注：项目组可以添加其他风险因素，也可以修改上述风险因素。

以上的初始风险评估是建议性的,在可能的情况下,企业可以对设计责任范围内的全部组件或零件完整地执行 DFMEA。

假定某企业承担雨刮电机和减速机构的设计责任,团队对设计项目和范围分析后,确定并建立 DFMEA 项目清单,以下为示例(见表 3-3)。

表 3-3 **DFMEA 项目清单(示例)**

组件名称:雨刮电机及减速机构			型号:×××-50020		
应用中和顾客的接口:与连杆机构配合并通过曲柄传输力矩					
DFMEA 分析项目					
组件/零件项目			设计职责		生产分配
			公司设计	供应商设计	公司生产	供应商生产
雨刮电机	电枢	铁芯	√		√	
		绕组	√		√	
		换向器	√		√	
	电机外壳		√			√
	蜗杆轴		√			√
	永久磁铁		√			√
	碳刷		√			√
	其他					
减速机构	减速器蜗轮		√			√
	减速器输出轴		√			√
	复位器滑环		√			√
	减速器外壳		√			√
	其他					

五、制定 DFMEA 项目计划

DFMEA 项目计划通常包括五个方面的内容(DFMEA 目的、任务、团队、工具、时间安排),是在 DFMEA 开始时应该讨论的五个主题,以便及时取得最佳效果、避免 DFMEA 返工。这些主题可以作为项目启动的一部分。

DFMEA 目的——为什么要做 DFMEA?(DFMEA Intent)

DFMEA 任务——需要做哪些工作?(DFMEA Task)

DFMEA 团队——包括哪些人?(DFMEA Team)

DFMEA 工具——如何进行分析?(DFMEA Tool)

DFMEA 时间安排——什么时候完成?(DFMEA Timing)

在确定 DFMEA 项目后,应立即制定 DFMEA 项目计划,以下为示例(见表 3-4)。

第三章 设计FMEA的实施方法

表3-4 DFMEA项目计划（示例）

组件名称：雨刮电机及减速机构		型号：×××-50020			
应用中和顾客的接口：与连杆机构配合并通过曲柄传输力矩					
本项目DFMEA应用情形： ■新设计　　□现有设计的变更　　□现有设计的新应用					
本项目DFMEA目的（DFMEA Intent）： ● 通过DFMEA消除或减少失效，降低设计风险，提高产品的可靠性 ● 按APQP里程碑完成DFMEA，并提交客户PPAP评审 ● 与客户及供方就有关设计问题进行交流与协作					
本项目DFMEA任务（DFMEA Task）： ● 雨刮电机及其组成零部件的DFMEA ● 减速机构及其组成零部件的DFMEA ● 按"七步法"要求实施，并交付成果					
本项目DFMEA执行团队（DFMEA Team）： 参见DFMEA团队成员及职责表					
本项目DFMEA使用工具（DFMEA Tool）： DFMEA标准电子表格或DFMEA软件、3D图、零件图、方块图/边界图、参数图、树形图等					
可利用的以往类似DFMEA的经验：参考"雨刮电机及减速机构"的基础DFMEA					
本项目DFMEA时间安排（DFMEA Timing）：					
DFMEA分析项目					
组件/零件项目			职责		时间安排
			技术主管	DFMEA推进者	开始日期	预计完成日期
雨刮电机	电枢	铁芯			2020年8月16日	2020年8月28日
		绕组				
		换向器				
	电机外壳					
	蜗杆轴					
	永久磁铁					
	碳刷					
	其他					
减速机构	减速器蜗轮					
	减速器输出轴					
	复位器滑环					
	减速器外壳					
	其他					

六、识别和利用基础FMEA或家族FMEA

通常，企业会开发不同系列的产品或家族式的产品。

建议创建、使用基础FMEA和家族FMEA，为新的分析提供基础信息。这些实践提供了利用经验和知识的机会，确保在产品生命周期内积累知识，并且不会重复先前的失效问题（吸取经验教训）。此外，还可以减少重复工作和费用支出。

——基础 FMEA（也称作一般、基准、模板、核心、母版或最佳实践 FMEA 等），包含了企业先前开发过程中积累的知识，可为创建新的 FMEA 提供基础。基础 FMEA 不针对某个具体项目，仅对需求、功能和措施进行笼统的概述。

——家族 FMEA 是基础 FMEA 的具体化。通常，企业会开发包含共同或一致产品边界和相关功能（一个产品系列）的产品。在这种情况下，合适的做法是，创建一个涵盖同一产品系列下所有产品的家族 FMEA。

——对于正在开发的新产品，使用家族 FMEA 或基础 FMEA 方法时，团队应识别和专注分析现有的产品和新产品或应用之间的差异。从家族 FMEA 或基础 FMEA 获得的信息和评级，应根据具体的使用案例和已知应用经验进行严格检查。

DFMEA 的策划和准备工作包括了解可以帮助跨职能团队的可用信息，如基础 DFMEA、类似产品的 DFMEA 或同一系列产品的 DFMEA。

对于同一个系列中的新产品，为完成该新产品 DFMEA 所需的新项目特定组件和功能将添加到家族 FMEA 中。

如果没有可供参考的基础 DFMEA，那么团队将开发一个新的 DFMEA。

七、填写 DFMEA 表中"策划和准备"的信息

在策划和准备阶段完成后，应填写 DFMEA 表中步骤一的信息（见表 3-5）。

表头可根据组织的需要修改。

表 3-5　DFMEA 表　步骤一（示例）

设计失效模式及影响分析（DFMEA）					
策划和准备（步骤一）					
公司名称	×××公司	项目名称	（系统、子系统和/或组件）雨刮电机		
工程地点	中国广州××区	DFMEA 开始日期	2020 年 8 月 18 日	DFMEA ID 编号	2021FX-5-DFMEA-01
顾客名称	GHAC	DFMEA 修订日期	2020 年 10 月 26 日	设计责任人	张××
年型/项目	2021FX-5	跨职能团队	参见 DFMEA 团队成员及职责表	保密级别	保密

步骤一包含了一些基本的 DFMEA 范围的信息，内容说明如下：

"公司名称"：负责 DFMEA 的公司的名称。

"工程地点"：地理位置。

"顾客名称"：接收产品的顾客的名称。

"年型/项目"：顾客用于哪一年的车辆型号或本公司型号/类型。

"项目名称"：DFMEA 项目名称（系统、子系统和/或组件）。

"DFMEA 开始日期"：DFMEA 开始的日期。

"DFMEA 修订日期"：DFMEA 最新修订日期。

"跨职能团队"：所需的团队成员名单。

"DFMEA ID 编号"：由公司确定。

"设计责任人"：该项目 DFMEA 负责人的姓名。

"保密级别"：商业应用、专有、保密。

需要重点注意的是，DFMEA 的开始与修订应与产品设计的项目计划保持一致。在充分了解设计概念时，启动 DFMEA；在用于报价的设计规范发布之前，完成 DFMEA 分析；在生产模具开始之前，完成 DFMEA 措施。

第三节 DFMEA 步骤二：结构分析

一、DFMEA"结构分析"的主要工作和目标

DFMEA"七步法"的第二步"结构分析"，其目的是设计识别，将其分解为系统、子系统、组件和零件，以便于明确上下层级关系和完整地进行技术风险分析。

DFMEA"结构分析"的主要工作和目标如下（见图 3-12）。

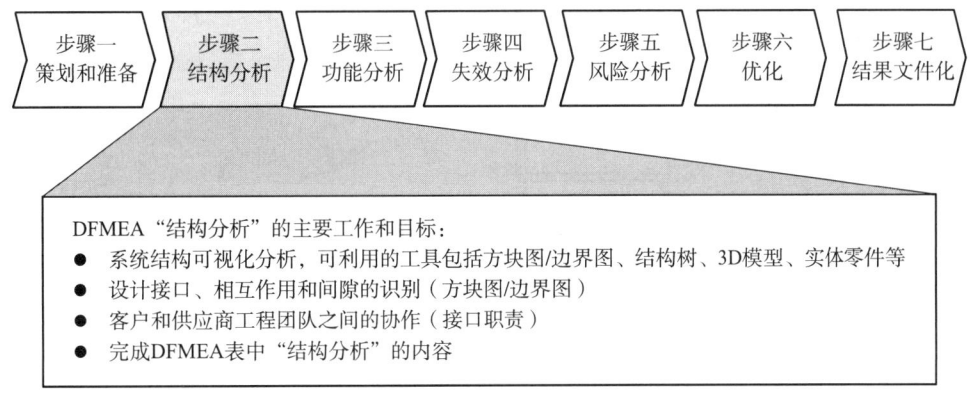

图 3-12 DFMEA"结构分析"的主要工作和目标

二、系统结构及可视化

我们先了解一下"系统"的概念。

"系统"一词来源于英文 system 的音译，即若干部分相互联系、相互作用形成的具有某些功能的整体（百度百科）。

我国著名科学家钱学森认为：系统是由相互作用相互依赖的若干组成部分结合而成具有特定功能的有机整体，而且这个有机整体又是它从属的更大系统的组成部分。

在 ISO 9000：2015 中，"系统"定义为相互关联或相互作用的一组要素。

"要素"是系统的组成部分。组成系统的要素可以是各种系统、子系统、组件、零件。

以汽车为例，系统和要素之间的关系可以表述如下（见图 3-13）。

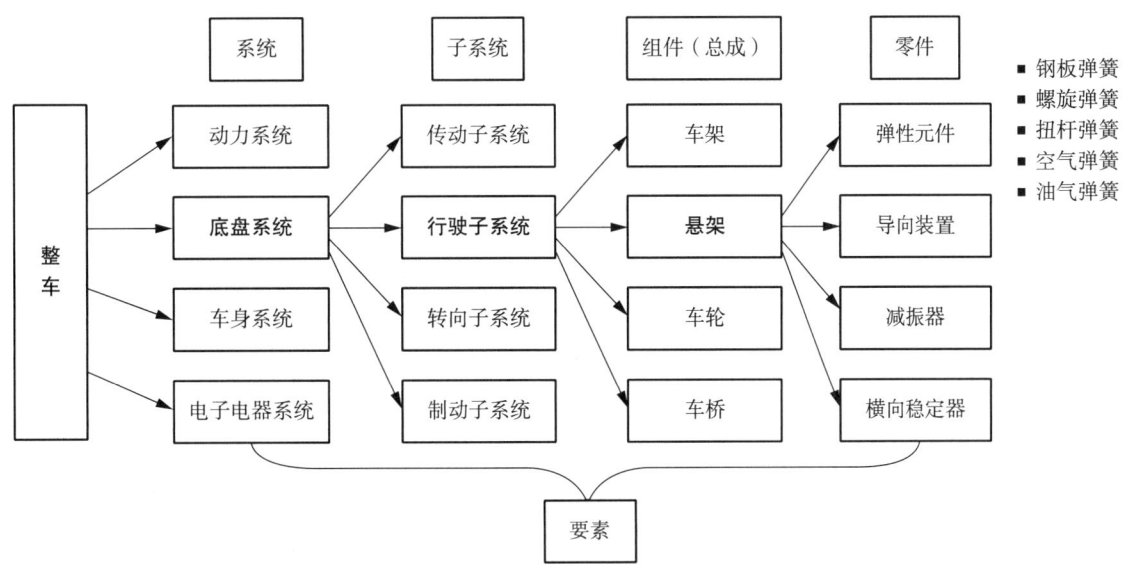

图 3-13 系统和要素之间的关系图示

系统提供整车层面的功能，这些功能通过子系统和组件联系。子系统与系统相同，即子系统是为了实现系统层面的功能，通过组件和零件联系。

在 DFMEA 分析中，系统、子系统、组件的定义取决于视角、分析范围或责任，复杂的结构可以分为若干结构或不同层次的结构。

我们以"汽车风窗雨刮/洗涤系统"为例说明不同层级结构之间的关系，如图 3-14 至图 3-17 所示。

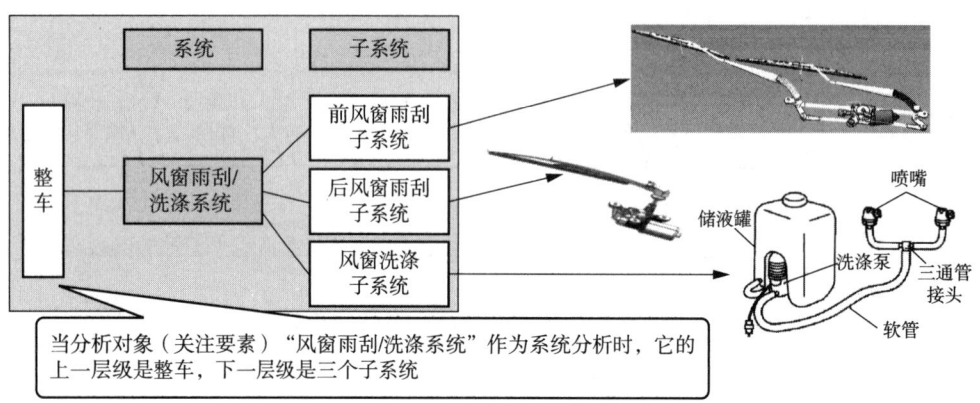

图 3-14 系统为关注要素的结构关系图

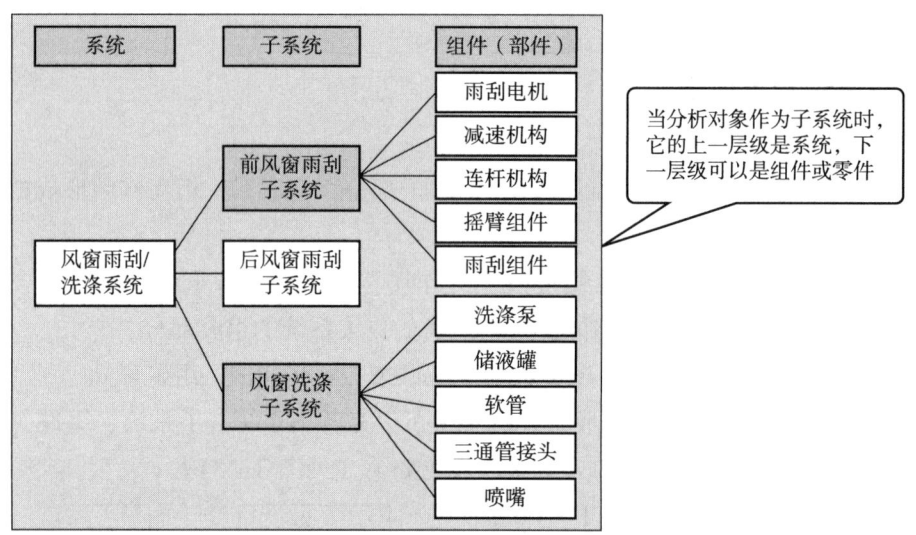

图 3-15 子系统为关注要素的结构关系图

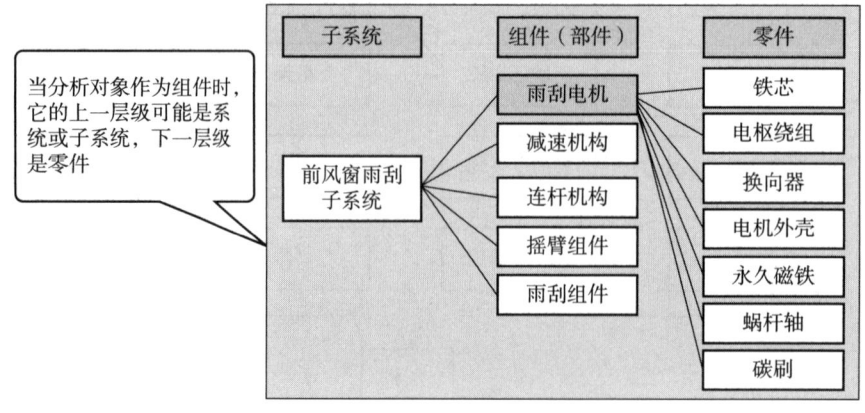

图 3-16 组件为关注要素的结构关系图

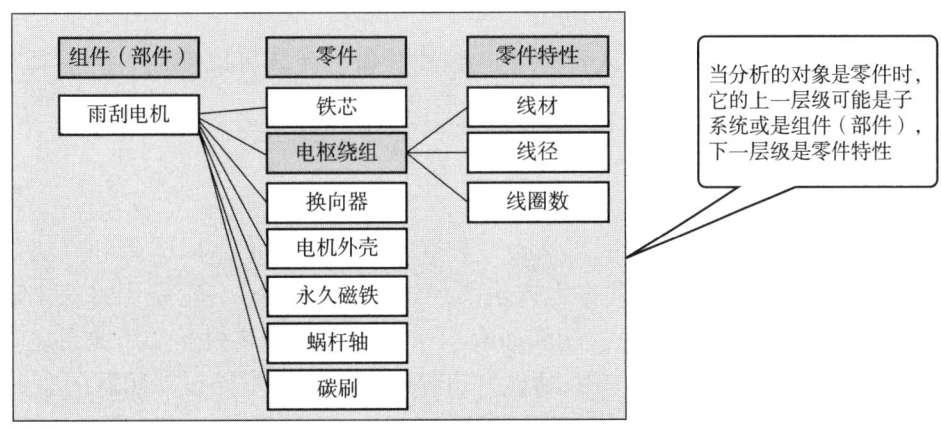

图 3-17 零件为关注要素的结构关系图

整车（或最终产品）与系统、子系统、组件（部件）、零件、零件特性之间的层级关联，以下为示例（见图 3-18）。

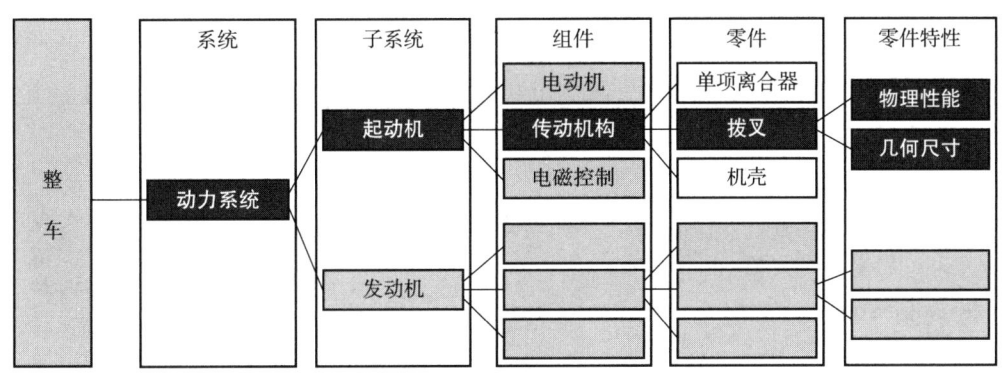

图 3-18 从整车到零件特性的结构关系图

从组件功能的角度分析，组件也可以是由不同的功能系统实现的。例如，雨刮电机是由换向系统、电磁转换系统和磁力转换系统实现其功能的，如图 3-19 所示。

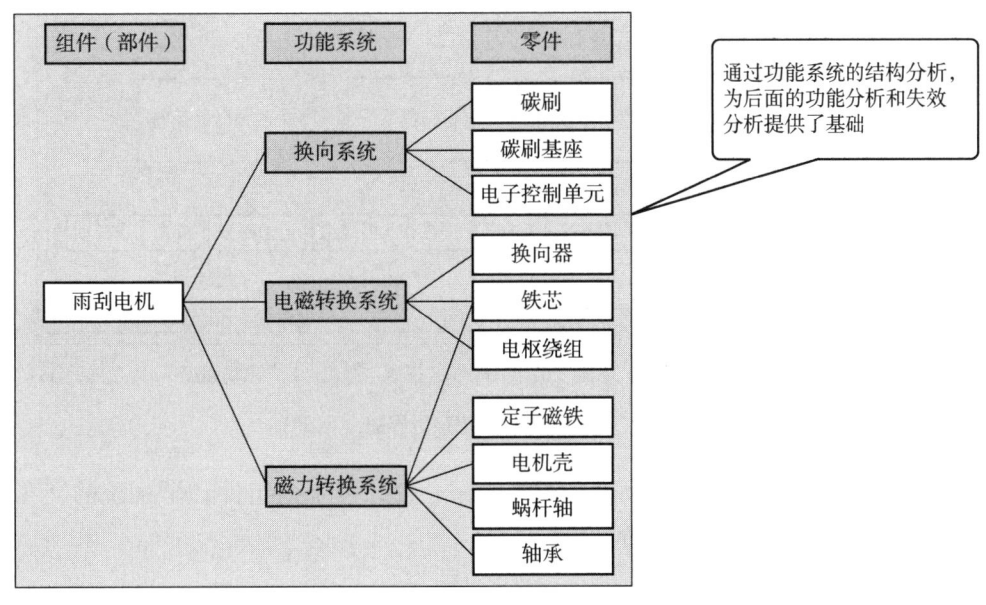

图 3-19 功能系统为关注要素的结构关系图

三、方块图/边界图及结构树分析

系统结构的可视化有助于 DFMEA 团队进行结构分析，团队可以使用各种工具来实现这一点。以下介绍常用的两种方法：

1. 方块图/边界图

什么是边界图？

边界图（Boundary Diagram）顾名思义是一种确定边界的图形，以线条和方块来展示系统要素之间物理和逻辑的关系，故也被称为方块图（Block Diagram）。它是用方块来表示系统要素（如系统、子系统、组件、零件），用线条表示系统要素接口和相互作用关系，直线的箭头表示流动方向，双向箭头表示相互作用/功能，边界线用于确定不同设计团队的职责范围。

方块图/边界图是一种有用的工具，用于描述考虑中的系统及其与相邻系统、环境和顾客的接口。作为一种图表展示法，有助于分析系统接口，从而为设计 FMEA 打下基础。

构建方块图/边界图的方法和格式很多，可由组织自己选择适合的方法。

在 DFMEA 中，方块图/边界图是根据分析范围和责任来定义的。

根据步骤一"策划和准备"所确定的项目和范围建立方块图/边界图。不同的分析范围和边界建立不同的方块图/边界图。

例如，当分析对象是雨刮电机时，雨刮电机是作为雨刮系统（或子系统）的一个组件，它与减速机构配合输出转速和力矩。其方块图/边界图可以表述如下（见图3-20）。

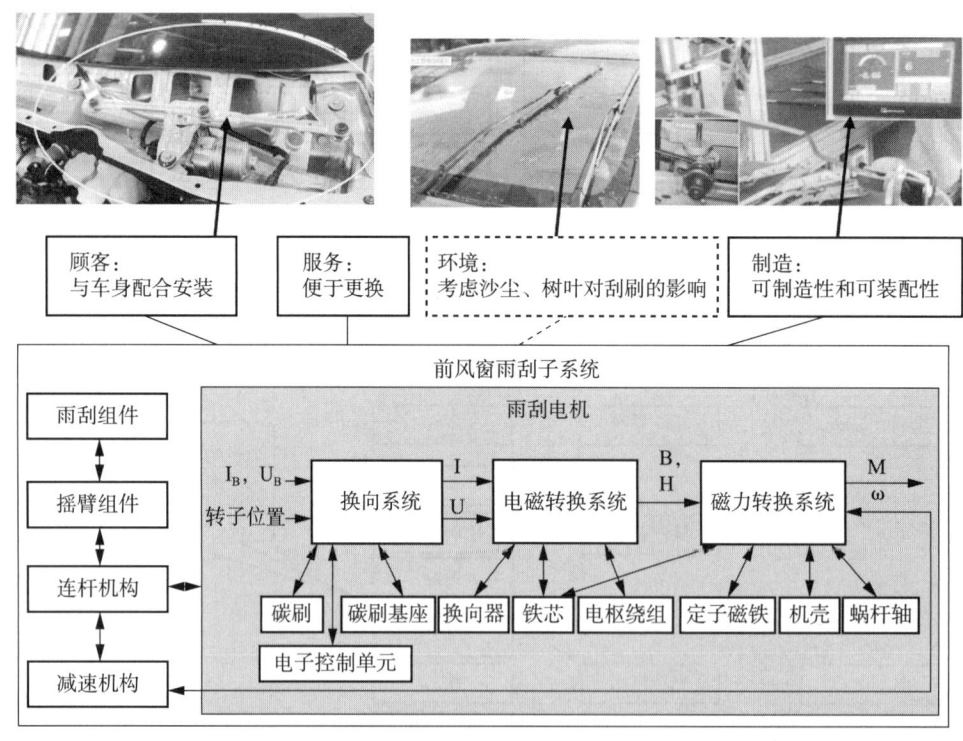

I_B：电池输入电流　U_B：电池输入电压　I：电流　U：电压　B：磁感应强度　H：磁场强度　M：力矩　ω：转速

图3-20　雨刮电机方块图/边界图（示例）

图3-20显示了产品组件之间的物理和逻辑关系、设计范围内组件和子系统的交互作用，以及与产品顾客、制造、服务、环境等的关联。

为什么需要边界图？

方块图/边界图是一种可视化的工具，它能促进团队成员有效沟通，可以帮助团队成员充分认识产品的结构，产品组件之间关系，产品组件和外部系统及环境等相互作用关系。同时，团队也可以在边界图上标识变更的和受影响的要素,以及存在历史问题的要素,将 FMEA 重点聚焦在要解决的问题上,从而可以大大缩短开发周期,提升设计的可靠性。

很多失效来源于内外部接口设计,如设计雨刮电机及减速机构时,如果不知道与连杆机构的接口要求(系统内部接口),那么可能就无法配合。同样,如果设计连杆机构时不了解在车身上的安装要求,就可能无法安装到车身上(顾客外部接口)。

另外,方块图/边界图还考虑了环境对系统的影响,以及可服务性、可制造性和可装配性的要求。

方块图/边界图可以用来识别结构分析和功能分析中需要评估的关注要素。

什么时候建立边界图?

设计团队在获取设计输入时即可开始边界图分析,从顾客层面开始向下分解,直至设计团队认为足够清晰为止。边界图是一个动态的文件,随着详细设计的展开,团队应根据需要更新边界图。因此,边界图是随着设计的成熟而不断完善的,是 DFMEA 的输入。

一个复杂的系统可能需要多个层级的边界图来清晰地阐述系统要素之间的关系。下图是系统层级的方块图/边界图,虚线箭头表示信号传递,虚线框表示非实体(见图 3-21)。

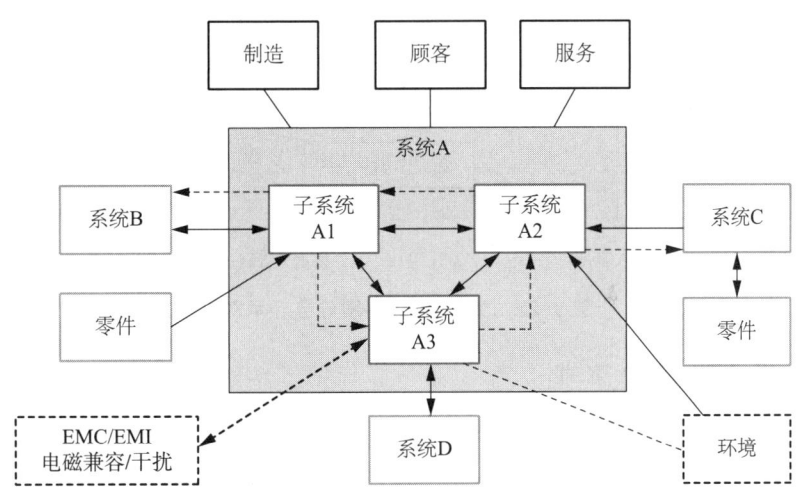

图 3-21 系统层级方块图/边界图(示例)

——在系统 FMEA 中可能会分析系统、子系统、顾客、服务、制造,以及环境之间的接口和交互作用。

——子系统 FMEA 的重点是阐述子系统组件之间的所有界面和相互影响,以及和其他子系统和系统之间的相互影响,也包括与顾客、服务、制造以及环境之间的接口和交互作用。

图 3-22 是一个简单的示例,展示从上一个层级传递到下一个层级,上一个层级方块图/边界图是下一个层级边界图的输入,如果是两个不同的设计团队分别负责设计车窗升降系统(设计团队 A)和车窗升降电机(设计团队 B),A 是 B 的顾客,B 在设计时应从 A 获取边界和接口要求,正如 IATF 16949 条款"8.3.3.1 产品设计输入:b)边界和对接要求"。

在建立边界图时,建议与要分析的零组件的物料清单(BOM)表建立继承关系,将零件清单中的零件体现在边界图中,并显示相互作用和关联。

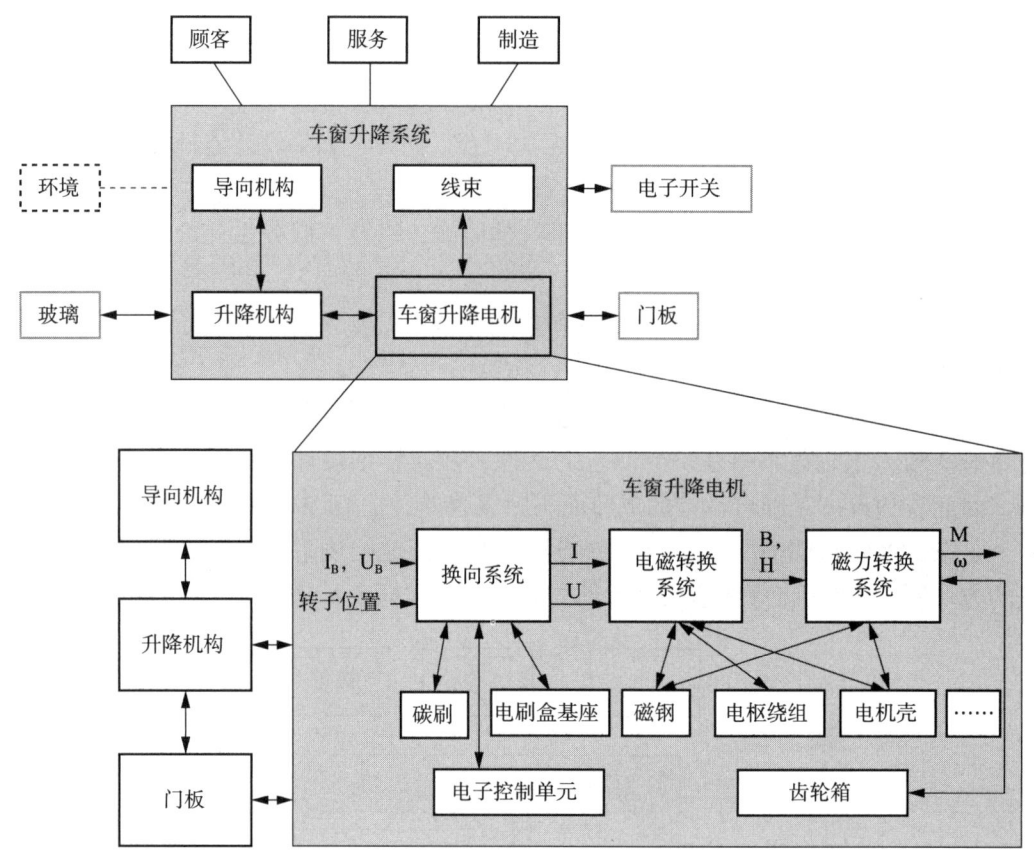

I_B：电池输入电流　U_B：电池输入电压　I：电流　U：电压　B：磁感应强度　H：磁场强度　M：力矩　ω：转速

图 3-22　方块图/边界图分层（示例）

建立方块图/边界图的注意事项：

——尽管方块图/边界图的形式和详细程度可以不同，但要标识出主要要素，并表述它们如何相互作用，以及它们如何与外部系统相互作用，这一点很重要。

——方块图/边界图的要素和相互作用通常用以下图形和符号表示（设计团队可以自己定义适合的图形和符号，但在公司内应保持一致性）。

- ☐　实线框表示实体，如系统、子系统、组件、零件。
- ⬚　虚线框表示非实体，如环境、电磁干扰。
- ─── 　实线表示直接关联或物理连接（如焊接、铆接、螺栓紧固、夹紧等）。
- ----- 　虚线表示间接接口，即间隙或相对运动、热辐射等。
- ──▶　箭头表示方向。
- ◀──▶　双向箭头表示相互作用。
- ─·─·▶　表示能量传递（扭矩、热量、摩擦或运动传递，如链条或齿轮等）。
- ······▶　表示信息传递（如电子控制单元、传感器、电信号等，或其他类型的信息交换）。
- ─··─··▶　表示物质交换（如气压、液压油、冷却液、废气或其他液体、物料的交换）。

图 3-23 为雨刮系统连杆机构的方块图/边界图示例，带点的虚线表示力的传递。

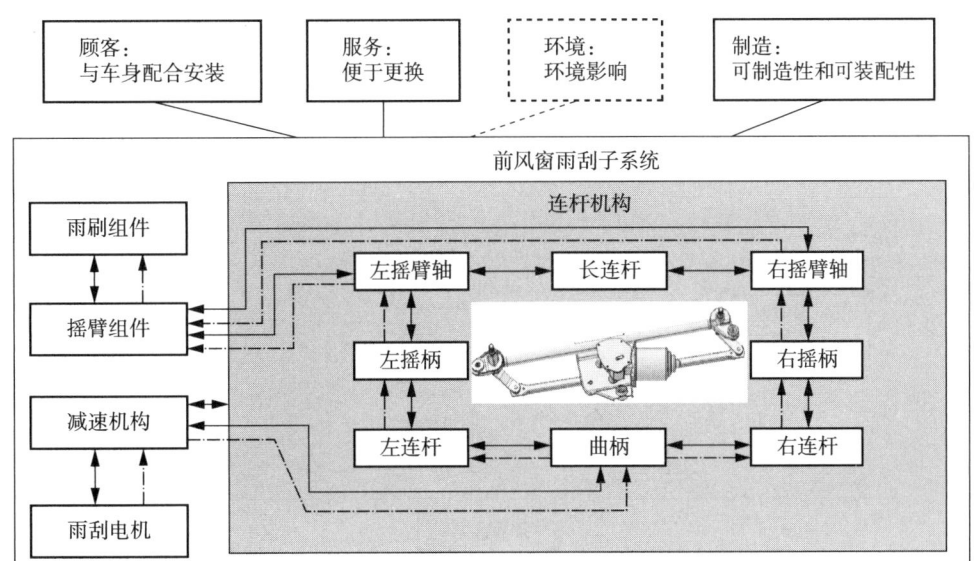

图 3-23　雨刮系统连杆机构方块图/边界图（示例）

——接口分析。

通过对物理连接、物质交换、能量传递、信息传递、人-机这五种主要接口类型的分析，将方块图/边界图中显示的所有内、外部接口发生的关系性质和类型（物理、能量、信息或物质交换）形成文件。

接口分析中的信息可为设计 FMEA 提供有价值的输入。例如主要功能或接口功能，这些功能将与相邻系统和环境影响导致的潜在失效起因一起进行分析。接口分析还可以为下一步骤参数图（P 图）提供理想功能和噪声因素的输入。

2. 结构树

结构树按层次排列系统要素，并通过结构化连接展示依赖关系（见图 3-24 和图 3-25）。

在结构树中，每个要素只出现一次，以保证整个系统结构清晰明了。

每个系统要素下排列的结构都是独立的子结构。

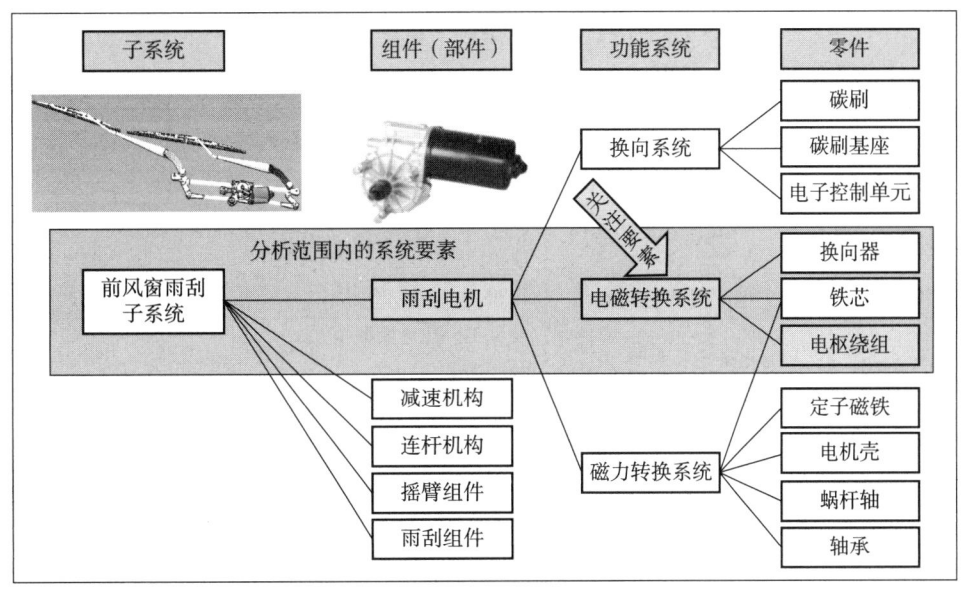

图 3-24　结构分析的结构树（示例 1）

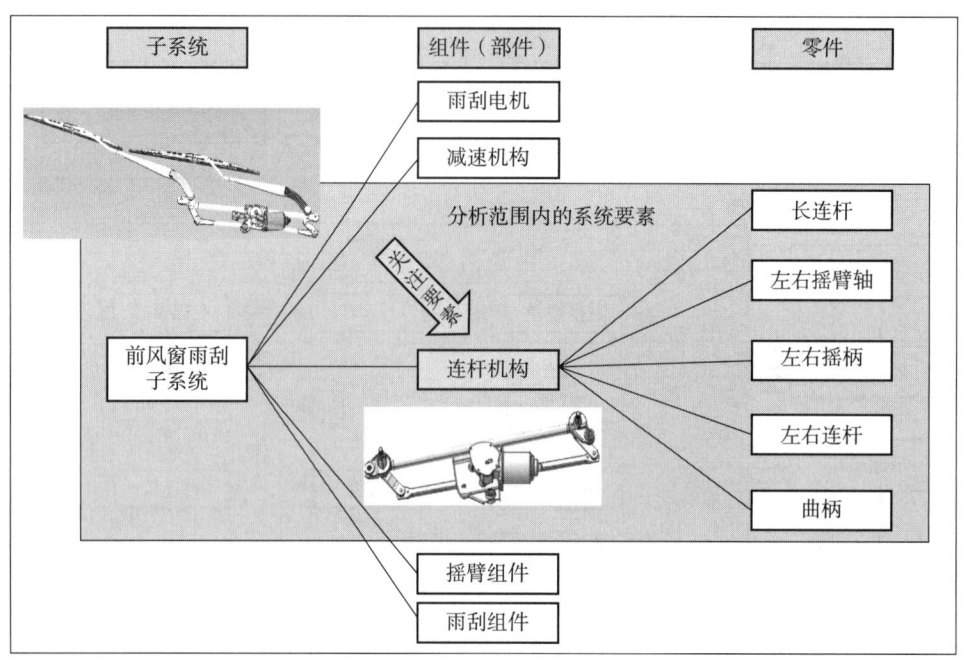

图 3-25 结构分析的结构树（示例 2）

关注要素：位于分析中心的对象。在按层级描述的结构树中，关注要素拥有一个上级系统要素，以及至少一个下级系统要素。

系统要素：就是在结构树中显示的系统内要素。系统结构由系统要素组成，根据分析的范围，设计结构的系统要素可以由系统、子系统、组件和零件构成。

系统要素是功能项目的独特组件，而不是功能、要求或特性。

结构分析的输出（设计及其接口的可视化）为顾客和供应商在设计和/或 DFMEA 项目技术评审期间的协作提供了工具。

四、填写 DFMEA 表中"结构分析"的内容

根据结构分析中确定的关注要素，以及与其关联的上一层级要素和下一层级要素，填写 DFMEA 表中的"结构分析"内容（见表 3-6）。

表 3-6 DFMEA 表 步骤一和步骤二（示例）

设计失效模式及影响分析（DFMEA）			
策划和准备（步骤一）			
公司名称	×××公司	项目名称	（系统、子系统和/或组件）雨刮电机
工程地点	中国广州××区	DFMEA 开始日期	2020 年 8 月 18 日	DFMEA ID 编号	2021FX-5-DFMEA-01
顾客名称	GHAC	DFMEA 修订日期	2020 年 10 月 26 日	设计责任人	张××
年型/项目	2021FX-5	跨职能团队	参见 DFMEA 团队成员及职责表	保密级别	保密

结构分析（步骤二）		
1. 上一较高级别	2. 关注要素	3. 下一较低级别或特性类型
雨刮电机	电磁转换系统	电枢绕组

表 3-6 中"结构分析"填写说明如下：

"**1. 上一较高级别**"：结构树中关注要素的上一较高级别，可以是子系统、子系统系列、系统、整车或最终产品。

"**2. 关注要素**"：受关注的要素，也是分析失效的主要项目，可以是子系统、组件或接口名称。

"**3. 下一较低级别或特性类型**"：结构树中处于关注要素下一较低级别的要素或特性类型，可以是组件、零件或接口名称或特性类型。特性类型如形状、材料、涂层等。

步骤二"结构分析"中定义的信息将被用于步骤三"功能分析"。需要注意的是，如果在"结构分析"中缺少了某个设计要素（项目），那么在"功能分析"中也会缺少。因此，在"结构分析"中不要遗漏设计要素。

第四节　DFMEA 步骤三：功能分析

一、DFMEA"功能分析"的主要工作和目标

DFMEA"七步法"的第三步"功能分析"，其目的是①将设计输入所规定的功能、要求和产品特性进行准确、清晰、完整的描述；②将所定义的功能、要求和产品特性适当地分配给系统要素（系统、子系统、组件、零件）。

DFMEA"功能分析"的主要工作和目标如图 3-26 所示。

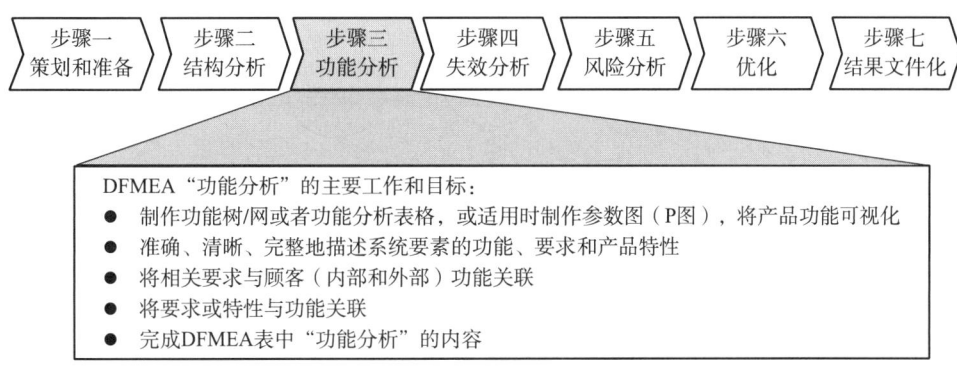

图 3-26　DFMEA"功能分析"的主要工作和目标

在产品质量先期策划（APQP）的概念设计阶段是将客户要求转化为具体的功能要求，如质量功能展开（QFD），在产品设计阶段是将功能要求转化为具体的产品特性，在过程设计阶段是识别实现和影响产品特性的那些过程特性（见图 3-27）。

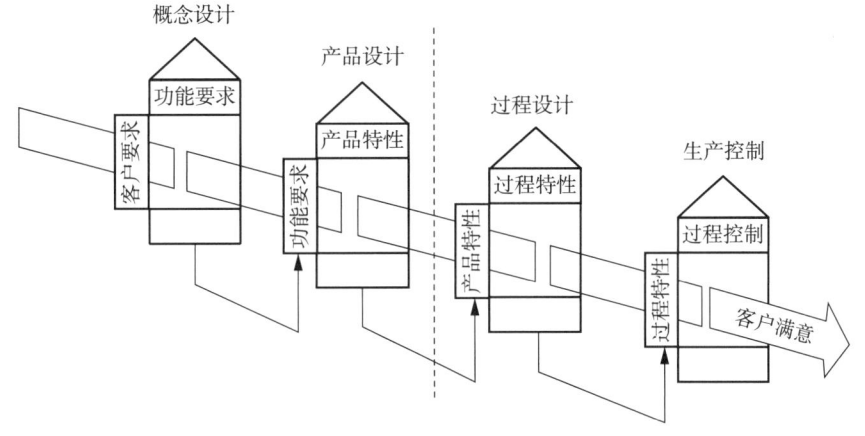

图 3-27　质量策划和功能展开

二、功能描述

1. 什么是功能

在《现代汉语词典》中,"功能"是指事物或方法所发挥的有利的作用。

在 FMEA 语境中,功能是描述项目/系统要素(系统、子系统、组件、零件)的预期用途。一个功能被分配给一个系统要素,一个系统要素也可以包含多个功能。

功能描述了一个项目/系统要素的输入和输出之间的关系,目的是完成一个任务。例如:电机的电磁转换系统输入是电流和电压,输出是磁场强度。

接口功能来自步骤二"结构分析"中的五种主要接口类型(见图 3-28):

- 物理连接(如支架、螺栓紧固、夹紧和其各种连接)
- 物质交换(如气压、液压油或其他液体、物料的交换)
- 能量传递(热量、摩擦或运动传递,如链条或齿轮)
- 信息传递(例如:计算机输入或输出、线束、电信号或其他类型的信息交换、网络安全项目)
- 人-机(如控制、开关、镜子、显示器、警告、座位、出入口)

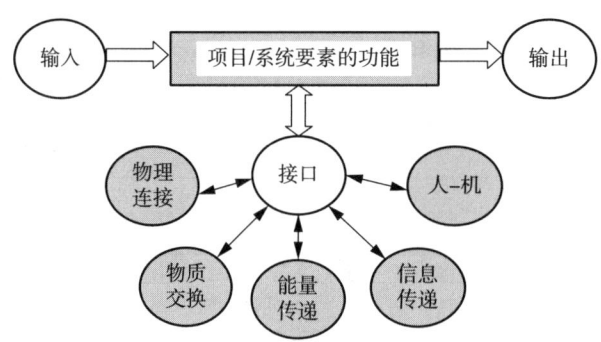

图 3-28 功能和接口图示

一个项目除了基本功能,其他功能还包括接口功能、自诊断功能和可维修功能等辅助功能(见图 3-29)。

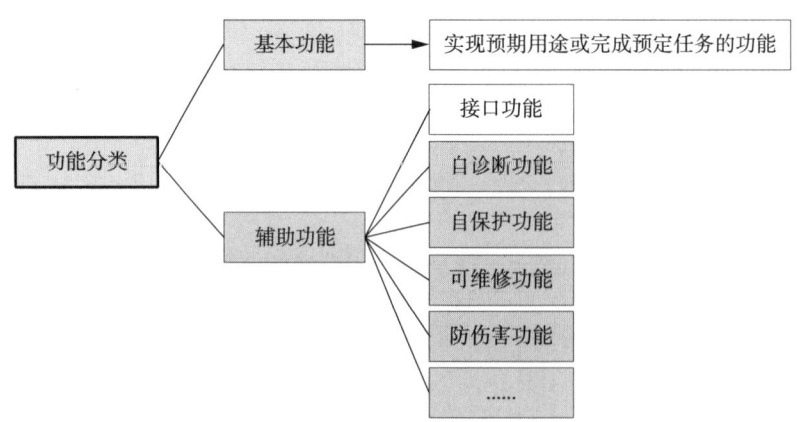

图 3-29 功能的分类

另有一种类型的接口可以描述为没有物理连接的零件之间的物理间隙,间隙可以是静态和/或动态的。物理间隙限制了设计的自由度。

不是每项功能都有输入/输出的,一个组件或零件(零件清单中的零件或项目)在没有输入/输出的情况下,也可能有一个目的/功能。例如:密封件、支架、外壳、连接件等都有功能和要求，包括材料、形状和厚度等。

2. 如何描述功能

功能描述需清晰、准确。

功能描述的格式为一个行为动词加一个名词，表示可测量的功能。

功能应该是"现在时态"，并使用动词的基本形式，如产生、包含、控制、传递、传输、固定、保持、预防、输送、配合、标记等。

例如：产生→磁场　传输→动力　包含→液体　控制→速度　传递→热量　标记→符号。

当一个系统要素或项目包含多个功能时，应将其全部功能完整描述。

不能实现预期功能（或产生非预期功能）或不满足要求就是失效，也就是说，失效分析是根据功能和要求展开的，如果功能描述不全，在失效分析中就可能被遗漏。

三、确定要求

要求就是必须满足明示的、通常隐含的或必须履行的需求或期望（ISO 9000：2015 中的定义）。

在设计开发语境中，可将要求定义为一个特定设计、产品或过程需要满足的需求或期望。

在 ISO 9001：2015 标准条款 "8.3.3 设计和开发输入" 中规定了组织应针对所设计和开发的具体类型的产品，确定必需的要求。包括：

- 功能和性能要求；
- 法律法规要求；
- 组织承诺实施的标准或行业规范。

在 IATF 16949：2016 标准条款 "8.3.3.1 产品设计输入" 中也规定了产品设计输入要求应包括：

- 产品规范，包括但不限于特殊特性；
- 边界和对接要求；
- 顾客确定的目的国（如有提供）的适用法律法规要求。

因此，要求可以来自内部和外部的各种来源，它们可以是

顾客要求：

——在所有规定的条件下，顾客的明确要求（如顾客规范）和隐含要求（如无违禁材料）。

法律要求：

——产品环保设计、适合回收利用、操作者不当使用时仍能保持安全、不易燃等。

行业规范和标准：

——如 ISO 26262 道路车辆功能安全、SAE J3061 网络安全。

内部要求：

——特定的产品要求（如需求规范、可制造性、可装配性、测试应用性、与其他现有产品的兼容性、可重复使用性、清洁性、清洁度、颗粒物的进入和扩散性）。

产品特性：

——产品特性指产品的显著特征（或可量化的特征），如轴的直径、表面粗糙度。

产品特性事实上是上述几项要求的具体化或量化。

要求也可分为功能性要求和非功能性要求：

——功能性要求是判断或测量功能预期性能的标准（如材料硬度、电阻值、功率）。

——非功能性要求是对设计决策自由度的限制（如温度范围、几何接口、尺寸）。

功能的具体化和/或量化就是要求，一项功能可能有多个要求。

例如：雨刮器的功能是刮除风窗玻璃上的雨水和灰尘，其要求有刮刷速度、刮刷力、刮刷面积。

四、参数图（P图）分析

1. 什么是参数图

参数图（Parameter Diagram，即P图），用于描述单个功能语境下系统或组件的行为特点。

参数图是一个项目所在环境的图表展示。参数图（P图）包括影响输入和输出传递功能的因素，专注于优化输出的设计决策。

在前面的功能描述中我们知道，一个系统或组件的功能通过输入和输出关系得以实现。影响功能实现的因素包括可以控制的因素（控制因素）和不能适当控制的因素（噪声因素）。

那么，参数图就是专注于功能实现的分析，用于清楚地识别该功能的所有影响因素，包括可以控制的因素（控制因素）和不能适当控制的因素（噪声因素）。

FMEA团队应关注项目中受各种因素影响的几个关键功能，以及那些在以前的应用中经常发生的历史问题的功能。不同的项目功能，可能需要一个以上的参数图，以便说明FMEA团队关注的系统或组件的功能，但并非所有功能都需要参数图。

2. 理想/实际与期望/要求的功能定义

理想的功能是输出设计期望的系统行为，如下图中的斜线，输出Y随输入X的变化成线性比例（见图3-30）。

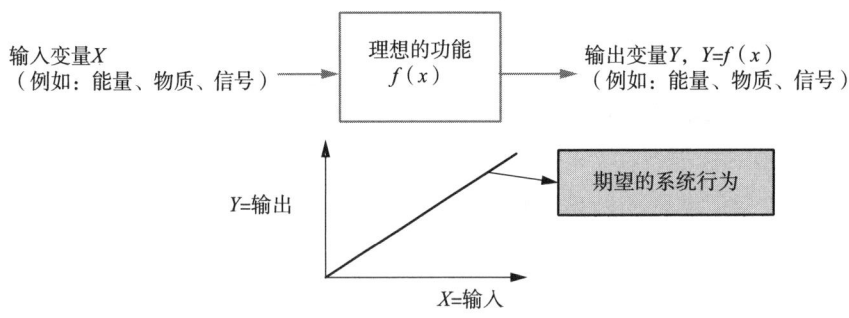

图3-30 理想与期望的系统行为图示

受各种因素的影响，项目/系统要素的输出（灰域）经常偏离/相对于期望行为的变差，设计中应考虑控制因素的调整，以尽可能接近期望的系统行为（见图3-31）。

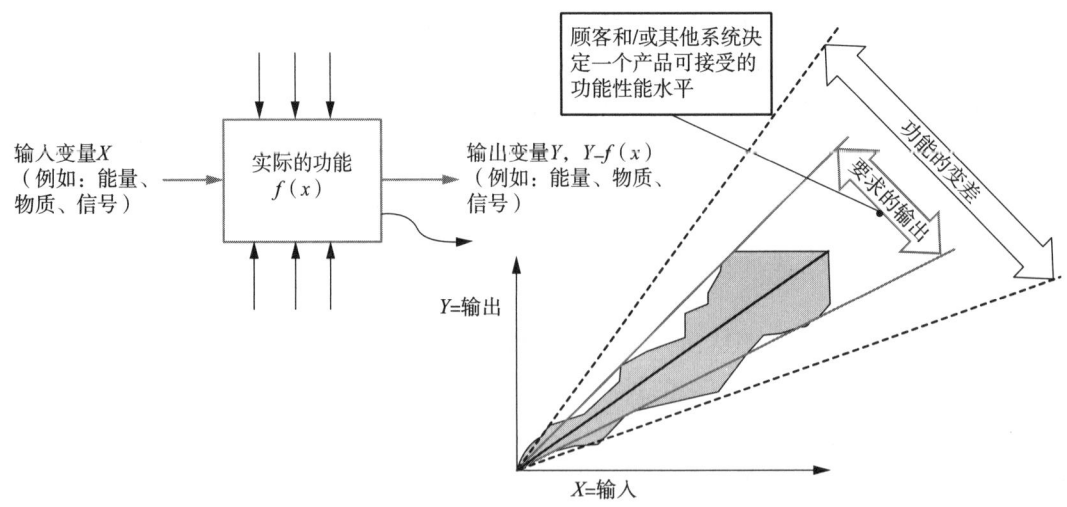

图3-31 实际与要求的系统行为图示

功能是构成产品竞争力的首要因素。用户购买某个产品，首先是购买它的功能，也就是实现其所需要的某种行为的能力。性能是指产品实现其功能所达到的程度和在使用期内功能的保持性,性能可以定义为"实现功能的程度和持久性的度量",使它在设计中便于参数化和赋值。

3. 参数图的创建

参数图由动态的输入(包括信号)、可能影响系统性能的因素(控制和噪声)、变差源和输出(预期输出和非预期输出/偏离输出)组成。

参数图一般包括以下因素:

输入:(您为取得期望结果而输入的内容)是对实现系统功能所需的信息源的描述。

功能:(您想要发生的情形)在参数图中描述,使用"现在时态",动词后加上一个可测量的名词,并与需求相关。

功能性要求:(实现功能所需的要求)与功能的性能有关。

非功能性要求:(您需要的除功能性要求以外的要求)可以限制设计选择,如间隙要求。

预期输出:(您希望从系统中获得的输出)是理想的、预期的功能输出,其量级可能会(动态系统)或可能不会(静态系统)与信号因素成线性比例(如制动踏板移动导致的刹车距离)。

非预期输出:(您不希望从系统中获得的输出)指故障行为或意外的系统输出,它们使系统性能从理想的预期功能偏离。例如:与制动系统相关的能量最理想地转化为摩擦,而热量、噪声和振动是制动能量的非预期输出。

控制因素:(为达到期望效果,您可以做什么)被识别出来的能够控制的因素。控制因素可以调整,以使设计对噪声不敏感(更稳健)。信号因素是控制因素的一种,是由系统用户直接或间接调整的因素,可适当地改变系统响应(如制动踏板的移动改变刹车距离)。只有动态系统才利用信号因素,没有信号因素的系统称为静态系统。

噪声因素:(妨碍获得期望输出的因素)是指代表系统响应潜在的显著变化源的参数,从工程师的角度来看,这些参数无法控制或要控制它们不切实际。噪声以物理单位描述。

噪声因素分为以下几类:

- 组件间的变化(在一个组件中或组件之间的相互干扰);
- 随着时间的变化(随着使用寿命增加,不断老化);
- 顾客使用(超出预期规范的使用);
- 外部环境(顾客使用的环境,如道路状况、天气等);
- 系统交互作用(来自其他系统的干扰)。

以下是雨刮电机参数图的示例,用以评估对产品功能的影响(见图3-32)。

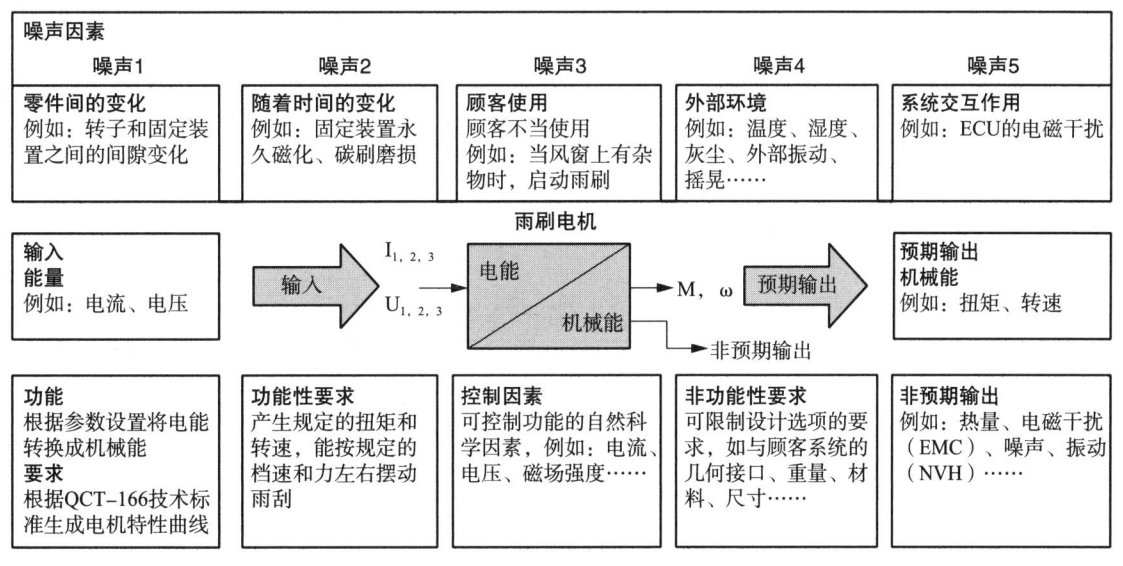

图3-32 雨刮电机参数图(示例)

针对特定理想功能完成的参数图有助于确认以下各项：
- 系统优化所需的因素、级别、响应和信号；
- 作为DFMEA输入的功能；
- 可能影响功能性能的控制和噪声因素；
- 非预期系统输出（转向输出）。

通过创建参数图获得的信息为试验计划提供了输入。

五、功能分析——创建功能树/功能网

应该用功能树/网或DFMEA表格展示若干系统要素功能之间的交互作用。

创建基于DFMEA表格的功能树/网或功能分析的目的是将功能之间的技术依赖关系进行整合，在后期将支持失效依赖关系的可视化。

当按层次连接的功能之间存在功能关系时，相关失效之间就会存在潜在关系。反之，如果按层次连接的功能之间不存在功能关系，那么相关失效之间也将不存在潜在关系。

为了创建功能树/网，必须检查所涉及的功能、子功能，使整体功能得以执行。所有子功能在功能结构中按照逻辑相互连接。

功能结构自上而下逐渐详细，较低级别功能描述了较高级别功能是如何被满足的。

图3-33为雨刮电机功能分析功能树的部分示例。

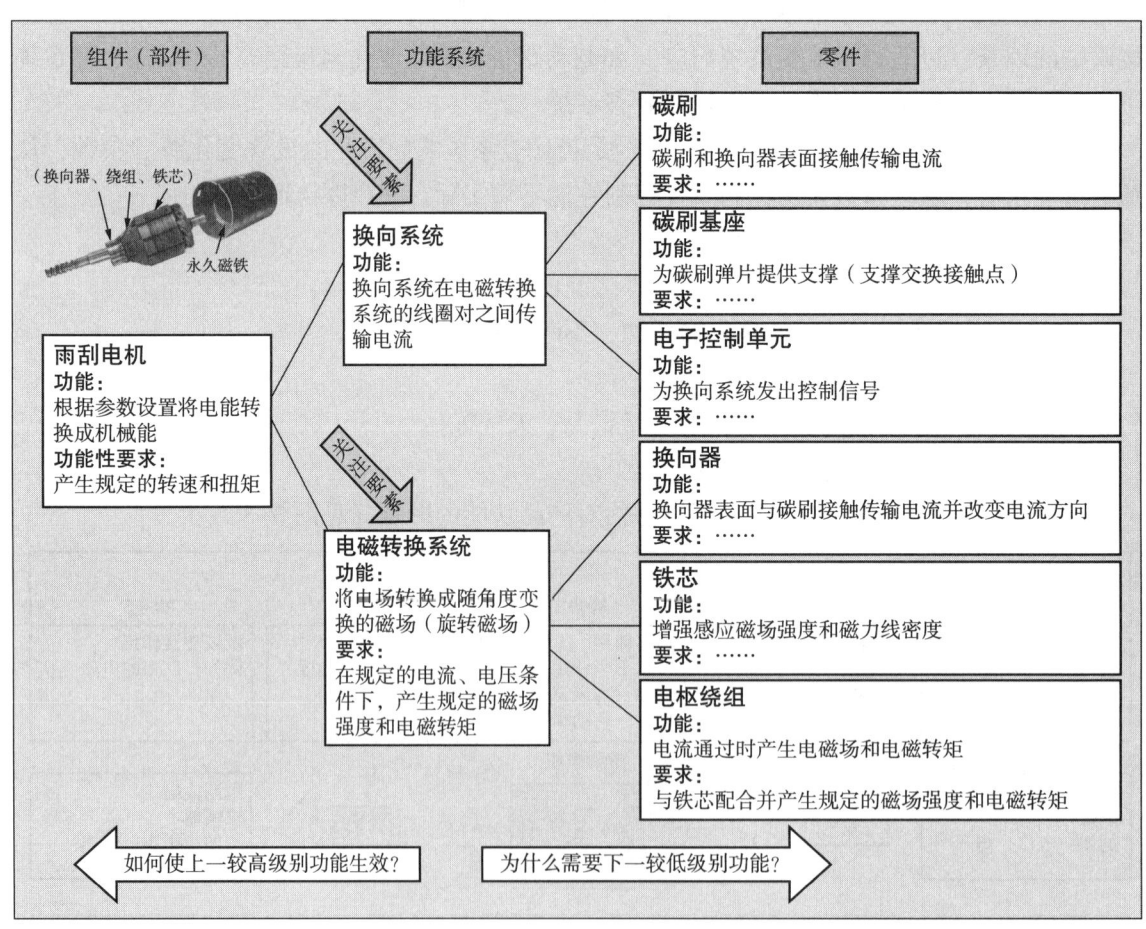

图3-33　雨刮电机功能分析功能树（示例）

以下几个问题有助于功能结构符合逻辑地连接：
- 较低级别功能如何使较高级别功能生效？
- 为什么需要较低级别功能？

- 是否已包含了所有的功能/要求/特性？
- 功能/特性的描述是否可检验并可证实？
- 功能是否被分解为子功能，即各结构层的功能是否已彼此连接在一起？

完整的功能描述能够为后续失效分析和风险缓解提供基础。

在进行 DFMEA 分析之前，产品的功能要求已经被定义清楚，如果没有定义清楚产品具体的功能，就无法进行 DFMEA 的分析。

六、填写 DFMEA 表中"功能分析"的内容

通过功能分析建立功能树后，填写 DFMEA 表中的步骤三"功能分析"的内容（见表 3-7）。

表 3-7　DFMEA 表　步骤一至步骤三（示例）

设计失效模式及影响分析（DFMEA）			
策划和准备（步骤一）			
公司名称	×××公司	项目名称	（系统、子系统和/或组件）雨刮电机
工程地点	中国广州××区	DFMEA 开始日期	2020 年 8 月 18 日	DFMEA ID 编号	2021FX-5-DFMEA-01
顾客名称	GHAC	DFMEA 修订日期	2020 年 10 月 26 日	设计责任人	张××
年型/项目	2021FX-5	跨职能团队	参见 DFMEA 团队成员及职责表	保密级别	保密

结构分析（步骤二）		
1. 上一较高级别	2. 关注要素	3. 下一较低级别或特性类型
雨刮电机	电磁转换系统	电枢绕组

功能分析（步骤三）		
1. 上一较高级别功能及要求	2. 关注要素功能及要求	3. 下一较低级别功能及要求或特性
功能： 根据参数设置将电能转换成机械能 功能性要求： 产生规定的扭矩和转速，按规定的频率和扭力摆动雨刮	功能： 将电场转换成随角度变换的磁场（旋转磁场） 要求： 在规定的电流、电压条件下，产生规定的磁场强度和电磁转矩	功能： 电流通过时产生电磁场和电磁转矩 要求： 产生规定的磁场强度和电磁转矩

表 3-7 "功能分析"填写说明如下：

表中的编号（1，2，3）和颜色有助于显示"结构分析"和"功能分析"相关内容的一致性。

在分析中，从左到右回答"较低级别的功能如何使得较高级别的功能生效"的问题。

"**1. 上一较高级别功能及要求**"：在分析范围内的功能，即整车/系统/子系统/组件的功能，以及其必须满足的要求或预期输出的描述（量值为可选项，每行一个要求）。

"**2. 关注要素功能及要求**"：在"结构分析"中识别的关注要素的功能，即子系统、组件或接口的功能，以及其必须满足的要求或预期输出的描述（量值为可选项，每行一个要求）。

"**3. 下一较低级别功能及要求或特性**"：在"结构分析"中识别的相关组件/零件的功能，

组件/零件、接口的功能或特性描述（量值为可选项，每行一个要求）。

第五节　DFMEA 步骤四：失效分析

一、DFMEA"失效分析"的主要工作和目标

DFMEA"七步法"的第四步"失效分析"，其目的是识别失效模式、失效影响和失效起因，并显示它们之间的关系，以便能进行风险评估。

DFMEA"失效分析"的主要工作和目标如下（见图 3-34）。

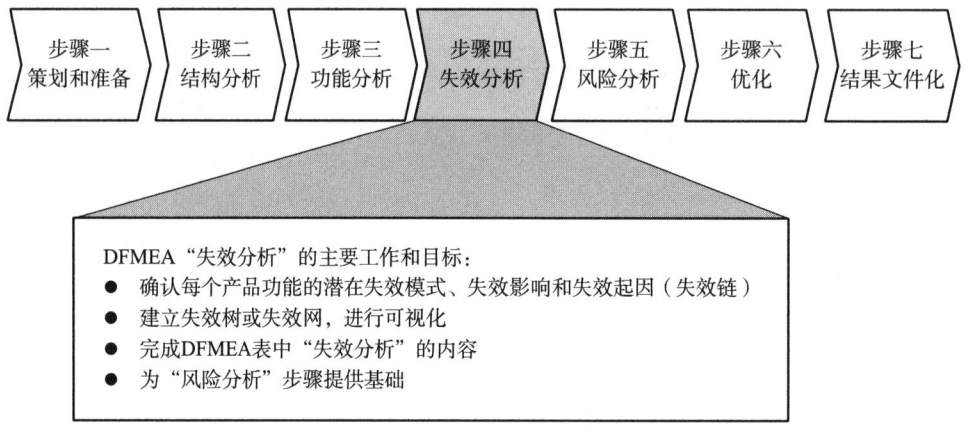

图 3-34　DFMEA"失效分析"的主要工作和目标

二、失效链

FMEA 中对失效的分析包括三个方面：

- 失效模式（FM）：即失效的表现形式，失效模式是失效的一种现象。
- 失效影响（FE）：是指失效模式对产品运行、功能或状态造成的后果。
- 失效起因（FC）：是指失效模式发生的原因。

三者构成失效链，如图 3-35 所示。

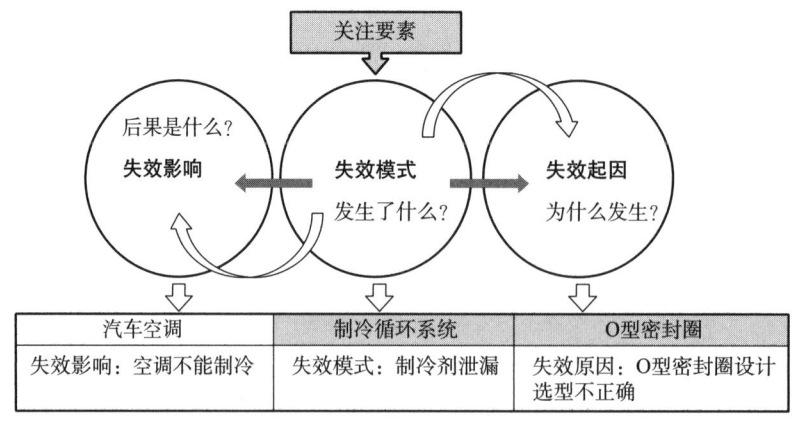

图 3-35　DFMEA 失效链模型

三、失效模式

对于 DFMEA，失效模式定义为一个项目可能无法满足或无法交付预期功能的方式。

功能的失效是由功能推导出来。潜在失效模式包括但不限于以下几种：

- 功能丧失（如无法操作、突然失效）；
- 功能退化（如性能随时间损失）；
- 功能间歇（如功能时有时无）；
- 部分功能丧失（如性能损失）；
- 非预期功能（如在错误的时间操作、意外的方向、不相等的性能）；
- 功能超范围（如超出可接受极限的操作）；
- 功能延迟（如非预期时间间隔后的操作）。

功能引起失效的故障，如图 3-36 所示。

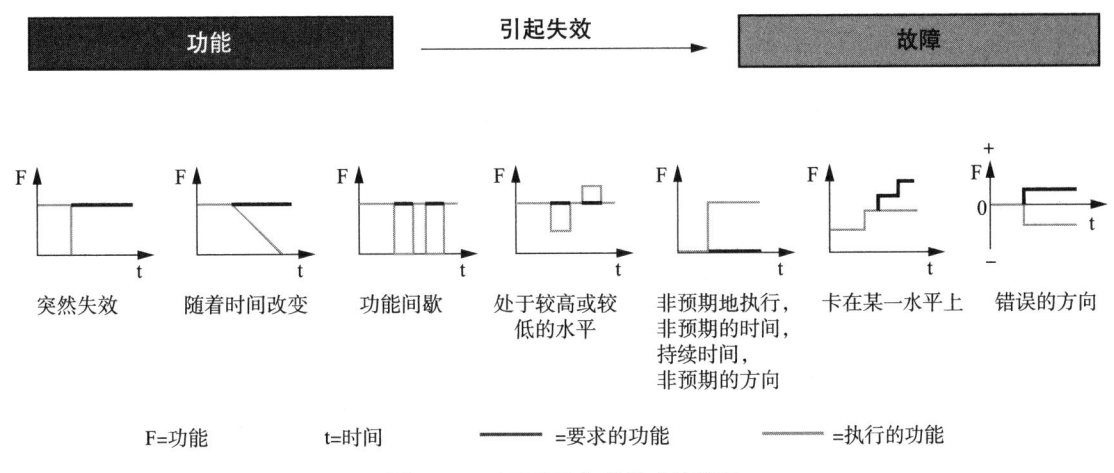

图 3-36 DFMEA 失效模式的类型

在上一节的参数图（P 图）分析中我们知道，对功能产生影响的因素包括可以控制的因素（如电压、电流、磁场强度、转矩、信号强弱等）和不能适当控制的噪声因素（如环境因素、顾客不当操作、系统交互作用、自然老化等），这些因素都可能导致功能的失效。

错误的输入和/或噪声因素将产生错误的输出和/或产生无法容忍的附带影响（见图 3-37）。在这种情况下，失效分析应关注导致错误输出的系统要素。

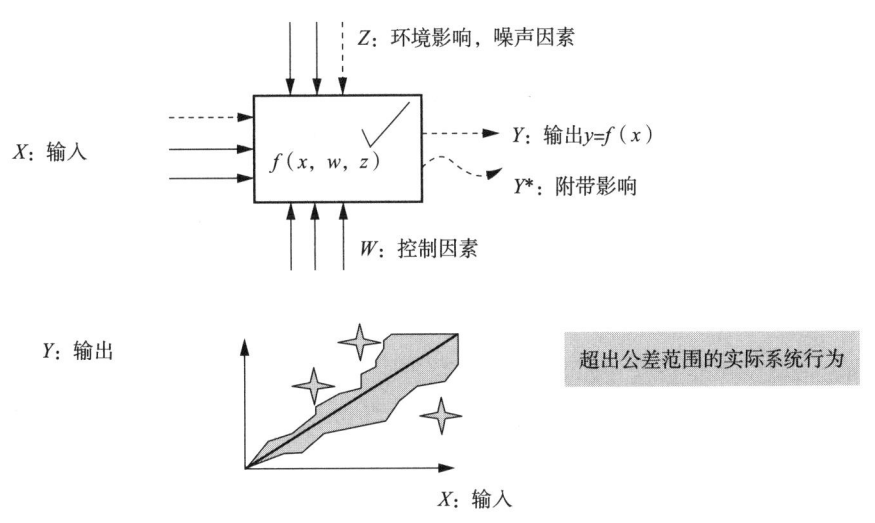

图 3-37 影响失效的因素和表现

——系统和子系统的失效模式描述是功能损失、退化或非预期的功能。例如，在车辆启动或熄火时失去转向助力。又如，当向左打方向盘时，车辆向左转是预期功能，如果车辆向右转就是非预期功能。

系统级失效模式的例子包括但不限于以下：
- 机液完全流失；
- 不传递扭矩；
- 结构支撑不足；
- 不能转向；
- 不能制动；
- 无信号/间歇信号；
- 提供的压力/信号/电压不足；
- 不能承受负载/温度/震动。

——组件/零件的失效模式由名词和失效描述组成。例如：密封件扭曲、转轴断裂。

——失效模式应该用技术术语来描述，而不一定是顾客注意到的"症状"。

——组件/零件的失效模式的例子可以包括但不限于以下：

不推荐	推荐
（没有主语）	（加上主语）
破裂 →	组件破裂
变形 →	组件变形
断裂 →	组件断裂
松脱 →	零件松脱
氧化 →	零件氧化
粘贴 →	零件粘贴

——对失效的描述一定要清楚，以便阅读人员能看懂，这一点很重要。诸如"未满足""不好""有缺陷""坏了"，这样的陈述都是不充分的。

——一个功能可能会有多个失效，因此团队不能只识别出来一个失效就停止。应该问"还有没有其他的失效?"

——失效模式仅考虑在规定的操作条件（如热、冷、灰尘、溅水、盐、冰、振动等）和规定的使用条件（如规定里程数、正常的路面等）下发生的失效。例如，车辆过水导致发动机进水后不能启动，这不是规定的操作条件和使用条件，因此不会考虑这种失效模式。

失效模式的完整性描述可通过评审以往错误案例、不合格品或废品报告以及集体讨论的方式进行验证。其来源还应包括：对比类似产品，以及评审有关类似组件的顾客和最终用户的索赔案例。

IATF 16949：2016 标准条款"6.1.2.1 风险分析"中要求：

"组织应在风险分析中至少包含从产品召回、产品审核、使用现场的退货和修理、投诉、报废及返工中吸取的经验教训。组织应保留成文信息，作为风险分析结果的证据。"

根据该条款的要求，可从类似产品召回、产品审核、使用现场的退货和修理、投诉、报废及返工中已发生的失效收集信息，列出实际发生失效的清单，进行归因分析，属于设计的问题应列入 DFMEA 进行分析评价。

表 3-8 可作为收集类似产品失效信息的参考。

表 3-8 类似产品失效信息清单

信息来源	失效模式	失效影响	失效归因分析数据（失效发生率/%）	
			产品设计问题	过程问题
产品召回				
产品审核				
使用现场退货和修理				
客户退货				
投诉				
报废				
内部返工				

四、失效影响

失效影响即失效模式产生的后果。

要根据顾客可能发现或经历的情况来描述失效的影响，顾客可能是内部顾客，也可能是外部顾客，并应考虑安全和/或法律法规的要求。

因此，失效影响的描述应包括：
- 对下一级产品集成的影响（内部或外部）；
- 对最终用户的影响（外部）；
- 对适用的政府法规的影响（监管）。

对下一级产品集成的失效影响示例：
- 无法安装；
- 配合不良；
- 无法完成规定功能；
- 性能不良；
- 对其他零件造成损伤或干扰。

对最终用户的失效影响示例：
- 没有可察觉到的影响；
- 外观不良（如表面粗糙、褪色、表面腐蚀）；
- 噪声（如摩擦声、液体噪声）；

- 异味、手感粗糙；
- 操作受阻、无法操作、操作更费劲；
- 外部泄漏造成性能损失、运行不稳定；
- 无法驾驶整车；
- 转向或刹车功能损失。

一个失效模式可能导致多个与内外部顾客相关的影响，应列出每个对应的失效影响。

一个功能可能有一个以上的要求，一个要求可能有一个以上的失效模式，一个失效模式可能有一个以上的失效影响。以下为示例（见表3-9）。

表3-9 失效模式和失效影响（示例）

项目	功能	要求	失效模式	失效影响
盘式刹车系统	按要求停止车辆行驶（考虑环境情况，如湿度、干燥等）	在干燥的沥青公路上用规定的制动力在规定的距离内停止车辆行驶	车辆不能停止	（1）不能控制车辆 （2）与法规不符
			车辆在规定的距离外停止	（1）车辆控制减弱 （2）与法规不符
			车辆需要用超过规定的制动力才能停止	与法规不符
			无指令情况下启动制动，或车辆行驶部分受阻	（1）缩短刹车片寿命 （2）降低车辆控制
		允许未受制动的车辆在没有系统要求下继续行驶	无指令情况下启动制动；车辆不能行驶	顾客不能驾驶车辆

五、失效起因

失效起因是指失效模式发生的原因，失效起因造成的后果是失效模式。

失效起因可能源自下一较低级别的功能失效、不符合要求和潜在噪声因素（参数图中）的干扰。

潜在失效起因的类型可能包括但不限于：

- **功能性能设计不充分**

例如：指定的材料不正确、几何形状不正确、选择的零件不正确、规定的表面处理不正确、行程规范不充分、定义的摩擦材料不当、润滑能力不足、设计寿命假设不当、计算程序不正确、维护指南不当等。

- **系统交互作用**

例如：机械接口、液体流动、热源、控制器反馈等。

- **随时间变化**

例如：疲劳、材料不稳定、蠕变、磨损、腐蚀、化学氧化、电迁移、过度压力等。

- **应对外部环境的设计不足**

例如：道路产生的振动、冲击、气温的变化、湿度、粉尘、电磁干扰等。

需要注意的是，环境因素是造成失效的重要外因，但它是客观存在，难以控制的。我们要分析的是在应对环境因素的设计上存在哪些不足，即哪些设计可以减轻或消除环境因素的影响。

- **最终用户的错误操作或行为**

例如：错误使用档位、错误使用踏板、超速、拖曳、错误燃料型号、服务损坏等。

最终用户的错误操作或行为是设计不能控制的，但可以通过防错设计或特殊设计来避免或减轻错误操作、行为可能导致的影响。

- **制造设计不可靠**

例如：零件几何形状使得零件安装向后或倒过来、零件缺乏明显的设计特征、运输容器设计使得零件摩擦或黏在一起、零件处理造成损坏等。这是可制造性、可装配性，以及装运方面的设计考虑。

- 软件问题

例如：未定义的状态、损坏的代码/数据。

在DFMEA中，失效起因是指引起失效模式的可能的设计薄弱点或设计缺陷，其结果就是失效模式。

在识别失效的潜在要因时，要简明扼要地列出失效的特定要因，如规定的螺钉长度不足。像"不足的设计"或"不恰当的设计"这样不明确的短语不应使用。

一个失效模式可能由多个不同的起因引起，在尽可能发生的范围内，列出对失效模式的所有可以想到的潜在起因，以便针对具体起因采取适当的控制和措施。以下为示例（见表3-10）。

表3-10 失效模式和失效起因（示例）

失效模式	失效起因
车辆不能停止	由于防腐蚀不当，机械连接破裂
	由于密封设计不当，主要的汽缸真空空间被锁住
	由于不正确的连接器转矩规范，液压管松动，液压丧失
	由于规定的液压管材料不恰当，液压管道弯曲/压缩，液压丧失
车辆超出规定距离停止	由于不恰当的润滑规范，机械连接僵硬
	由于防腐蚀不充分，机械连接被腐蚀
	由于规定的液压管材料不恰当，液压管道弯曲，液压部分流失

六、不同级别的失效结构

根据失效分析的不同级别，一个失效可以视为失效模式，也可以视为失效影响，还可以视为失效起因，这要看分析是在系统、子系统、组件中的哪个级别进行的（见图3-38）。

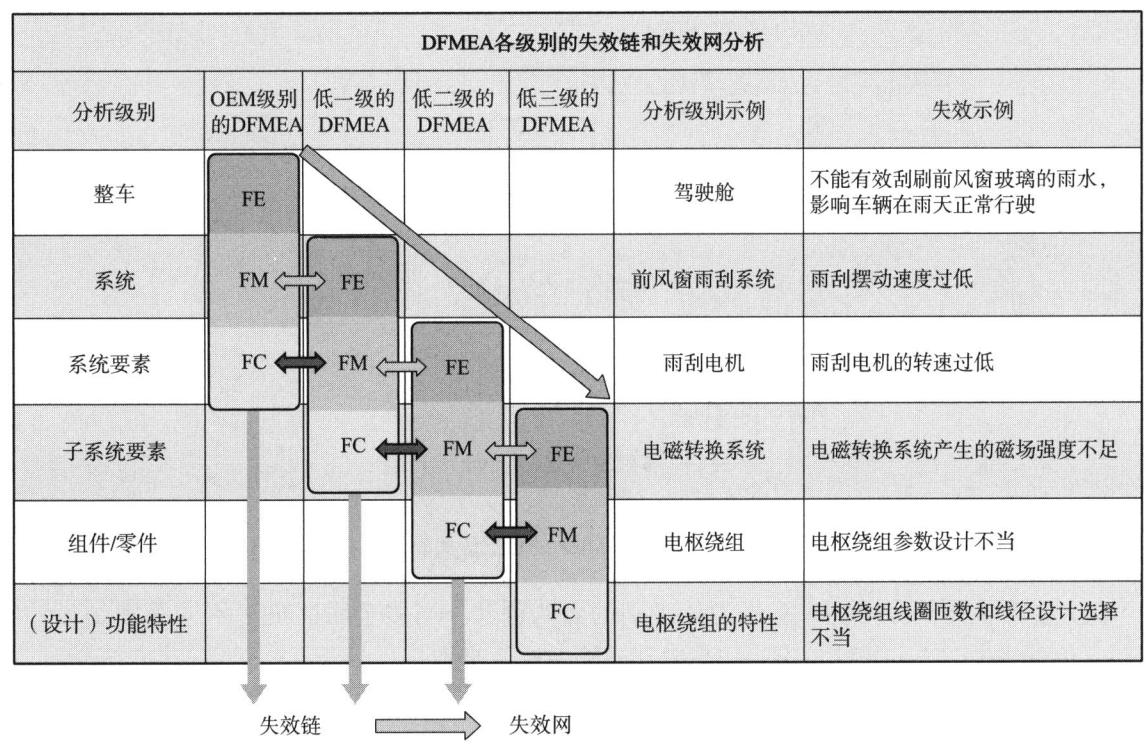

图3-38 不同级别的失效结构

图 3-38 显示了从整车层面到特性层面的设计相关失效影响、失效模式和失效起因的级联。上一级别的失效起因是下一级别的失效模式，下一级别的失效模式是上一级别的失效起因，下一级别的失效影响是上一级别的失效模式。

下图展示了 DFMEA 的多层级关联（见图 3-39）。

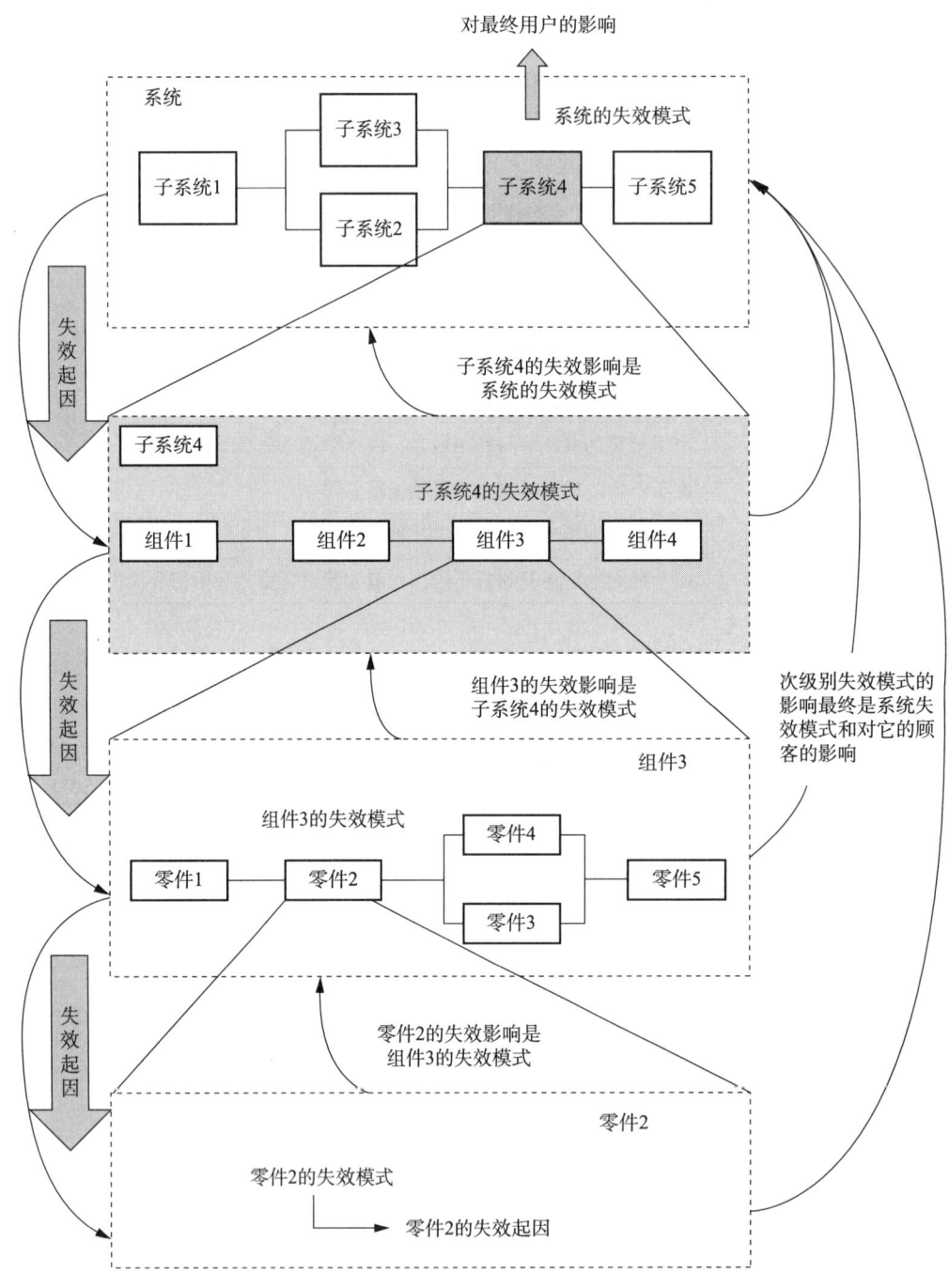

图 3-39 DFMEA 的多层级关联

失效链和失效网可由拥有多个设计级别的团队创建，当多个团队负责不同级别的设计时，他们应负责将失效影响传达给上一较高级别或下一较低级别。

七、创建失效树

创建失效树的目的是建立分析范围内各层级的失效链，清楚和完整地描述各层级的失效，以下为示例（见图 3-40）。

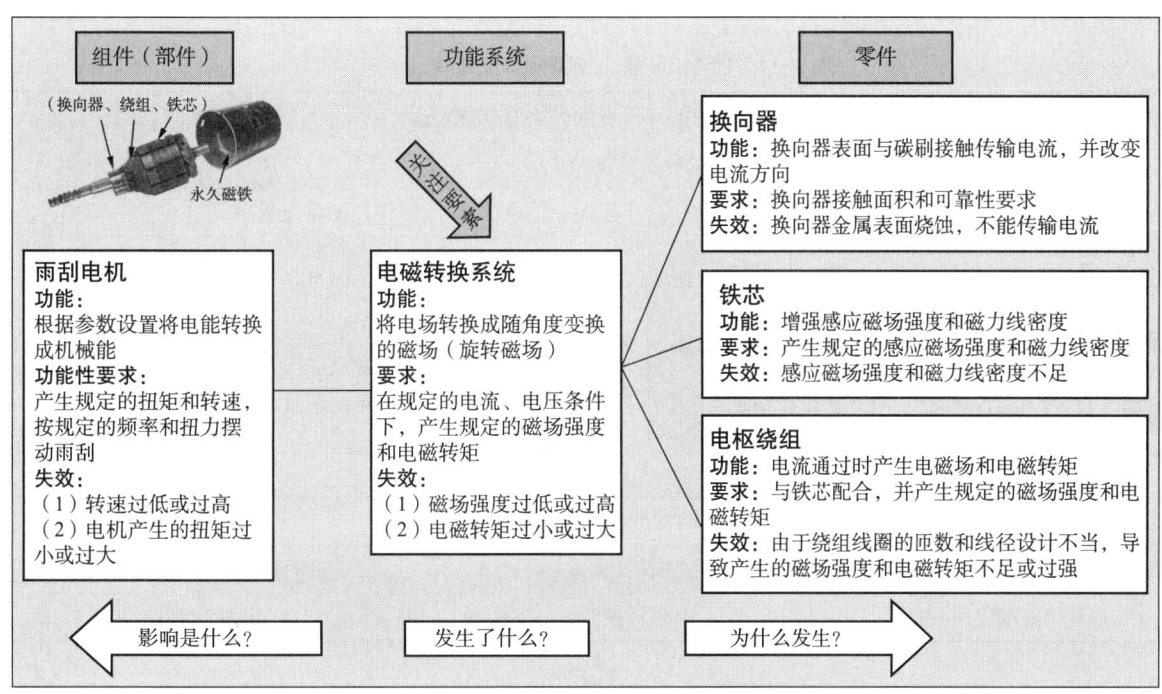

图 3-40　失效分析失效树（示例 1）

失效树是在功能树的基础上创建的，不能实现功能或不满足要求就是失效。

针对关注要素应该问"发生了什么?"；

将失效模式与失效起因联系起来，应该问"为什么失效模式会发生?"；

将失效模式与失效影响联系起来，应该问"失效模式出现时，影响是什么?"。

当一个单独的零件作为关注要素分析时，也可以建立失效树，以下为示例（见图 3-41）。

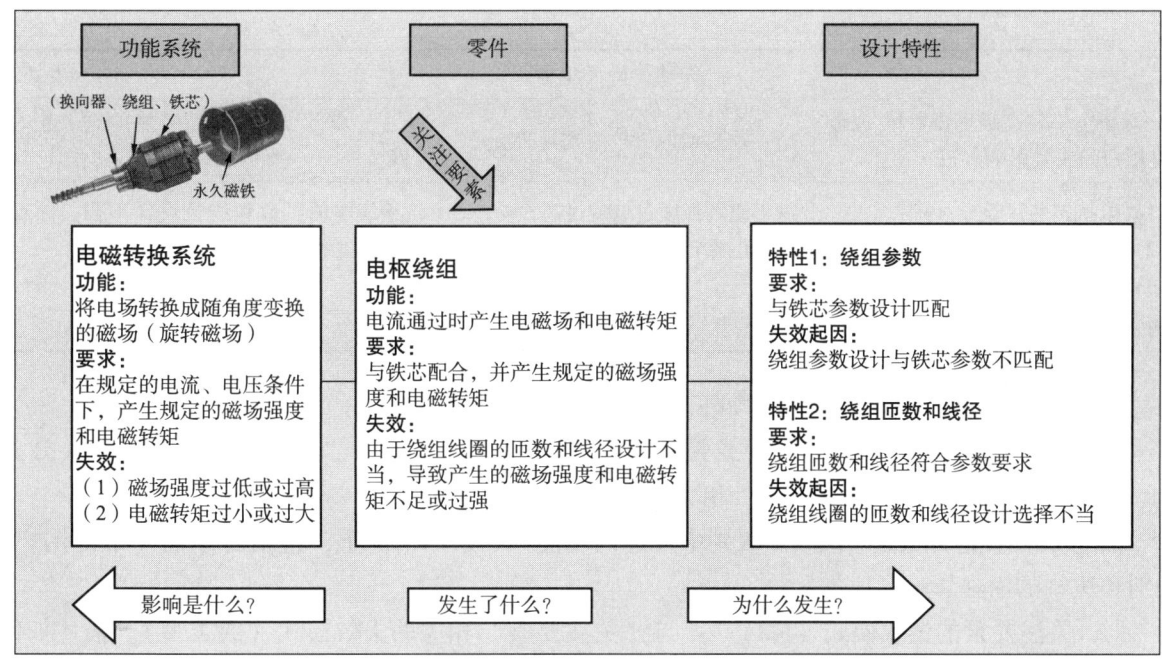

图 3-41　失效分析失效树（示例 2）

八、填写 DFMEA 表中"失效分析"的内容

通过失效分析建立失效树后,填写 DFMEA 表中的步骤四"失效分析"的内容。

失效模式、失效起因和失效影响应该与 DFMEA 表格中的相应列对应。以下为示例(见表 3-11)。

表 3-11 DFMEA 表 步骤一至步骤四(示例)

设计失效模式及影响分析(DFMEA)					
策划和准备(步骤一)					
公司名称	×××公司	项目名称	(系统、子系统和/或组件)雨刮电机		
工程地点	中国广州××区	DFMEA 开始日期	2020 年 8 月 18 日	DFMEA ID 编号	2021FX-5-DFMEA-01
顾客名称	GHAC	DFMEA 修订日期	2020 年 10 月 26 日	设计责任人	张××
年型/项目	2021FX-5	跨职能团队	参见 DFMEA 团队成员及职责表	保密级别	保密

结构分析(步骤二)		
1. 上一较高级别	2. 关注要素	3. 下一较低级别或特性类型
雨刮电机	电磁转换系统	电枢绕组

功能分析(步骤三)		
1. 上一较高级别功能及要求	2. 关注要素功能及要求	3. 下一较低级别功能及要求或特性
功能: 根据参数设置将电能转换成机械能 功能性要求: 产生规定的扭矩和转速,按规定的频率和扭力摆动雨刮	功能: 将电场转换成随角度变换的磁场(旋转磁场) 要求: 在规定的电流、电压条件下,产生规定的磁场强度和电磁转矩	功能: 电流通过时产生电磁场和电磁转矩 要求: 产生规定的磁场强度和电磁转矩

失效分析(步骤四)		
1. 对于上一较高级别要素和/或最终用户的失效影响(FE)	2. 关注要素的失效模式(FM)	3. 下一较低级别要素或特性的失效起因(FC)
(1)电机转速过低或过高 (2)电机产生的扭矩过小或过大 (3)雨刮摆动不正常,影响车辆在雨天行驶	(1)磁场强度过低或过高 (2)电磁转矩过小或过大	绕组线圈的匝数和线径设计不当,导致磁场强度和电磁转矩不足或过强

表 3-11"失效分析"填写说明如下:

"1. 对于上一较高级别要素和/或最终用户的失效影响(FE)":"关注要素"的失效对"上一较高级别要素和/或最终用户"相关的失效影响。

描述如何未能实现上一级较高级别中描述的功能。在适用情况下,包括对车辆(最终用户)级别和法规的潜在影响。

"2. 关注要素的失效模式(FM)":与"关注要素"相关的失效模式(或类型)。描述如何未能实现作为"关注要素"所应具备的功能并导致失效影响。

"3. 下一较低级别要素或特性的失效起因（FC）"：描述"关注要素"与"下一较低级别要素或特性"相关的失效起因。为何未能实现下一较低级别中描述的功能并导致失效模式。

也可以将各层级的结构分析、功能分析和失效分析纵向进行观察和理解，如图3-42所示。

结构分析	功能分析	失效分析
1.上一较高级别	1.上一较高级别功能及要求	1.对于上一较高级别要素和/或最终用户的失效影响（FE）
雨刮电机	功能： 根据参数设置将电能转换成机械能 功能性要求： 产生规定的扭矩和转速，按规定的频率和扭力摆动雨刮	（1）电机转速过低或过高 （2）电机产生的扭矩过小或过大 （3）雨刮摆动不正常，影响车辆在雨天行驶
2.关注要素	2.关注要素功能及要求	2.关注要素的失效模式（FM）
电磁转换系统	功能： 将电场转换成随角度变换的磁场（旋转磁场） 要求： 在规定的电流、电压条件下，产生规定的磁场强度和电磁转矩	（1）磁场强度过低或过高 （2）电磁转矩过小或过大
3.下一较低级别或特性类型	3.下一较低级别功能及要求或特性	3.下一较低级别要素或特性的失效起因（FC）
电枢绕组	功能： 电流通过时产生电磁场和电磁转矩 要求： 产生规定的磁场强度和电磁转矩	绕组线圈的匝数和线径设计不当，导致产生的磁场强度和电磁转矩不足或过强

图3-42 DFMEA步骤二至步骤四纵向对比

根据与顾客的协议和与供应商共享的需要，"失效分析"的输出可在"风险分析"步骤之前或之后由顾客和供应商进行评审。

对潜在失效的完整定义可为步骤五"风险分析"的完整实施提供基础，因为严重度、频度和探测度的评级都基于失效描述。如果潜在失效过于模糊或缺失，可能导致"风险分析"不完整。

第六节 DFMEA 步骤五：风险分析

一、DFMEA "风险分析"的主要工作和目标

DFMEA "七步法"的第五步 "风险分析"，其目的是通过对严重度、频度和探测度的评级进行风险评估，并对需要采取的措施进行优先排序。

DFMEA "风险分析"的主要工作和目标如下（见图 3-43）。

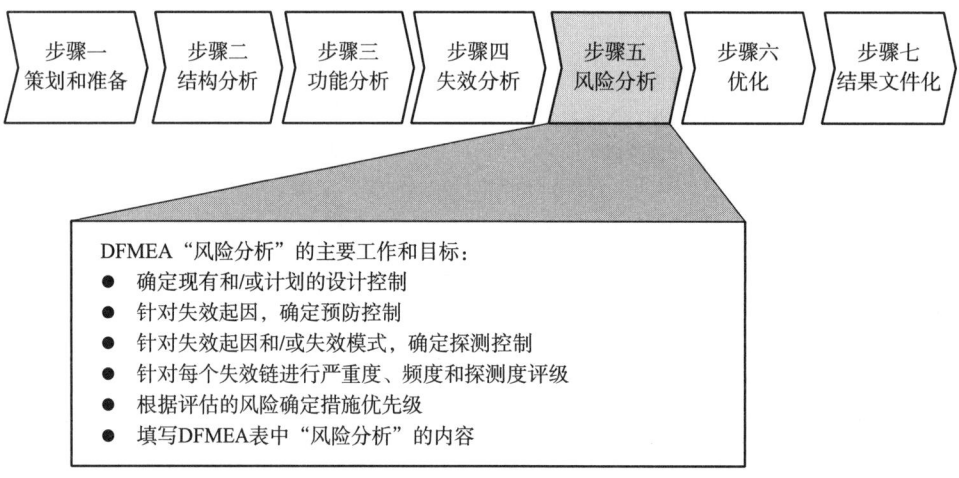

图 3-43 DFMEA "风险分析"的主要工作和目标

二、确定现有设计控制（预防控制和探测控制）

现有设计控制是指已被同样或类似的设计所采用的措施（如设计评审、设计规范、防错设计、台架/试验室试验、样件试验、道路试验），其效果已得到证实。

有两种类型的设计控制（见图 3-44）：

预防控制：防止失效的起因或失效模式出现，或者降低其出现的概率。

探测控制：在项目投产之前，通过分析方法或物理方法，探测出失效的起因或者失效模式。

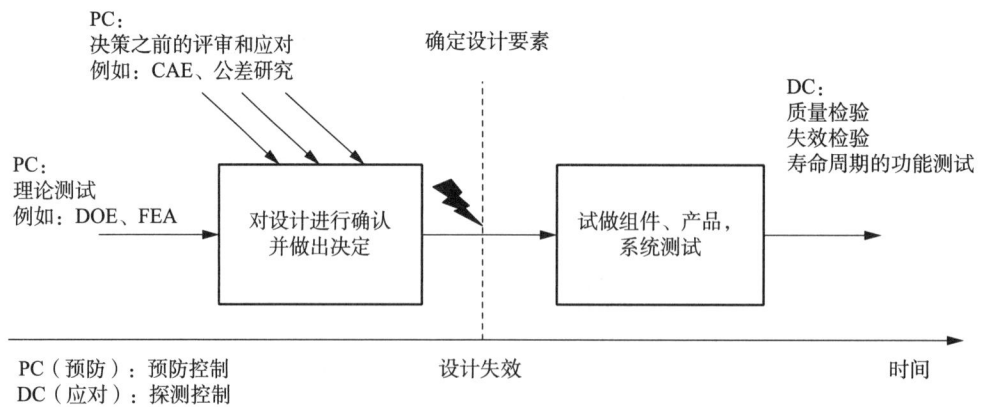

图 3-44 DFMEA 中对预防控制和探测控制的理解

——现有设计控制文件（如设计程序、设计规范、测试规范等）为设计的稳健性提供基础。

——预防控制和探测控制是现有的预防、验证和确认方法（知识库）的一部分。预防控制提供信息或指导，作为设计的输入使用。探测控制则描述了已建立的验证和确认方法，这些方法已被证明在失效出现时能被探测到。

——那些必要的但不属于当前已确定的预防和/或探测方法，应作为建议措施写入 DFMEA 中。

1. 当前预防控制（PC）

——当前预防控制描述了如何使用现有的和计划中的活动来减少导致失效模式的潜在起因，为确定频度评级提供基础。

——当前预防控制必须清楚全面说明并引证。如有必要，可通过附加的文件说明。诸如"经过证明的材料"或"汲取的经验"之类的陈述，不能算是对预防控制的清楚说明。

——DFMEA 团队还应该在设计中把安全边际作为预防控制来考虑。

注意：当采用现有预防控制措施后，失效起因发生的频度可以通过探测控制来确认。

当前预防控制的示例：

- 欧盟 EMC 指令（电磁兼容的标准）；
- 根据模拟、公差计算和程序的系统设计—分析概念，以建立设计要求；
- 公布的线程类设计标准；
- 图纸热处理规范；
- 传感器性能规范；
- 机械冗余（安全失效）；
- 可测试性设计；
- 设计和材料标准（内部和外部）；
- 文件化——类似设计的最佳实践、经验等记录；
- 防错法（例如：零件的几何结构，防止错误方向）；
- 与以前应用中经过验证的并具有性能历史记录的设计完全相同；
- 屏蔽或防护，可减轻潜在的机械磨损、热暴露或 EMC；
- 与最佳实践相一致。

2. 当前探测控制（DC）

——当前探测控制在项目交付生产前探测失效起因或失效模式是否存在。

——DFMEA 中列出的当前探测控制表示计划实施的活动（或已实施的活动），而不是可能永远不会实施的潜在活动。

——当前探测控制必须清楚全面说明。诸如"测试"或"实验室测试"之类的陈述，不能算是对探测控制的明确说明。如适用，应当引用具体测试、测试计划或程序，以表明 DFMEA 团队已确定该测试将在失效模式或起因发生时切实探测出它们（例如：测试规范 SQ-125 气密性测试）。

当前探测控制的示例：

- 功能检查；
- 爆裂测试；
- 环境测试；
- 驾驶测试；
- 耐久性测试；
- 硬件循环；
- 软件循环；
- 实验设计。

所有失效起因或失效模式的探测控制都应输入"当前探测控制"一栏中。

3. 当前预防控制和探测控制的确认

——应确认当前预防控制和探测控制的有效性（见图3-45）。

——该确认可以根据团队的正常产品开发程序，适当地在DFMEA或其他项目文件中记录。如果这些控制被证明无效，则需要额外的措施。

——若使用之前产品的DFMEA项目作为参考，应对频度和探测度进行评审，因为新产品可能有不同的条件。

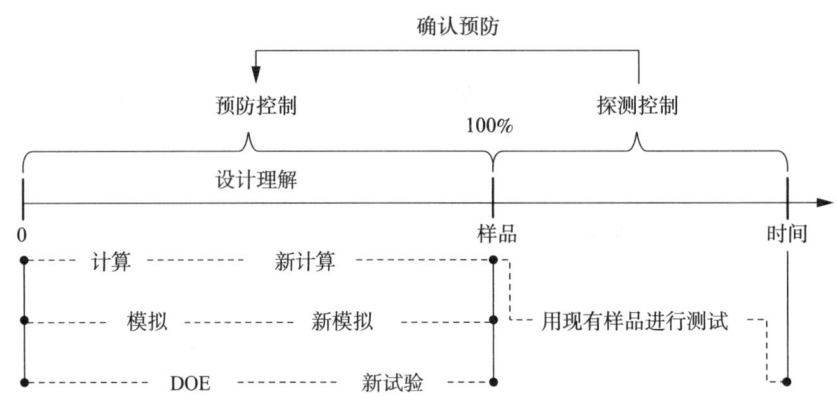

图3-45 DFMEA中预防控制和探测控制的确认

4. 预防控制和探测控制示例

表3-12 预防控制和探测控制（示例）

失效模式	失效起因	预防控制	探测控制
汽车不能停止	由于防腐蚀保护不充分，机械连接断裂	按照原材料标准MS-845设计	环境应力测试03-9963
	由密封设计引起的主缸真空锁闭	用相同的工作循环要求进行替代件设计	压力可变性测试—系统等级
	连接器扭矩规定不正确，导致液压管松动，引起制动液的流失	按照扭矩要求MS-3993设计	振动步进应力试验18-1950
	液压管弯曲/压缩或者规定不适当的管道材料，引起制动液流失	按照原材料标准MS-1178设计	实验设计（DOE）—管道回复能力

三、评估严重度（S）、频度（O）和探测度（D）

——每种失效模式、失效起因和失效影响之间（失效链或失效网）的独立风险均需进行评估。风险评估需遵循三个评级标准：

严重度（S）：代表失效影响的严重程度。

频度（O）：代表失效起因的发生频率。

探测度（D）：代表对已发生的失效起因和/或失效模式的可探测程度。

S、O和D评级结果分别使用从1到10的数字表示，其中10代表最高风险。

1. 评估严重度（S）

——严重度是假设在失效模式已经发生并且没有被探测到的情况下对失效影响的评估。

——严重度评级是一种度量，它关系到被评估功能的既定失效模式的最严重失效影响程度。

第三章 设计 FMEA 的实施方法

——严重度评级用于确定某个 DFMEA 范围的优先级,并在不考虑频度和探测度的情况下确定。

严重度应使用"表 3-13 D1-DFMEA 严重度(S)"的标准进行估计。该表可以扩充,以包括特定产品的示例。

表 3-13 D1-DFMEA 严重度(S)

产品一般评估标准严重度(S)评价准则			
根据以下标准对潜在失效影响进行评级			空白,由使用人员填写
S	影响	严重度标准-DFMEA	公司或产品线示例
10	非常高	• 影响到车辆和/或其他车辆的操作安全,驾驶员、乘客、道路使用者或行人的健康状况	
9		• 不符合法规	
8	高	• 在预期使用寿命内,**丧失**正常驾驶所必需的车辆主要功能	
7		• 在预期使用寿命内,**降低**正常驾驶所必需的车辆主要功能	
6	中	• **丧失**车辆次要功能	
5		• **降低**车辆次要功能	
4		• 外观、声音、振动、粗糙度或触感令人感觉非常不舒服	
3	低	• 外观、声音、振动、粗糙度或触感令人感觉中度的不舒服	
2		• 外观、声音、振动、粗糙度或触感令人略微感觉不舒服	
1	非常低	• 没有可觉察到的影响	

根据上表中严重度的评价准则,严重度(S)评价步骤可以简单表述如下(见图 3-46)。

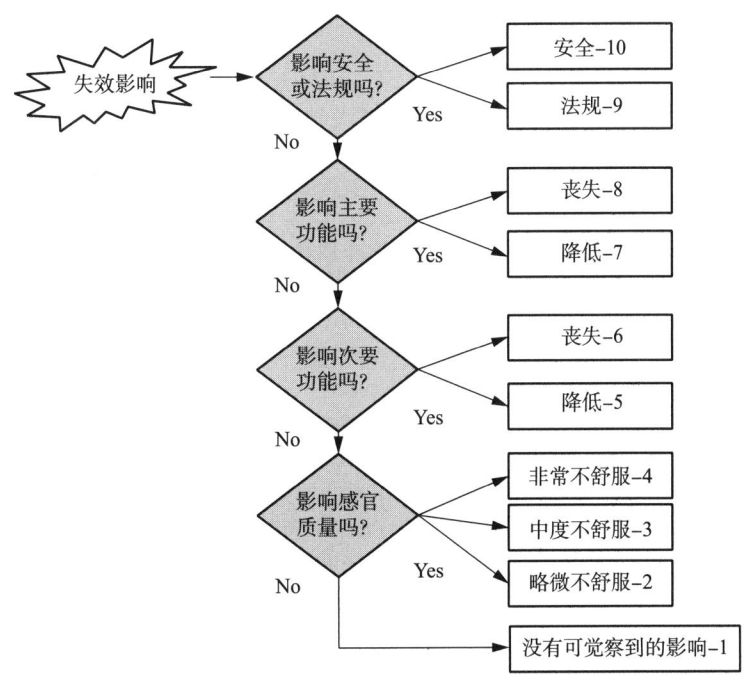

图 3-46 DFMEA 严重度(S)评价步骤

数值 9~10:与安全/法规有关;数值 5~8:与功能/性能有关;数值 2~4:与外观、噪声和感觉有关。

当严重度数值定为 9 或 10 时，要特别关注。严重度数值定级为 1 的失效模式不应进一步分析。

DFMEA 小组应对评价准则和分级规则达成一致意见，并使用它们。DFMEA 项目团队应就评估标准和评级体系达成一致，即使根据单个设计分析做了修改，该标准和体系也是一致的。

如果需要，失效影响的严重度评估应该由顾客转移给供应商。

2. 评估频度（O）

——频度评级是根据评级标准对预防控制有效性的度量。

——频度是指在设计的寿命中某一特定起因发生的可能性。

——当针对频度评定失效起因时，考虑了对当前预防控制有效性的估计。评级的准确性取决于对预防控制的描述。

——潜在失效起因出现频度的评估分为 1 到 10 级。在确定此值时，应以以前类似产品内外部失效的原始数据为基础。

——频度评级应使用频度"表 3-14 D2-DFMEA 频度（O）"中的标准进行评估。该表可以扩充，以包括特定产品的示例。

表 3-14 D2-DFMEA 频度（O）

产品的潜在频度（O）评价准则				
根据以下标准对潜在失效起因的发生频度进行评级。在确定最佳预估频度（定性评级）时应考虑产品经验和预防控制				空白，由使用人员填写
O	对失效起因发生的预测	每千件产品/车辆的故障率	频度标准-DFMEA	公司或产品线示例
10	极高	≥100/1000 ≥1/10	• 在没有操作经验和/或在操作条件不可控制的情况下的任何地方对**新技术的首次应用**。没有对产品进行验证和/或确认的经验 • **不存在标准**，且尚未确定最佳实践。预防控制不能预测现场性能或不存在预防控制	
9	非常高	50/1000 1/20	• 在公司内首次应用具有**技术创新或材料的设计**。新应用或工作周期/操作条件有改变；没有对产品进行验证和/或确认的经验 • 预防控制不是针对识别特定要求的性能	
8		20/1000 1/50	• 在新应用内首次应用具有技术创新或材料的设计。新应用或工作周期/操作条件有改变；没有对产品进行验证和/或确认的经验 • 极少存在现有标准和最佳实践，不能直接用于该设计产品 • 预防控制不能可靠地反映现场性能	
7	高	10/1000 1/100	• 根据相似技术和材料的新型设计。新应用或工作周期/操作条件有改变；没有对产品进行验证和/或确认的经验 • 标准、最佳实践和设计规则适用于基准设计，但不适用于创新产品。预防控制提供了有限的性能指标	
6		2/1000 1/500	• 应用现有技术和材料，与之前设计相似。类似应用、工作周期或操作条件有改变；有之前的测试或使用现场经验 • 存在标准和设计规则，但不足以确保不会出现失效起因。预防控制提供了预防失效起因的部分能力	

续表

产品的潜在频度（O）评价准则				
根据以下标准对潜在失效起因的发生频度进行评级。在确定最佳预估频度（定性评级）时应考虑产品经验和预防控制				空白，由使用人员填写
O	对失效起因发生的预测	每千件产品/车辆的故障率	频度标准-DFMEA	公司或产品线示例
5	中	0.5/1000 1/2000	• 应用证实过的技术和材料，与之前设计相比有细节上的变化。类似的应用、工作周期或操作条件；有之前的测试或使用现场经验，或为具有与失效相关测试经验的设计 • 在之前设计中所学到的与解决设计问题相关的教训。在本设计中对最佳实践进行再评估，但尚未经过证实；预防控制能够发现与失效起因相关的产品缺陷，并提供部分性能指标	
4		0.1/1000 1/10000 100PPM	• 与短期现场使用暴露几乎相同的设计。类似应用、工作周期或操作条件有细微变化 • 有之前的测试或使用现场经验。之前设计和为新设计而进行的改变符合最佳实践、标准和规范要求 • 预防控制能够发现与失效起因相关的产品缺陷，并显示可能的设计符合性	
3	低	0.01/1000 10PPM	• 对已知设计（相同的应用、在工作周期或操作条件方面）和测试或类似操作条件下的现场经验的细微变化或成功完成测试程序的新设计 • 考虑到之前设计的经验教训，设计预计符合标准和最佳实践 • 预防控制能够发现与失效起因相关的产品缺陷，并预测了与生产设计的一致性	
2	非常低	≤0.001/1000 1PPM	• 与长期现场暴露几乎相同的设计。相同应用、具备类似的工作周期或操作条件；在类似操作条件下的测试或使用现场经验 • 考虑到之前设计的经验教训并对其有充足的信心，设计预计符合标准和最佳实践 • 预防控制能够发现与失效起因相关的产品缺陷，并显示出对设计符合性的信心	
1	极低	通过预防控制，避免失效	• 通过预防控制消除失效，失效起因在设计上不可能发生	
产品经验：在公司内使用产品的历史（新品设计、应用或使用案例）。已经完成探测控制的结果提供了设计经验				
预防控制：在产品设计中使用最佳实践、设计规则、公司标准、经验教训、行业标准、材料规范、政府规定，以及以预防为导向的分析工具的有效性（分析工具包括计算机辅导工程、数学建模、模拟研究、公差叠加和设计安全边际）				

注：频度可根据产品验证活动所获得的信息和/或数据降低。

DFMEA项目团队应就评估标准和评级体系达成一致，即使根据单个设计分析做了修改，该标准和体系也是一致的。

频度评级是DFMEA范围内的一个相对级别，有可能反映不了实际发生的情况。

根据评级表，并考虑已经完成的探测控制结果，频度评级描述了顾客操作中可能发生的潜在失效起因。

以下问题可帮助团队确定适当的频度等级：
- 类似组件、子系统或系统的过往使用情况和使用现场经验是怎样的？
- 该项目是否是一个借用件或类似于先前水平的项目？
- 该项目是全新的吗？
- 应用是什么或有哪些环境改变？
- 是否使用了工程分析（例如：可靠性）来对应用的预期可比较频度等级进行估计？
- 预防控制是否到位？
- 在产品开发过程中，其稳健性是否得到了验证？

在表3-14中，频度标准描述的内容比较多，可以简单归纳一下，有助于加快团队对频度等级的决策。以下为参考（见图3-47）。

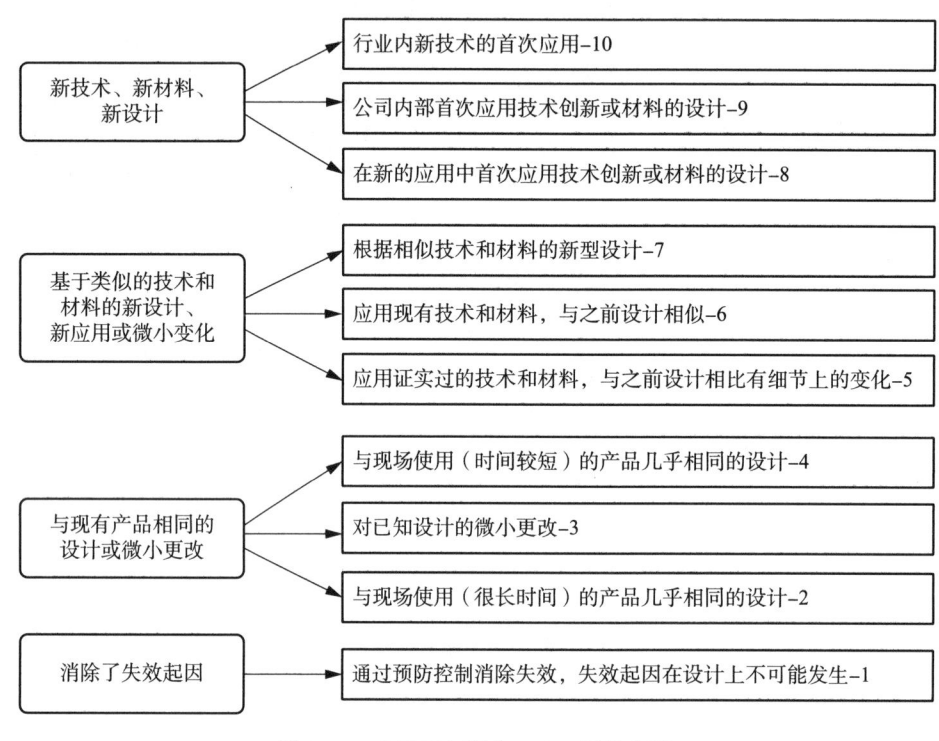

图3-47 DFMEA频度（O）评价步骤

3. 评估探测度（D）

——探测度评级（D）是对探测控制有效性的估计，用于项目交付生产前，可靠地证明失效起因及失效模式。探测评级与最有效的探测控制有关。

——探测度是一个相对的评级，且在单个DFMEA范围内进行评级，它的确定不考虑严重度或频度。

——现行设计探测控制评价的推荐方法之一就是假定失效已经发生，然后评估现行设计控制探测到这个失效模式或失效起因的能力。不要因为频度等级低而理所当然认为其探测度等级也一定低。

——应使用"表3-15 D3-DFMEA探测度（D）"中的标准对探测度进行评估。这个表格可以用公司的常用的探测方法进行补充。

——DFMEA项目团队应当就评估标准和评级体系达成一致，即使针对个别产品分析做了修改，该标准和体系也是一致的。

表 3-15 D3-DFMEA 探测度（D）

用于产品设计验证的潜在探测度（D）评价准则				
根据探测方法成熟度和探测机会对探测控制进行评级				空白，由使用人员填写
D	探测能力	探测方法成熟度	探测机会	公司或产品线示例
10	非常低	• 测试程序尚未开发	测试方法尚未定义	
9	非常低	• 没有为探测失效模式或失效起因而特别地设计测试方法	通过/不通过测试、失效测试、老化测试	
8	低	• 新测试方法，尚未经过验证	通过/不通过测试、失效测试、老化测试	
7	低	• 新测试方法，尚未经过证实，计划时间充分，可以在开始生产之前修改工装	通过/不通过测试、失效测试、老化测试	
6	中	• 已经验证的测试方法，该方法用于功能性验证或对性能、质量、可靠性以及耐久性的确认	通过/不通过测试	
	中		失效测试	
5	中	• 测试计划时间在产品开发周期内较迟，如果测试失败，将重新设计、重新开模具，导致生产延迟	老化测试	
4	高	• 已经验证的测试方法，该方法用于功能性验证或对性能、质量、可靠性以及耐久性的确认	通过/不通过测试	
3	高		失效测试	
2	高	• 计划时间充分，可以在开始生产之前修改生产工装	老化测试	
1	非常高	之前测试证明不会出现失效模式或失效起因，或者探测方法经过证实总是能够探测到失效模式或失效起因		

从表 3-15 探测度评价准则中可以看出，探测度评级是根据探测方法成熟度、探测时机、探测机会等进行评价的。

在确定该评估时，应考虑以下问题：
- 探测失效起因或失效模式的最有效测试是什么？
- 探测失效所需要的使用记录/工作周期是什么？
- 探测失效需要多少样品？
- 探测该失效起因/失效模式的测试程序是否已得到证明？

当有多种探测控制方法时，可将每种控制方法填入探测控制栏目中，并在探测度栏中记录下最低的等级值。为提高探测度，计划的设计控制（如确认和/或验证等活动）需要不断改进。

探测度评级最初是对尚未被证实的控制的有效性进行的预测。在探测控制完成后，可以对其有效性进行验证和重新评估。然而，探测控制（如测试）的完成或取消也会影响对频度的估计（根据探测结果的数据重新评价频度）。

现行设计控制的三种方法：
(1) 防止起因的发生或减少发生的频度；
(2) 探测出失效起因，优化设计；
(3) 探测出失效模式，优化实验/测试手段。

优先运用第一种方法，其次用第二种方法，最后用第三种方法。

注意： 用于制造、装配过程的检验和试验不能视为设计控制。

应当强调的是，即使产品/过程看起来相同，将一个团队的 DFMEA 和另一个团队的 DFMEA 评级进行比较也是不合适的。因为每个团队的环境都不同，因此他们各自的评级都是独一无二的（也就是说，评级是基于客观基础的主观评价）。

四、评估措施优先级（AP）

当团队在完成对失效模式和失效影响、失效起因和控制的分析，包括严重度、频度和探测度的等级的初步识别，就必须决定是否需要进一步降低风险。因为本身固有的资源、时间、技术和其他因素的限制，他们需选择如何更好地为这些措施排列优先级别。

风险顺序数（RPN）是严重度（S）、频度（O）和探测度（D）的乘积。RPN = (S)×(O)×(D)，其数值的范围为 1~1000。

AIAG 以往的 FMEA 手册，主要是通过 RPN 的阈值或 S 和 O、S 和 D、O 和 D 的乘积组合来确定失效风险顺序，并用来协助排列措施优先级别。但仅 RPN 并不能确定是否需要采取更多措施，因为 RPN 对 S、O 和 D 的权重相等。因此，RPN 可能会对 S、O 和 D 的不同组合产生类似的风险数，使团队无法确定如何进行优先级排序。

新版 FMEA 手册最重要的一个变化就是创建了更符合逻辑并遵循了 FMEA 以失效预防为目的的方法。这种方法就是措施优先级 AP 表，AP 表将措施分为**高—中—低**优先级别（见表3-16）。

措施优先级方法提供了 1000 种 S、O、D 的可能组合。该方法首先着重于严重度，其次是频度，最后是探测度。

AP 表对 DFMEA 和 PFMEA 是通用的。

表 3-16　DFMEA 和 PFMEA 的措施优先级表（AP 表）

措施优先级是以严重度、频度以及探测度评级的综合为基础，是为了降低风险而对各项措施进行优先排序							空白，由使用人员填写
影响	S	对失效起因发生的预测	O	探测能力	D	措施优先级（AP）	备注
对产品或工厂的影响度非常高	9~10	非常高	8~10	低—非常低	7~10	H	
				中	5~6	H	
				高	2~4	H	
				非常高	1	H	
		高	6~7	低—非常低	7~10	H	
				中	5~6	H	
				高	2~4	H	
				非常高	1	H	
		中	4~5	低—非常低	7~10	H	
				中	5~6	H	
				高	2~4	H	
				非常高	1	M	
		低	2~3	低—非常低	7~10	H	
				中	5~6	M	
				高	2~4	L	
				非常高	1	L	
		非常低	1	非常高—非常低	1~10	L	

续表

影响	S	对失效起因发生的预测	O	探测能力	D	措施优先级（AP）	备注
对产品或工厂的影响度高	7~8	非常高	8~10	低—非常低	7~10	H	
				中	5~6	H	
				高	2~4	H	
				非常高	1	H	
		高	6~7	低—非常低	7~10	H	
				中	5~6	H	
				高	2~4	H	
				非常高	1	M	
		中	4~5	低—非常低	7~10	H	
				中	5~6	M	
				高	2~4	M	
				非常高	1	M	
		低	2~3	低—非常低	7~10	M	
				中	5~6	M	
				高	2~4	L	
				非常高	1	L	
		非常低	1	非常高—非常低	1~10	L	
对产品或工厂的影响度中等	4~6	非常高	8~10	低—非常低	7~10	H	
				中	5~6	H	
				高	2~4	M	
				非常高	1	M	
		高	6~7	低—非常低	7~10	M	
				中	5~6	M	
				高	2~4	M	
				非常高	1	L	
		中	4~5	低—非常低	7~10	M	
				中	5~6	L	
				高	2~4	L	
				非常高	1	L	
		低	2~3	低—非常低	7~10	L	
				中	5~6	L	
				高	2~4	L	
				非常高	1	L	
		非常低	1	非常高—非常低	1~10	L	

续表

续表

影响	S	对失效起因发生的预测	O	探测能力	D	措施优先级（AP）	备注
对产品或工厂的影响度低	2~3	非常高	8~10	低—非常低	7~10	M	
				中	5~6	M	
				高	2~4	L	
				非常高	1	L	
		高	6~7	低—非常低	7~10	L	
				中	5~6	L	
				高	2~4	L	
				非常高	1	L	
		中	4~5	低—非常低	7~10	L	
				中	5~6	L	
				高	2~4	L	
				非常高	1	L	
		低	2~3	低—非常低	7~10	L	
				中	5~6	L	
				高	2~4	L	
				非常高	1	L	
		非常低	1	非常高—非常低	1~10	L	
没有可觉察到的影响	1	非常低—非常高	1~10	非常高—非常低	1~10	L	

措施优先级（AP）的三个级别：

措施优先级（AP）	级别说明	采取措施的要求
优先级高（H）	评审和措施的最高优先级	团队**需要**识别适当的措施来改进预防和/或探测控制，或证明并记录为何当前的控制足够有效
优先级中（M）	评审和措施的中等优先级	团队**应当**识别适当的措施来改进预防和/或探测控制，或由公司自行决定，证明并记录当前的控制足够有效
优先级低（L）	评审和措施的低优先级	团队**可以**识别适当的措施来改进预防或探测控制

以上高、中、低三个措施优先级别共 4×4×4+4+1＝69 个组合，其中：最高优先级（H）22个，中等优先级（M）16个，低优先级（L）31个。

注意：潜在的严重度为 9~10 且措施优先级为高（H）和中（M）的失效影响，建议至少应由管理层评审，包括对所采取的任何建议措施的评审。

需要强调的是，这不是对高、中、低风险的优先排序，而是对降低风险的措施的优先顺序。

公司可使用一个体系来评估措施优先级，而不是使用多个顾客要求的多个体系。

由于设计 AP 表是为了和严重度、频度和探测度一起使用，如果组织针对特定产品、过程或项目选择修改 S、O、D 表，则 AP 表也需仔细检查。

为了方便检索，AP 表也可以简化为一个矩阵表，下表作为参考（见表 3-17）。

表 3-17 DFMEA 和 PFMEA 的措施优先级（AP）矩阵表

S/O/D 分类	严重度（S）																				
	9~10					7~8					4~6					2~3					1
频度（O）	8~10	6~7	4~5	2~3	1	8~10	6~7	4~5	2~3	1	8~10	6~7	4~5	2~3	1	8~10	6~7	4~5	2~3	1	1~10
探测度（D） 7~10	H	H	H	H		H	H	H	M		H	M	M	L		M	L	L	L		L
5~6	H	H	H	M		H	H	M	M		H	M	L	L		M	L	L	L		L
2~4	H	H	H	L	L	H	H	M	L	L	M	M	L	L	L	L	L	L	L	L	L
1	H	H	M	L		H	M	L	L		M	L	L	L		L	L	L	L		L

五、填写 DFMEA 表中"风险分析"的内容

将团队风险分析的结果填写到 DFMEA 表中的相应栏目，下表为示例（见表 3-18）。

表 3-18 DFMEA 表 步骤一至步骤五（示例）

设计失效模式及影响分析（DFMEA）					
策划和准备（步骤一）					
公司名称	×××公司	项目名称	(系统、子系统和/或组件) 雨刮电机		
工程地点	中国广州××区	DFMEA 开始日期	2020 年 8 月 18 日	DFMEA ID 编号	2021FX-5-DFMEA-01
顾客名称	GHAC	DFMEA 修订日期	2020 年 10 月 26 日	设计责任人	张××
年型/项目	2021FX-5	跨职能团队	参见 DFMEA 团队成员及职责表	保密级别	保密

结构分析（步骤二）			功能分析（步骤三）		
1. 上一较高级别	2. 关注要素	3. 下一较低级别或特性类型	1. 上一较高级别功能及要求	2. 关注要素功能及要求	3. 下一较低级别的功能及要求或特性
雨刮电机	电磁转换系统	电枢绕组	功能：根据参数设置将电能转换成机械能 功能性要求：产生规定的扭矩和转速，按规定的频率和扭力摆动雨刮	功能：将电场转换成随角度变换的磁场（旋转磁场） 要求：在规定的电流、电压条件下，产生规定的磁场强度和电磁转矩	功能：电流通过时产生电磁场和电磁转矩 要求：产生规定的磁场强度和电磁转矩

失效分析（步骤四）			DFMEA 风险分析（步骤五）						
1. 对于上一较高级别要素和/或最终用户的失效影响（FE）	FE 的严重度（S）	2. 关注要素的失效模式（FM）	3. 下一较低级别的要素或特性的失效起因（FC）	对失效起因的当前预防控制（PC）	失效起因的频度（O）	对失效起因/失效模式的当前探测控制（DC）	失效起因/失效模式的探测度（D）	DFMEA 措施优先级（AP）	筛选器代码（可选）
(1) 电机转速过低或过高 (2) 电机产生的扭矩过小或过大 (3) 雨刮摆动不正常，影响车辆在雨天行驶	7	(1) 磁场强度过低或过高 (2) 电磁转矩过小或过大	绕组线圈的匝数和线径设计不当，导致磁场强度和电磁转矩不足或过强	根据 DS 136《电机绕组参数规范》设定线圈匝数和线径规格	3	样机测试： (1) 根据 QCT 166 技术标准测试生成电机特性曲线 (2) 根据测试规范 QCT 98 进行空载转速、负载转速、高低速、转动力矩测试	5	M 根据 S-7、O-3、D-5 的组合，措施优先级为 M	

在本例中，失效影响将导致雨刮的主要功能降级，严重度等级为 7

在本例中，设计是基于参数规范，对已知设计和测试或类似操作条件下的现场经验的细微变化，频度等级为 3

在本例中，是已经验证的测试方法，该方法用于功能性验证或性能确认的失效测试，若测试失败会导致重新设计，探测度等级为 5

"筛选器代码（可选）"一栏可用于标记潜在特殊特性或公司指定的其他信息，没有可填信息时留空白

需要注意的是，DFMEA团队在描述预防控制时，若采用现有的产品设计控制方法，应在一定程度上考虑以下标准：
- 以前的设计有经过验证的现场历史；
- 新的设计在内容上与以前的设计相似；
- 新的设计在使用条件上与以前的设计相似；
- 新的设计没有新技术。

探测控制分为模拟验证和实物样件测试两种方法。一般先做模拟验证，再进行OTS样件功能/性能测试的方法来验证。

模拟验证：
- 使用相关模型确定系统或组件的需求是否得到满足；
- 使用模拟确定是否满足系统或部件的要求；
- 使用分析方法确定系统或部件是否满足要求。

实物样件测试：
- 使用实物系统/组件测试来确定是否满足可靠性要求；
- 使用实物系统/组件测试来确定是否满足性能要求；
- 使用实验设计来确定是否满足要求；
- 使用功能测试来确定是否满足功能要求。

在DFMEA分析的探测措施都是在产品制造之前，在试验室为了验证设计进行的试验/测试活动，不是制造过程中的检验活动，这一点要特别注意。制造中的检验、测量和试验都是生产控制活动的探测措施。

第七节 DFMEA 步骤六：优化

一、DFMEA"优化"的主要工作和目标

DFMEA"七步法"的第六步"优化"，其目的是确定减轻风险的措施以及评估这些措施的有效性。

DFMEA"优化"的主要工作和目标如图3-48所示。

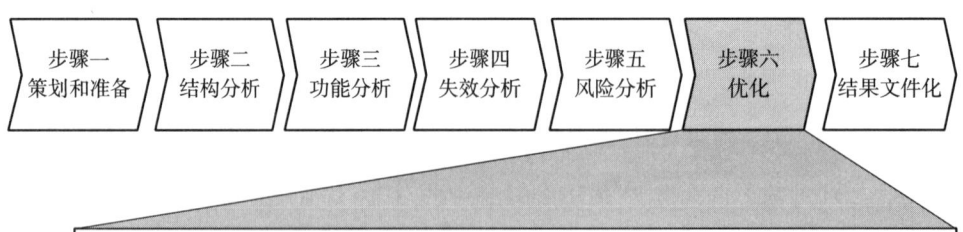

DFMEA"优化"的主要工作和目标：
- 确定降低风险的必要措施
- 为措施实施分配职责和任务期限
- 实施措施并将其形成文件，包括对所实施措施有效性的确认以及采取措施后的风险评估
- 为改进产品要求和预防、探测控制提供基础
- 完成DFMEA表中"优化"的内容

图3-48 DFMEA"优化"的主要工作和目标

二、确定必要的措施

——设计优化的主要目的是通过改进设计来制定降低风险和提高顾客满意度的措施。

第三章 设计 FMEA 的实施方法

——在这一步骤中，团队要评审风险分析的结果并分配措施，以降低失效起因发生的可能性，或者增加探测控制的可能性，以便探测出失效起因或失效模式。

——必要的措施指的是具体、可衡量、可实现的措施，而不是可能永远不会实施的潜在措施。

——必要的措施不是那些已经计划的活动，因为它们在预防或探测控制中已经被记录下来并且在初始风险分析中考虑过了。

优化的最有效顺序如下：

- 设计更改以消除或降低失效影响（FE）；
- 设计更改以降低失效起因（FC）的频度（O）；
- 提高探测（D）失效起因（FC）或失效模式（FM）的能力；
- 在设计更改的情况下，所有受影响的设计要素都要重新评估。

任何建议措施都要按以下顺序降低其风险等级：严重度、频度和探测度。

1. 降低严重度（S）等级

从严重度评级标准中我们可以看到，影响安全的是等级 10，不符合法规的是等级 9，与产品主要功能相关的是等级 8 和等级 7，与产品次要功能相关的是等级 6 和等级 5，与感官相关的是等级 4、等级 3、等级 2，从功能属性已基本确定了严重度等级范围。

对于影响安全和法规的严重度等级，一般的设计更改是无法改变的，可能需要技术创新或新技术的应用才能实现。对于系统要素，可以通过增加监视及系统响应的设计来降低严重度，具体可参见本书中第五章"监视及系统响应的补充 FMEA（FMEA-MSR）实施方法"。

当然，也可以通过设计更改来降低主要功能、次要功能、感官功能的严重度相对等级。如从主要功能的丧失改变到主要功能的降低，或从感官等级 4 降到等级 2。

2. 降低频度（O）等级

只有设计更改才能降低频度等级。

频度等级的降低可能受设计更改消除或控制一种或多种起因的影响。

可以考虑但不限于这些措施：

- 为消除失效起因的防错设计；
- 设计更改几何尺寸和公差；
- 设计更改以降低压力或替代不耐用（高失效可能性）零部件；
- 增加余量；
- 修改材料规范。

3. 降低探测度（D）等级

提高探测（D）失效起因（FC）或失效模式（FM）的能力，增加探测的可能性，才能降低探测度等级。为提高探测度，计划的探测设计控制（如确认和/或验证等活动）需要不断改进。

从功能分析中创建的参数图（P 图）获得的信息为试验计划提供了输入。

提高探测能力，可以考虑但不限于这些措施：

- 设计评审；
- 原型试验；
- OTS（工装样件）试验；
- 模拟研究——设计验证；

- 设计试验，包括可靠性试验；
- 使用类似零部件的模型。

若出现了概念变更（如新概念、新技术的应用），则需对在 DFMEA 的所有步骤中受影响的部分进行评审。这是必要的，因为初始分析是基于不同的设计概念，因而已不再有效。

那些能改进设计但不一定降低措施优先评级的情况，也可以确定采取措施。

如果团队决定不再进一步采取措施，则在 DFMEA 表"筛选器代码（可选）"或"备注"一栏中写上"无进一步措施"，表示风险分析已完成。

下表为失效起因、控制和建议措施的示例（见表 3-19）。

表 3-19 失效起因、控制和建议措施（示例）

项目	失效模式	失效起因	预防控制措施	探测控制措施	建议措施
盘式刹车系统	汽车不能停止	防腐蚀保护不充分，引起机械连接断裂	按照原材料标准 MS-845 设计	环境应力测试 03-9963	将原材料换成不锈钢
		密封设计引起的主缸真空锁闭	用相同的工作循环要求进行替代件设计	压力可变性测试—系统等级	使用结转密封设计
		不正确连接器扭矩规范导致液压管松动，引起制动液的流失	按照扭矩要求 MS-3993 设计	振动步进应力试验 18-1950	将连接由插销式修改成快速连接
		液压管弯曲/压缩，或者规定不适当的管道材料，引起制动液流失	按照原材料标准 MS-1178 设计	实验设计（DOE）—管道回复能力	将胶管由 MS-1178 改为 MS-2025，以增加强度

三、责任分配

——每个措施都应该有负责人和与之相关的目标完成日期。

——负责人应确保措施的状态保持更新。如果措施被确认，那么该负责人也要对措施的实施情况负责。

——应记录预防和探测措施的实际完成日期，包括措施实施的日期。

——目标完成日期应切合实际（如按照产品开发计划、在过程验证之前、在生产开始之前）。

四、措施的状态

措施的状态，建议分为以下几类：

开放的：没有措施被定义。

尚未决定（可选）：措施已经定义，但还没有决定，还在创建决策文件。

尚未执行（可选）：已对措施作出决定，但尚未执行。

执行中（可选）：已对措施作出决定，但尚在执行中，其有效性还未得到验证和记录。

已完成：是指措施已经被执行，其有效性已经被证明和记录，并已经进行了最终评估。

不执行：当决定不执行某项措施时，就填写"不执行"状态。如果实践和技术限制超出当前能力，就会发生这种情况。

只有当 DFMEA 团队评估了每一项的措施优先级，并接受风险水平或记录措施关闭时，

DFMEA 工作才算完成。

如果"不采取措施",那么失效的风险就不会变化,措施优先级就不会降低。对于具有开环的措施(没有完成的措施),需以书面形式将其关闭。

五、措施有效性评估

——当措施完成时,根据所采取的措施及其有效性验证结果对严重度、频度和探测度重新评估。同时确定新的措施优先级。如果措施无效,措施优先级就不会降低。

——单独的措施只能降低严重度、频度和探测度其中之一,不能同时对两者或三者产生影响。

——然而,如果措施未得到有效性验证,该措施将一直保持"尚未执行"或"执行中"的状态,直到其有效性得到验证为止。然后,措施的状态从"尚未执行"或"执行中"改为"已完成"。

——重新评估应基于采取的预防措施和探测措施的有效性,并且新的值应基于 DFMEA 频度和探测度评级表中的定义。

——新的措施优先级应被评审,以确保其合理性。如果需要考虑进一步措施,要重新分析和分配职责,焦点应该始终放在持续改进上。

DFMEA 是设计的历史记录,也是一份动态文件。因此,初始严重度、频度和探测度评价等级需保持,至少可作为历史记录使用和参考。分析完成后将形成一个知识库,能够记录过程决策和设计改进的进展。

DFMEA 标准表中给出了两个栏目用于记录"问题"和"历史/变更授权"。

六、填写完成 DFMEA 表中"优化"的内容

团队在对措施优先级进行评审后,提出必要的优化措施,确定措施责任人和完成日期,并跟踪措施的执行进行有效性验证。根据验证结果评估的 S、O、D 等级,确定新的措施优先级。

填写完成 DFMEA 表中"优化"的内容,以下为示例(见表 3-20)。

表 3-20　DFMEA 表　步骤四至步骤六（示例）

失效分析（步骤四）			DFMEA 风险分析（步骤五）					
1. 对于上一较高级别要素和/或最终用户的失效影响（FE）	FE 的严重度（S）	2. 关注要素的失效模式（FM）	3. 下一较低级别的要素或特性的失效起因（FC）	对失效起因的当前预防控制（PC）	失效起因的频度（O）	对失效起因/失效模式的当前探测控制（DC）	失效起因/失效模式的探测度（D）	DFMEA 措施优先级（AP）	筛选器代码（可选）
(1) 电机转速过低或过高 (2) 电机产生的扭矩过小或过大 (3) 雨刮摆动不正常，影响车辆在雨天行驶	7	(1) 磁场强度过低或过高 (2) 电磁转矩过小或过大	绕组线圈的匝数和线径设计不当，导致磁场强度和电磁转矩不足或过强	根据 DS 136《电机绕组参数规范》设定线圈匝数和线径规格	3	样机测试：(1) 根据 QCT 166 技术标准测试生成电机特性曲线 (2) 根据测试规范 QCT 98 进行空载转速、负载转速、高低速、转动力矩测试	5	M	

⇩

DFMEA 优化（步骤六）											
DFMEA 预防措施	DFMEA 探测措施	负责人姓名	目标完成日期	状态	采取基于证据的措施	完成日期	严重度（S）	频度（O）	探测度（D）	DFMEA AP	备注
无	对电枢绕组特性进行测试和评审	刘工	2020.10.08	已完成	通过对电枢绕组特性的测试和计算，能够识别设计中的偏差（见测试报告），并建立了测试规范（QCT106）	2020.10.06	7	3	3	L	

由于技术能力，或出于改进成本和效益考虑，并不是措施优先级为"高（H）"级或"中（M）"级都必须要改进到"低（L）"级。

DFMEA 团队也可以确定能够改进设计但并不一定降低措施优先评级的行动。例如，在 AP 表中，当严重度（S）为 9~10、频度为 4~10、探测度为 2~10 时，措施优先级都是"高"级；假定严重度和探测度不变的情况下，采取措施，将发生的频度由 8 降到 4，措施优先级还是"高"级；虽然措施优先级没有变化，但由于改进了发生的频度，设计的风险也随之降低。

因此，DFMEA 团队在评估是否需要采取措施时，不仅仅是看 AP 的级别，还要考虑严重度和频度等级的风险。

七、DFMEA 团队、管理层、顾客和供应商之间针对潜在失效的协作

在技术风险分析进行期间和/或当 DFMEA 初步完成时，DFMEA 团队、管理层、顾客和供应商之间可将相关人员聚在一起进行沟通和研讨，以提高他们对产品功能和失效的理解。通过这种方式可以使"如何降低风险"的知识得以传播。

第八节　DFMEA 步骤七：结果文件化

一、DFMEA"结果文件化"的主要工作和目标

DFMEA"七步法"的第七步"结果文件化"，其目的是针对 DFMEA 活动的结果进行总结和交流。

DFMEA"结果文件化"的主要工作和目标如下（见图 3-49）。

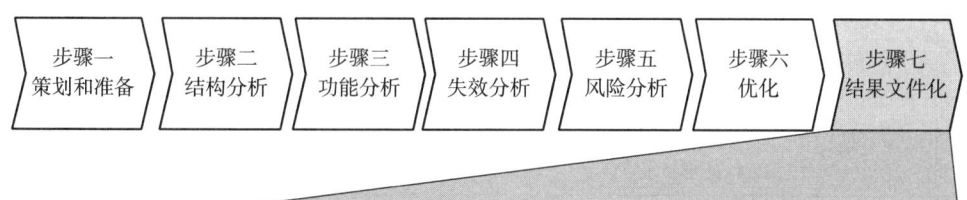

图 3-49　DFMEA"结果文件化"的主要工作和目标

二、DFMEA 报告的内容

——DFMEA 报告可用作公司内部或公司之间的沟通使用。

——当管理层、顾客或供应商要求时，该报告不是为了取代对 DFMEA 细节的评审。它是 DFMEA 团队和其他人员的总结，以确认每个任务都已完成并评审分析结果。

——文件的内容应满足组织、预期读者和利益相关方的要求，具体细节可由各方商定。采用 DFMEA 报告的形式总结和交流，还可以确保分析的所有细节和知识产权都由编制 DFMEA 的公司保留。

——文件的格式可根据具体公司而定。但是，报告应指出失效的技术风险，并将其视为开发计划和项目里程碑的一部分。

DFMEA 报告可包括以下内容：

(1) 相较于策划和准备阶段"项目计划"中的初始目标，说明一下最终状态。
- DFMEA 目的——DFMEA 的目的是什么？
- DFMEA 任务——DFMEA 的范围。
- DFMEA 团队——参与人员清单。
- DFMEA 工具——如何使用采取的分析方法？
- DFMEA 时间安排——DFMEA 的截止日期。

(2) 总结分析范围并识别新的内容。

(3) 对功能是如何开发的进行总结。

(4) 至少对团队确定的高风险失效进行总结，并提供一份具体的 S/O/D 评级表和措施优先排序的方法（如措施优先级表）。

(5) 对采取的和/或计划中的措施进行总结（包括这些措施的状态），以解决高风险的失效。

(6) 为进行中的 DFMEA 改进措施制定计划和时间安排，并承诺完成。

- 关闭尚未确定的措施,并做出承诺和时间安排。
- 承诺在批量生产期间对 DFMEA 进行评审和修订(如根据公司程序,由设计变更、纠正措施等引起的修订)。
- 承诺在"基础 DFMEA"中找到"出差错的地方",以便将来适用时可以再次用于分析。

三、DFMEA 报告的参考格式

DFMEA 报告可包括以下"1~8"项的信息,本格式仅供参考。

1. DFMEA 基本信息

公司名称		项目名称		DFMEA ID 编号	
工程地点		DFMEA 开始日期		设计责任人	
顾客名称		DFMEA 初始完成日期		保密级别	☑商业应用 □专有 □保密
年型/项目		DFMEA 最新日期		DFMEA 管理者	

2. DFMEA 团队成员

DFMEA 团队成员					
核心团队成员完成 DFMEA 系统分析(步骤一至步骤六)并参加 DFMEA 会议。扩展团队成员根据需要参与(由 DFMEA 推进者或会议组织人协调)DFMEA 不同阶段的活动					
核心团队成员					
姓名	来自部门	职位	团队角色	电话	电子邮箱
	开发部	项目经理	DFMEA 管理者		
	开发部	项目工程师	DFMEA 技术主管		
	开发部	设计工程师	DFMEA 推进者		
	开发部	设计工程师	核心成员		
	开发部	系统工程师	核心成员		
	开发部	零件工程师	核心成员		
	工程部	测试工程师	核心成员		
	质量部	质量/可靠性工程师	核心成员		
扩展团队成员					
姓名	来自部门	职位	团队角色	电话	电子邮箱
	外聘	技术专家	扩展成员		
	工程部	过程/制造工程师	扩展成员		
	工程部	维修工程师	扩展成员		
	工程部	功能安全工程师	扩展成员		
	采购部	采购	扩展成员		
		供应商	扩展成员		
		顾客代表	扩展成员		

3. DFMEA 项目计划

DFMEA 项目计划（示例）					
组件名称：雨刮电机及减速机构　　　　　型号：×××-50020					
应用中和顾客的接口：与连杆机构配合并通过曲柄传输力矩					
本项目 DFMEA 应用情形： ☑新设计、新技术　　□现有设计的变更　　□现有设计的新应用					
本项目 DFMEA 目的（DFMEA Intent）： ● 通过 DFMEA，消除或减少失效，降低设计风险，提高产品的可靠性和安全性 ● 按 APQP 里程碑完成 DFMEA，并提交客户 PPAP 评审 ● 与客户及供方就有关设计问题进行交流与协作					
本项目 DFMEA 任务（DFMEA Task）： ● 雨刷电机及其组成零部件的 DFMEA ● 减速机构及其组成零部件的 DFMEA ● 按"七步法"要求实施，并交付成果					
本项目 DFMEA 执行团队（DFMEA Team）： 参见 DFMEA 团队成员及职责表					
本项目 DFMEA 使用工具（DFMEA Tool）： DFMEA 标准电子表格或 FMEA 软件、3D 图、零件图、方块图/边界图、参数图、树形图等					
可利用的以往类似 DFMEA 的经验： 参考"雨刮电机及减速机构"的基础**DFMEA**					
本项目 DFMEA 时间安排（DFMEA Timing）：					
DFMEA 分析项目					
组件/零件项目		责任人		时间安排		备注说明
		技术主管	DFMEA 推进者	开始日期	预计完成日期	
雨刮电机	电枢	铁芯				
		绕组				
		换向器				
	电机外壳					
	蜗杆轴					
	永久磁铁					
	碳刷					
	其他					
减速机构	减速器蜗轮						
	减速器输出轴					
	复位器滑环					
	减速器外壳					
	其他					

4. DFMEA 分析范围总结并确认新的内容

5. 对功能是如何开发的进行总结

6. 高风险失效项目及其采取措施情况的总结

高风险失效项目及其采取措施情况的总结(附: S/O/D 评级表和措施优先级 AP 表)																	
高风险失效项目		失效分析			风险分析					优化					措施实施结果			
项目	功能/要求	失效影响	失效模式	失效起因	现行预防控制	现行探测控制	S	O	D	AP	预防措施	探测措施	时间(开始/完成)	责任人	状态	有效性验证	S	O	D	AP

7. 后续措施计划安排

(1) 关闭尚未确定的措施并做出承诺和时间安排:

(2) 在批量生产期间对 DFMEA 进行评审和修订:

(3) 对"基础 DFMEA"（如果有）进行评审和更新:

8. 顾客和/或供方的参与和支持

DFMEA 管理者签署:
DFMEA 团队成员签署:

报告完成日期:

第九节 DFMEA 使用表格说明和 DFMEA 案例

一、DFMEA 使用表格说明

AIAG & VDA FMEA 手册中给出了三种格式的表格，一种标准表格和两种备选表格。

"表 3-21"为 DFMEA 的标准表格，是一个通用的表格形式。

"表 3-22"为 DFMEA 的备选表格，当处在同一较高级别结构中有多个关注要素需要分析时，把"上一较高级别"单独一行，可以简化表单。

"表 3-23"为 DFMEA 的另一种备选表格，在同一结构和功能项目的情况下有多种失效模式，把步骤二和步骤三放在步骤四的上方，可以简化表单。有些 FMEA 软件也是这种视图格式。

第三章 设计 FMEA 的实施方法

表3-21 DFMEA标准表格

设计失效模式及影响分析（设计FMEA）AIAG & VDA DFMEA

策划和准备（步骤一）			
公司名称：		项目：	DFMEA ID编号：
工程地点：		DFMEA开始日期：	设计责任人：
顾客名称：		DFMEA修订日期：	保密级别：□商业应用 □专有 □保密
车型/项目：		跨职能团队：	

持续改进	结构分析（步骤二）			功能分析（步骤三）			失效分析（步骤四）			DFMEA风险分析（步骤五）						DFMEA优化（步骤六）							备注
历史度/更改授权（适用时）	1.上一较高级别	2.关注要素	3.下一较低级别或特性类型	1.上一较高级别的功能及要求	2.关注要素功能及要求	3.下一较低级别的功能及要求或特性	1.对于上一较高级别要素和/或最终用户的失效影响(FE)	失效影响的严重度(S)	2.关注要素的失效模式(FM)	3.下一较低级别要素或特性的失效起因(FC)	对失效起因的当前预防控制(PC)	失效起因的频度(O)	对失效起因或失效模式的当前探测控制(DC)	失效起因或失效模式的探测度(D)	DFMEA措施优先级(AP)	筛选器代码（可选）	DFMEA预防措施	DFMEA探测措施	负责人姓名	目标完成日期	状态	采取基于证据的措施	完成日期	严重度(S)	频度(O)	探测度(D)	DFMEA AP	
问题#																												

标准表格是通用的，适用于各种情形和各种分析范围的DFMEA使用

表 3-22 DFMEA 备选表格 1
设计失效模式及影响分析（设计 FMEA）

策划和准备（步骤一）			
公司名称：		项目：系统、子系统和/或组件	DFMEA ID 编号：
工程地点：		DFMEA 开始日期：	设计责任人：
顾客名称：		DFMEA 修订日期：	保密级别：□商业应用 □专有 □保密
年型/项目：		跨职能团队：	

结构分析（步骤二）			功能分析（步骤三）			失效分析（步骤四）			DFMEA 风险分析（步骤五）						DFMEA 优化（步骤六）							
1.上一较高级别	2.关注要素	3.下一较低级别或特性类型	1.上一较高级别功能及要求	2.关注要素功能及要求	3.下一较低级别功能及要求或特性	1.对于上一较高级别要素和/或最终用户的失效影响（FE）	失效影响严重度（S）	2.关注要素的失效模式（FM）	3.下一较低级别要素或特性的失效起因（FC）	对失效起因的当前预防控制（PC）	失效起因的频度（O）	对失效起因或失效模式的当前探测控制（DC）	失效起因或失效模式的探测度（D）	DFMEA 措施优先级（AP）	筛选器代码（可选）	DFMEA 预防措施	DFMEA 探测措施	负责人姓名	目标完成日期	状态	采取基于证据的措施	完成日期	严重度（S）	频度（O）	探测度（D）	DFMEA AP	备注
持续改进 历史/变更授权（适用时） 问题#																											

该备选表格适用于，当处在同一较高级别结构中有多个关注要素需要分析时，把上一较高级别单独一行，可以简化表单

第三章 设计 FMEA 的实施方法

表 3-23 DFMEA 备选表格 2

策划和准备（步骤一）

公司名称：	项目：	页码：
工程地点：	DFMEA 开始日期：	DFMEA ID 编号：
顾客名称：	DFMEA 修订日期：	设计责任人：
年型/项目：	跨职能团队：	保密级别： □商业应用 □专有 □保密

设计失效模式及影响分析（设计FMEA）

结构分析（步骤二）

1. 上一较高级别	2. 关注要素	3. 下一较低级别或特性类型

功能分析（步骤三）

1. 上一较高级别功能及要求	2. 关注要素功能及要求	3. 下一较低级别的功能及要求或特性

失效分析（步骤四）

1. 上一较高级别要素和/或最终用户的失效影响（FE）	失效影响的严重度（S）	2. 关注要素的失效模式（FM）	3. 下一较低级别要素或特性的失效起因（FC）

DFMEA风险分析（步骤五）

对失效起因的当前预防控制（PC）	失效起因的频度（O）	对失效起因或失效模式的当前探测控制（DC）	失效起因或失效模式的探测度（D）	DFMEA 措施优先级（AP）	筛选器代码（可选）	DFMEA 预防措施	DFMEA 探测措施

DFMEA优化（步骤六）

负责人姓名	目标完成日期	状态	采取基于证据的措施	完成日期	严重度（S）	频度（O）	探测度（D）	DFMEA AP	备注

持续改进

问题#	历史变更授权（适用时）														

> 该备选表格适用于，当处在同一结构和功能项目的情况下有多种失效模式，把步骤二和步骤三放在步骤四的上方，可以简化表单。有些FMEA软件也是这种视图格式

二、DFMEA 案例

在本章中是以雨刮电机项目为案例进行分步介绍的，为便于完整地回顾，汇总电子表格的内容如下（见表3-24）。

表3-24 DFMEA 表 步骤一至步骤六的内容汇总

设计失效模式及影响分析（DFMEA）					
策划和准备（步骤一）					
公司名称	×××公司	项目名称	（系统、子系统和/或组件）雨刮电机		
工程地点	中国广州××区	DFMEA 开始日期	2020年8月18日	DFMEA ID 编号	2021FX-5-DFMEA-01
顾客名称	GHAC	DFMEA 修订日期	2020年10月26日	设计职责	张××
年型/项目	2021FX-5	跨职能团队	参见 DFMEA 团队成员及职责表	保密级别	保密

结构分析（步骤二）			功能分析（步骤三）		
1. 上一较高级别	2. 关注要素	3. 下一较低级别或特性类型	1. 上一较高级别功能及要求	2. 关注要素功能及要求	3. 下一较低级别的功能及要求或特性
雨刮电机	电磁转换系统	电枢绕组	功能：根据参数设置将电能转换成机械能 功能性要求：产生规定的扭矩和转速，按规定的频率和扭力摆动雨刮	功能：将电场转换成随角度变换的磁场（旋转磁场） 要求：在规定的电流、电压条件下产生规定的磁场强度和电磁转矩	功能：电流通过时产生电磁场和电磁转矩 要求：产生规定的磁场强度和电磁转矩

失效分析（步骤四）			DFMEA 风险分析（步骤五）					
1. 对于上一较高级别要素和/或最终用户的失效影响（FE）	FE 的严重度（S）	2. 关注要素的失效模式（FM）	3. 下一较低级别的要素或特性的失效起因（FC）	对失效起因的当前预防控制（PC）	失效起因的频度（O）	对失效起因/失效模式的当前探测控制（DC）	失效起因/失效模式的探测度（D）	设计 FMEA 措施优先级（AP）	筛选器代码（可选）
（1）电机转速过低或过高 （2）电机产生的扭矩过小或过大 （3）雨刮摆动不正常，影响车辆在雨天行驶	7	（1）磁场强度过低或过高 （2）电磁转矩过小或过大	绕组线圈的匝数和线径设计不当，导致产生的磁场强度和电磁转矩不足或过强	根据 DS 136《电机绕组参数规范》设定线圈匝数和线径规格	3	样机测试： （1）根据 QCT 166 技术标准测试生成电机特性曲线 （2）根据测试规范 QCT 98 进行空载转速、负载转速、高低速、转动力矩测试	5	M	

DFMEA 优化（步骤六）										
DFMEA 预防措施	DFMEA 探测措施	负责人姓名	目标完成日期	状态	采取基于证据的措施	完成日期	严重度（S）	频度（O）	探测度（D）	DFMEA AP	备注
无	对绕组特性进行测试和评审	刘工	2020.10.08	已完成	通过对绕组特性的测试和计算，能够识别设计中的偏差，并建立了测试规范（QCT106）	2020.10.06	7	3	3	L	

上述案例内容汇总在 DFMEA 标准表中（见表3-25）。

第三章 设计FMEA的实施方法

表3-25 雨刮电机电磁转换系统的DFMEA（部分）

策划和准备（步骤一）			
公司名称：XXX公司	项目：（系统、子系统和/或组件）雨刮电机	DFMEA ID 编号：2021FX-5-DFMEA-01	
工程地点：中国广州XX区	DFMEA开始日期：2020年8月18日	设计责任人：张XX	
顾客名称：GHAC	DFMEA修订日期：2020年10月26日	保密级别：□商业应用 □专有 ■保密	
车型/项目：2021FX-5	跨职能团队：参见DFMEA团队成员及职责表		

结构分析（步骤二）			功能分析（步骤三）			失效分析（步骤四）				DFMEA风险分析（步骤五）						DFMEA优化（步骤六）						
1.上一较高级别	2.关注要素	3.下一较低级别或特性类型	1.上一较高级别功能及要求	2.关注要素功能及要求	3.下一较低级别的功能及要求或特性	1.对于上一较高级别要素和/或最终用户的失效影响(FE)	失效影响的严重度(S)	2.关注要素的失效模式(FM)	3.下一较低级别要素或特性的失效起因(FC)	对失效起因的当前预防控制(PC)	失效起因的频度(O)	对失效模式或失效特性的当前探测的控制(DC)	失效起因或失效模式的探测度(D)	DFMEA措施优先级(AP)	筛选器代码（可选）	DFMEA预防措施	DFMEA探测措施	负责人姓名	目标完成日期	状态	采取基于证据的措施	完成日期	严重度(S)	频度(O)	探测度(D)	DFMEA AP	备注
雨刮电机电磁转换系统	电枢绕组		功能：根据参数设置将电能转换成机械能 功能性要求：产生规定的扭矩和转速，按规定的频率和扭力提动雨刮器	功能：将电流转换成电磁场 随角度变换的磁场（旋转磁场） 要求：在规定的电流、电压条件下产生规定的磁场强度和电磁转矩	功能：电流场随时间变化的过时 磁场和电磁转矩 要求：在规定的组时下产生规定的磁场强度和电磁转矩	(1)电机转速过低或不高 (2)电机产生的扭矩过小或过大 (3)雨刮摆动不正常，影响下雨天车辆行驶	7	(1)磁场强度过低或过高 (2)电磁转矩过小或过大	绕组线圈的匝数和线径设计不当，导致产生磁场强度和电磁转矩不足或过强	根据 DS136（电机绕组参数规范）设定线圈匝数和线径规格	3	样机测试：(1)根据QCT 166技术标准测试生成特性曲线 (2)根据规范QCT98进行空载转速、负载转速、高低速、转动力矩测试	5	M		无	对绕组特性进行测试和评审	刘工	2020.10.08	已完成	通过对绕组特性的测试，能够识别设计中的偏差，并建立了测试规范（QCT106）	2020.10.06	7	3	3	L	

本案例仅仅只能作为一个理解的示例，其中只是分析了雨刮电机的电磁转换系统中的电枢绕组的失效起因。事实上，在实际分析中要对雨刮电机进行完整的DFMEA分析，需要根据结构树中的层级和要素进行逐项的分析，工作任务还有很多

我们以"前风窗雨刮系统"的连杆机构进行 DFMEA 案例说明。

DFMEA 按下图"七步法"的逻辑顺序展开分析和呈现结果（见图 3-50）。

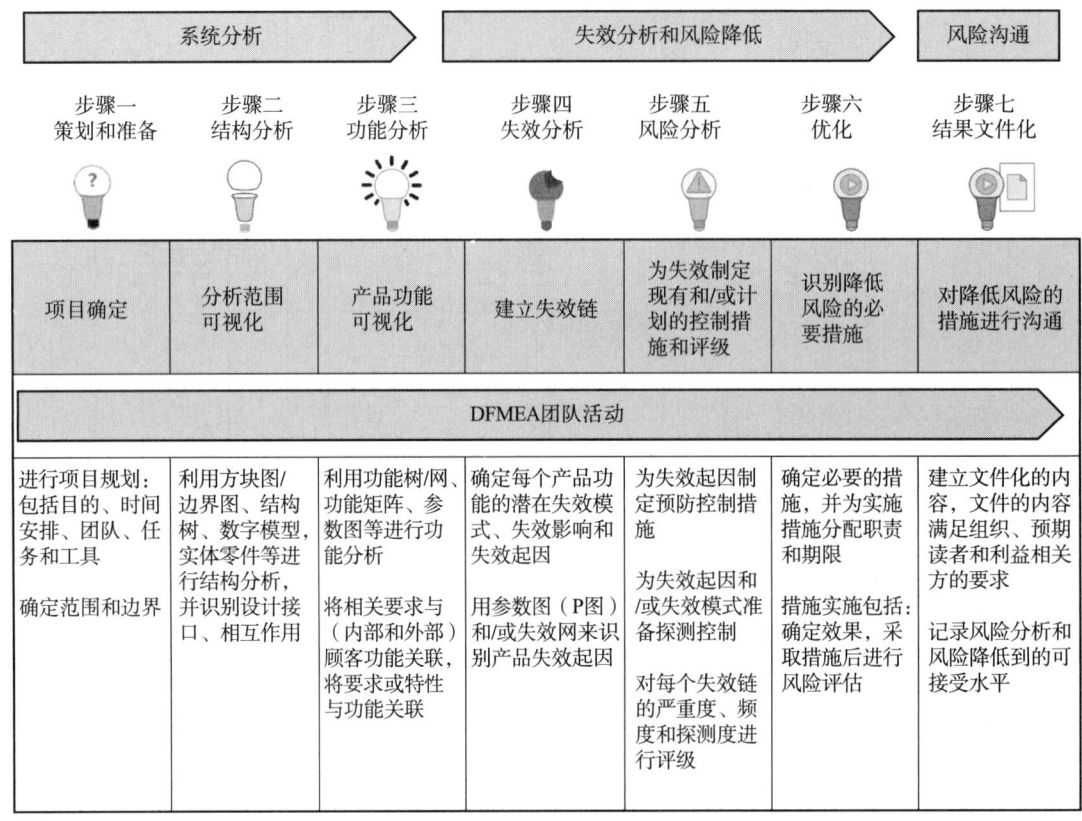

图 3-50　DFMEA 案例"七步法"顺序图

DFMEA 步骤一：策划和准备

1. 组建 DFMEA 团队（跨功能小组）

正如 APQP 产品质量策划的基本原则所强调的，首先是组织跨功能小组，然后确定范围。

通常，设计开发部门主管或项目主管对设计项目都先有了解和初步分析，然后组建 DFMEA 核心团队，因为顾客需求、要求和期望的识别，以及项目确定和范围识别需要团队参与。这是一个同步工程，扩展团队可以逐步补充。

建立《DFMEA 团队成员及职责表》，范例参见本章第二节的内容，此处不赘述。

2. 定义顾客并理解其需求和期望

根据设计开发项目，确定并理解顾客的需求、要求和期望，包括产品规范、技术参数、试验要求、标准和法规等，参见本章第二节的内容，此处不赘述。

3. 确定 DFMEA 项目和范围

确定项目将要执行的 DFMEA 分析类型（系统、子系统或组件），定义每个 DFMEA 类型中包含和不包含的内容，也就是确定分析对象范围。

我们的设计分析项目是连杆机构，连杆机构在前风窗雨刮系统中是一个组件，如下图所示（见图 3-51）。

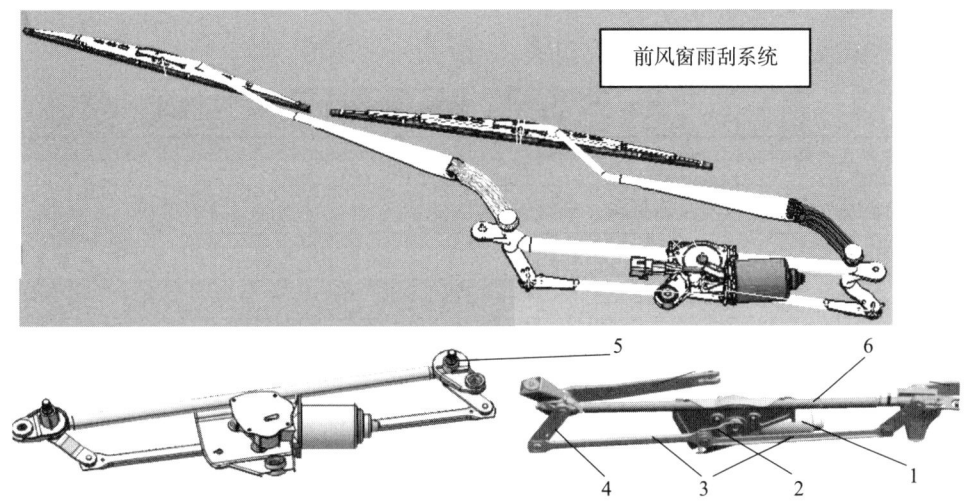

1.电机和减速机构 2.曲柄 3.摇摆连杆 4.连杆摇柄 5.摇臂轴 6.长连杆

图 3-51 前风窗雨刮系统结构

连杆机构也称四连杆机构，由长连杆、曲柄、摇摆连杆、连杆摇柄、摇臂轴组成。连杆机构与车身、电机和减速机构、雨刮摇臂有三个接口的配合。项目范围分析如下（见图 3-52）。

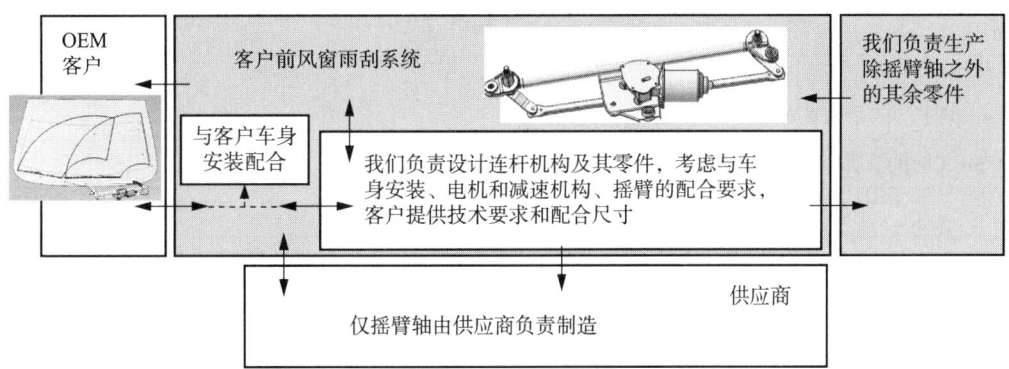

图 3-52 DFMEA 案例 项目范围分析图示

团队分析设计项目和范围后，确定并建立 DFMEA 项目清单（见表 3-26）。

表 3-26 DFMEA 案例 项目清单

组件名称：前风窗雨刮系统连杆机构		型号：×××-50025			
项目功能：将电机和减速机构输出转矩转化为摇臂的往返运动					
DFMEA 分析项目					
组件/零件项目		设计职责		生产分配	
		公司设计	供应商设计	公司生产	供应商生产
连杆机构	长连杆	√		√	
	曲柄	√		√	
	摇摆连杆	√		√	
	连杆摇柄	√		√	
	摇臂轴	√			√

4. 制定 DFMEA 项目计划

团队制定 DFMEA 的项目计划如下（见表 3-27）。

表 3-27 DFMEA 案例 项目计划

组件名称：前风窗雨刮系统的连杆机构		型号：×××-50025		
应用中的接口：与车身安装、电机和减速机构、摇臂的配合				
本项目 DFMEA 应用情形： ■新设计　　□现有设计的变更　　□现有设计的新应用				
本项目 DFMEA 目的（DFMEA Intent）： ● 通过 DFMEA 消除或减少失效，降低设计风险，提高产品的可靠性 ● 按 APQP 里程碑完成 DFMEA，并提交客户 PPAP 评审 ● 与客户及供方就有关设计问题进行交流与协作				
本项目 DFMEA 任务（DFMEA Task）： ● 连杆机构组件的 DFMEA ● 按"七步法"要求实施，并交付成果				
本项目 DFMEA 执行团队（DFMEA Team）： 参见 DFMEA 团队成员及职责表				
本项目 DFMEA 使用工具（DFMEA Tool）： 使用 DFMEA 电子表格、3D 图、零件图、方块图/边界图、树形图等				
可利用的以往类似 DFMEA 的经验： 参考"连杆机构"的基础DFMEA				
本项目 DFMEA 时间安排（DFMEA Timing）：				
DFMEA 分析项目				
组件/零件项目		责任人	时间安排	
		设计工程师	开始日期	预计完成日期
连杆机构	长连杆	李工	2020 年 8 月 18 日	2020 年 9 月 16 日
	曲柄	李工		
	摇摆连杆	李工		
	连杆摇柄	李工		
	摇臂轴	王工		

设计工程师负责根据项目计划填写 DFMEA 表中"策划和准备"的内容如下（见表 3-28）。

表 3-28 DFMEA 案例 步骤一

设计失效模式及影响分析（DFMEA）					
策划和准备（步骤一）					
公司名称	×××公司	项目名称	前风窗雨刮系统连杆机构		
工程地点	中国广州××区	DFMEA 开始日期	2020 年 8 月 20 日	DFMEA ID 编号	2021FX-5-DFMEA-02
顾客名称	GHAC	DFMEA 修订日期	2020 年 10 月 28 日	设计责任人	李××
年型/项目	2021FX-5	跨职能团队	参见 DFMEA 团队成员和职责表	保密级别	保密

DFMEA 步骤二：结构分析

1. 方块图/边界图分析

下图为雨刮系统连杆机构的方块图/边界图，带点的虚线表示力的传递。以下仅为示例（见图 3-53）。

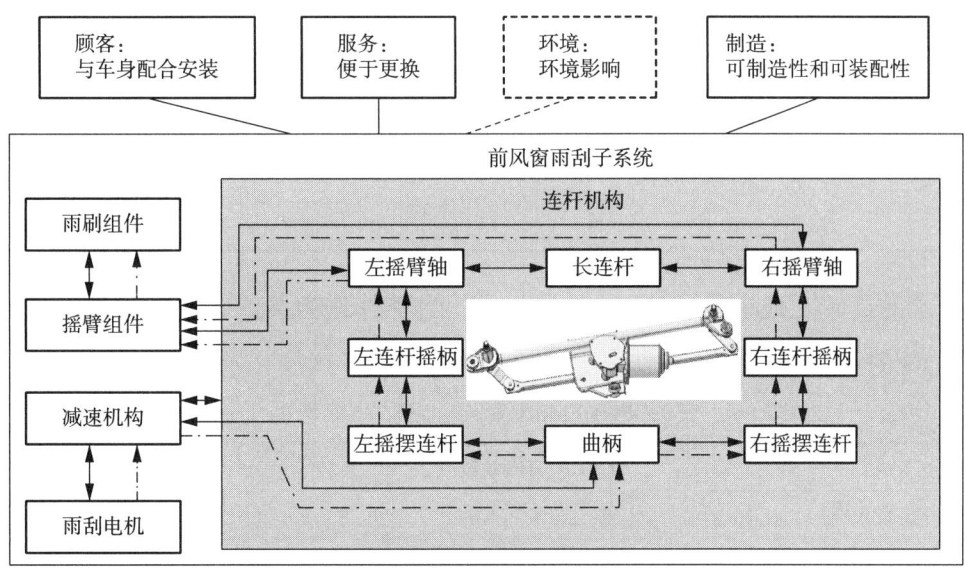

图 3-53 DFMEA 案例 方块图/边界图

接口分析：

（1）物理连接：连杆机构与电机及减速机构组件、车身、雨刮摇臂组件通过螺栓紧固等方式进行连接。

（2）能量传递：连杆机构通过曲柄与电机及减速机构连接，将连续的旋转运动改变为左右摆动的运动。

2. 结构树分析

结构树按层次排列系统要素，并通过结构化连接展示依赖关系。

在结构树中，每个要素只存在一次，以保证整个系统结构清晰明了。以下仅为示例（见图 3-54）。

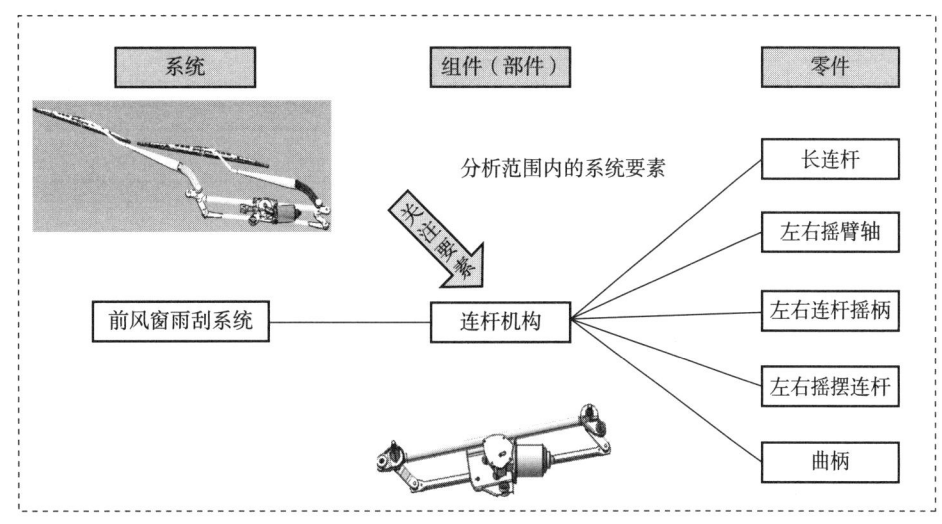

图 3-54 DFMEA 案例 结构树

设计工程师负责根据上述分析结果填写 DFMEA 表中"结构分析"的内容（见表 3-29）。

表 3-29 DFMEA 案例 步骤二（示例 1）

DFMEA 结构分析（步骤二）		
1. 上一较高级别	2. 关注要素	3. 下一较低级别或特性类型
前风窗雨刮系统	连杆机构	长连杆
		左右摇臂轴
		左右连杆摇柄
		左右摇摆连杆
		曲柄

系统要素的最低级别是零件。在结构分析中，当零件作为关注要素（设计对象）分析时，其下一层级就是特性类型。以"曲柄"作为关注要素为例，结构分析如下（见表 3-30）。

表 3-30 DFMEA 案例 步骤二（示例 2）

DFMEA 结构分析（步骤二）		
1. 上一较高级别	2. 关注要素	3. 下一较低级别或特性类型
连杆机构	曲柄	材质
		尺寸
		表面处理

DFMEA 步骤三：功能分析

准确、清晰、完整地描述系统要素的功能、要求和产品特性。将相关要求与顾客（内部和外部）功能关联，将要求或特性与功能关联。以下仅为示例（见图 3-55）。

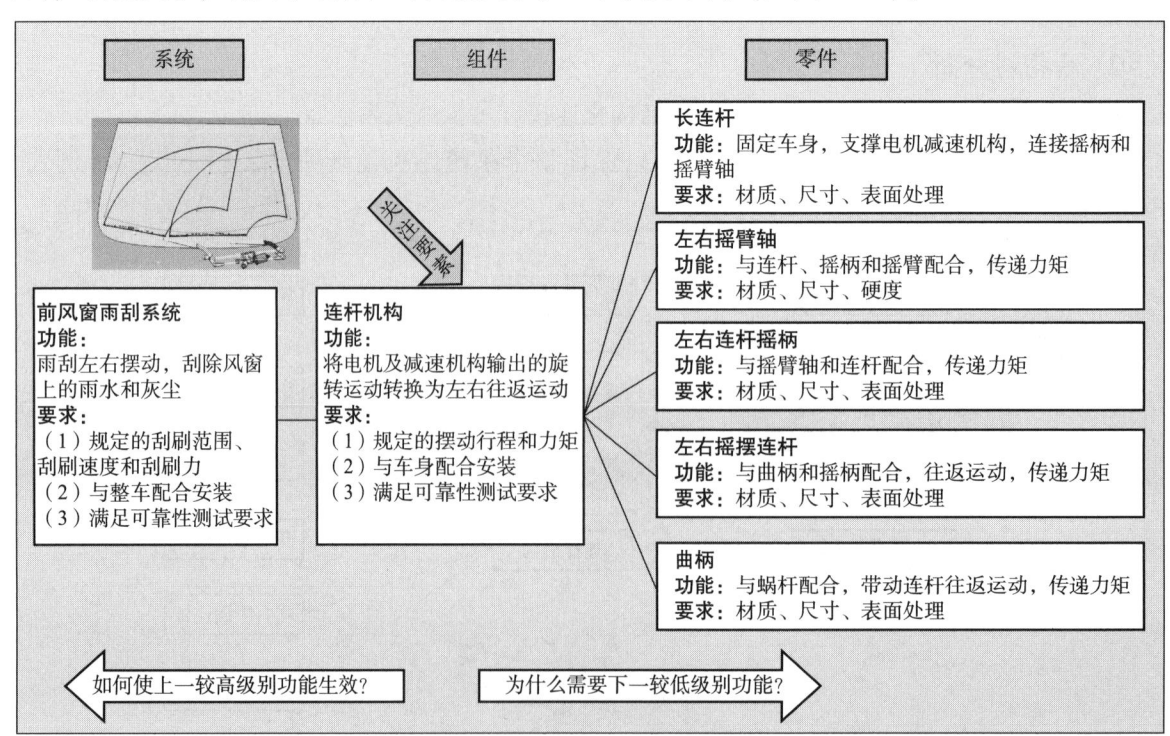

图 3-55 DFMEA 案例 功能树

第三章 设计 FMEA 的实施方法

设计工程师负责根据上述分析结果填写 DFMEA 表中"功能分析"的内容（见表 3-31）。

表 3-31 DFMEA 案例 步骤三（示例 1）

DFMEA 功能分析（步骤三）		
1. 上一较高级别功能及要求	2. 关注要素功能及要求	3. 下一较低级别功能及要求或特性
前风窗雨刮系统 功能： 雨刮左右摆动，刮除风窗上的雨水和灰尘 要求： (1) 规定的刮刷范围、刮刷速度和刮刷力 (2) 与整车配合安装 (3) 满足可靠性测试要求	连杆机构 功能： 将电机及减速机构输出的旋转运动转换为左右往返运动 要求： (1) 规定的摆动行程和力矩 (2) 与车身配合安装 (3) 满足可靠性测试要求	长连杆 功能：固定车身，支撑电机减速机构，连接摇柄和摇臂轴 要求：材质、尺寸、表面处理
		左右摇臂轴 功能：与连杆、摇柄和摇臂配合，传递力矩 要求：材质、尺寸、硬度
		左右连杆摇柄 功能：与摇臂轴和连杆配合，传递力矩 要求：材质、尺寸、表面处理
		左右摇摆连杆 功能：与曲柄和摇柄配合，往返运动，传递力矩 要求：材质、尺寸、表面处理
		曲柄 功能：与蜗杆配合，带动连杆往返运动，传递力矩 要求：材质、尺寸、表面处理

把零件作为关注要素（设计对象）分析时，在"功能分析"中，其下一层级就是特性要求。以"曲柄"作为关注要素，功能分析如下（见表 3-32）。

表 3-32 DFMEA 案例 步骤三（示例 2）

DFMEA 功能分析（步骤三）		
1. 上一较高级别功能及要求	2. 关注要素功能及要求	3. 下一较低级别功能及要求或特性
连杆机构 功能： 将电机及减速机构输出的旋转运动转换为左右往返运动 要求： (1) 规定的摆动行程和力矩 (2) 与车身配合安装 (3) 满足可靠性测试要求	曲柄 功能： 与蜗杆配合，带动连杆往返运动，传递力矩 要求： 材质、尺寸、表面处理	材质和厚度满足强度要求
		尺寸符合配合要求
		表面处理满足盐雾试验要求

DFMEA 步骤四：失效分析

创建失效树

创建失效树的目的是建立分析范围内各层级的失效链，清楚和完整地描述各层级的失效。

失效树是在功能树的基础上创建的，不能实现功能或不满足要求就是失效。

针对关注要素应该问"发生了什么？"；

将失效模式与失效起因联系起来，应该问"为什么失效模式会发生？"；

将失效模式与失效影响联系起来，应该问"失效模式出现时，影响是什么？"。

以下仅为示例（见图 3-56）。

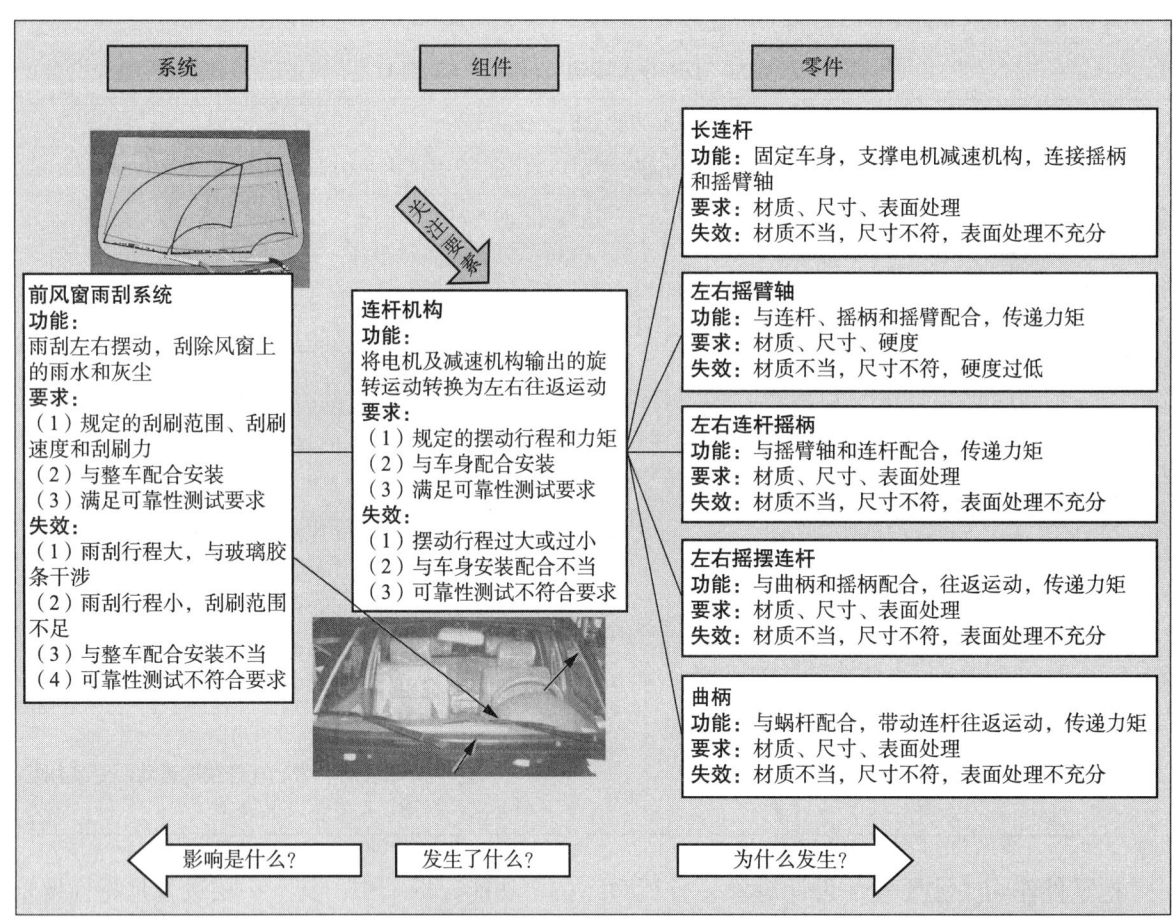

图 3-56 DFMEA 案例 失效树

在 DFMEA 中,失效分析的最低层级应为零件,即零件作为关注要素分析。零件的失效模式是上一级别的失效起因,而零件的失效起因应该是零件的设计特性不符合要求。

以"曲柄"设计为例,有多项失效模式(本例中未考虑间隙和配合的失效),对应就有多项特性的设计失效起因(见表 3-33)。

表 3-33 DFMEA 案例 步骤四

失效分析(步骤四)		
1. 对于上一较高级别要素和/或最终用户的失效影响(FE)	2. 关注要素的失效模式(FM)	3. 下一较低级别要素或特性的失效起因(FC)
连杆机构 (1)摆动行程过大或过小 (2)可靠性测试不符合要求	曲柄 材质不满足强度要求	材料设计选型不当
	厚度不满足强度要求	厚度设计尺寸不符
	曲柄长度过长或过短	长度尺寸设计不符
	表面处理不满足盐雾试验要求	表面处理设计规范不当

DFMEA 步骤五:风险分析

包括确定现有设计控制,评估严重度、频度和探测度,以及评估措施优先级。

以"曲柄"设计失效为例,进行风险分析,以下仅为示例(见表 3-34)。

第三章 设计 FMEA 的实施方法

表 3-34 DFMEA 案例 步骤四至步骤五

失效分析（步骤四）				DFMEA 风险分析（步骤五）					
1. 对于上一较高级别要素和/或最终用户的失效影响（FE）	失效影响的严重度（S）	2. 关注要素的失效模式（FM）	3. 下一较低级别的要素或特性的失效起因（FC）	对失效起因的当前预防控制（PC）	失效起因的频度（O）	对失效起因/失效模式的当前探测控制（DC）	失效起因/失效模式的探测度（D）	DFMEA 措施优先级（AP）	筛选器代码（可选）
（1）曲柄变形、断裂导致雨刮不能工作 （2）工作寿命减少	8	材质不满足强度要求	材料设计选型不当	同类产品的最佳实践参考	2	根据 QCT12 进行材质检验和确认	3	L	◇
	8	厚度不满足强度要求	厚度设计尺寸不符	根据《尺寸设计规范》设计厚度尺寸	2	根据 QCT15 进行可靠性试验	3	L	◇
（1）雨刮行程大，与玻璃胶条干涉 （2）雨刮行程小，刮刷范围不足	7	曲柄长度过长或过短	长度尺寸设计不符	根据《尺寸设计规范》设计长度尺寸	2	根据 QCT16 进行雨刮行程试验	3	L	◇
可能导致表面氧化腐蚀，工作寿命减少	7	表面处理不满足盐雾试验要求	表面处理设计规范不当	同类产品表面处理方法参考	6	根据 QCT18 进行盐雾试验	2	H	

注："◇"表示产品特殊特性，在来料和/或生产制程中需特别控制。

DFMEA 步骤六：优化

针对措施优先级高或中的失效确定必要的措施，确定措施的负责人，跟进措施的状态和对措施有效性进行评估。针对表面处理的失效起因发生的频度高进行优化，以下为示例（见表 3-35）。

表 3-35 DFMEA 案例 步骤六

DFMEA 优化（步骤六）											
DFMEA 预防措施	DFMEA 探测措施	负责人姓名	目标完成日期	状态	采取基于证据的措施	完成日期	严重度（S）	频度（O）	探测度（D）	DFMEA AP	备注
采用三种镀层金属进行试验分析和比较，选择最佳方案		王工	2020.10.18	已完成	通过采用三种镀层金属进行试验分析和比较（见试验报告），得出了最佳电镀方案，并建立了电镀技术规范（DS109）	2020.10.16	7	3	2	L	

DFMEA 步骤七：结果文件化

对结果和分析结论进行沟通和形成 DFMEA 报告，报告内容和格式请参考本章第八节的内容，此处不赘述。

以"曲柄"作为关注要素的设计失效分析，采用 DFMEA 备选表汇总结果，以下为示例（见表 3-36）。

表 3-36 DFMEA 案例汇总表

策划和准备（步骤一）

公司名称：	XXXX公司	项目：	前风窗雨刮系统连杆机构	页码：	
工程地点：	中国广州XX区	DFMEA 开始日期：	2020 年8月20 日	DFMEA ID编号：	2021FX-5-DFMEA-02
顾客名称：	GHAC	DFMEA 修订日期：	2020 年10月28 日	设计责任人：	李XX
年型/项目：	2021FX-5 前风窗雨刮系统	跨职能团队：	参见DFMEA团队成员和职责表	保密级别：	保密

设计失效模式及影响分析（设计FMEA）

结构分析（步骤二）

1. 上一级高级别	2. 关注要素	3. 下一级低级别或特性类型
连杆机构	曲柄	材质、尺寸、表面处理

功能分析（步骤三）

1. 上一级别功能及要求	2. 关注要素功能及要求	3. 下一级别的功能及特性或特性
功能：将电机减速机构输出的旋转运动转换为左右往返运动 要求： （1）规定的摆动行程和力矩 （2）与车身配合安装 （3）满足可靠性测试要求	功能：与曲柄配合，带动连杆作往返运动，传递力矩 要求：材质、尺寸、表面处理	（1）材质和厚度满足连杆功能及强度要求 （2）尺寸符合配合要求 （3）表面处理满足盐雾试验要求

失效分析（步骤四）

问题#	历史变更授权（适用时）	持续改进	1. 对上一级别要素和/或最终用户的失效影响（FE）	失效影响的严重度（S）	2. 关注要素的失效模式（FM）	3. 下一级别要素特性的失效起因（FC）
			(1) 曲柄断裂导致雨刮不能工作 (2) 工作寿命减少	8	材质不满足强度要求	材料设计选型不当
				8	厚度不满足强度要求	厚度设计尺寸不符
			(1) 雨刮行程大，与玻璃胶条干涉 (2) 雨刮行程小，刮刷范围不足	7	曲柄长度过长或过短	长度尺寸设计不符
			可能导致表面氧化腐蚀，工作寿命减少	7	表面处理不满足盐雾试验要求	表面处理设计规范不当

DFMEA风险分析（步骤五）

对失效起因当前预防的控制（PC）	失效起因的预防频度（O）	对失效模式或失效起因当前探测的控制（DC）	失效起因或失效模式的探测度（D）	DFMEA措施优先级（AP）	筛选器代码（可选）	DFMEA预防措施	DFMEA探测措施
同类产品的最佳实践参考	2	根据 QCT12 进行材质检验和确认	3	L	◇	无	无
根据《尺寸设计规范》厚度尺寸	2	根据 QCT15 进行可靠性试验	3	L	◇	无	无
根据《尺寸设计规范》设计长度尺寸	2	根据 QCT16 进行雨刮行程试验	3	L	◇	无	无
同类产品表面处理方法参考	6	根据 QCT18 进行盐雾试验	2	H		采用三种镀层金属进行试验分析和比较，选择最佳方案	无

DFMEA优化（步骤六）

负责人姓名	目标完成日期	状态	采取基于证据的措施	完成日期	严重度（S）	频度（O）	探测度（D）	DFMEA AP	备注
王工	2020.10.18	已完成	通过采用三种镀层金属进行比较分析试验（见试验报告），得出了最佳电镀方案，并建立了电镀技术规范（DS109）	2020.10.16	7	3	2	L	

注："◇"表示产品特殊特性，在来料和/或生产制程中需特别控制。

三、AIAG & VDA 新版 FMEA 手册中的 DFMEA 案例说明

在 AIAG & VDA 新版 FMEA 手册中，针对 DFMEA 仅有一个案例，现摘录如下，以便读者朋友们参考和分析。

该案例是以车窗升降系统中升降电机的"换向系统"作为关注要素进行分析的（见图 3-57）。

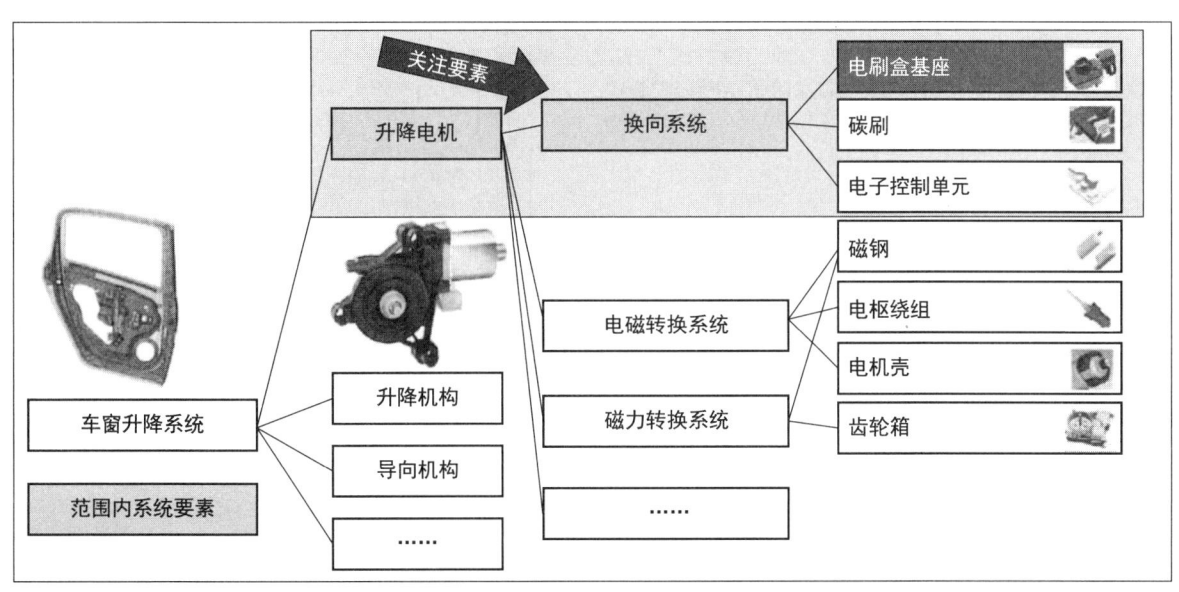

图 3-57 AIAG & VDA DFMEA 案例 结构树

在该案例中，"电刷盒基座"是下一较低级别的一个零件，表中仅分析了一个失效，内容见表 3-37、表 3-38 和表 3-39。

这个案例中也有不完善的地方，我们可以根据本章中"七步法"的知识进行分析和探讨。

表 3-37 AIAG & VDA DFMEA 案例 步骤一至步骤三

设计失效模式及影响分析（DFMEA）					
策划和准备（步骤一）					
公司名称	Acme Automotive	项目名称	PX123 上部导管架		
工程地点	德国慕尼黑	DFMEA 开始日期	2018 年 3 月 19 日	DFMEA ID 编号	123456
顾客名称	Jackson Industry	DFMEA 修订日期	2018 年 9 月 25 日	设计职责	S. Gray
年型/项目	2020 PX123	跨职能团队	参见团队成员及职责表	保密级别	保密
结构分析（步骤二）					
1. 上一较高级别		2. 关注要素		3. 下一较低级别或特性类型	
车窗升降电机		换向系统		电刷盒基座	
功能分析（步骤三）					
1. 上一较高级别功能及要求		2. 关注要素功能及要求		3. 下一较低级别的功能及要求或特性	
根据参数设置将电能转换成机械能		换向系统在电磁转换系统的线圈对之间传输电流		电刷盒在弹簧和电机壳体之间传输力，为碳刷弹簧系统提供 x、y、z 方向的支撑（支撑交换接触点）	

表 3-38 AIAG & VDA DFMEA 案例 步骤四至步骤五

失效分析（步骤四）			DFMEA 风险分析（步骤五）					
1. 对于上一较高级别要素和/或最终用户的失效影响（FE）	FE的严重度（S）	2. 关注要素的失效模式（FM）	3. 下一较低级别的要素或特性的失效起因（FC）	对失效起因的当前预防控制（PC）	失效起因的频度（O）	对失效起因/失效模式的当前探测控制（DC）	失效起因/失效模式的探测度（D）	DFMEA措施优先级（AP）	筛选器代码（可选）
车窗升降电机的扭矩和转动速度过低	6	换向系统的角度偏差导致间歇性错误连接线圈（L1、L3和L2，而不是L1、L2和L3）	电刷盒的碳刷接触部位弯曲	根据FEM6370进行的电刷盒动态受力模拟	2	抽样测试：依据测试规范MRJ82/60测试电刷盒的弹性和塑性变形影响	2	L	

↑ 失效影响除了考虑对于上一较高级别要素的影响，还应考虑对最终用户的失效影响，如顾客失去舒适升降功能

↑ "电刷盒的碳刷接触部位弯曲"是一种现象，根据失效链，对于"换向系统"是一个失效原因，对于"电刷盒基座"而言是失效模式。我们还需要问"为什么碳刷接触部位会弯曲？"，这是"电刷盒基座"作为关注要素分析时要考虑的原因

表 3-39 AIAG & VDA DFMEA 案例 步骤六

DFMEA 优化（步骤六）										
DFMEA预防措施	DFMEA探测措施	负责人姓名	目标完成日期	状态	采取基于证据的措施	完成日期	严重度（S）	频度（O）	探测度（D）	DFMEA AP	备注
无	MRJ1140最终产品测试：根据测试规范MRJ1140在最苛刻的条件下测量电流	测试工程师 Max Mueller	___年___月___日	已计划			6	2	1	L	

↑ 这里提出了优化的探测措施是"最终产品在最苛刻的条件下测量电流"，这个测试与失效起因"电刷盒的碳刷接触部位弯曲"或失效模式"换向系统的角度偏差导致间歇性错误连接线圈"的关联表述不清。
措施的状态是"已计划"，还没有实施，因此不能证实措施的有效性，就不适合评估措施后的S、O、D和AP

第四章
过程FMEA的实施方法

- PFMEA实施的过程管理
- PFMEA步骤一：策划和准备
- PFMEA步骤二：结构分析
- PFMEA步骤三：功能分析
- PFMEA步骤四：失效分析
- PFMEA步骤五：风险分析
- PFMEA步骤六：优化
- PFMEA步骤七：结果文件化
- PFMEA使用表格说明和PFMEA案例

第一节　PFMEA 实施的过程管理

一、过程 FMEA（PFMEA）概述

1. 什么是过程 FMEA

——过程 FMEA（Process Failure Mode and Effects Analysis，简称 PFMEA）即过程失效模式和影响分析。

——从第三章的内容我们知道，设计 FMEA（DFMEA）用于分析产品设计阶段可能产生的失效，而过程 FMEA（PFMEA）则与之不同，它分析的是制造、装配和物流过程中的潜在失效，以确保生产的产品符合设计目的。过程中的相关失效与在 DFMEA 中分析的失效不同。

——PFMEA 通过考虑过程变差可能导致的潜在失效模式来分析过程，以确定预防措施的优先顺序，并根据需要改进控制。其总体目标是在生产开始之前分析过程并采取措施，以避免与制造和装配有关的不必要缺陷以及这些缺陷产生的后果。

——PFMEA 主要是由负责制造的工程师/小组早期采用的一种分析技术，PFMEA 以其最严密的形式总结了小组进行过程设计时的设计思想和经验。

2. PFMEA 的应用范围

工厂内会影响产品质量且可考虑进行 PFMEA 的过程包括：物料接收和检验、物料储存和交付、加工、制造、装配、设备维护、检验、返工/返修、包装、标识、运输、成品储存、产品交付等（见图 4-1）。

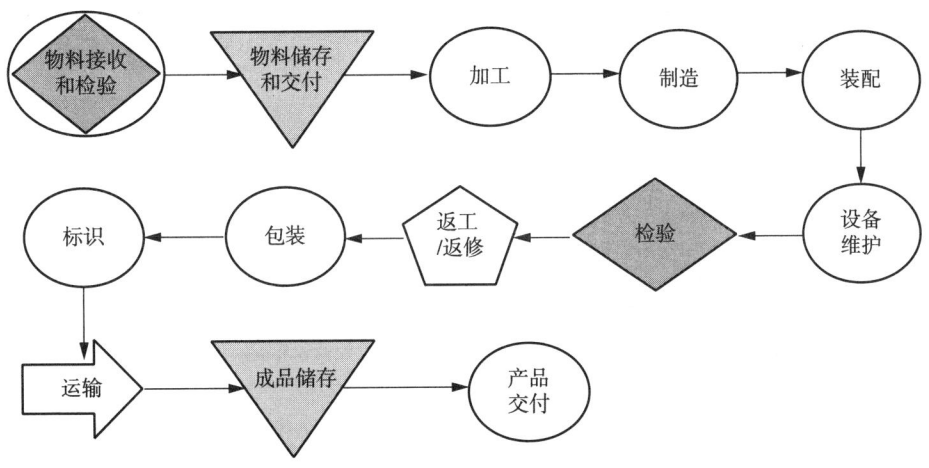

图 4-1　PFMEA 的应用范围

3. PFMEA 的应用情形

PFMEA 在三种基本情形下使用，每种情形都有不同的范围或重点。

情形 1：在设计新的制造过程时要做完整的 PFMEA。

情形 2：当现有过程应用在新环境、新场地，应对现有的过程在新环境、新场地应用上的影响进行分析。

情形 3：当对现有的制造过程做修改时，要对修改的过程做 PFMEA。

PFMEA 在以下的适当情况下，可以在生产开始后进行修订：

- 过程变更；
- 运行条件变更；

- 要求变更（法律、规范、顾客或最新技术变更）；
- 质量问题，即工厂经验、零公里质量、使用现场问题、内部/外部投诉；
- 产品监视和测量过程中发现问题；
- 经验教训。

因此，PFMEA 是一份动态文件，不是一劳永逸的事，而是随着过程因素的变化不断地进行修订和完善。一份好的 PFMEA 文件能给后续的过程设计提供很好的思路和借鉴。

4. PFMEA 的启动和完成时间

——在充分理解生产概念后，启动 PFMEA，即与产品设计开发阶段同步进行。

——在最终过程决策之前完成 PFMEA，即在过程设计开发阶段完成分析。

——在 PPAP/PPA 之前完成 PFMEA 的措施行动，即在产品和过程确认阶段完成措施行动。

二、PFMEA 的"七步法"

PFMEA 按"七步法"的逻辑顺序展开分析并呈现结果（见图 4-2）。

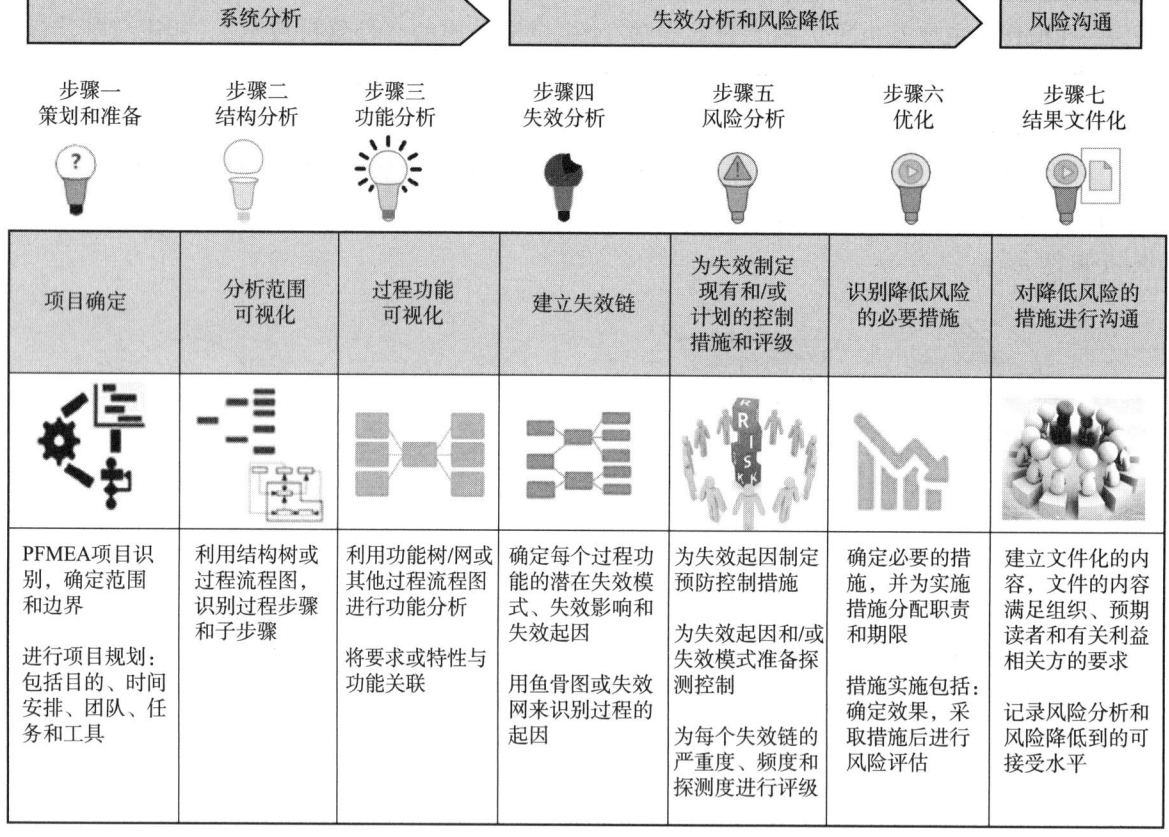

图 4-2 PFMEA 的"七步法"

三、PFMEA 实施的过程管理

PFMEA 的实施也是一个过程管理，包括明确 PFMEA 过程的输入、过程活动、过程输出，确定过程执行者，提供过程所需的资源，明确使用的方法/工具/技术，以及确定过程的绩效目标。如图 4-3 所示。

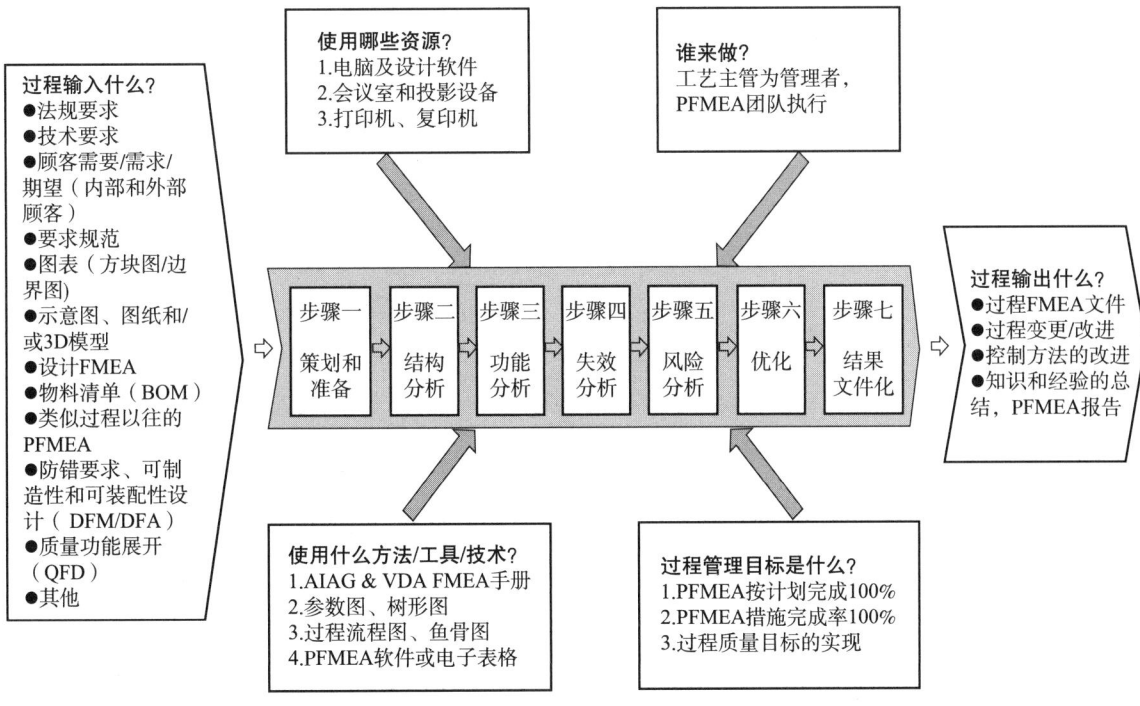

图 4-3 PFMEA 过程管理

第二节 PFMEA 步骤一：策划和准备

一、PFMEA"策划和准备"的主要工作和目标

PFMEA"七步法"的第一步"策划和准备"，其目的是①描述 PFMEA 项目评审中包含与不包含的产品/过程，将资源集中在优先级最高的过程上；②考虑工厂内所有的过程均可通过 PFMEA 进行分析或重新分析。它使得组织能够在较高水平上评审所有过程，最终决定需要分析哪些过程。

PFMEA"策划和准备"的主要工作和目标如图 4-4 所示。

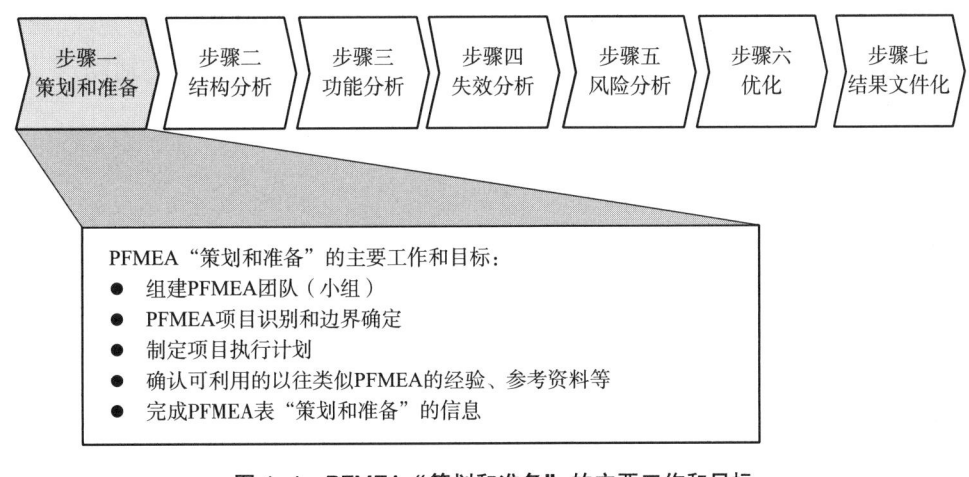

图 4-4 PFMEA"策划和准备"的主要工作和目标

二、组建 PFMEA 团队（跨功能小组）

成功执行 PFMEA 的重要因素之一便是团队的共同努力，包括管理者的参与。

在任何公司内，PFMEA 都是一项重要的活动。PFMEA 的开发是一项多学科活动，影响整个产品的实现过程，它的执行需要很好的策划才能达到更好的效果。这个过程需要花费相当多的时间并耗费所需资源。但更重要的是过程所有者（工程经理或工艺主管）和高层管理者的承诺。

PFMEA 团队的规模取决过程的类型、复杂程度和公司架构。PFMEA 团队组成如图 4-5 所示。

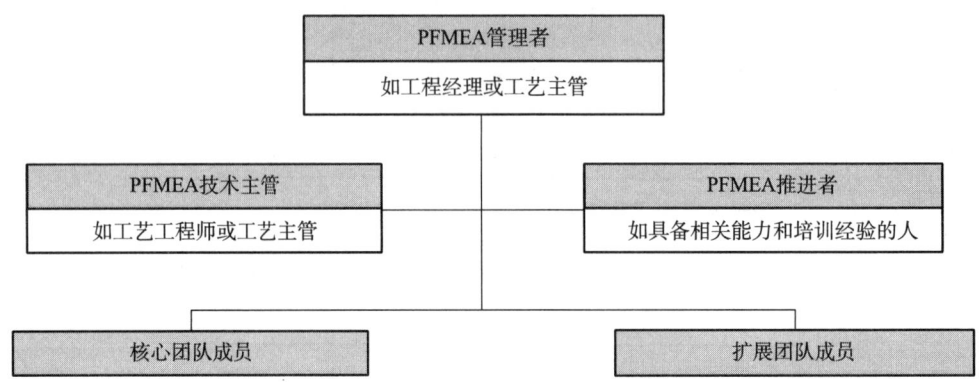

图 4-5　PFMEA 团队组成

PFMEA 团队由多功能（跨职能）成员组成，他们应具备必要的专业知识，包括能促进 PFMEA 的专业技术和知识。

PFMEA 核心团队可由以下人员组成：
- 推进者；
- 过程/制造工程师；
- 人机工程学工程师；
- 过程验证工程师；
- 质量/可靠性工程师；
- 负责过程开发的其他人员。

核心团队成员准备 PFMEA 系统分析（步骤一至步骤三）并参加 PFMEA 会议。扩展团队成员根据需要参与（由 PFMEA 推进者或会议组织人员协调）PFMEA 各阶段的活动。

PFMEA 扩展团队可由以下人员组成：
- 设计工程师；
- 技术专家；
- 维修工程师；
- 项目经理；
- 维修人员；
- 采购；
- 供应商；
- 其他（视需要）。

在公司的制造过程开发中，PFMEA 参与的角色和责任应该分配，某个角色的责任由不同的人员分担，或者可以将多个角色分配给同一个人。

PFMEA 管理者（如工程经理或工艺主管）的职责：

- 指定前期工作负责人、PFMEA 推进者，并指定过程工程师负责执行来自分析结果的措施；
- 对识别风险和执行措施是否可接受有决定权；
- 负责选择和分配资源，并确保在计划的项目时间内实施有效的风险管理；
- 作为 PFMEA 开发和维护的责任人和所有者；
- 通过评审和消除障碍，为团队提供直接的资源；
- 负责预算。

PFMEA 技术主管（如工艺工程师或工艺主管）的职责：

- 对 PFMEA 内容负技术责任；
- 为技术/财务决策准备商业案例；
- 定义过程、功能、要求和特性；
- 关注过程；
- 吸取经验教训。

PFMEA 推进者的职责：

- PFMEA 工作流程的协调和组织；
- 缓解冲突；
- 参与组建团队；
- 参与编制粗略的时间表；
- 参与分析阶段第一次团队会议；
- 参与拟定决策准则/标准；
- 具备培训方法能力（PFMEA）以及使参与者熟悉 PFMEA 方法；
- 具备使 PFMEA 软件文件化的能力（必要时）；
- 作为调解、说服、沟通的主持人；
- 管理 PFMEA "七步法" 的执行；
- 如有必要，准备和总结 PFMEA 会议；
- 协调 PFMEA 工作组的工作。

任何具有相关能力和培训经验的团队成员都可以担任推进者。

PFMEA 核心团队成员的职责：

- 提供相关过程的经验知识；
- 提供 PFMEA 关注过程的必要信息；
- 提供 PFMEA 已知经验；
- 参与执行 PFMEA 的七个步骤；
- 参与编写商业案例；
- 吸取经验教训。

PFMEA 扩展团队成员的职责：

- 提供有关特殊项目的补充资料；
- 提供 PFMEA 关注过程的必要信息；
- 参与编写商业案例。

管理者是 PFMEA 过程的拥有者，管理者有选择和应用资源以及确保有效管理风险过程，包括时间调配在内的最终责任。

在"策划和准备"阶段，首先应确定参与 PFMEA 核心团队和扩展团队的具体人员，建立 PFMEA 团队成员及职责表（团队成员可根据需要进行动态调整），以下为示例（见表 4-1）。

表 4-1 PFMEA 团队成员及职责表（示例）

核心团队成员完成 PFMEA 系统分析（步骤一至步骤三）并参加 PFMEA 会议。扩展团队成员根据需要参与（由 PFMEA 推进者或会议组织人协调）PFMEA 不同阶段的活动							
核心团队成员							
姓名	来自部门	职位	团队角色	电话	电子邮箱	主要职责	专业知识/技能要求
	工程部	工艺主管	PFMEA 管理者			• 指定前期工作负责人、PFMEA 推进者，并指定过程工程师负责执行来自分析结果的措施 • 对识别风险和执行措施是否可接受有决定权 • 负责选择和分配资源，并确保在计划的项目时间内实施有效的风险管理 • 作为 PFMEA 开发和维护的责任人和所有者 • 通过评审和消除障碍，为团队提供直接的资源 • 负责预算	
	工程部	工艺主管	PFMEA 技术主管			• 对 PFMEA 内容负技术责任 • 为技术/财务决策准备商业案例 • 定义过程、功能、要求和特性 • 关注过程 • 吸取经验教训	
	工程部	工艺工程师或其他适合的人员	PFMEA 推进者			• PFMEA 工作流程的协调和组织 • 缓解冲突 • 参与组建团队 • 参与编制粗略的时间表 • 参与分析阶段第一次团队会议 • 参与拟定决策准则/标准 • 具备培训方法能力（PFMEA）以及使参与者熟悉 PFMEA 方法 • 具备使 PFMEA 软件文件化的能力（必要时） • 作为调解、说服、沟通的主持人 • 管理 PFMEA "七步法" 的执行 • 如有必要，准备和总结 PFMEA 会议 • 协调 PFMEA 工作组的工作	
	制造部	过程/制造工程师	核心成员			• 提供相关过程的经验知识 • 提供 PFMEA 关注过程的必要信息 • 提供 PFMEA 已知经验 • 参与执行 PFMEA 的七个步骤 • 参与编写商业案例 • 吸取经验教训	
	工程部	人机工程学工程师	核心成员				
	工程部	过程验证工程师	核心成员				
	质量部	质量/可靠性工程师	核心成员				
		负责过程开发的其他人员	核心成员				

续表

扩展团队成员							
姓名	来自部门	职位	团队角色	电话	电子邮箱	主要职责	专业知识/技能要求
	开发部	设计工程师	扩展成员			• 提供有关特殊项目的补充资料 • 提供关于 PFMEA 关注过程的必要信息 • 参与编写商业案例	
	外聘	技术专家	扩展成员				
	维修部	维修工程师	扩展成员				
	开发部	项目经理	扩展成员				
	维修部	维修人员	扩展成员				
	采购部	采购	扩展成员				
		供应商	扩展成员				
		其他（视需要）	扩展成员				

三、PFMEA 项目识别和边界确定

与 DFMEA 的项目识别相比，DFMEA 是确定项目将要执行的系统、子系统或组件、零件，而 PFMEA 的项目识别是要确定与某产品（总成、组件、零件）相关的生产制造过程中哪些需要进行 PFMEA 或重新分析。

PFMEA 项目确定包括明确评估的内容，通过团队分析决策过程来确定顾客项目所需的 PFMEA，在分析中，需要确定包含哪些过程。

以下基本问题可帮助确认 PFMEA 项目：
- 顾客从我们这里购买什么？
- 是否有新的要求？
- 顾客在传达要求/特性时，哪些特定过程/要素会导致风险？
- 顾客或公司是否要求 PFMEA？
- 哪些是由我们设计并制造（总成、组件、零件）的？
- 哪些零件是直接向供应商购买？
- 是否需要外包过程？

对这些问题和公司定义的其他问题的回答，有助于创建所需的 PFMEA 项目清单，从而确保方向、承诺和工作重点的一致性。

我们以某产品为例，画出产品实现过程的完整作业流程图（见图 4-6）。

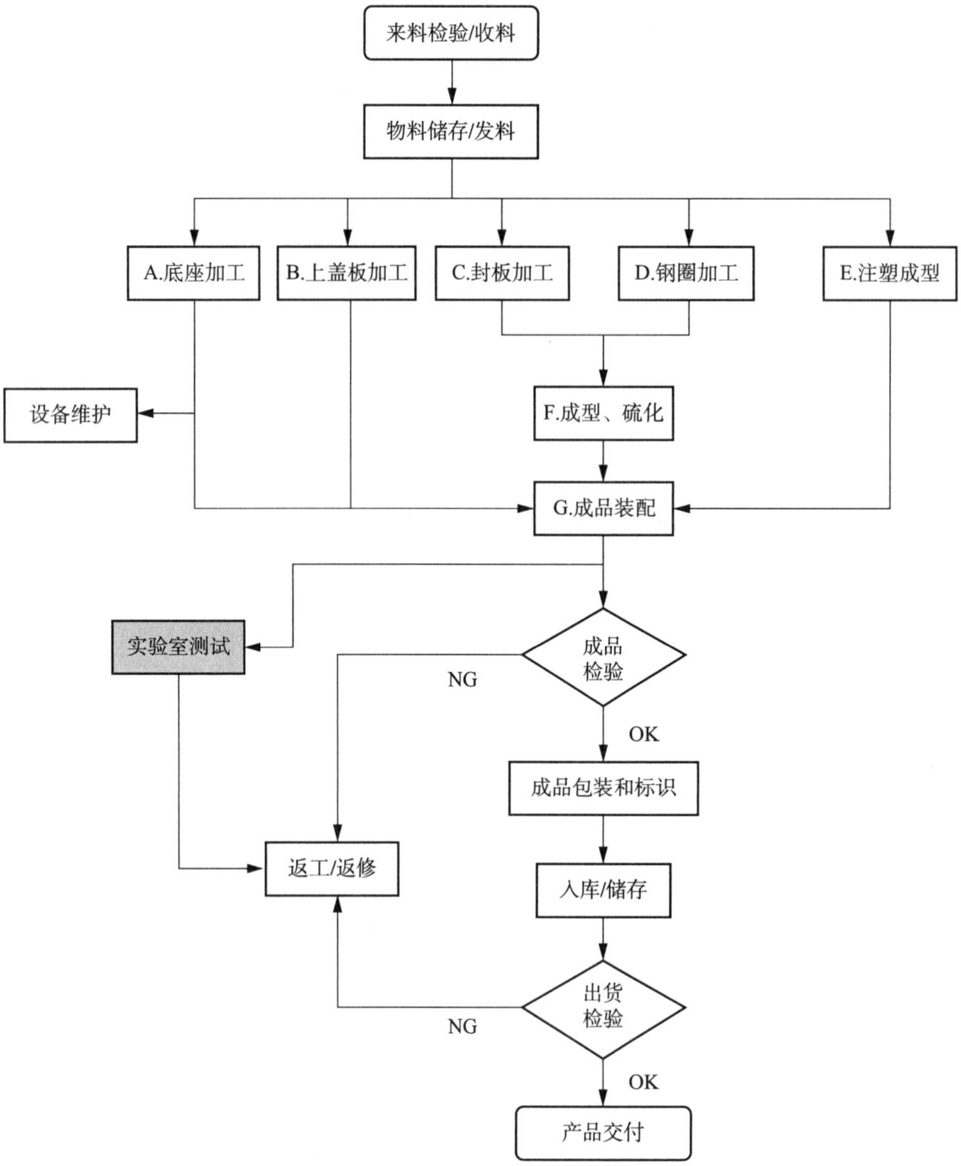

图 4-6 某产品实现过程作业流程图

在图 4-6 所示流程中，来料检验/收料、物料储存/发料、设备维护、成品检验、实验室测试、成品包装和标识、入库/储存、出货检验、产品交付等过程的作业活动通常是通用的。产品实现的核心过程（增值过程）主要包括制造、加工、装配等，如图 4-7 所示。

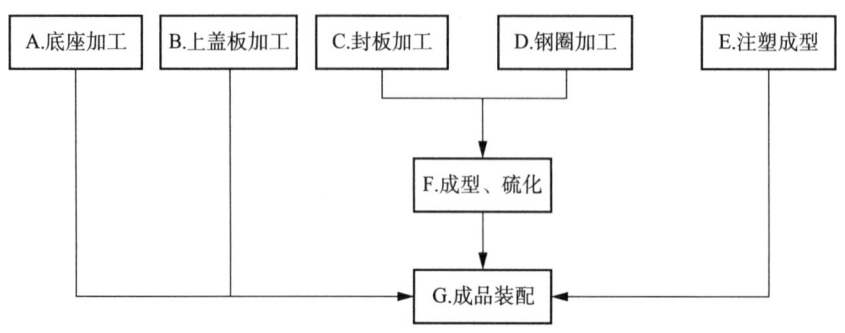

图 4-7 某产品制造、加工、装配过程

图 4-8 可以帮助我们识别项目和确定边界。

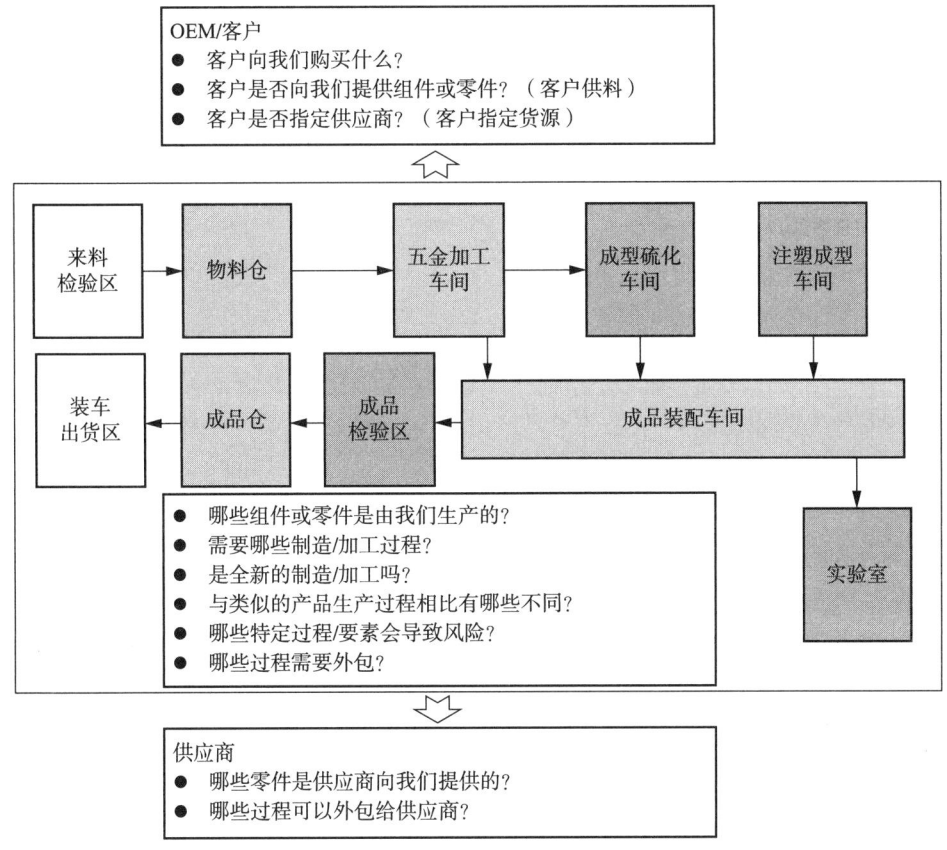

图 4-8　公司层面过程项目识别和边界确定

如果一个部门负责多个制造/加工过程，则可以进一步对部门的过程进行细分，识别部门负责的过程项目、确定边界。下图仅为示例（见图 4-9）。

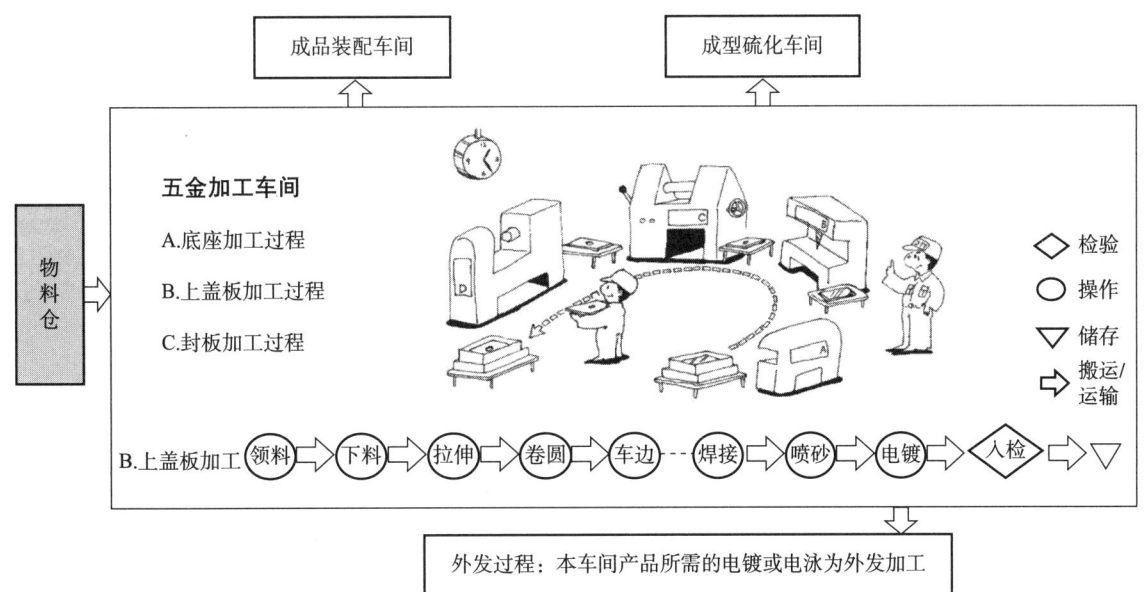

图 4-9　部门层面过程项目识别和边界确定

以下内容可帮助团队确定 PFMEA 的边界：
- 法律要求；
- 技术要求；
- 顾客需要/需求/期望（内部和外部顾客）；
- 要求规范；
- 图表（方块图/边界图）；
- 示意图、图纸和/或 3D 模型；
- 物料清单（BOM）、风险评估；
- 类似产品以往的 PFMEA；
- 防错要求、可制造性和可装配性设计（DFM/DFA）；
- 质量功能展开（QFD）。

准备阶段需要在 PFMEA 准备开始时就绪，以确保工作方向和关注点一致，即完整的生产线、过程名称/过程要素。

在确定 PFMEA 范围时，可酌情考虑以下方面：
- 技术新颖性/创新程度；
- 质量/可靠性历史（内部质量、零公里质量、现场失效、类似产品的保修和保险索赔）；
- 设计的复杂性；
- 人员和系统安全性；
- 网络物理系统（包括网络安全）；
- 法律合规性；
- 目录和标准零件。

以下情况可帮助决定是否纳入 PFMEA 项目范围：
- 新开发的产品/过程；
- 产品/过程变更；
- 操作条件变更；
- 要求变更（法律/法规、标准/规范、顾客、最新技术变更）；
- 制造经验、零公里问题或现场问题/保修；
- 可能产生危险的过程失效；
- 内部产品监视的结果；
- 人体工程学问题；
- 持续改进。

团队分析过程项目和范围后，确定并建立 PFMEA 项目清单，以下为示例（见表 4-2）。

第四章 过程FMEA的实施方法

表4-2 PFMEA项目清单（示例）

产品名称：××× 型号：GL-26880		
产品设计责任：整车厂提出产品构想、主要的可靠性技术条件、要求以及可靠性试验大纲。本公司负责成品及其零部件的设计（标准紧固件除外）和制造 客户没有提供物料，但指定了橡胶料的供应商（指向性购买）		
产品技术和质量要求：产品技术按照开发部的成品图和零件图中的技术要求，质量满足并高于整车厂的验收标准，零公里质量100PPM		
PFMEA分析项目		
类型	过程项目/名称	主导职责
通用PFMEA	来料检验/收料	品管部
	物料储存/发料	仓储部
	成品检验	品管部
	实验室测试	实验科
	成品包装和标识	生产部
	入库/储存	仓储部
	出货检验	品管部
	返工/返修	技术部/品管部
	产品交付	物流科
	设备维护	设备部
专有PFMEA	A. 底座加工	五金车间
	B. 上盖板加工	五金车间
	C. 封板加工	五金车间
	D. 钢圈加工	成型硫化车间
	E. 注塑成型	注塑车间
	F. 成型、硫化	成型硫化车间
	G. 成品装配	成品装配车间
外包过程PFMEA	电镀外发加工	外包供应商提供
	电泳外发加工	外包供应商提供
	喷漆外发加工	外包供应商提供

四、制定PFMEA项目计划

PFMEA项目计划通常包括五个方面的内容（PFMEA目的、任务、团队、工具、时间安排），是在PFMEA开始时应该讨论的五个主题，以便及时取得最佳效果、避免PFMEA返工。这些主题可以作为项目启动的一部分。

PFMEA目的——为什么要做PFMEA？（PFMEA Intent）

PFMEA任务——需要做哪些工作？（PFMEA Task）

PFMEA团队——包括哪些人？（PFMEA Team）

PFMEA工具——如何进行分析？（PFMEA Tool）

PFMEA时间安排——什么时候完成？（PFMEA Timing）

在确定PFMEA项目后，应立即制定PFMEA项目计划。以下为示例（见表4-3）。

表4-3 PFMEA项目计划（示例）

产品名称：××× 型号：GL-26880
产品设计责任：整车厂提出产品构想、主要的可靠性技术条件、要求以及可靠性试验大纲。本公司负责成品及其零部件的设计（标准紧固件除外）和制造 客户没有提供物料，但客户指定了橡胶料的供应商（指向性购买）
产品技术和质量要求：产品技术按照开发部的成品图和零件图中的技术要求，质量满足并高于整车厂的验收标准，零公里质量100PPM
本项目PFMEA应用情形： ■新过程　　□现有过程的变更　　□现有过程的新环境、新场地应用
本项目PFMEA目的（PFMEA Intent）： • 通过PFMEA消除或减少失效，降低过程风险，提高制造质量 • 按APQP里程碑完成PFMEA，并提交客户PPAP评审 • 与客户及供方就有关过程质量问题进行交流与协作
本项目PFMEA任务（PFMEA Task）： • 完成通用过程的基础PFMEA • 完成产品GL-26880的零件加工及成品装配的专有PFMEA • 按"七步法"要求实施，并交付成果
本项目PFMEA执行团队（PFMEA Team）： 参见PFMEA团队成员及职责表
本项目PFMEA的使用工具（PFMEA Tool）： PFMEA标准电子表格或PFMEA软件、过程流程图、3D图、零件图、方块图/边界图、参数图、树形图等
可利用的以往类似PFMEA的经验：可参考同类产品制造/加工/装配过程的PFMEA
本项目PFMEA的时间安排（PFMEA Timing）：

PFMEA分析项目				
类型	过程项目/名称	责任人		时间安排	
^	^	部门主管	PFMEA推进者	开始日期	预计完成日期
通用PFMEA	来料检验/收料				
^	物料储存/发料				
^	成品检验				
^	实验室测试				
^	成品包装和标识				
^	入库/储存				
^	出货检验				
^	返工/返修				
^	产品交付				
^	设备维护				
专有PFMEA （针对客户产品PPAP必须提交）	A. 底座加工				
^	B. 上盖板加工				
^	C. 封板加工				
^	D. 钢圈加工				
^	E. 注塑成型				
^	F. 成型、硫化				
^	G. 成品装配				
外包过程PFMEA （外包厂提供）	电镀外发加工				
^	电泳外发加工				
^	喷漆外发加工				

五、识别和利用基础 FMEA 或家族 FMEA

通常，企业会开发不同系列的产品或家族式的产品，其生产制造过程基本相同。

建议创建和使用基础 FMEA 和家族 FMEA，为新的分析提供基础信息。这些实践提供了利用经验和知识的机会，确保在产品生命周期内积累知识，并且不会重复先前的失效问题（吸取经验教训）。此外，还可以减少重复工作和费用支出。

——基础 FMEA（也称作一般、基准、模板、核心、母版或最佳实践 FMEA 等），包含了企业先前生产过程中积累的知识，可为创建新的 FMEA 提供基础。基础 FMEA 不针对某个具体项目，仅对需求、功能和措施进行笼统的概述。

——家族 FMEA 是基础 FMEA 的具体化。通常，企业会开发包含共同或一致产品边界和相关功能（一个产品系列）的产品。在这种情况下，合适的做法是，创建一个涵盖同一产品系列下所有产品的家族 FMEA。

——对于正在开发的新产品，使用家族 FMEA 或基础 FMEA 方法时，团队应识别和分析现有的产品和新产品或应用之间的差异。从家族 FMEA 或基础 FMEA 获得的信息和评级，应根据具体的使用案例和已知应用经验进行严格检查。

PFMEA 的策划和准备工作包括了解可以帮助跨职能团队的可用信息，如基础 PFMEA、类似产品生产过程的 PFMEA 或同一系列产品生产过程的 PFMEA。

如果没有可供参考的基础 PFMEA，那么团队将开发一个新的 PFMEA。

六、填写 PFMEA 表中"策划和准备"的信息

在策划和准备阶段完成后，应填写 PFMEA 表中步骤一的信息（见表 4-4）。

表头可根据组织的需要修改。

表 4-4　PFMEA 表　步骤一（示例）

过程失效模式及影响分析（PFMEA）					
策划和准备（步骤一）					
公司名称	×××公司	项目名称	产品 GL-26880　盖板加工过程		
制造地址	中国广州××区××大道工厂	PFMEA 开始日期	2020 年 10 月 18 日	PFMEA ID 编号	2021LC-08-PFMEA-01
顾客名称	GLLC	PFMEA 修订日期	2020 年 11 月 16 日	过程责任人	何××
年型/项目	2021LC-08	跨职能团队	参见 PFMEA 团队成员及职责表	保密级别	保密

表头包含了一些基本的 PFMEA 范围的信息，内容说明如下：

"**公司名称**"：负责 PFMEA 的公司的名称。

"**制造地址**"：负责生产制造的地理位置。

"**顾客名称**"：接收产品的顾客的名称。

"**年型/项目**"：顾客用于哪一年的车辆型号或本公司型号/类型。

"**项目名称**"：PFMEA 项目名称（总成、组件、零件的装配/制造过程）。

"**PFMEA 开始日期**"：PFMEA 开始的日期。

"**PFMEA 修订日期**"：PFMEA 最新修订日期。

"**跨职能团队**"：所需的团队成员名单。

"**PFMEA ID 编号**"：由公司确定。

"**过程责任人**"：PFMEA 负责人的姓名。

"**保密级别**"：商业应用、专有、保密。

需要重点注意的是，PFMEA 的开始与修订应与 APQP 的项目计划保持一致。在充分理解生

产概念后，启动 PFMEA；在最终过程决策之前完成过程 FMEA；在 PPAP/PPA 之前完成 PFMEA 的措施行动。

第三节　PFMEA 步骤二：结构分析

一、PFMEA"结构分析"的主要工作和目标

PFMEA"七步法"的第二步"结构分析"，其目的是确定制造系统并将其分解为过程项、过程步骤和过程工作要素。

PFMEA"结构分析"的主要工作和目标如图 4-10 所示。

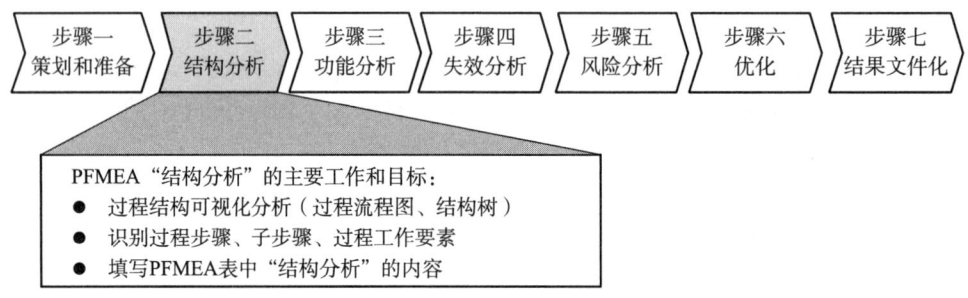

图 4-10　PFMEA"结构分析"的主要工作和目标

二、建立过程流程图

——过程流程图可帮助定义流程，并为结构分析提供基础。

——过程流程图具体形式因公司而异，包括使用符号、符号类型及其含义。

关于流程图符号的使用，各整车厂有自己规定的符号和定义，当客户有要求时应使用客户定义的符号，客户没有要求时，组织可以自己定义。

国家机械工业局在 1998 年发布了中华人民共和国机械行业标准 JB/T 9170—1998《工艺流程图表用图形符号》规定了工艺流程图表通用的图形符号（见表 4-5）。

表 4-5　工艺流程图基本符号

编号	符号名称		符号	符号含义
1	加工		○	表示对生产对象进行加工，装配，合成，分解，包装，处理等
2	搬运		⇨	表示对生产对象进行搬运，运输，输送等；或作业人员作业位置的变化
3	检验	数量检验	□	表示对生产对象进行数量检验
		质量检验	◇	表示对生产对象进行质量检验
4	停放		D	表示生产对象在工作地附近的临时停放
5	储存		▽	表示生产对象在保管场地有计划的存放

过程流程图描述可以是多层次的：
- 产品的整个生产过程，从来料到出货的流程，如图4-11所示。
- 制造过程中的总流程和子流程的结构描述，如图4-12和图4-13所示。
- 单个过程项的过程流程图描述，如图4-14所示。

具体要根据PFMEA项目计划中确定的过程项目建立。

不同企业的产品复杂程度不同，生产制造过程的简繁程度各异，其过程流程图的表现方式也各不同，以下仅为示例。

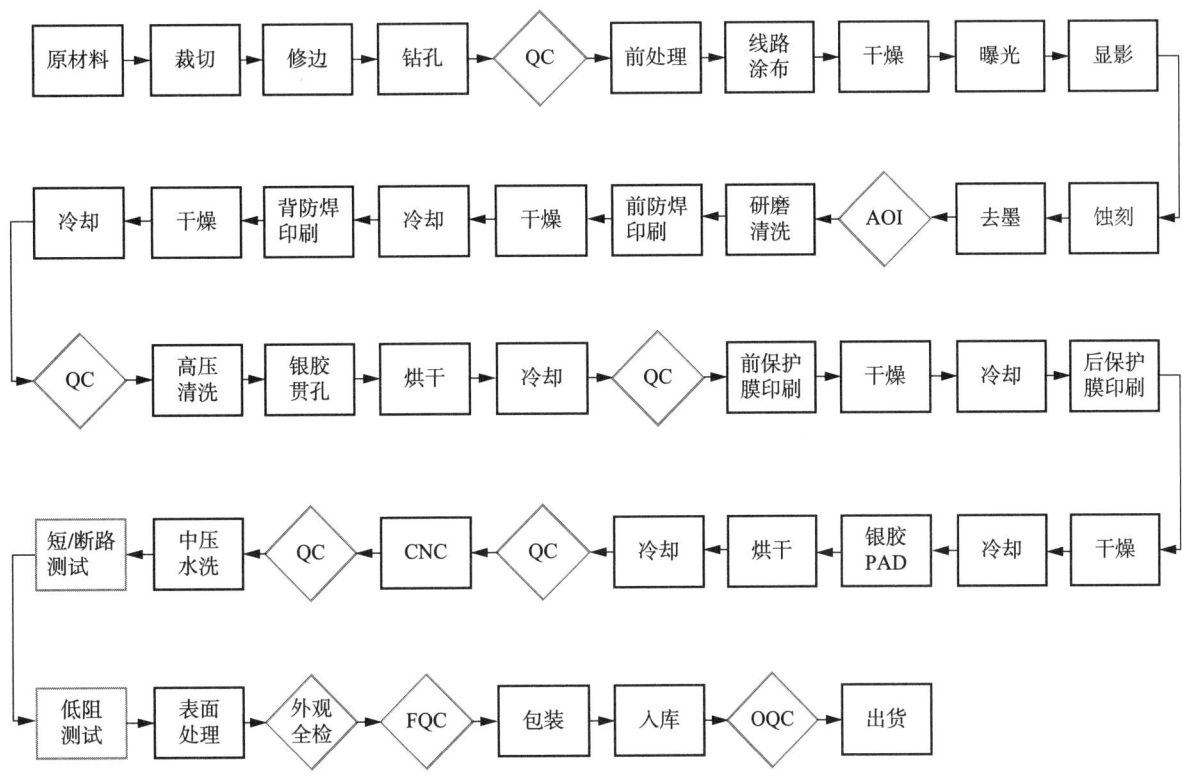

图4-11 某线路板生产过程流程图（示例）

有些产品的零组件需要单独加工后再进入成品组装或加工，如图4-12和图4-13所示。

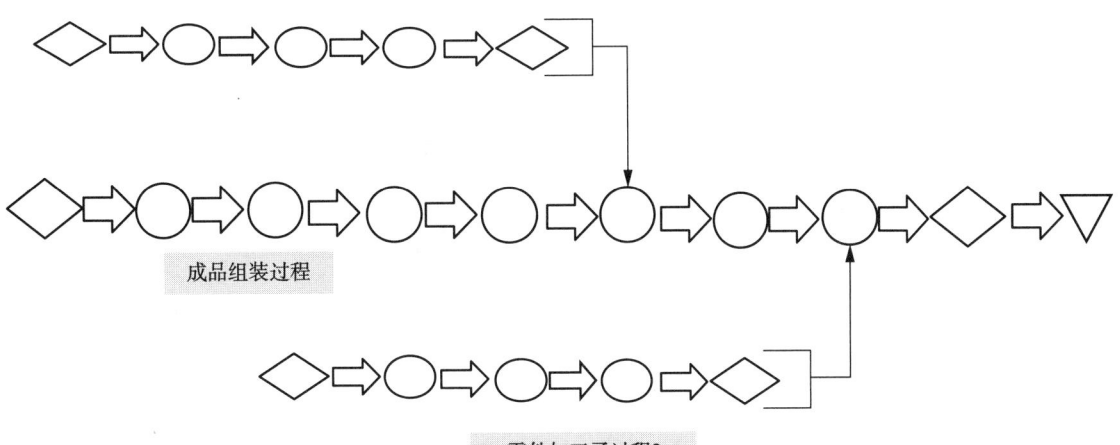

图4-12 零件加工子过程和成品组装过程流程结构图（示例）

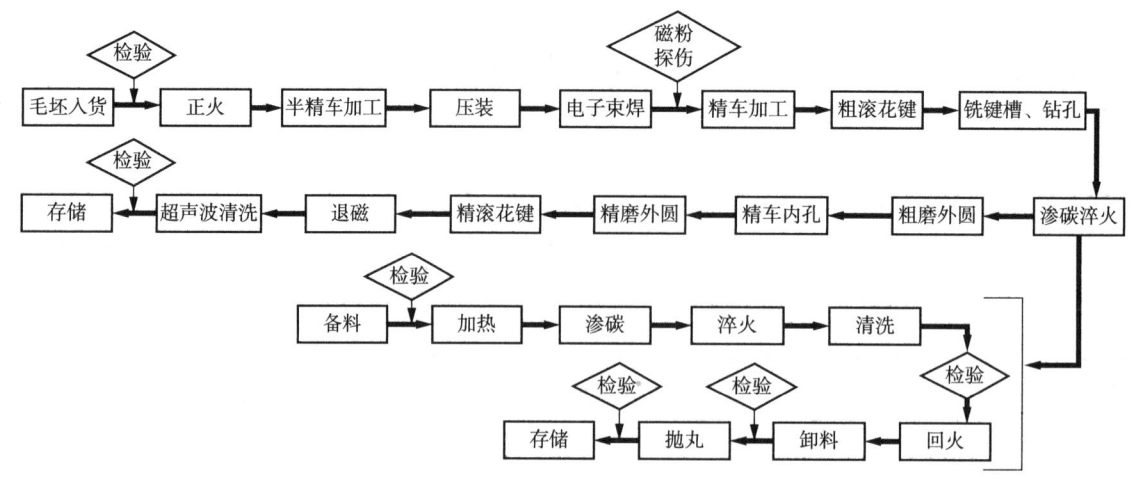

图 4-13 某零件机加工过程流程图（示例）

我们以某产品的一个"盖板"零件为例进行分析，其技术要求和加工过程如图 4-14 所示。

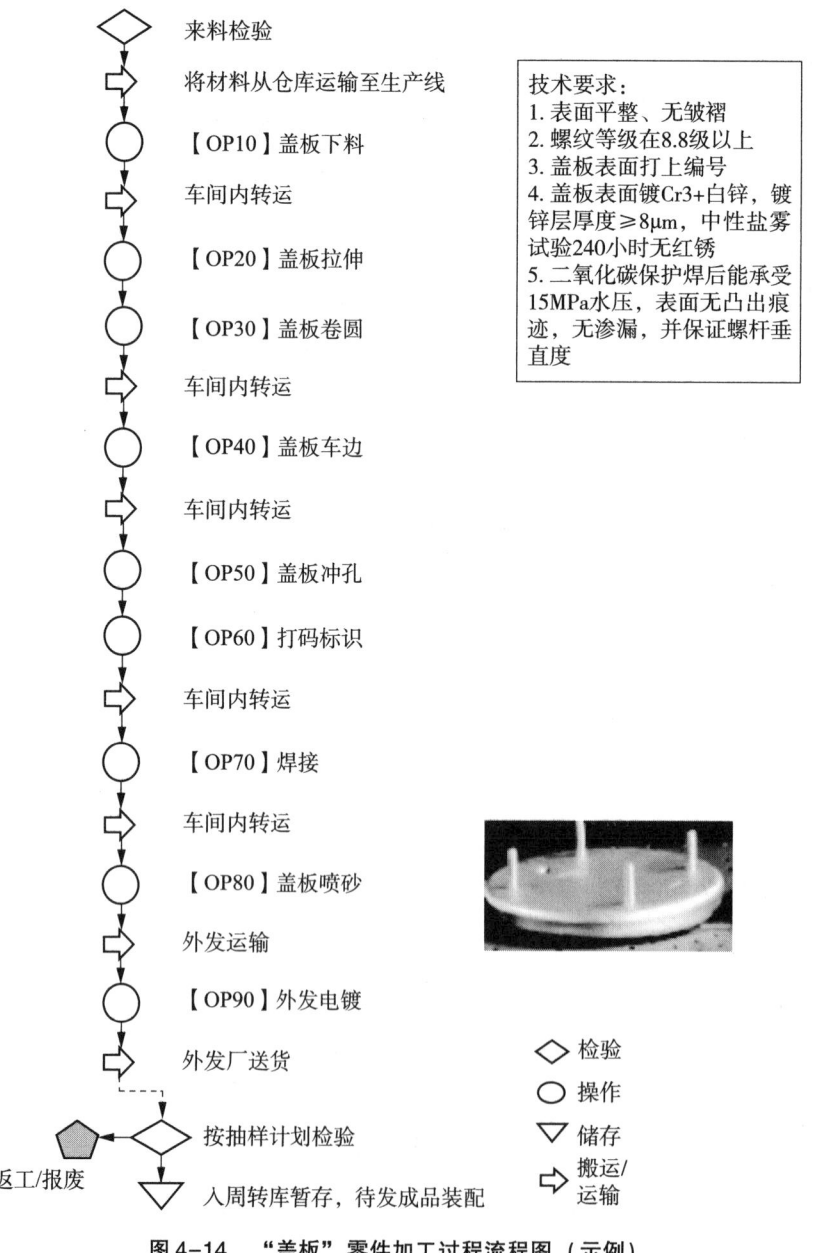

图 4-14 "盖板"零件加工过程流程图（示例）

图4-14中只对操作步骤编号，如【OP10】【OP20】……检验、搬运/运输、储存可以作为通用的过程步骤进行PFMEA分析。

建立过程流程图包括以下作业：
（1）识别顺序和过程中的作业步骤；
（2）画出流程图，从左到右，或从上到下，用标准的符号和箭头连接每个步骤；
（3）评审过程流程图：
- 过程是否符合标准，或者操作者是否使用相同的方法进行操作？
- 操作步骤是否重复或无序？
- 操作步骤是否存在无增值劳动？
- 过去操作步骤是否频繁出现错误？
- 操作步骤是否明确了必要的返工/返修？
- 物料移动和包括适当状态的产品运输是否被正确定义？

从以往的相似产品和过程设计中获得的质量性能信息，包括一次通过率（含在线末及每个操作工位）、PPM、过程能力指数（CPK和PPK）和保修数据，可以为过程设计提供改进的基础。

三、过程结构树分析

过程结构树按层次排列系统要素，并通过结构连接展示依赖关系（见图4-15）。这种图形结构可帮助理解不同过程项、过程步骤和过程工作要素之间的关系。每个层级的要素，随后会增添相应的功能和失效。

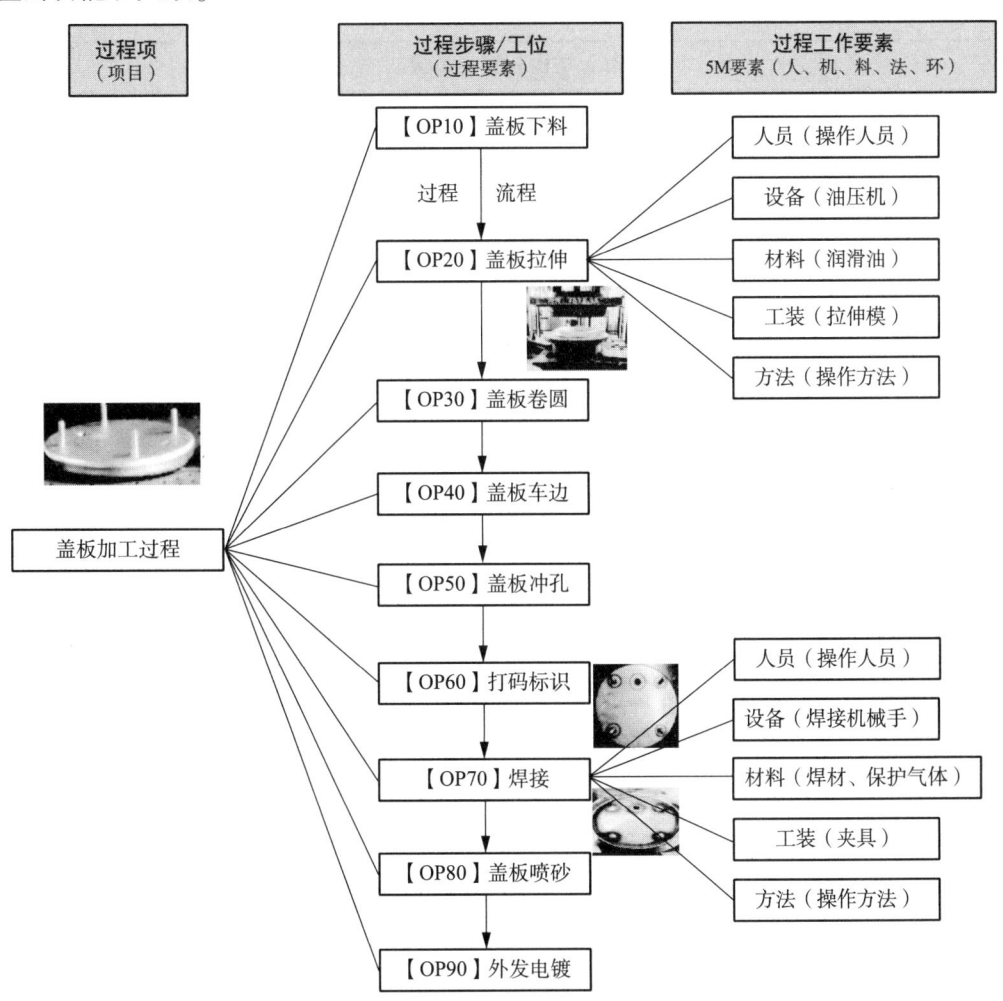

图4-15 盖板加工过程结构树（示例）

PFMEA 过程项（过程项目）是结构树或过程流程图和该过程项 PFMEA 的最高级别，也可以被视为成功完成该过程所有步骤后的最终成果。

过程步骤是分析的焦点，是制造工站或工位。

过程工作要素是过程流程或结构树的最低级别。

每个工作要素都是一个可能影响过程步骤的主要潜在因素。类别数量可能因过程而异，即 4M/5M1E 等，这通常被称为石川法（鱼骨图）（见图 4-16）。

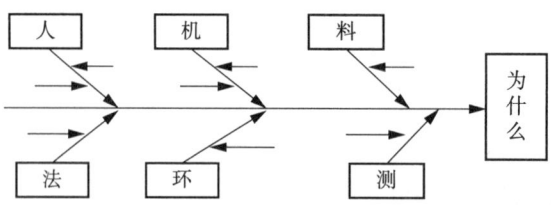

图 4-16 5M1E 鱼骨图

一个过程步骤可能包括一个或多个过程工作要素的类别，每个类别都会单独进行分析。

5M1E 类型：人员、设备、材料（间接材料）、方法、环境、测量。

5M1E 类型将作为后续过程失效起因分析的要素。

四、填写 PFMEA 表中"结构分析"的内容

以下仅以"盖板拉伸"和"焊接"两个过程步骤作为示例（见表 4-6）。

表 4-6 PFMEA 表 步骤二（示例）

PFMEA 结构分析（步骤二）		
1. 过程项 系统、子系统、零件要素或过程名称	2. 过程步骤 工位编号和关注要素名称	3. 过程工作要素 4M/5M 类型
盖板加工过程	【OP20】盖板拉伸	操作人员
		油压机
		润滑油
		拉伸模
		操作方法
	【OP70】焊接	操作人员
		焊接机械手
		焊材、保护气体
		夹具
		操作方法

步骤二"结构分析"填写说明：

"**1. 过程项**"：正在分析中的过程的名称，例如盖板加工过程，是已完成该过程所有步骤的最终结果。

"**2. 过程步骤**"：受关注的要素或工位，也是考虑失效链的重要项。

"**3. 过程工作要素**"：结构中处于关注要素下一较低级别的要素。使用 4M/5M 类型找出正在分析中的操作或工位产生影响的不同因素。

结构分析的输出（过程流程可视化）为顾客和供应商（包括设备供应商）在过程设计和/或 PFMEA 项目技术评审期间的协作提供了工具。

步骤二"结构分析"中定义的信息将被用于步骤三"功能分析"。在"结构分析"中，如果缺漏了某个过程步骤或过程工作要素，在"功能分析"中也会缺少。因此，在过程结构树中要识别并表述完整。

第四节 PFMEA 步骤三：功能分析

一、PFMEA"功能分析"的主要工作和目标

PFMEA"七步法"的第三步"功能分析"，其目的是确保过程的预期功能/要求得到妥善分配。

PFMEA"功能分析"的主要工作和目标如图 4-17 所示。

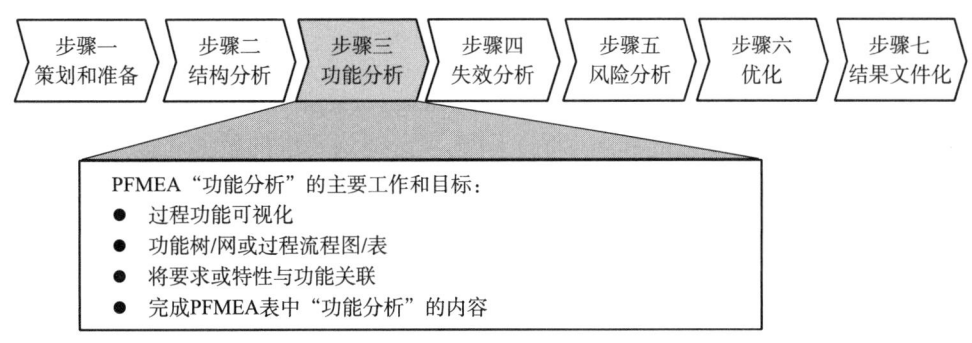

图 4-17　PFMEA"功能分析"的主要工作和目标

二、定义过程功能

——功能描述了过程项或过程步骤的预期用途。每个过程项或过程步骤可能具备多个功能。
——在功能分析开始前，需收集的信息可能包括但不限于：
- 产品和过程功能/要求；
- 制造环境要求；
- 制造周期；
- 职业健康和操作人员安全要求；
- 环境影响。

在定义"功能分析"所需的"正面"功能和要求时，此类信息至关重要。功能描述需清晰准确。

推荐的短语格式为一个行为动词后加一个名词，表示过程功能是"做什么"。

功能应该是"现在时态"，并使用动词的基本形式，如钻孔、涂胶、插销、焊接螺杆、装配组件等。

过程项的功能描述：

过程项是该 PFMEA 中的最高级别，可被视为成功完成该过程所有步骤后的最终成果。

过程项的功能可考虑内部功能、顾客功能（顾客工厂）、最终用户/使用者的相关功能。

例如：盖板加工过程项的功能是按技术要求和尺寸加工为成型盖板。

注意：过程项功能的"负面"即为失效分析中的失效影响。

过程步骤的功能描述：

过程步骤的功能描述了在工位上产生的最终产品特征。

例如：【OP20】盖板拉伸过程步骤的功能是将圆形板材拉伸为圆形盖板。

注意：过程步骤功能的"负面"即为失效分析中的失效模式。

过程工作要素的功能描述：

过程工作要素的功能反映了该工作要素对该过程步骤的功能/产品特性的贡献，即过程工作要素如何实现过程步骤的功能/要求。

例如：油压机推动模具下压至设定位置，将圆形板材拉伸成型。

注意：过程工作要素功能的"负面"即为失效分析中的失效起因。

三、定义要求（特性）

特性是产品的区别特征（或量化属性）。例如：轴的直径或表面处理状态。

——产品特性（要求）与执行过程功能的结果有关，是可判断或测量的。

——产品特性可展示在产品图纸或规范文件中。例如：几何结构、材料、表面处理状态、涂层等。过程功能产生产品特性。

——产品特性可在产品制造后测量（如尺寸、间隙）。产品特性可能源于性能要求（如剥离强度、屈服强度）。

在上述情况下，应首先列出可测量的产品特性，然后是性能要求。

在 PFMEA 表格中，产品特性的具体量值为可选项。建议要求的量值，如扭矩规格和产品规格，只出现在过程控制计划中，可以不在 PFMEA 体现具体数据。因为产品特性的规格可能会发生变化，当规格变化时，PFMEA 的失效模式并不发生改变，不需更改 PFMEA。

PFMEA 的要求被描述为产品特性和过程特性。

1. 产品特性

包括法律要求（如无铅材料）、行业要求（如螺纹等级）、顾客要求（如安装、配合尺寸）和内部要求（如零件清洁度、表面平整）。

2. 过程特性

过程特性是指与实现产品特性具有因果关系的过程控制因素/参数，如过程参数（温度、时间、转速、气压、电流等）。

过程特性可以在产品制造过程中测量（如温度、气压）。在 PFMEA 表格中，过程特性的具体量值为可选项。

注意：每一个产品特性，可能受一个或多个过程特性影响，在某些过程，一个过程特性可能影响到多个产品特性。

过程特性可出现在诸如过程流程图、控制计划、作业指导书、操作规范等文件中。

一个过程步骤的功能可能有多项要求，尽可能列出每项要求，以便于分析相关的失效模式（见表 4-7）。

表 4-7 过程功能/要求及相关失效模式（示例）

过程步骤/功能	要求/特性	失效模式
操作 20#工序：使用扭矩枪把坐垫安装在座椅轨道上	4 个螺钉	少于 4 个螺钉
	规定的螺钉	使用了错误的螺钉（直径更大）
	装配顺序：首先在右前孔拧螺钉	螺钉扭入其他孔洞里
	螺钉被完全拧入	螺钉没有完全扭入
	按照动态扭矩规格来扭转螺钉	螺钉扭矩太高
		螺钉扭矩太低

过程步骤及功能/要求，以及相应的产品特性和过程特性可以用流程图/表的形式表现（见表 4-8）。

表 4-8 盖板加工过程流程及功能、要求和特性（示例）

过程流程	过程步骤操作描述	功能描述	要求/特性		
			特性分类	产品特性	过程特性
◇	来料检验	对金属板材进行来料检验		材质规格、标签、数量	核对送货单
				外观：表面平整、无拉伤、无毛刺	
				厚度	
OP10	盖板下料	将大块金属板材切割为规定直径的圆形材料		外观：表面平整、无拉伤、无毛刺	
				外径尺寸	
					气压
					切割速度
					切割功率
					激光喷头直径
OP20	盖板拉伸	将圆形材料拉伸成型盖板		外观：表面平整、无拉伤、无毛刺	
				拉伸高度	
				拉伸直径	
					主缸压力
					下缸压力
					拉伸模安装、磨损
OP30	盖板卷圆	将成型盖板卷圆边		外观：表面平整、无拉伤、无毛刺	
				卷边高度	
				卷圆直径	
					主缸压力
					卷圆模安装、磨损
OP40	盖板车边	对卷边圆周进行车平		外观：表面平整、无拉伤、无毛刺	
			●	盖板内径	
			●	盖板高度	
			★		CNC 参数设定
					刀具磨损
OP50	盖板冲孔	在盖板冲出 5 个孔		外观：表面平整、无拉伤、无毛刺	
				进气孔径	
				连接孔径	
				螺杆孔中心距	
					气动冲床离合器压力
					冲孔模安装、磨损

续表

过程流程	过程步骤操作描述	功能描述	要求/特性		
			特性分类	产品特性	过程特性
OP60	打码标识	在盖板上打上标识码		外观：表面平整、无拉伤	
				打码数字编码和位置符合图纸要求	
					气动冲床离合器压力
					打码模安装
OP70	【OP70】焊接	在盖板上焊接4个螺杆和1个螺孔		焊接质量：焊缝饱满，均匀平整，无焊穿、未熔合、未焊透、漏焊、焊瘤、焊渣残留缺陷	
				螺杆垂直度	
				连接/进气螺栓底板焊接熔深	
			●	满足焊接强度试验要求	
					焊材规格
			★		焊接速度
			★		焊接气流量
			★		焊接电压
			★		焊接电流
					夹具安装
OP80	【OP80】盖板喷砂	在盖板表面喷砂		表面质量：表面无油脂、污垢、氧化皮、表面银灰色、均匀一致	
					喷丸规格
					喷砂频率
OP90	【OP90】外发电镀	喷砂后外发表面镀锌		电镀质量：颜色均匀，产品清洁，表面无油污、锈迹、碰伤	
			●	镀锌层厚度：≥8μm	
			●	中性盐雾试验：240小时无红斑	
					产品防护：每一件用纸包好，防污染，防压伤
	检验	对电镀后盖板进行抽样检验		外观、尺寸、螺纹	
	入周转库暂存	转入周转仓库存储		型号、数量、标识	

注："●"表示产品特殊特性，"★"表示过程特殊特性。 ◇ 检验 ○ 操作 ▽ 存储 ⇨ 搬运/运输

特殊特性的考虑:

在 IATF 16949 标准和 APQP 手册中都有要求,制造过程设计输出中应包括"产品和制造过程的特殊特性",特殊特性是制造过程控制的重点。

特殊特性是指可能影响安全性或产品法规符合性、可装配性、功能、性能、要求或产品的后续处理的产品特性或制造过程参数。(见 IATF 16949 3.1 汽车行业术语和定义)

从定义可知,特殊特性包括产品特殊特性和过程特殊特性。在过程步骤中,通过输入过程特性,从而实现产品特性(见图4-18)。过程特殊特性和产品特殊特性是我们控制的重点,以确保对影响安全性或产品法规符合性,以及顾客所关注的功能、性能、技术特性等,以有限的成本最大限度地使顾客满意。

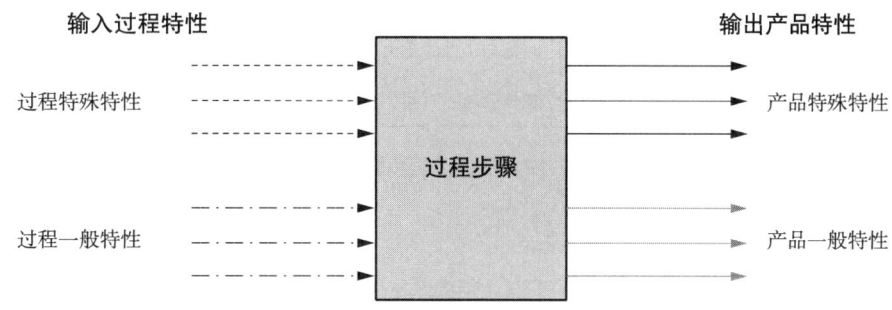

图 4-18 过程特性影响产品特性

特殊特性用顾客定义的符号或组织的等效符号表示,在 PFMEA 中应标注特殊特性,并与过程流程图、控制计划等文件保持一致。

建立产品和过程特殊特性清单,以便于管控和避免遗漏(见表4-9)。

表 4-9 产品和过程特殊特性清单(示例)

工序号	操作描述	产品特殊特性	特性符号	过程特殊特性	特性符号
30#	热压加工	画面	●	热压温度、压力、速度	★
		尺寸	●		
		光学	●		
		灯影	●	调边距	★
		边距	●		

四、过程参数图(P图)

过程参数图(P图)是一个过程项目所在环境的图表展示。过程参数图包括影响输入和输出实现过程功能的因素,专注于优化过程控制因素。

针对影响过程步骤功能的因素,需要时可创建参数图进行分析,但不是必需的。

需要注意的是,DFMEA 的参数图和 PFMEA 的参数图是完全不同的内容,虽然图形相似,但考虑方向和内容是不同的。

以下用过程步骤"喷漆"作为示例进行说明(见图4-19)。

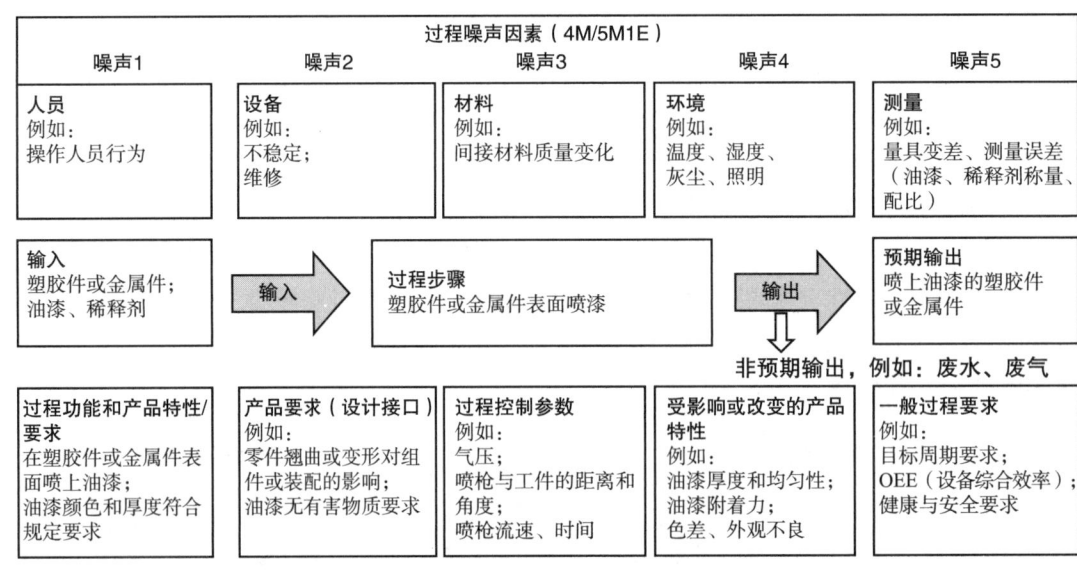

图 4-19 喷漆过程步骤参数图

五、功能关系可视化

过程项的功能、过程步骤的功能和过程工作要素的功能之间的交互能够可视化为：功能网、功能结构或功能树，具体取决于执行 PFMEA 所使用的软件工具。例如：表格中包含了执行 PFMEA 的功能分析。

以下为过程功能分析功能树示例（见图 4-20）。

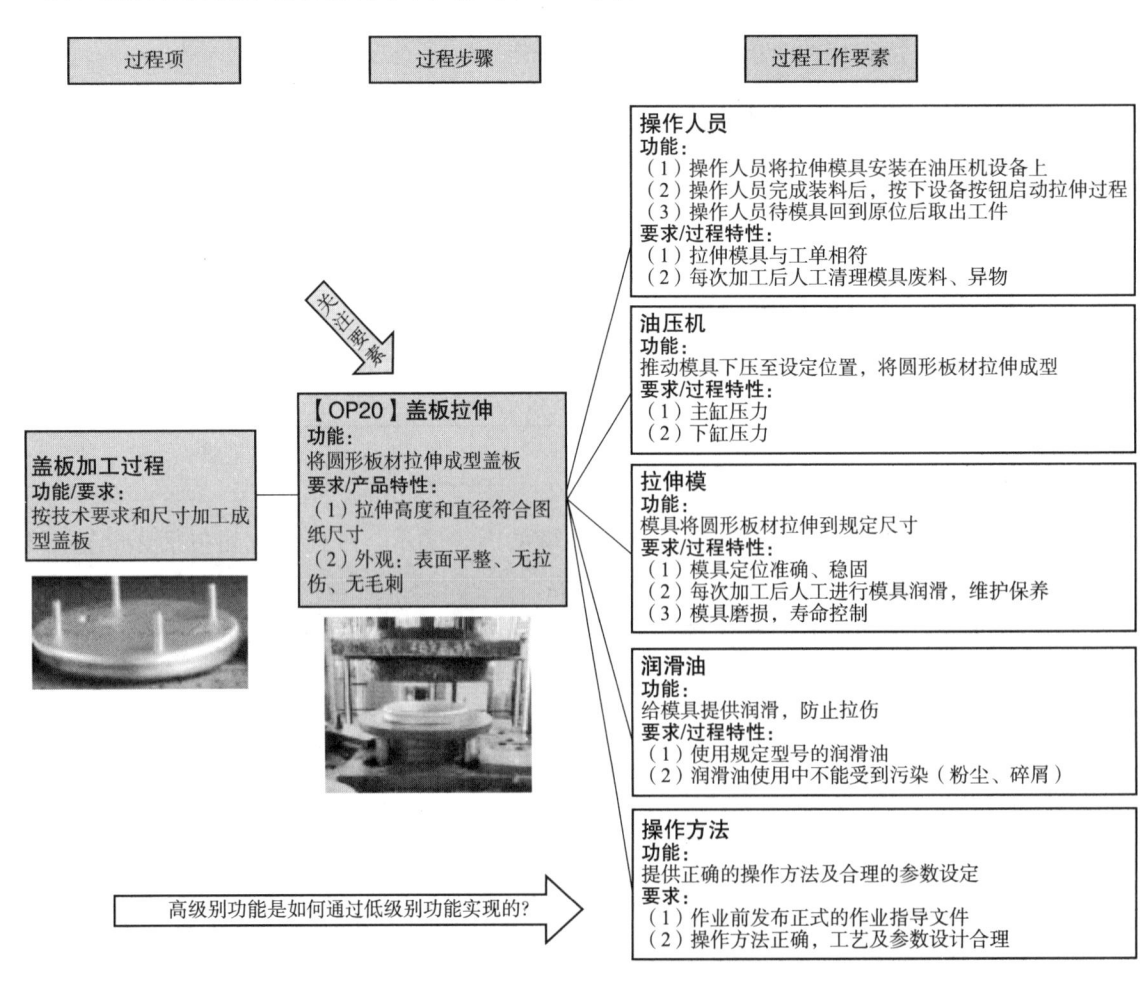

图 4-20 过程功能分析功能树（示例）

六、填写 PFMEA 表中"功能分析"的内容

根据结构分析展开功能分析,在功能分析完成后填写 PFMEA 表中"功能分析"内容。

填写说明:

"1. 过程项的功能":对过程项的预期功能可按几个细分类别分开描述,例如"本工厂""发运至工厂""最终用户"。这些预期功能将会是失效分析中的失效影响(FE)。

"2. 过程步骤的功能和产品特性":操作或工位必须达到功能的描述,包括功能和产品特性。产品特性可描述为特性类别,如长度尺寸、直径、外观等;也可以给出具体的量值,如拉伸高度 38±0.5mm。这些是正面的产品特性,在产品生产出来后必须能够对其进行检验/测量。与正面产品特性相反的是一种或多种失效模式。

"3. 过程工作要素的功能和过程特性":对过程工作要素(4M/5M)的功能和过程特性的描述。过程特性可描述为特性类别,如压力、机器温度、溶剂浓度、运转速度等;也可以给出具体的量值,如主缸压力 10±1MPa。在过程进行中对过程特性进行测量。在此处描述越详细,正面描述越多,失效起因也会更多。

以下是盖板拉伸过程步骤的功能分析示例(见表 4-10)。

表 4-10 PFMEA 表 步骤三(示例)

PFMEA 功能分析(步骤三)		
1. 过程项的功能 系统、子系统、零件要素或过程的功能	2. 过程步骤的功能和产品特性 (量值为可选项)	3. 过程工作要素的功能和过程特性
本工厂: 盖板加工符合技术要求,与成品配合装配 发运至工厂: 将成品安装到汽车减震系统 最终用户: 车辆行驶平稳、舒适	将圆形板材拉伸成型盖板 要求/产品特性: (1)拉伸高度和直径符合图纸尺寸 (2)外观:表面平整、无拉伤、无毛刺	操作人员 (1)操作人员将拉伸模具安装在油压机设备上 (2)操作人员完成装料后,按下设备按钮启动拉伸过程 (3)操作人员待模具回到原位后取出工件 要求/过程特性: (1)拉伸模具与工单相符 (2)每次加工后人工对模具清理废料、异物 油压机 推动模具下压至设定位置,将圆形板材拉伸成型 要求/过程特性: (1)主缸压力 (2)下缸压力 拉伸模 模具将圆形板材拉伸到规定尺寸 要求/过程特性: (1)模具定位准确、稳固 (2)每次加工后人工进行模具润滑,维护保养 (3)模具磨损,寿命控制

续表

PFMEA 功能分析（步骤三）		
1. 过程项的功能 系统、子系统、零件要素或过程的功能	2. 过程步骤的功能和产品特性 （量值为可选项）	3. 过程工作要素的功能和过程特性
		润滑油 给模具提供润滑，防止拉伤 要求/过程特性： （1）使用规定型号的润滑油 （2）润滑油使用中不能受到污染（粉尘、碎屑）
		操作方法 提供正确的操作方法及合理的参数设定 要求： （1）作业前发布正式的作业指导文件 （2）操作方法正确，工艺及参数设计合理

七、工程团队（系统、安全和/或组件）之间的协作

公司内部的工程团队需要彼此协作，以确保项目或顾客项目的信息一致，特别是当多个 PFMEA 团队同时进行技术风险分析时。例如：系统、安全和/或组件团队提供的设计信息可帮助 PFMEA 团队了解制造产品的功能。这种协作可通过口头（项目会议）或书面总结的形式实现。

第五节　PFMEA 步骤四：失效分析

一、PFMEA"失效分析"的主要工作和目标

PFMEA "七步法"的第四步 "失效分析"，其目的是识别失效模式、失效影响和失效起因，并显示它们之间的关系，以便能进行风险评估。

PFMEA "失效分析"的主要工作和目标如图 4-21 所示。

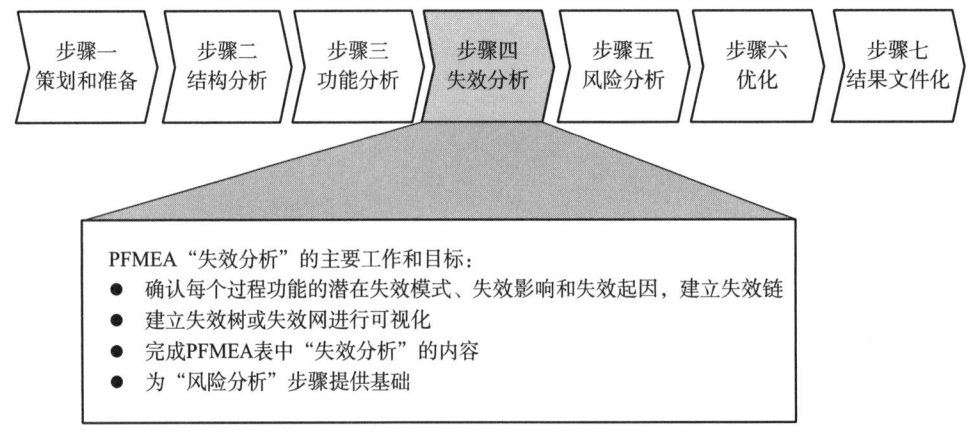

图 4-21　PFMEA "失效分析" 的主要工作和目标

二、失效链

在 PFMEA 中对失效的分析包括三个方面：

- 失效模式（FM）：即失效的表现形式，失效模式是失效的一种现象。

- 失效影响（FE）：是失效模式对产品运行、功能或状态造成的后果。
- 失效起因（FC）：是指失效模式发生的原因。

三者构成失效链，如图4-22所示。

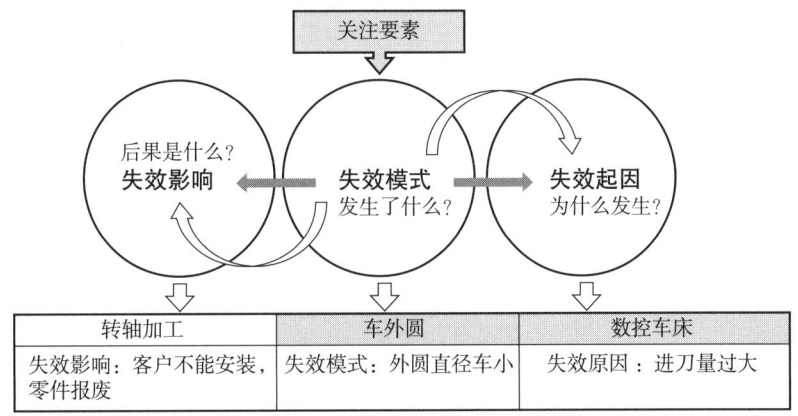

图4-22 过程失效链模型

三、过程失效模式

过程失效模式是指过程步骤导致产品无法交付或不能实现预期功能，或产品特性不满足规定的要求。

在失效分析中，PFMEA团队应假设产品的基本设计是正确的；但如果存在设计问题，且此类设计问题会导致过程问题，则应和设计团队沟通以获得解决。

在编制PFMEA中，假设外购零部件/原材料是正确的。当历史资料指出外购零部件的质量缺陷时，PFMEA小组可以作为例外，这不是过程本身的问题，而应该是供应商和来料控制的内容。

根据过程流程图中的过程步骤对规定的操作列出潜在失效模式，假设失效可能会发生但不一定会发生。失效模式应该用技术术语进行描述，而不同于顾客所见的现象。

失效模式的完整性描述可通过评审以往错误案例、不合格品或废品报告以及集体讨论的方式进行验证。其来源还应包括：对比类似过程，以及评审有关类似组件的顾客（最终用户和后续操作）的索赔案例。

IATF 16949：2016标准条款"6.1.2.1 风险分析"中要求：

"组织应在风险分析中至少包含从产品召回、产品审核、使用现场的退货和修理、投诉、报废及返工中吸取的经验教训。组织应保留成文信息，作为风险分析结果的证据。"

根据该条款的要求，可从类似产品召回、产品审核、使用现场的退货和修理、投诉、报废及返工中收集已发生的失效信息，列出实际发生失效的清单（可参考第三章中"表3-8 类似产品失效信息清单"），进行归因分析，属于过程的问题应列入PFMEA进行分析评价。

过程潜在失效模式的类别可包括：

- **过程功能丧失——操作未执行；**
- **部分功能丧失——操作不完整；**
- **过程功能降低；**
- **过程功能超出预期——高出太多；**
- **间歇过程功能——操作不一致、运行不稳定；**

- 非预期过程功能——操作错误、安装错误零件；
- 过程功能延迟——操作太迟。

过程失效模式由名词和失效描述组成，例如：外径过大/过小，螺杆不垂直。

典型的失效模式可能是但不限于：

- 孔太浅、太深、缺失或偏离位置；
- 表面脏污；
- 表面处理过度；
- 连接器插脚错位；
- 连接器未完全到位；
- 接收不合格零件、拒收合格零件、跳过检测工位（检验作业）；
- 标签丢失；
- 条形码不可读。
- ECU（电子控制单元）刷新时用错软件

四、失效影响

失效影响即失效模式产生的后果。

失效影响与过程项的功能（系统、子系统、组件要素或过程名称）相关。

失效影响也可以被描述为顾客注意或感受的结果。此外，在PFMEA中应明确指出可能影响安全或导致不符合法规的失效。

顾客可能是：

- 内部顾客（下一步操作/后续操作/操作目标）；
- 外部顾客（下一层级/OEM/经销商）；
- 立法机构；
- 产品最终用户/车辆操作人员。

失效影响应考虑以下三个方面：

本工厂：假设在本工厂内检测到失效，则该失效模式对本工厂的影响（本工厂会采取什么措施，例如：返工、报废）。

发运至工厂和/或整车厂（OEM）：假设在发运至下一个工厂前未检测到失效，该失效模式的影响（下一个工厂会采取什么措施，例如：停线、分拣）。

最终用户：过程项影响的后果（最终用户关注、感觉、听到、闻到什么等，例如：车窗升得太慢、空调冷气不足、不能转向）。

可以提出以下问题，帮助确定潜在失效的影响：

第一，失效模式是否会对下游加工过程造成物理影响，或对设备、操作人员造成潜在伤害？

示例可包括：

- 无法在工位××处组装；
- 不能在工位××处钻孔；
- 导致工位××处刀具过渡磨损；
- 导致工位××处设备损坏。

第二，在后续任何顾客工厂内无法进行组装或无法与对手件（配合件）装配吗？

示例可包括：
- 无法在顾客端进行卡嵌；
- 无法在顾客端进行对接。

第三，会给顾客端操作人员带来安全风险吗？

示例可包括：
- 锐角划伤；
- 有害气体危害；
- 产生爆炸或击伤。

第四，在整车厂或销售前检测到失效影响，会发生什么？

示例可包括：
- 停线；
- 停止发运；
- 整车候检；
- 产品100%报废；
- 生产线生产速度降低；
- 增加人力以维持所需的生产线节拍；
- 返工和返修。

第五，对最终用户有什么潜在影响？

需要注意的是，若零件在本厂或顾客工厂无法组装，则产品不会流出，对最终用户不产生影响。

对最终用户的潜在影响的信息可通过DFMEA获得。若某一影响来自DFMEA，则PFMEA中的产品影响描述应与相应的DFMEA保持一致。

示例可包括：
- 噪声；
- 很费劲；
- 气味难闻；
- 间歇运行；
- 漏水；
- 怠速不稳；
- 难以控制；
- 外观不良；
- 监视系统功能下降或失效；
- 最终用户无法控制车辆；
- 对最终用户的安全影响。

在某些情况下，分析团队可能并不了解最终用户影响（例如：标准件、现货产品、较低层级的零件）。若不了解此类信息，应当根据产品功能和/或过程规范定义影响。

以下为过程潜在失效模式与潜在失效影响的示例（见表4-11）。

表 4-11 过程潜在失效模式与潜在失效影响（示例）

过程步骤/功能	要求/特性	潜在失效模式	潜在失效影响
操作 20#工序：使用扭矩枪把坐垫安装在座椅轨道上	4 个螺钉	少于 4 个螺钉	制造和装配：停止出货，对受影响的部分进行额外挑选和返工 最终用户：坐垫松动，有噪声
	规定的螺钉	使用了错误的螺钉（直径更大）	制造和装配：不能在位置上安装螺丝
	装配顺序：首先在右前孔拧螺钉	螺钉扭入其他孔洞里	制造和装配：难以将螺丝安装在原来的位置
	螺钉被完全拧入	螺钉没有完全扭入	制造和装配：对受影响的部分进行额外挑选和返工 最终用户：坐垫松动，有噪声
	按照动态扭矩规格来扭转螺钉	螺钉扭矩太高	制造和装配：对受影响的部分进行额外挑选和返工 最终用户：由于螺钉断裂，导致坐垫松动，有噪声
		螺钉扭矩太低	制造和装配：对受影响的部分进行额外挑选和返工 最终用户：由于螺丝逐步松动，导致坐垫松动，有噪声

五、失效起因

失效起因是指失效模式出现的原因。失效模式是失效起因的结果。在可能的范围内，应确定每个失效模式在制造或装配方面的潜在原因。应当尽可能简明扼要地列出失效起因，以便针对性地采取措施。

1. 失效起因类型

典型的失效起因可能包括的 4M/5M1E（人、机、料、法、环、测）类型：
- 人员：安装人员、机器操作人员、程序/参数设定人员、维修技术人员等；
- 机器/设备：机器人、漏斗型储料罐、注塑机、螺旋输送机、模具/夹具等；
- 材料（间接）：机油、安装润滑脂、切削液、辅助材料等；
- 作业方法：安装、操作、控制、参数设定等；
- 环境：温度、灰尘、污染、照明、噪声等；
- 测量：测量仪器、检测/试验设备、测量方法等。

2. 失效起因示例

典型的失效起因示例：
- 扭矩过大、过小；
- 焊接参数（电流、电压、速度/时间）设定错误；
- 润滑不良或无润滑；
- 零件错装、漏装；
- 刀具过度磨损；
- 模具损伤；
- 不正确的机器设置等；
- 不正确的程式编制。

失效起因的描述需清晰准确，不应含糊、笼统，如"工艺参数不对""操作错误""机器失效""不遵守要求"或"不正常"等术语无法全面准确描述失效起因，难以确定应对措施。比如，不要用"操作人员错误"，而应使用"操作人员选择了错误的钻头"来描述失效起因。

在实际生产作业中，有些过程步骤可能与设备无关，如手工插件或手工装配；有些过程步骤与环境关系不大，如拉伸、冲孔；有些过程步骤的失效与测量无关，如插件。因此，在

PFMEA分析中,要考虑过程步骤与5M1E类型(人、机、料、法、环、测)中的哪些因素相关,从而分析其失效起因。

以下为从5M1E类型分析的示例:

(1) 人员(从操作员作业失误的角度思考)
- 是否用错零件?
- 是否将零件装错位置或装反方向?
- 作业中是否损坏了零件?
- 是否安装不到位?
- 程序或参数设定是否不符合规定?

(2) 设备/工装(从设备/工装不能完成既定功能的角度思考)
- 设备自动化过程是否中断?
- 设备精度是否满足加工要求?
- 设备能保持稳定吗?
- 对关键的设备参数是否有确认、监视和记录?
- 是否有计划地执行了预防性和预测性维护?
- 是否有制定和执行了易损件的更换计划?
- 工装是否磨损、变形?
- 工装润滑、保养是否按规定执行?
- 工装是否规定了使用寿命?

(3) 材料(间接材料)
- 是否过多/过少/没有材料使用?
- 是否在错误位置使用材料?
- 是否按规定要求使用材料(如清洗剂、切削液的浓度,配比)?

(4) 环境
- 温度、湿度是否对加工/产品造成了影响?
- 静电释放(ESD)是否对零件或产品造成了影响?
- 噪声是否对操作者造成了影响?
- 是否有洁净度等级的要求?
- 照明是否对员工操作造成了影响?

(5) 方法(从作业方法的正确性、合理性和有效性角度思考,属于过程设计/工艺设计的原因)
- 是否有书面的作业指导文件?
- 作业文件是否清晰易读或可视化?
- 作业方法规定是否正确、合理?
- 作业程序或参数规定是否最优化?
- 是否采用了必要的防错方法?

(6) 测量(从量具和测量系统的角度考虑)
- 量具/测量设备的精度是否满足测量要求?
- 量具/测量设备是否定期校准或检定?
- 关键特性的量具/测量设备是否定期进行测量系统分析,其结果是否可接受?
- 是否对量具/测量设备进行了日常维护保养?

六、建立失效树

根据过程功能分析中的信息创建失效链(失效影响—失效模式—失效起因)。

失效结构中的关注要素被称为失效模式,失效模式存在相应的失效影响和失效起因。

可通过解答"为什么会出现失效模式"这一问题找到失效起因和失效模式之间的关联。

可通过解答"失效模式会导致什么后果"这一问题找到失效影响与失效模式之间的关联。

以下是盖板加工过程中,关注要素为"盖板拉伸"的失效树分析,仅供参考(见图4-23)。

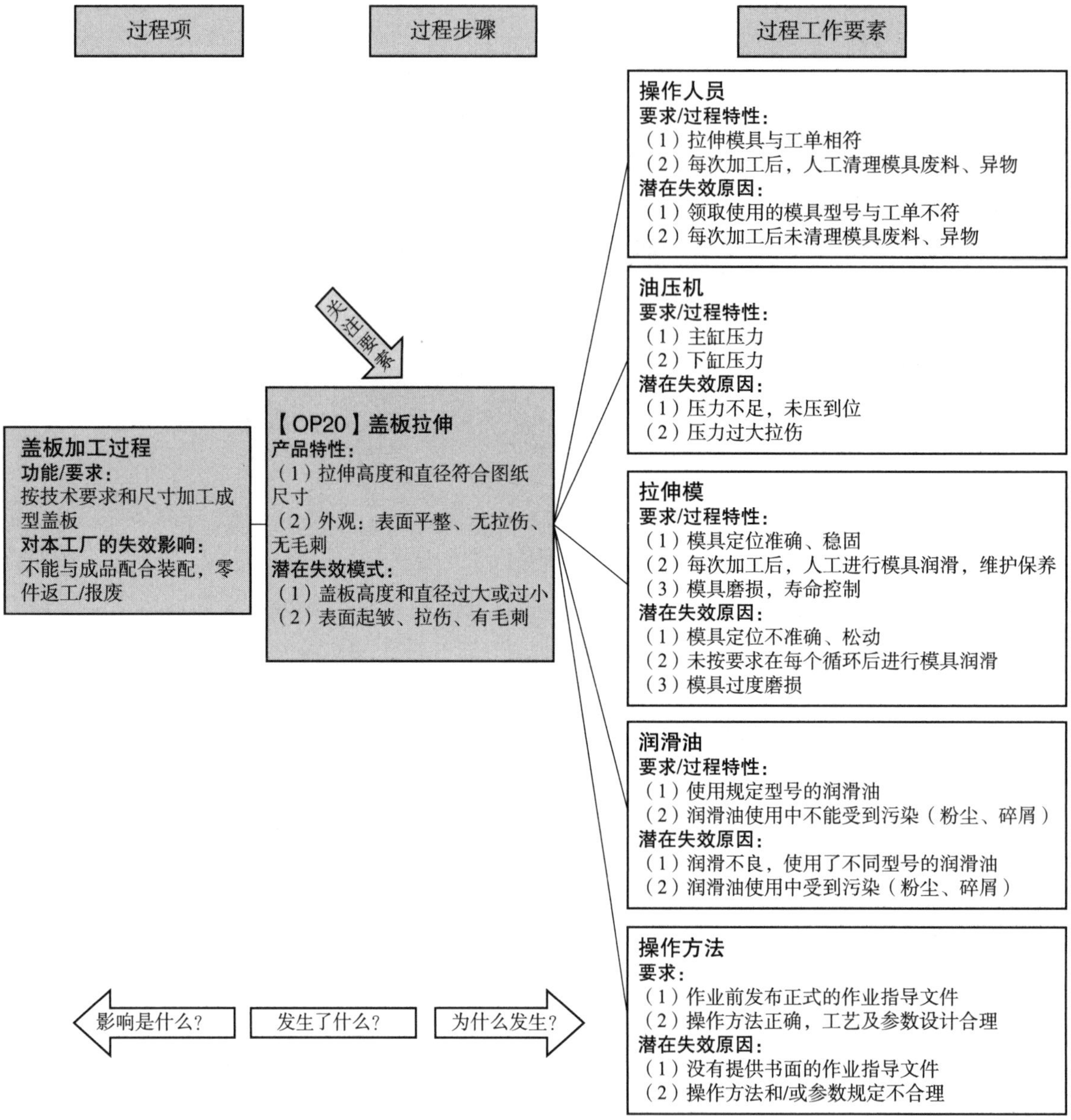

```
过程项                过程步骤                过程工作要素

                                          操作人员
                                          要求/过程特性:
                                          (1)拉伸模具与工单相符
                                          (2)每次加工后,人工清理模具废料、异物
                                          潜在失效原因:
                                          (1)领取使用的模具型号与工单不符
                                          (2)每次加工后未清理模具废料、异物

                                          油压机
                                          要求/过程特性:
                                          (1)主缸压力
                           关注要素         (2)下缸压力
                                          潜在失效原因:
                                          (1)压力不足,未压到位
                      【OP20】盖板拉伸      (2)压力过大拉伤
                      产品特性:
                      (1)拉伸高度和直径符合图纸  拉伸模
                      尺寸                 要求/过程特性:
 盖板加工过程           (2)外观:表面平整、无拉伤、 (1)模具定位准确、稳固
 功能/要求:            无毛刺              (2)每次加工后,人工进行模具润滑,维护保养
 按技术要求和尺寸加工成   潜在失效模式:         (3)模具磨损,寿命控制
 型盖板                (1)盖板高度和直径过大或过小 潜在失效原因:
 对本工厂的失效影响:    (2)表面起皱、拉伤、有毛刺  (1)模具定位不准确、松动
 不能与成品配合装配,零                         (2)未按要求在每个循环后进行模具润滑
 件返工/报废                                  (3)模具过度磨损

                                          润滑油
                                          要求/过程特性:
                                          (1)使用规定型号的润滑油
                                          (2)润滑油使用中不能受到污染(粉尘、碎屑)
                                          潜在失效原因:
                                          (1)润滑不良,使用了不同型号的润滑油
                                          (2)润滑油使用中受到污染(粉尘、碎屑)

                                          操作方法
                                          要求:
                                          (1)作业前发布正式的作业指导文件
 ← 影响是什么? 发生了什么? 为什么发生?         (2)操作方法正确,工艺及参数设计合理
                                          潜在失效原因:
                                          (1)没有提供书面的作业指导文件
                                          (2)操作方法和/或参数规定不合理
```

图 4-23 过程失效分析结构树(示例)

以下为过程潜在失效模式与失效起因的示例(见表4-12)。

表 4-12 过程潜在失效模式与失效起因(示例)

过程步骤/功能	要求/特性	潜在失效模式	失效起因
操作20#工序:使用扭矩枪把坐垫安装在座椅轨道上	螺钉被完全拧入	螺钉没有完全扭入	人员:操作人员没有将螺帽扳手与作业面保持垂直
	按照动态扭矩规格来扭转螺钉	螺钉扭矩太高	人员:操作人员将扭矩设置太高
			人员:技术维修人员将扭矩设置太高
		螺钉扭矩太低	人员:操作人员将扭矩设置太低
			人员:技术维修人员将扭矩设置太低

七、填写 PFMEA 表中"失效分析"的内容

根据"功能分析"的信息，在失效分析完成后填写 PFMEA 表中"失效分析"的内容（见表 4-13）。

表 4-13　PFMEA 表　步骤四（示例）

失效分析（步骤四）		
1. 对于上一较高级别要素和/或最终用户的失效影响（FE）	2. 过程步骤（关注要素）的失效模式（FM）	3. 过程工作要素的失效起因（FC）
本工厂： （1）盖板尺寸不符，不能配合装配成品，导致返工/报废 （2）盖板表面不良导致返工/报废 发运至工厂： （1）盖板尺寸不符的情况，不会发运至客户工厂 （2）表面不良可能发运至客户，导致客户挑选/退货/停线 最终用户： 表面不良对最终用户无影响	（1）盖板高度和直径尺寸不符 （2）表面起皱、拉伤、毛刺	操作人员： （1）领取使用的模具型号与工单不符 （2）每次加工后未清理模具废料、异物 油压机： （1）压力不足，未压到位 （2）压力过大拉伤 拉伸模： （1）模具定位错误或松动 （2）未按要求在每个循环后进行模具润滑 （3）模具过度磨损 润滑油： （1）润滑不良，使用了不同型号的润滑油 （2）润滑油使用中受到污染（粉尘、碎屑） 操作方法： （1）没有提供书面的作业指导文件 （2）压力参数规定不合理 （3）操作方法规定不合理

PFMEA 表"失效分析"填写说明：

"1. 对于上一较高级别要素和/或最终用户的失效影响（FE）"：与"功能分析"部分"1. 过程项的功能"相关的失效影响，应考虑"本工厂""发运至工厂""最终用户"三个方面的影响。

"2. 过程步骤（关注要素）的失效模式（FM）"：与"功能分析"部分"2. 过程步骤的功能和产品特性"相关的失效模式，一个过程步骤的功能可能有不止一项失效模式，应尽可能列出每项失效模式。

"3. 过程工作要素的失效起因（FC）"：与"功能分析"部分"3. 过程工作要素的功能和过程特性"相关的失效起因，一个过程工作要素可能有多个失效起因，应尽可能列出每个失效起因。

从人、机、料、法、环、测的角度去分析失效起因，这样不容易遗漏。

"人"指错误的动作或操作，一般在标准化作业指导书中加以规范。不是指"人员培训合格，技能熟练等"，我们默认操作人员是培训合格，技能是达标的。考虑人员的操作错误，不能写"不按作业指导书操作"，如在拧紧螺丝这一过程步骤中，人的失效起因是"扭力枪与作业面不垂直"。

"机"指设备、工装、模具、刀具的精度和状态。如机器功能，初始设置的调整，机器磨损，润滑不足，刀具随着时间的磨损，工具破损，工具差异，夹具公差，夹具松动/磨损，芯片定位器偏移，输出的焊接电流过高或过低，热处理温度过高或过低，输送速度太快或太慢，设

备维护包括修理、更换，重新组装和调整等。这些一般在预防性和预测性保养中加以管控。我们默认设备的设计是合格的，但要特别关注后续在使用过程、保养过程中的问题。

"料"指间接物料的型号、技术参数、变质等。如机加工时，间接物料的失效起因可能是切削液浓度过低或过高。

如果是直接物料的问题，应假设来料或前工序提供的物料是符合要求的，问题在哪里发生，就在哪里解决，不能依赖后工序控制。但如果我们已经确定某些来料特性在进入生产线前很难克服，那么我们在过程流程设计中，应增加加工前物料检查或处置的过程步骤。如冲压工序，当我们已经知道供应商提供的板材由于包装、运输、搬运等因素平面度可能达不到设计规范的要求，那么只能在冲压前设置一个过程步骤"校直"来确保板材符合平面度的要求。

"法"是过程设计输出的问题，包括作业指导书、操作规程、生产布局，离线返工/修理，物料流动、搬运、过程控制程序、不合格品遏制等。

"环"指生产作业所处的环境，如物理温度、光照、湿度、灰尘、噪声等。

"测"指测量设备和测量系统，如仪器精度、仪器磨损、未按时校准、测量方法、测量系统误差等。

在 PFMEA 中，失效起因、失效模式与过程特性、产品特性的关联如下（见图 4-24）。

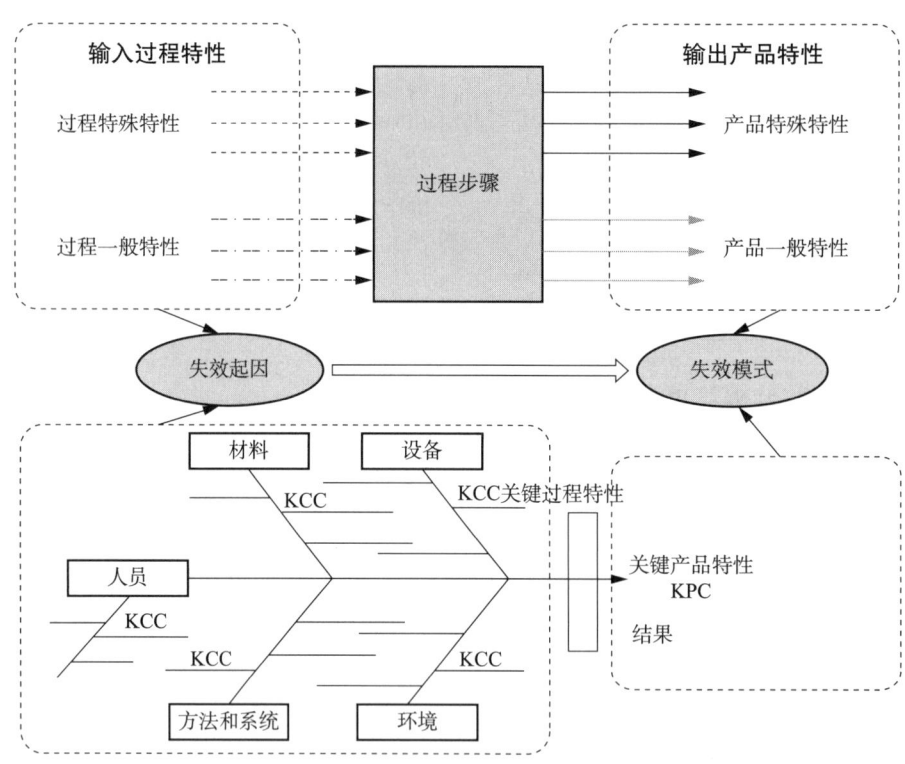

图 4-24　PFMEA 失效起因、失效模式与过程特性、产品特性的关联

根据与顾客的协议和与供应商共享的需求，失效分析的输出可在"风险分析"步骤之前或之后由顾客和供应商进行评审。

潜在失效的完整定义可为步骤五"风险分析"的完整实施提供基础，因为严重度、频度和探测度的评级都是建立在失效描述的基础上。潜在失效过于模糊或缺失，可能会导致风险分析不完整。

为便于回顾和系统化理解，将步骤二至步骤四的内容用 PFMEA 标准表格中结构分析、功能分析、失效分析栏目汇总如下（见表 4-14）。

第四章 过程 FMEA 的实施方法

表 4-14 PFMEA 表 步骤二至步骤四汇总（示例）

PFMEA 结构分析（步骤二）			PFMEA 功能分析（步骤三）			PFMEA 失效分析（步骤四）		
1. 过程项系统、子系统、零件要素或过程名称	2. 过程步骤工位编号和关注要素名称	3. 过程工作要素 4M/5M 类型	1. 过程项的功能系统、子系统、零件要素或过程的功能	2. 过程步骤产品的功能和特性（量值选项为可选项）	3. 过程工作要素的功能和过程特性	1. 对于上一级别要素和/或最终用户的失效影响（FE）失效影响的严重度（S）	2. 过程步骤（关注要素）的失效模式（FM）	3. 过程工作要素的失效起因（FC）
盖板加工过程	[OP20] 盖板拉伸	操作人员	**本工厂：** 盖板加工符合技术要求，与成品配合装配。**发运至工厂：** 将成品安装到汽车减震系统。**最终用户：** 车辆行驶平稳、舒适	**功能：** 将圆形板材拉伸成型盖板。**要求产品特性：** (1) 拉伸高度和直径符合图纸尺寸。(2) 外观：表面平整、无拉伤、无毛刺	**操作人员** (1) 操作人员将拉伸模具安装在油压机设备上。(2) 操作人员完成装料后，按下设备按钮启动拉伸过程。(3) 操作人员将模具回到原位后取出工件。**要求过程特性：** (1) 拉伸模具与工单相符。(2) 每次加工后，人工清理模具废料、异物	**本工厂：** (1) 盖板尺寸不符，不能配合装配成品，导致返工报废。(2) 盖板表面不良导致返工报废。**发运至工厂：** (1) 盖板尺寸不符的情况下，不会运至客户工厂。(2) 表面不良可能发运至客户，导致客户挑选/退货/停线。**最终用户：** 表面不良对最终用户无影响	(1) 盖板高度和直径尺寸不符。(2) 表面起皱、拉伤、毛刺	**操作人员** (1) 领取使用的模具型号与工单不符。(2) 每次加工后未清理模具废料、异物
		油压机			**油压机** 推动模具下压至设定位置，将圆形板材拉伸成型。**要求过程特性：** (1) 主缸压力。(2) 下缸压力			**油压机** (1) 压力不足，未压到位。(2) 压力过大，拉伤
		拉伸模			**拉伸模** 模具将圆形板材拉伸到规定尺寸。**要求过程特性：** (1) 模具定位准确、稳固。(2) 每次加工后，人工进行模具润滑，维护保养。(3) 模具磨损，寿命控制			**拉伸模** (1) 模具定位错误或松动。(2) 未按要求在每个循环后进行模具润滑。(3) 模具过度磨损
		润滑油			**润滑油** 给模具提供润滑，防止拉伤。**要求过程特性：** (1) 使用规定型号的润滑油。(2) 润滑油使用中不能受到污染（粉尘、碎屑）			**润滑油** (1) 润滑不良，使用了不同型号的润滑油。(2) 润滑油使用中受到污染（粉尘、碎屑）
		操作方法			**操作方法** 提供正确的操作方法及合理的参数设计要求：(1) 作业前发布正式的作业指导文件。(2) 操作方法正确，工艺及参数设定合理			**操作方法** (1) 没有提供书面的作业指导文件。(2) 压力参数规定不合理。(3) 操作方法规定不合理

第六节 PFMEA 步骤五：风险分析

一、PFMEA"风险分析"的主要工作和目标

PFMEA"七步法"的第五步"风险分析"，其目的是通过严重度、频度和探测度评级进行风险评估，并对需要采取的措施进行优先排序。

PFMEA"风险分析"的主要工作和目标如下（见图 4-25）。

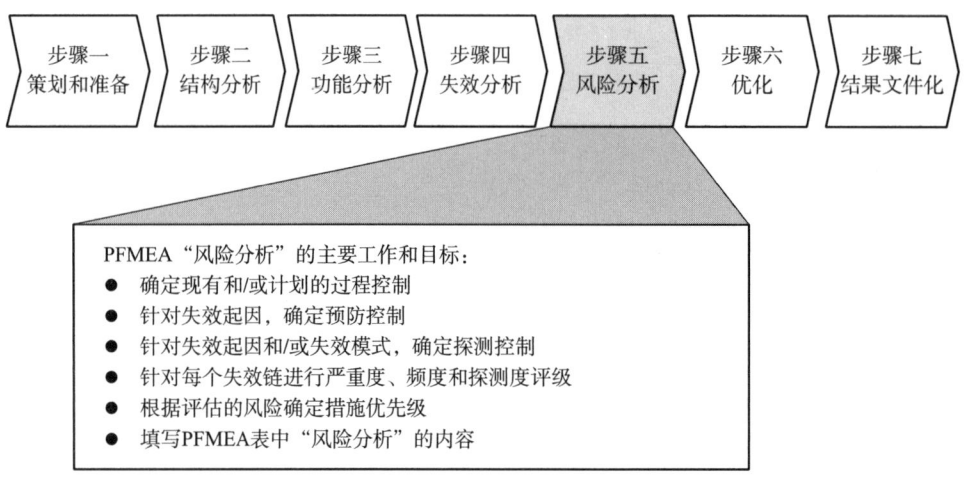

图 4-25 PFMEA"风险分析"的主要工作和目标

二、确定现有和/或计划的过程控制

现行过程控制是指已被同样或类似的过程所采用的措施（如过程防错、预防性维护、过程参数监视、目视检验、传感器检验、手动仪器测量、以设备为基础的自动化探测方法等），其效果已得到证实。计划的过程控制方法其效果可能是未经证实的。

有两种类型的过程控制（见图 4-26）：

预防控制：消除（防止）失效起因的发生，或降低其发生率。

探测控制：识别（探测）失效起因或失效模式，并引导至纠正措施或预防措施的开发。

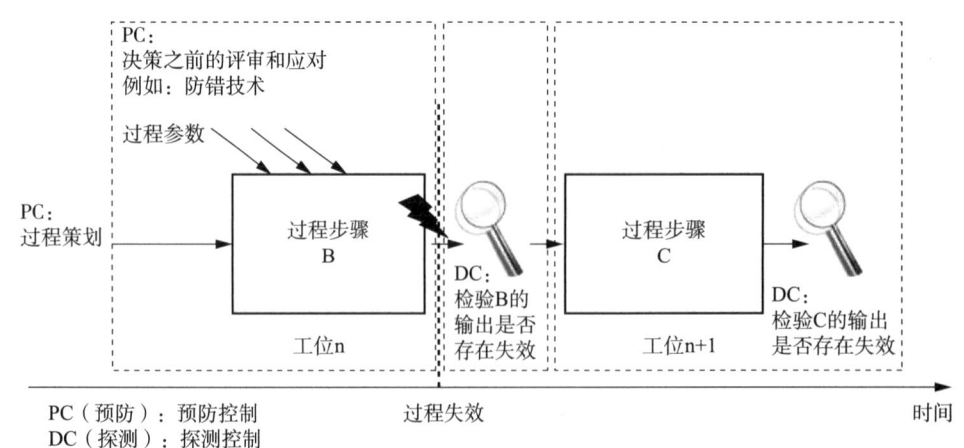

图 4-26 PFMEA 中对预防控制和探测控制的理解

1. 当前预防控制（PC）

当前预防控制包括过程策划/设计中的预防，以及生产过程中的预防。

过程策划中的预防

——当前预防控制描述了过程设计中尽可能消除失效起因或失效模式发生的措施,此类措施应在样件、设备验收(运转)和正式生产前的过程验证期间进行验证。预防控制措施还包括标准作业指导、安装程序、预防性维护、校验程序、防错验证程序等。

——当前预防控制在过程策划阶段有助于优化过程控制,从而最大限度降低失效发生的可能性,防止生产工厂中可能存在的布局缺陷。

生产过程中的预防

定义:消除(防止)失效起因或降低失效频度。

——当前预防控制在生产阶段,用于防止生产不合格零件,如:

- 双手操作机器;
- 后续零件无法连接(防错技术);
- 与形状相关的位置;
- 设备维护;
- 操作技能培训;
- 作业指导书/视觉辅助;
- 机器控制。

注意:当采用现有预防控制措施后,失效起因发生的频度可以通过探测控制来确认。

2. 当前探测控制(DC)

定义:当前探测控制是指产品在生产过程中或离开生产过程后,通过自动或手动方法探测是否存在失效起因或失效模式。

当前探测控制示例,如:

- 目视检验、使用样本比对进行目视检验;
- 使用摄像系统进行光学检验;
- 使用极限样本进行光学测试;
- 使用通止规进行定性检验;
- 用卡尺检验尺寸;
- 扭矩监测、压力负荷监测;
- 下线前功能检验。

所有对于失效起因或失效模式的探测控制都应记入"探测控制"一栏中。

3. 当前预防控制和探测控制的确认

——应确认当前预防控制和探测控制措施的实施和有效性(见图4-27)。这一步可通过工位内评审(如线边评审、生产线巡查和定期审核)实现。若控制无效,则可能需要采取其他措施。

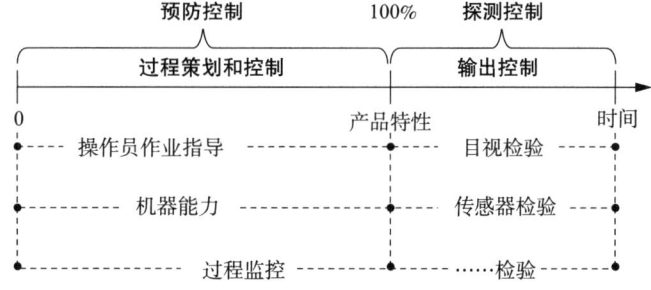

图4-27 PFMEA中预防控制和探测控制的确认

预防控制的有效性：确定预防控制的有效性，应考虑预防控制是否为技术措施（依靠机械设备、工具寿命、工具材料等），或应用最佳实践（夹具、工装设计、校准程序、防错验证、预防性维护、作业指导书、统计过程控制表、过程监视、产品设计等），或行为措施（依靠持有证书或未持有证书的操作人员、技术工人、团队管理者等）。

4. 预防控制与探测控制示例

以下为过程潜在失效模式、失效起因和控制的例子（见表4-15）。

表4-15 潜在失效模式、失效起因和控制（示例）

要求	失效模式	失效起因	预防控制	探测控制
螺钉被完全拧入	螺钉没有完全拧入	操作工没有将螺帽扳手与作业面保持垂直	培训操作者	在螺帽扳手内加入角度传感器以发现不垂直的情况；直到符合要求，才允许部件从装置内转移
按照动态扭矩规格来扭转螺钉	螺钉扭矩太高	操作工将扭矩设置太高	密码保护控制板（只有技术维修人员有密码）	在设置程序内加入扭矩确认箱，运行前确认设置
		技术维修人员将扭矩设置太高	技术维修人员培训	在设置程序内加入扭矩确认箱，运行前确认设置
			设置说明书内添加设置参数	
	螺钉扭矩太低	操作工将扭矩设置太低	密码保护控制板（只有技术维修人员有密码）	在设置程序内加入扭矩确认箱，运行前确认设置
		技术维修人员将扭矩设置太低	技术维修人员培训	在设置程序内加入扭矩确认箱，运行前确认设置
			设置说明书内添加设置参数	

三、评估严重度（S）、频度（O）和探测度（D）

——每种失效模式、失效起因和失效影响之间的关系（失效链或失效网）的独立风险均需进行评估。风险评估需遵循三个评级标准。

严重度（S）：代表失效影响的严重程度。

频度（O）：代表失效起因的发生频率。

探测度（D）：代表对已发生的失效起因和/或失效模式的可探测程度。

S、O和D评级结果分别用1~10的数字表示，其中10代表最高风险。

1. 评估严重度（S）

——严重度是指与评估的过程步骤中针对给定的失效模式最严重影响相关的评级得分。它是一个PFMEA范围内的相对评级，评定时无须考虑频度和探测度。

——对于过程的特定影响，应使用评估表"表4-16 P1-PFMEA严重度（S）"中的标准确定严重度评级。该表格可以扩展增添有关公司或产品线的示例。

——失效影响的评估结果应经过顾客和组织的一致同意。

表 4-16 P1-PFMEA 严重度（S）

过程一般评估标准严重度（S）评价准则				空白，由使用人员填写
根据以下标准对潜在失效影响进行评级				
S	影响	对您的工厂的影响	对发运至工厂的影响（在已知情况下）	对最终用户的影响（在已知情况下）	公司或产品系列示例
10	高	• 失效可能会导致从事生产或组装作业的工人面临健康和/或安全风险	• 失效可能会导致从事生产或组装作业的工人面临健康和/或安全风险	• 影响到车辆和/或其他车辆的操作安全，驾驶员、乘客、道路使用者或行人的健康状况	
9		• 失效可能会导致厂内不符合法规	• 失效可能会导致厂内不符合法规	• 不符合法规	
8	较高	• 生产运行100%会受到影响，产品不得不报废	• 生产线停工超过一个完整的班次 • 可能停止发货 • 要求现场返修或更换（装配线到终端用户）	• 在预期使用寿命内，丧失正常驾驶所必需的车辆主要功能	
7		• 产品可能需要进行分拣，其中一部分（少于100%）会报废 • 主要过程有偏差 • 生产过程速度降低或增加劳动力	• 生产线停工从1小时起到一个完整的班次 • 可能停止发货 • 要求现场返修或更换（装配线到终端用户）	• 在预期使用寿命内，降低正常驾驶所必需的车辆主要功能	
6		• 100%的产品可能需要线下返工后才能被接受	• 生产线停工不超过1小时	• 丧失车辆次要功能	
5	较低	• 部分产品可能需要线下返工后才能被接受	• 低于100%的受到影响；极有可能出现额外的缺陷产品；需要分拣生产线没有停工	• 降低车辆次要功能	
4		• 100%的产品可能需要在工位上返工后才能继续加工	• 缺陷产品会触发重大反应计划的启动；可能不会出现额外的瑕疵产品；不需要分拣	• 外观、声音、振动、粗糙度或触感令人感觉非常不舒服	
3	低	• 部分产品可能需要在工位上返工后才能继续加工	• 缺陷产品会触发次要反应计划的启动；可能不会出现额外的缺陷产品；不需要分拣	• 外观、声音、振动、粗糙度或触感令人感觉中度的不舒服	
2		• 会导致过程、操作或操作人员的不方便	• 缺陷产品不会触发反应计划的启动；可能不会出现额外的缺陷产品；不需要分拣；需要向供应商提供反馈	• 外观、声音、振动、粗糙度或触感令人略微感觉不舒服	
1	非常低	• 没有可觉察到的影响	• 没有可觉察到的影响或没有影响	• 没有可觉察到的影响	

需要注意的是，若受失效模式影响的顾客是下一个制造或装配厂或产品用户，则严重度评

估可能不在直接过程工程师/团队的经验或知识领域内。在这种情况下，应咨询设计 FMEA、设计工程师和/或下一个制造或装配厂的过程工程师，以了解影响的扩散情况。

根据严重度的评价准则，PFMEA 严重度（S）评价步骤可以简单表述如下（见图 4-28）。

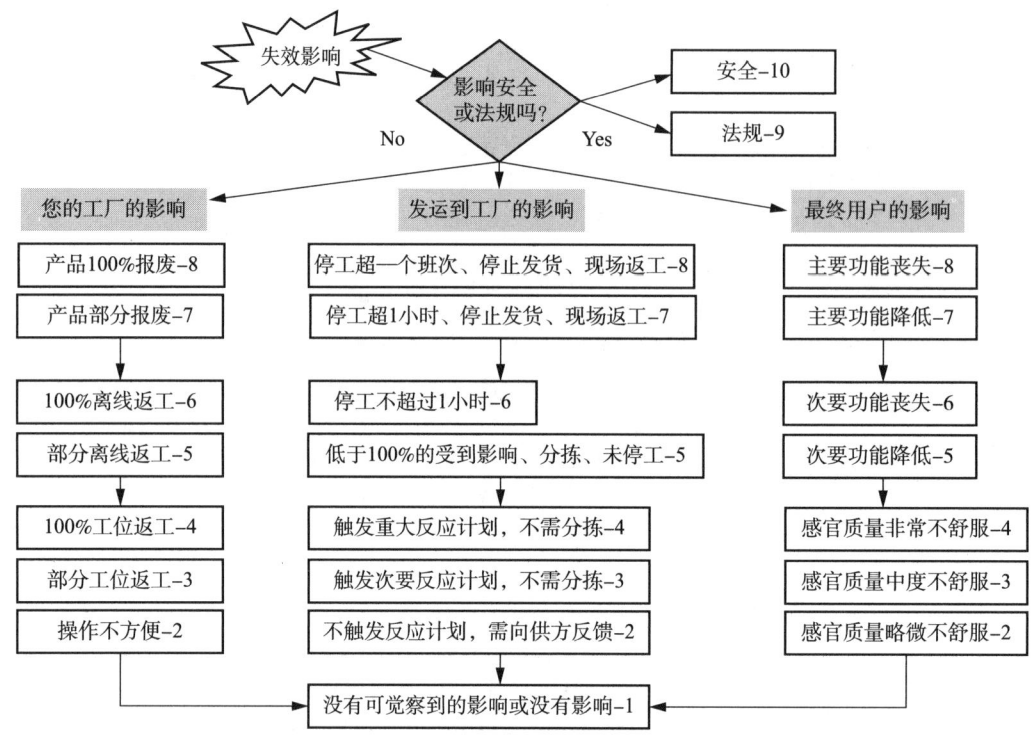

图 4-28　PFMEA 严重度评价步骤

2. 评估频度（O）

——频度（O）描述了失效起因在过程中的发生频率，考虑当前预防措施的有效性，评估失效起因的发生频度。

——频度评级得分是 PFMEA 范围内的相对评级数值，可能并不反映实际频度。

——频度评级根据评级表"表 4-17　P2-PFMEA 频度（O）"描述失效起因发生的可能性，不需要考虑探测控制。在确定评级得分时，可考虑使用类似过程的专业知识或其他经验。

确定评级得分时，可适当考虑以下问题：

- 设备经历过哪些类似过程或过程步骤？
- 类似过程有哪些使用现场经验？
- 与当前生产过程相比，变化有多显著？
- 该过程是否为全新的过程？
- 发生了哪些环境变化？
- 是否已经实施了最佳实践？
- 是否存在标准指导书？（例如：作业指导书、安装和校验程序、预防性维护、防错验证程序和过程监视验证检查表）
- 是否实施了技术防错解决方案？（例如：产品或过程设计、夹具或模具设计、既定的过程顺序、生产控制跟踪/追溯、机器能力和 SPC 图表）

由于新过程中可能存在不同条件，在使用前期过程的数据时应对频度和探测度评级进行评审。

第四章 过程FMEA的实施方法

表 4-17　P2-PFMEA 频度（O）

过程的潜在频度（O）评价准则					
根据以下标准对潜在失效起因进行的评级，在确定最佳预估频度时考虑预防控制。频度是在评估时进行的预估定性评级，可能不能反映真实的频度。频度评级得分是在PFMEA（正在评估的过程）范围内进行的相对评级数值。针对多个频度评级中的预防控制而言，可以使用最能反映控制有效性的评级					空白，由使用人员填写
O	对失效起因发生的预测	基于时间的失效起因预测	每千件产品/车辆的故障率	控制类型	预防控制	公司或产品线示例
10	极高	每次	≥100/1000 ≥1/10	无	没有预防控制	
9	非常高	几乎每次	≥50/1000 ≥1/20	行为控制	预防控制在防止失效起因方面起到的作用很小	
8		每班超过一次	≥20/1000 ≥1/50			
7	高	每日超过一次	≥10/1000 ≥1/100	行为或技术控制	预防控制在防止失效起因方面可以起到一定的作用	
6		每周超过一次	≥2/1000 ≥1/500			
5	中	每月超过一次	≥0.5/1000 ≥1/2000		预防控制在防止失效起因方面可以起到有效的作用	
4		每年超过一次	≥0.1/1000 ≥1/10000			
3	低	每年一次	≥0.01/1000 ≥10PPM	最佳实践，行为或技术控制	预防控制在防止失效起因出现的方面可以起到高度有效的作用	
2	非常低	每年少于一次	≥0.001/1000 ≥1PPM			
1	极低	从未发生	通过预防控制避免失效	技术控制	预防控制在预防失效起因设计（如零件形状）或过程（如夹具或模具设计）而发生的失效起因方面极其有效。预防控制的目的：失效模式不会因失效起因而实际发生	

注：频度可根据过程确认活动获得的信息和/或数据而可能降低。

表 4-17 显示，频度的评价可以采用定性和定量两种方法，当缺乏历史数据和可参考的基准时，可以采用定性的方法。

如果可从类似过程获得统计数据，则可使用定量方法确定发生的频度等级。频度数的估计依赖于以往类似过程数据的收集，如类似过程 CPK、合格率、PPM、市场反馈等信息。

在其他情况下，主观评价在表的左边栏目用语言进行描述，并使用适当的过程知识确定等级。

3. 评估探测度（D）

——探测度是指在列出的探测类型过程控制中，预测最有效的过程控制相关的评级。

——探测度是在一个 PFMEA 范围内的相对评级，评定时无须考虑严重度或频度。

——探测度评级应遵循"表 4-18　P3-PFMEA 探测度（D）"中所述的标准。该表格可扩展增添公司常用的探测方法。

表 4-18 P3-PFMEA 探测度（D）

用于过程设计验证的潜在探测度（D）评价准则				空白，由使用人员填写
根据检测方法成熟度和探测机会对探测控制进行评级				公司或产品线示例
D	探测能力	探测方法成熟度	探测机会	
10	非常低	尚未建立或尚未有已知的测试或检验方法	不能或无法探测到失效模式	
9		测试或检验方法不太可能探测到失效模式	通过随机或不定时的审核很难探测到失效模式	
8	低	测试或检验方法尚未经过证实为有效和可靠（例如：工厂在测试或检验方法方面没有或很少有经验，有关类似过程或本程序的量具重复性和再现性分析结果接近边际值等）	可以探测失效模式或失效起因的人工检验（视觉、触觉、听觉）方法，或使用手动仪器测量（计数型或计量型）方式	
7			基于设备的探测方式（采用光学、蜂鸣器等装置的自动化或半自动化方式），或使用可以探测失效模式或失效起因的检验设备（如坐标测量仪）	
6	中	测试或检验方法已经经过证实为有效和可靠（例如：工厂在测试或检验方法方面具备经验，有关类似过程或本程序的量具重复性和再现性结果可以接受等）	可以检验失效模式或失效起因（包括产品样本检验）的人工检验（视觉、触觉、听觉）方法，或使用手动仪器测量（计数型或计量型）方式	
5			基于设备的探测方式（采用光学、蜂鸣器等装置的半自动化方式），或使用可以探测失效模式或失效起因（包括产品样品检验）的检验设备（如坐标测量仪）	
4	高	已经经过证实为有效或可靠的系统（例如：工厂在关于相同过程或本程序的测试或探测方法方面具备经验），量具重复性和再现性结果可以接受等	以设备为基础的自动化探测方法，其可以在下游探测到失效模式，进而避免进一步加工，或系统**可以识别差异产品**，并允许其在过程中自动前进，直至到达指定的不合格品卸载区。差异产品将在一个有效的系统内受到监视，防止这些产品从工厂内流出	
3			以设备为基础的自动化探测方法，可以在工位上探测到失效模式，进而避免进一步加工，或系统**可以识别差异产品**，并允许其在过程中自动前进，直至到达指定的不合格品卸载区。差异产品将在一个有效的系统内受到监视，避免这些产品从工厂内流出	
2		探测方法已经经过证实为有效或可靠（例如：工厂在探测方法、防错验证措施方面具备经验等）	以设备为基础的探测方法，可以探测失效起因并避免出现失效模式（差异零件）	
1	非常高	根据设计或加工过程而不会实际出现失效模式，或者探测方法经过实践验证总是能够探测到失效模式或失效起因		

表 4-18 中使用的术语"识别差异产品"的目的是制定能够控制差异产品的适当控制/系统/程序，以确保产品流出工厂的可能性很低。

确定评级时，应考虑以下问题：
- 探测失效起因或失效模式的最有效测试是什么？
- 探测失效所要求的使用场景/工作周期是什么？
- 探测失效需要的样本量是多少？
- 探测该失效起因/失效模式的测试是否已得到证明？

探测度是评价对失效起因和失效模式最有效的探测能力的度量，是假设失效已发生，并且不论发生频度是多大，用以评估探测过程失效的能力。

当识别出一种以上探测控制时，建议每一种控制的探测方法应包含在控制描述中，在探测度栏记录最低的等级值。

四、评估措施优先级（AP）

当团队在完成对失效模式和失效影响、失效起因和控制的分析，包括严重度、频度和探测度的等级的初步识别，就必须决定是否需要进一步降低风险。因为本身固有的资源、时间、技术和其他因素的限制，他们需选择如何更好地为这些措施排列优先级。

风险顺序数(RPN)是严重度(S)、频度(O)和探测度(D)的乘积。RPN=（S）×（O）×（D），其数值的范围为1~1000。

AIAG以往的FMEA手册，主要是通过RPN的阈值或S和O、S和D、O和D的乘积组合来确定失效风险顺序，并协助排列措施优先级。但仅RPN并不能确定是否需要采取更多措施，因为RPN对S、O和D的权重相等。因此，RPN可能会对S、O和D的不同组合产生类似的风险数，使团队无法确定如何进行优先级排序。

新版FMEA手册最重要的一个变化就是创建了更符合逻辑并遵循了FMEA以失效预防为目的的方法。这种方法就是措施优先级表，AP表建议将措施分为高—中—低优先级别。

措施优先级方法提供了1000种S、O、D的可能组合。该方法首先着重于严重度，其次是频度，最后是探测度。

AP表对DFMEA和PFMEA是通用的（见表4-19）。

表4-19 DFMEA和PFMEA的措施优先级表（AP表）

措施优先级是以严重度、频度以及探测度评级的综合为基础，是为了降低风险而对各项措施进行优先排序							空白，由使用人员填写
影响	S	对失效起因发生的预测	O	探测能力	D	措施优先级（AP）	备注
对产品或工厂的影响度非常高	9~10	非常高	8~10	低—非常低	7~10	H	
				中	5~6	H	
				高	2~4	H	
				非常高	1	H	
		高	6~7	低—非常低	7~10	H	
				中	5~6	H	
				高	2~4	H	
				非常高	1	H	
		中	4~5	低—非常低	7~10	H	
				中	5~6	H	
				高	2~4	H	
				非常高	1	M	
		低	2~3	低—非常低	7~10	H	
				中	5~6	M	
				高	2~4	L	
				非常高	1	L	
		非常低	1	非常高—非常低	1~10	L	

续表

影响	S	对失效起因发生的预测	O	探测能力	D	措施优先级（AP）	备注
对产品或工厂的影响度高	7~8	非常高	8~10	低—非常低	7~10	H	
				中	5~6	H	
				高	2~4	H	
				非常高	1	H	
		高	6~7	低—非常低	7~10	H	
				中	5~6	H	
				高	2~4	H	
				非常高	1	M	
		中	4~5	低—非常低	7~10	H	
				中	5~6	M	
				高	2~4	M	
				非常高	1	M	
		低	2~3	低—非常低	7~10	M	
				中	5~6	M	
				高	2~4	L	
				非常高	1	L	
		非常低	1	非常高—非常低	1~10	L	
对产品或工厂的影响度中等	4~6	非常高	8~10	低—非常低	7~10	H	
				中	5~6	H	
				高	2~4	M	
				非常高	1	M	
		高	6~7	低—非常低	7~10	M	
				中	5~6	M	
				高	2~4	M	
				非常高	1	L	
		中	4~5	低—非常低	7~10	M	
				中	5~6	L	
				高	2~4	L	
				非常高	1	L	
		低	2~3	低—非常低	7~10	L	
				中	5~6	L	
				高	2~4	L	
				非常高	1	L	
		非常低	1	非常高—非常低	1~10	L	
对产品或工厂的影响度低	2~3	非常高	8~10	低—非常低	7~10	M	
				中	5~6	M	
				高	2~4	L	
				非常高	1	L	
		高	6~7	低—非常低	7~10	L	
				中	5~6	L	
				高	2~4	L	
				非常高	1	L	
		中	4~5	低—非常低	7~10	L	
				中	5~6	L	
				高	2~4	L	
				非常高	1	L	

第四章　过程 FMEA 的实施方法

续表

影响	S	对失效起因发生的预测	O	探测能力	D	措施优先级（AP）	备注
对产品或工厂的影响度低	2~3	低	2~3	低—非常低	7~10	L	
				中	5~6	L	
				高	2~4	L	
				非常高	1	L	
		非常低	1	非常高—非常低	1~10	L	
没有可觉察到的影响	1	非常低—非常高	1~10	非常高—非常低	1~10	L	

措施优先级（AP）的三个级别：

措施优先级（AP）	级别说明	采取措施的要求
优先级高（H）	评审和措施的最高优先级	团队**需要**识别适当的措施来改进预防和/或探测控制，或证明并记录为何当前的控制足够有效
优先级中（M）	评审和措施的中等优先级	团队**应当**识别适当的措施来改进预防和/或探测控制，或由公司自行决定，证明并记录当前的控制足够有效
优先级低（L）	评审和措施的低优先级	团队**可以**识别适当的措施来改进预防或探测控制

以上高、中、低三个措施优先级别共 4×4×4+4+1=69 个组合，其中：高（H）级 22 个、中（M）级 16 个、低（L）级 31 个。

注意：潜在的严重度为 9~10 且措施优先级为高（H）级和中（M）级的失效影响，建议至少应由管理层评审，包括对所采取的任何建议措施的评审。

需要强调的是，这不是对高、中、低风险的优先排序，而是对降低风险的措施的优先顺序。

公司可使用一个体系来评估措施优先级，而不是使用多个顾客要求的多个体系。

由于设计的 AP 表是为了和严重度、频度和探测度一起使用，如果组织针对特定产品、过程或项目选择修改 S、O、D 表，则 AP 表也应仔细检查。

为了方便检索，AP 表也可以简化为一个矩阵表。表 4-20 作为参考。

表 4-20　DFMEA 和 PFMEA 的措施优先级（AP）矩阵表

S/O/D 分类		严重度（S）																			
		9~10					7~8					4~6					2~3				1
频度（O）		8~10	6~7	4~5	2~3	1	8~10	6~7	4~5	2~3	1	8~10	6~7	4~5	2~3	1	8~10	6~7	4~5	2~3	1	1~10
探测度（D）	7~10	H	H	H	H	L	H	H	H	M	L	H	M	M	L	L	M	L	L	L	L	L
	5~6	H	H	H	M		H	H	M	M		H	M	L	L		M	L	L	L		L
	2~4	H	H	H	L		H	H	M	M		M	M	L	L		L	L	L	L		L
	1	H	H	M	L		H	M	M	L		M	L	L	L		L	L	L	L		L

应当强调的是，即使产品/过程看起来相同，将一个团队的 FMEA 和另一个团队的 FMEA 评级进行比较是不合适的。因为每个团队的情况都不同，因此他们各自的评级都是独一无二的（也就是说，评级是基于客观基础的主观评价）。

五、PFMEA 与 DFMEA 有关严重度的传递

一项产品特性的设计失效可能导致一项或多项产品功能失效。相应的过程失效指过程无法实现设计特征。不符合产品特性就会导致失效影响。只有在这种情况下，DFMEA 和 PFMEA 中的失效影响才会一致。

例如，电机转轴的外径设计尺寸过大将导致电机轴不能安装到电机上。如果外径设计是合理的，但由于过程加工使外径尺寸变大了，同样也不能将电机轴安装到电机上，假设产品同样被交付到顾客工厂，对顾客造成的影响是相同的。在这种情况下，DFMEA 和 PFMEA 中的失效影响和严重度是一样的。

所有因过程失效导致的失效影响以及 DFMEA 中未识别的失效影响都必须在 PFMEA 中进行重新定义和评估。

应在了解事实后对与产品、系统和/或最终用户相关的失效影响及其严重度进行记录，而非对其进行假设。确定失效影响及其严重度的关键在于参与方之间的沟通以及了解 DFMEA 和 PFMEA 中所分析的失效的异同点。

图 4-29 为 AIAG & VDA 新版 FMEA 手册中的例图，该图显示了与产品相关的失效影响、失效模式和失效起因之间从"最终用户"级别到生产级别（PFMEA 级别）的潜在关系。

该例中，设计过程"烧结轴承的轴向位置定义过低"，与加工过程"没有到达定义的烧结轴承的轴向位置"的失效影响及严重度是一致的。

需要注意的是，在非标准开发过程中，从 DFMEA 到 PFMEA 的相对时间和信息流动预期是不一样的，例如："标准"过程的开发优先于通过该过程制造的产品的开发。在这种情况下，组织应确定 FMEA 之间合适的时间安排和信息流动。

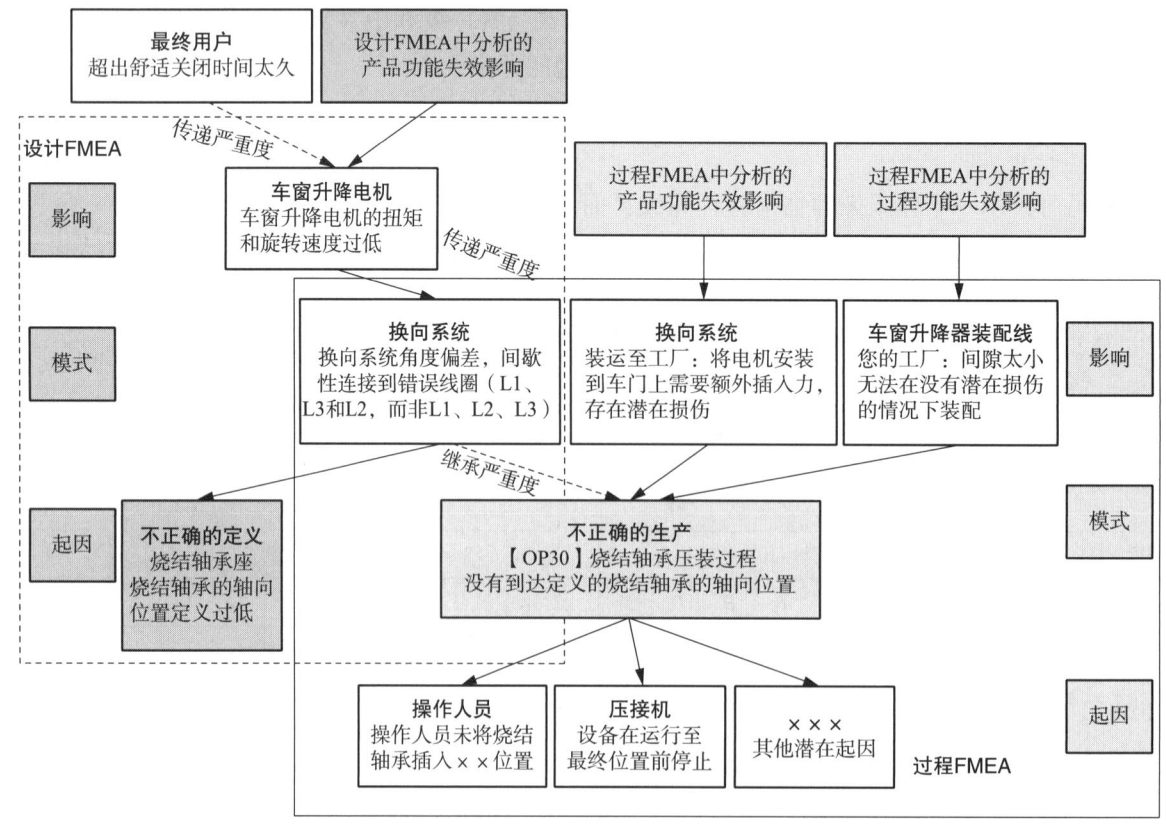

图 4-29　PFMEA 与 DFMEA 有关严重度的传递

六、填写 PFMEA 表中"风险分析"的内容

将团队风险分析的结果填写到 PFMEA 表中的相应栏目，表 4-21 作为示例。

表 4-21 PFMEA 表 步骤四至步骤五（示例）

PFMEA 失效分析（步骤四）				PFMEA 风险分析（步骤五）						
1. 对于上一较高级别要素和/或最终用户的失效影响（FE）	失效影响的严重度（S）	2. 过程步骤（关注要素）的失效模式（FM）	3. 过程工作要素的失效起因（FC）	对失效起因的当前预防控制（PC）	失效起因的频度（O）	对失效起因/失效模式的当前探测控制（DC）	失效起因/失效模式的探测度（D）	PFMEA 措施优先级（AP）	特殊特性	筛选器代码（可选）
本工厂： (1) 盖板尺寸不符，不能配合装配成品，导致返工/报废 (2) 盖板表面不良导致返工/报废 发运至工厂： (1) 盖板尺寸不符的情况，不会发运至客户工厂 (2) 表面不良可能发运至客户，导致客户挑选/退货/停线 最终用户：表面不良对最终用户无影响	7	(1) 盖板高度和直径尺寸不符 (2) 表面皱褶、拉伤、毛刺	操作人员： (1) 领取使用的模具型号与工单不符	模具领取核对工单，作业前确认	2	(1) 尺寸：手动卡尺测量 (2) 外观：人工目视检查，限度样品比对	6	M		
			(2) 每次加工后未清理模具废料、异物		6			H		
			油压机： (1) 压力不足，未压到位 (2) 压力过大拉伤	根据作业指导书规定的压力参数设定，作业前确认	4			M		
			拉伸模： (1) 模具定位错误或松动	模具与设备定位防错	2			M		
			(2) 未按要求在每个循环后人工进行模具润滑		6			H		
			(3) 模具过度磨损	制定模具寿命数量，在生产数量达到前更换新模具	3			M		
			润滑油： (1) 润滑不良，使用了不同型号的润滑油	(1) 采购规定型号的润滑油，来料确认	2			M		
			(2) 润滑油使用中受到污染（粉尘、碎屑）	(2) 每天根据使用量提供盖子防护	4			M		
			操作方法： (1) 没有提供书面的作业指导文件 (2) 压力参数规定不合理 (3) 操作方法规定不合理	(1) 根据最佳实践确定压力参数设定范围，有形成文件的作业指导书 (2) 过程设计评审时，确定已建立书面作业指导书，并对其合理性进行评审	3	试生产时验证	4	L		

> 两项不同的失效模式都可能导致本厂内零件的返工或部分报废；外观问题可能会发运到客户，导致客户挑选/退货/停线；对最终用户没有影响。因此，严重度评价为 7

> 这三个栏目都是针对失效起因的；当失效模式存在多个工作要素类型（3M/4M/5M）的起因时，对每个失效起因应当单独进行分析，以便更准确地确定预防控制，并有针对性地评价其发生的频度

> 探测控制可以是针对失效起因或失效模式，表中是同一个栏目；根据探测度评价准则，要考虑的是探测手段，如人工检验（视觉、触觉、听觉）方法，或使用手动仪器测量，或以设备为基础的半自动/自动化探测方法

当识别出一种以上探测控制时，每一种控制的探测方法应包含在当前探测控制描述中，在探测度栏记录最低的等级值。这些探测方法将会列入后续的控制计划中。

在 PFMEA 表风险分析中，特别给出了一个"特殊特性"栏目，针对"特殊特性"说明如下：

——此处的"特殊特性"是指需要特别注意过程控制的产品特性和过程特性的有关信息。

——可能直接导致产品功能在安全、配合、组装、性能、产品的进一步加工或符合政府法规和行业标准方面失效的特性可视为特殊特性。

——为了正确识别特殊特性，PFMEA 团队应考虑制造过程中的变差对产品的功能影响。也就是说，特殊特性可能对制造/装配变差敏感，而一般特性可能对制造/装配变差不敏感。

——确定特殊特性，旨在减少报废、返工、不合格零件和装配错误的情况。因此，通过规定特殊特性来确保有效的过程控制，以降低顾客投诉、产品保修索赔和政府召回的可能性。

——此处的特殊特性应与 APQP 中或产品设计开发中定义的特殊特性保持一致。

——特殊特性用符号标注在相关文件中，如产品图纸、工程规范、过程 FMEA（"特殊特性"列）和控制计划中。

——应监视、记录并获取执行特殊特性过程控制的证据。

——如果没有被定义为特殊特性，则"特殊特性"一栏可以是空白。

此外，表 4-21 中的"筛选器代码（可选）"一栏可用于标记公司指定的其他信息，没有可填信息时留空白。

顾客和供应商之间的协作：

风险分析的结果是顾客和供应商对技术风险达成的一致理解。协作的方法可以是口头报告或正式报告。共享的信息量取决于项目的需要、公司政策、合同协议等。共享的信息内容取决于公司在供应链中的位置。例如：

（1）OEM 可将整车级 DFMEA 的设计功能、失效影响和严重度与一级供应商的 DFMEA 进行比较。

（2）一级供应商以产品图纸和/或规范或其他方式传达有关产品特性的必要信息，包括对标准或特殊特性和严重性的指定。此信息用作二级供应商 PFMEA 以及一级供应商内部 PFMEA 的输入。

当设计团队传达"产品特性超出规范"的相关风险时，过程团队可以在制造过程中建立适当水平的预防控制和探测控制。

PFMEA"七步法"中前五个步骤的输出结果用于确定是否需要额外的预防控制或探测控制。过程评审、顾客评审、管理层评审和跨功能团队会议为步骤六"优化"提供基础。

第七节 PFMEA 步骤六：优化

一、PFMEA"优化"的主要工作和目标

PFMEA"七步法"的第六步"优化"，其目的是确定减轻风险的措施以及评估这些措施的有效性。

该步骤的最终成果是实现能够将生产和交付不符合顾客和利益相关方预期的产品的风险降至最低。

PFMEA"优化"的主要工作和目标如图 4-30 所示。

PFMEA"优化"的主要工作和目标：
- 识别降低风险的必要措施
- 为措施实施分配职责和任务期限
- 实施措施并将其形成文件，包括对所实施措施的有效性的确认以及采取措施后的风险评估
- 为提高产品和/或过程要求以及预防控制、探测控制提供基础
- 完成PFMEA表中"优化"的内容

图 4-30 PFMEA"优化"的主要工作和目标

二、确定必要的措施

——过程优化的主要目标是通过改进制造或装配过程和/或改进过程控制来降低风险，提高客户满意度。

——在这一步骤中，团队将评审风险分析的结果并确定适当措施，以降低失效起因的发生频率或提高探测失效起因或失效模式的能力。

——团队也可以确定能够改进过程但并不一定降低措施优先评级的行动。

——必要的措施是指承诺采取具体、可衡量、可实现的措施，而不是制定可能永远无法实施的潜在措施。

——必要的措施不是指已经计划的活动，因为它们已经记录在预防控制或探测控制文件中，而且已经在初步风险分析中得到分析。

最有效的顺序如下：
- 进行过程变更以消除或降低失效影响（FE）；
- 进行过程变更以降低失效起因（FC）的频度（O）；
- 提高探测（D）失效起因（FC）或失效模式（FM）的能力；
- 如果进行过程变更，则需要重新评估所有受影响的过程步骤。

若出现了概念变更（如作业的自动化，基于精益生产的合并、删除和重组等），则需针对PFMEA受影响的部分进行评审。这是必要的，因为初始分析基于不同的制造概念，因而不再有效。

任何建议措施都要按以下顺序降低其风险等级：严重度、发生频度和探测度。

1. 降低严重度（S）等级

——只有设计或过程更改可降低严重度等级。

——对任何产品/过程的更改，小组都应该进行评审，以确定对产品功能和过程的影响。

——要取得这种方法的最大有效性和最佳效率，应该在过程开发早期对产品和过程设计执行更改。例如，如果需要降低严重度，在过程开发早期就需要考虑对过程技术的应用。

2. 降低发生频度（O）等级

——为了降低发生频度，过程更改和/或设计更改可能是需要的。

——发生频度等级的降低可能被通过产品或过程设计的更改消除和控制一种或一种以上失效模式的要因影响。

——可以使用 SPC 统计方法来推断过程变异来源的研究。这些研究产生的措施可降低发生频度。

3. 降低探测度（D）等级

——推荐使用防错探测，即当探测到失效起因或失效模式时停止作业或不合格品不会流出。

——探测方法的重新设计可导致探测度等级的降低。一般来讲，提高探测控制的水平，要求对过程变异显著原因和特殊原因有充分了解。

——通常增加检验频率不是一种有效的措施，应该作为临时方法来使用，收集过程的额外的信息，便于能执行永久的预防/纠正措施。

对过程措施的评估可包括但不限于以下几项的评审：

- 过程 DOE（实验设计）的结果或其他可应用试验；
- 修改过程流程图、生产线布置图、作业指导书或预防性维护计划；
- 对设备、夹具或机械规范的评价；
- 新的或修改后的感应/探测装置。

——如果团队决定不采取进一步措施，则在 PFMEA 表"筛选器代码（可选）"或"备注"一栏中写上"无进一步措施"，以表明风险分析已完成。

以下为失效起因、控制和建议措施的例子（见表 4-22）。

表 4-22 失效起因、控制和建议措施（示例）

过程步骤/功能	要求	失效模式	失效起因	预防控制	探测控制	建议措施
操作 20#（使用扭矩枪把坐垫安装在座椅轨道上）	安装 4 个螺钉	少于 4 个螺钉	操作员：由于疏忽大意，少安装了螺钉	无	在岗位上目视检查	岗位上的自动探测：如果螺钉少于 4 个，则停止流入下一道工序
	规定的螺钉	使用了错误的螺钉（直径更大）	材料：在岗位上有相似螺钉	无	在岗位上目视检查	防错设计：在岗位/产品内使用一种螺钉
	首先将螺钉扭入右前孔	先将螺钉扭入了其他孔	操作员：由于疏忽大意，先将螺钉扭入了其他孔	标识第一个螺钉的位置	在岗位上目视检查	在扭矩枪中加入位置传感器，直到运行到正确的孔（位置）才允许工具操作

三、责任分配

——所有措施都应当确定具体的负责人以及与之相关的目标完成日期。

——负责人应确保措施的状态保持更新。如果措施被确认，那么该负责人也要对措施的实施情况负责。

——应记录预防措施和探测措施的实际完成日期，包括措施实施的日期。

——目标完成日期应切合实际（如按照产品开发计划、在过程验证之前、在生产开始之前）。

四、措施的状态

措施的状态，建议分为以下几类：

开放的：没有措施被定义。

尚未决定（可选）：措施已经定义，但还没有决定，还在创建决策文件。

尚未执行（可选）：已对措施作出决定，但尚未执行。

执行中（可选）：已对措施作出决定，但尚在执行中，其有效性还未得到验证和记录。

已完成：措施已经被执行，其有效性已经被证明和记录，并进行了最终评估。

不执行：当决定不执行某项措施时，就是"不执行"状态。如果实践和技术限制超出当前能力，就会发生这种情况。

只有当PFMEA团队评估了每一项的措施优先级，并接受风险水平或记录措施关闭时，PFMEA工作才算完成。

如果"不采取措施"，那么失效的风险就不会变化，措施优先级就不会降低。对于具有开环的措施（没有完成的措施），需以书面形式将其关闭。

五、措施有效性评估

——当措施完成时，根据所采取的措施及其有效性验证结果对严重度、频度和探测度重新评估，同时确定新的措施优先级。如果措施无效，措施优先级就不会降低。

——单独的措施只能降低严重度、频度和探测度其中之一，不能同时对两者或三者产生影响。

——然而，如果措施未得到有效性验证，该措施将一直保持"尚未执行"或"执行中"的状态，直到其有效性得到验证为止。然后，措施的状态从"执行中"改为"已完成"。

——重新评估应基于采取的预防措施和探测措施的有效性，并且新的值应基于PFMEA频度和探测度评级表中的定义。

——新的措施优先级应被评审，以确保其合理性。如果需要考虑进一步措施，要重新分析和分配职责，焦点应该始终放在持续改进上。

PFMEA是过程策划和过程设计的历史记录，也是一份动态文件。因此，初始严重度、频度和探测度评价等级需保持，至少可作为历史记录使用和参考。分析完成后将形成一个知识库，能够记录过程决策和设计改进的进展。

PFMEA标准表中给出了两个栏目用于记录"问题"和"历史/变更授权"。

六、填写完成PFMEA表中"优化"的内容

团队在对措施优先级进行评审后，提出必要的优化措施，确定措施责任人和完成日期，并跟踪措施的执行进行有效性验证。根据验证结果评估措施后的S、O、D等级，确定新的措施优先级。填写完成PFMEA表中"优化"的内容，以下为示例（见表4-23）。

表 4-23 PFMEA 表 步骤四至步骤六汇总（示例）

PFMEA 失效分析（步骤四）				PFMEA 风险分析（步骤五）						
1. 对于上一较高级别要素和/或最终用户的失效影响（FE）	失效影响的严重度（S）	2. 过程步骤（关注要素）的失效模式（FM）	3. 过程工作要素的失效起因（FC）	对失效起因的当前预防控制（PC）	失效起因的频度（O）	对失效起因/失效模式的当前探测控制（DC）	失效起因/失效模式的探测度（D）	PFMEA 措施优先级（AP）	特殊特性	筛选器代码（可选）
本工厂： (1) 盖板尺寸不符，不能配合装配成品，导致返工/报废 (2) 盖板表面不良导致返工/报废 发运至工厂： (1) 盖板尺寸不符的情况，不会发运至客户工厂 (2) 表面不良可能发运至客户，导致客户挑选/退货/停线 最终用户： 表面不良对最终用户无影响	7	（1）盖板高度和直径尺寸不符 （2）表面皱褶、拉伤、毛刺	操作人员： (1) 领取使用的模具型号与工单不符	模具领取时核对工单，作业前确认	2	(1) 尺寸：手动卡尺测量 (2) 外观：人工目视检查，限度样品比对	6	M		
			(2) 每次加工后未对模具清理废料、异物		6			H		
			油压机： (1) 压力不足，未压到位 (2) 压力过大，拉伤	根据作业指导书规定的压力参数设定，作业前确认	4			M		
			拉伸模： (1) 模具定位错误或松动	模具与设备定位防错	2			M		
			(2) 未按要求在每个循环后人工进行模具润滑		6			H		
			(3) 模具过度磨损	规定模具寿命数量，在生产数量达到前更换新模具	3			M		
			润滑油： (1) 润滑不良，使用了不同型号的润滑油	(1) 采购规定型号的润滑油，来料确认	2			M		
			(2) 润滑油使用中受到污染（粉尘、碎屑）	(2) 每天根据使用量提供盖子防护	4			M		
			操作方法： (1) 没有提供书面的作业指导文件 (2) 压力参数规定不合理 (3) 操作方法规定不合理	(1) 根据最佳实践确定压力参数设定范围，有形成文件的作业指导书 (2) 过程设计输出时对作业指导书进行评审	3	试生产时验证	4	L		

续表

PFMEA 风险分析（步骤五）						PFMEA 优化（步骤六）											
对失效起因的当前预防控制（PC）	失效起因的频度（O）	对失效起因/失效模式的当前探测控制（DC）	失效起因/失效模式的探测度（D）	PFMEA措施优先级（AP）	特殊特性	筛选器代码（可选）	PFMEA预防措施	PFMEA探测措施	负责人姓名	目标完成日期	状态	采取基于证据的措施	完成日期	严重度S	频度O	探测度D	PFMEA AP	特殊特性	备注
模具领取核对工单，作业前确认	2	(1) 尺寸：手动卡尺测量 (2) 外观：人工目视检查，限度样品比对	6	M															
	6			H			加装自动模具清理功能		鲁工	2020.10.28	已完成	在每个加工循环后，吹气自动清理	2020.10.25	7	3	6	M		无进一步措施
根据指导书规定的压力参数设定，作业前确认	3			M			无进一步措施												
模具与设备定位防错	2			M															
	6			H			设备加装自动润滑功能		陆工	2020.10.28	已完成	在每个循环后，自动进行模具润滑	2020.10.26	7	3	6	M		无进一步措施
制定模具寿命数量，在生产数量达到前更换新模具	3			M			无进一步措施												
(1) 采购规定型号的润滑油	2			M															

续表

PFMEA 风险分析（步骤五）							PFMEA 优化（步骤六）										
对失效起因的当前预防控制（PC）	失效起因的频度（O）	对失效起因/失效模式的当前探测控制（DC）	失效起因/失效模式的探测度（D）	PFMEA 措施优先级（AP）	特殊特性	筛选器代码（可选）	PFMEA 预防措施	PFMEA 探测措施	负责人姓名	目标完成日期	状态	采取基于证据的措施	完成日期	严重度 S	频度 O	探测度 D	PFMEA AP	特殊特性	备注
（2）每天根据使用量提供盖子防护	4		6	M			设备加装自动润滑功能		陆工	2020.10.28	已完成	在加装自动润滑功能后，润滑油受到污染的机会非常少	2020.10.26	7	2	6	M		无进一步措施
（1）根据最佳实践确定压力参数设定范围，有形成文件的作业指导书（2）过程设计评审时，确定已建立书面作业指导书，并对其合理性进行评审	3	试生产时验证	4	L															

在本例中，所采取的预防措施是针对降低发生频度的方法，所以严重度和探测度的等级不会改变，优化的最终结果是降低了频度等级，从而由 H 级的措施优先级降到 M 级。

由于技术能力或出于改进成本和效益考虑，并不是措施优先级为 H 级或 M 级都必须要改进到 L 级。

PFMEA 团队也可以确定能够改进过程但并不一定降低措施优先级的行动。例如，在 AP 表中，当严重度为 7、频度为 5、探测度为 6 时、措施优先级是 M 级；假定采取措施后，频度降低为 2 时，在严重度和探测度没有改变的情况下，措施优先级还是 M 级；虽然措施优先级没有变化，但并不意味着过程没有改进，事实上，由于改进了发生的频度，过程的风险也随之降低。

因此，PFMEA 团队在评估是否需要采取措施时，不仅仅是看 AP 的级别，还要考虑严重度和频度等级的风险。

七、PFMEA 团队、管理层、顾客和供应商之间针对潜在失效的协作

在技术风险分析进行期间和/或当 PFMEA 初步完成时，PFMEA 团队、管理层、顾客和供应商之间可将相关人员聚在一起进行沟通和研讨，以提高他们对产品和过程功能及失效的理解。通过这种方式可以使"如何降低风险"的知识得以传播。

第八节　PFMEA 步骤七：结果文件化

一、PFMEA"结果文件化"的主要工作和目标

PFMEA"七步法"的第七步"结果文件化"，其目的是针对 PFMEA 活动的结果进行总结和交流。

PFMEA"结果文件化"的主要工作和目标如下（见图 4-31）。

PFMEA"结果文件化"的主要工作和目标：
- 对结果和分析结论进行沟通
- 建立文件内容
- 将采取的措施文件化，包括对实施措施的效果进行确认、采取措施后进行风险评估
- 在组织内部，以及与客户和/或供应商之间（如需要）针对降低风险的措施进行沟通
- 记录风险分析和风险降低到的可接受水平

图 4-31　PFMEA"结果文件化"的主要工作和目标

二、PFMEA 报告的内容

——PFMEA 报告可用作公司内部或公司之间的沟通。

——当管理层、顾客或供应商要求时，该报告不是为了取代对 PFMEA 细节的评审，而是 PFMEA 团队和其他人员的总结，以确认每个任务都已完成并评审分析结果。

——文件的内容应满足组织、预期读者和利益相关方的要求，具体细节可由各方商定。采用 PFMEA 报告的形式总结和交流，还可以确保分析的所有细节和知识产权都由编制 PFMEA 的公司保留。

——文件的格式可根据具体公司而定。但是，报告应指出失效的技术风险，并将其视为开发计划和项目里程碑的一部分。

PFMEA 报告可包括以下内容：

（1）相较于策划和准备阶段项目计划中的初始目标，说明一下最终状态。
- PFMEA 目的——PFMEA 的目的是什么？
- PFMEA 任务——PFMEA 的范围？
- PFMEA 团队——参与人员清单？
- PFMEA 工具——如何使用所采取的分析方法？
- PFMEA 时间安排——PFMEA 的截止日期？

（2）总结分析范围并识别新的内容。

（3）对功能是如何开发的进行总结。

（4）至少对团队确定的高风险失效进行总结，并提供一份具体的 S/O/D 评级表和措施优先排序的方法（如措施优先级表）。

（5）对已采取的和/或计划中的措施进行总结（包括这些措施的状态），以解决高风险的失效。

（6）为进行中的 PFMEA 改进措施制定计划和时间安排，并承诺完成。
- 关闭尚未确定的措施，并做出承诺和时间安排。
- 承诺在批量生产期间对 PFMEA 进行评审和修订（如根据公司程序，由设计变更/过程变

更、纠正措施等引起的修订)。
- 承诺在"基础PFMEA"中找到"出差错的地方",以便将来适用时可以再次用于分析。

三、PFMEA报告的参考格式

PFMEA报告可包括以下"1~8"项的信息,本格式仅供参考。

1. PFMEA基本信息

公司名称		项目名称		PFMEA ID 编号	
制造地址		PFMEA 开始日期		过程责任人	
顾客名称		PFMEA 初始完成日期		保密级别	□商业应用 □专有 □保密
年型/项目		PFMEA 最新日期		PFMEA 管理者	

2. PFMEA团队成员

PFMEA 团队成员					
核心团队成员完成PFMEA系统分析(步骤一至步骤六)并参加PFMEA会议。扩展团队成员根据需要参与(由PFMEA推进者或会议组织人协调)PFMEA不同阶段的活动					
核心团队成员					
姓名	来自部门	职位	团队角色	电话	电子邮箱
	工程部	工艺主管	PFMEA 管理者		
	工程部	工艺主管	PFMEA 技术主管		
	工程部	工艺工程师或其他适合的人员	PFMEA 推进者		
	制造部	过程/制造工程师	核心成员		
	工程部	人机工程学工程师	核心成员		
	工程部	过程验证工程师	核心成员		
	质量部	质量/可靠性工程师	核心成员		
		负责过程开发的其他人员	核心成员		
扩展团队成员					
姓名	来自部门	职位	团队角色	电话	电子邮箱
	开发部	设计工程师	扩展成员		
	外聘	技术专家	扩展成员		
	设备维修部	维修工程师	扩展成员		
	开发部	项目经理	扩展成员		
	设备维修部	维修人员	扩展成员		
	采购部	采购	扩展成员		
		供应商	扩展成员		
		其他(视需要)	扩展成员		

3. PFMEA 项目计划

PFMEA 项目计划（示例）						
产品名称：××× 型号：GL-26880						
产品设计责任：整车厂提出产品构想及主要的可靠性技术条件和要求，以及可靠性试验大纲。本公司负责成品及其零部件的设计（标准紧固件除外）和制造 客户没有提供物料，但指定了橡胶料的供应商（指向性购买）						
产品技术和质量要求： 产品技术按照开发部的成品图和零件图中的技术要求，质量满足并高于整车厂的验收标准，零公里质量100PPM						
本项目 PFMEA 应用情形： ■新过程 □现有过程的变更 □现有过程的新环境、新场地应用						
本项目 PFMEA 目的（PFMEA Intent）： ● 通过 PFMEA 消除或减少失效，降低过程风险，提高制造质量 ● 按 APQP 里程碑完成 PFMEA，并提交客户 PPAP 评审 ● 与客户及供方就有关过程质量问题进行交流与协作						
本项目 PFMEA 任务（PFMEA Task）： ● 完成通用过程的基础 PFMEA ● 完成产品 GL-26880 的零件加工及成品装配的专有 PFMEA ● 按"七步法"要求实施，并交付成果						
本项目 PFMEA 执行团队（PFMEA Team）： 参见 PFMEA 团队成员及职责表						
本项目 PFMEA 使用的工具（PFMEA Tool）： PFMEA 标准电子表格或 PFMEA 软件、过程流程图、3D 图、零件图、方块图/边界图、参数图、树形图等						
可利用的以往类似 PFMEA 的经验： 可参考同类产品制造/加工/装配过程的 PFMEA						
本项目 PFMEA 的时间安排（PFMEA Timing）：						
PFMEA 分析项目						
类型	过程项目/名称	责任人		时间安排		备注说明
^^	^^	部门主管	PFMEA 推进者	开始日期	预计完成日期	^^
通用 PFMEA	来料检验/收料					
^^	物料储存/发料					
^^	成品检验					
^^	实验室测试					
^^	成品包装和标识					
^^	入库/储存					
^^	出货检验					
^^	返工/返修					
^^	产品交付					
^^	设备维护					

续表

类型	过程项目/名称	责任人		时间安排		备注说明
		部门主管	PFMEA 推进者	开始日期	预计完成日期	
PFMEA分析项目						
专有 PFMEA（针对客户产品 PPAP 必须提交）	A. 底座加工					
	B. 上盖板加工					
	C. 封板加工					
	D. 钢圈加工					
	E. 注塑成型					
	F. 成型、硫化					
	G. 成品装配					
外包过程 PFMEA	电镀外发加工					
	电泳外发加工					
	喷漆外发加工					

4. PFMEA 分析范围总结并确认新的内容

5. 对功能是如何开发的进行总结

6. 高风险失效项目及其采取措施情况的总结

高风险失效项目及其采取措施情况的总结（附：S/O/D 评级表和措施优先级 AP 表)																		
高风险失效项目		失效分析			风险分析					优化								
过程步骤	功能/要求	失效影响	失效模式	失效起因	现行预防控制	现行探测控制	S	O	D	AP	预防措施	探测措施	时间（开始/完成）	责任人	状态	措施实施结果			
																有效性验证	S	O	D	AP

7. 后续措施计划安排

(1) 对尚未确定的措施进行关闭，并做出承诺和时间安排：

(2) 在批量生产期间对 PFMEA 进行评审和修订：

(3) 对"基础 PFMEA"（如果有）进行评审和更新：

8. 顾客和/或供方的参与和支持

PFMEA 管理者签署：
PFMEA 团队成员签署：

报告完成日期：

第九节 PFMEA 使用表格说明和 PFMEA 案例

一、PFMEA 使用表格说明

AIAG & VDA FMEA 手册中给出了三种格式的表格，一种标准表格和两种备选表格。

"表 4-24"为 PFMEA 的标准表格，是一个通用的表格形式。

"表 4-25"为 PFMEA 的备选表格，在相同的过程项中有多个过程步骤（关注要素）需要分析时，把"过程项"和"过程项的功能"单独一行，可以简化表单。

"表 4-26"为 PFMEA 的另一种备选表格，一个过程步骤有多种失效模式时，把步骤二和步骤三放在步骤四的上方，可以简化表单。有些 FMEA 软件也是这种视图格式。

表 4-24 PFMEA标准表格

过程失效模式及影响分析（过程FMEA）AIAG & VDA PFMEA

公司名称：　　　　　　　　　　　　策划准备（步骤一）　　　　　　　项目：　　　　　　　　　　　　　　PFMEA ID编号：
制造地址：　　　　　　　　　　　　　　　　　　　　　　　　　　　　PFMEA开始日期：　　　　　　　　过程责任人：
顾客名称：　　　　　　　　　　　　　　　　　　　　　　　　　　　　PFMEA修订日期：　　　　　　　　保密级别：
年型／项目：　　　　　　　　　　　　　　　　　　　　　　　　　　　跨职能团队：　　　　　　　　　　□商业应用　□专有　□保密

持续改进	结构分析（步骤二）			功能分析（步骤三）			失效分析（步骤四）			PFMEA风险分析（步骤五）						PFMEA优化（步骤六）							
问题# 历史／变更授权（适用时）	1.过程项系统、子系统、零件要素或过程名称	2.过程步骤工位编号和关注要素名称	3.过程工作要素4M/5M类型	1.过程项的功能系统、子系统、零件要素或过程的功能	2.过程步骤的功能和产品特性（量值为可选项）	3.过程工作要素的功能和过程特性	1.对于上一较高级别要素和/或终用户的失效影响（FE）	2.过程步骤关注要素的失效模式（FM）	3.工作要素的失效起因（FC）	对失效影响的严重度（S）	对失效起因的当前预防控制（PC）	失效起因或失效模式的当前探测控制（DC）	失效起因或失效模式发生的频度（O）	失效起因或失效模式的探测度（D）	PFMEA措施优先级（AP）	特殊特性	筛选器代码（选项）	PFMEA预防控制	PFMEA探测措施	责任人姓名	目标完成日期	状态 采取基于证据的措施	完成日期	严重度（S）	频度（O）	探测度（D）	PFMEA AP	特殊特性	备注

标准表格是通用的，适用于各种情形和各种分析范围的PFMEA使用

第四章 过程 FMEA 的实施方法

表 4-25 PFMEA 备选表格 1

过程失效模式及影响分析（过程 FMEA）

公司名称：		项目：		PFMEA ID 编号：
制造地址：		PFMEA 开始日期：		过程责任人：
顾客名称：		PFMEA 修订日期：		保密级别：□ 商业应用　□ 专有　□ 保密
年型/项目：		跨职能团队：		

策划和准备（步骤一）

结构分析（步骤二）			功能分析（步骤三）			失效分析（步骤四）				PFMEA风险分析（步骤五）							PFMEA优化（步骤六）						
1.过程项 系统、子系统、零件要素或过程名称	2.过程步骤 工位编号和关注要素	3.过程工作要素 4M/5M类型	1.过程项的功能 系统、子系统、零件要素或过程的功能	2.过程步骤的功能（量值和可选项）和产品特性	3.过程工作要素的功能和过程特性 本工厂： 发运至工厂： 最终用户：	1.对于上一较高级别要素和/或最终用户的失效影响(FE)	2.过程步骤（关注要素）失效模式(FM)	3.工作要素的当前失效原因(FC)	失效影响严重度(S)	失效起因的频度(O)	对失效模式当前预防控制(PC)	对失效起因或失效模式的当前探测控制(DC)	失效起因或失效模式的探测度(D)	PFMEA措施优先级(AP)	特殊特性	筛选代码（可选）	PFMEA预防措施	PFMEA探测措施	负责人姓名	目标完成日期	状态 完成日期	采取基于证据的措施	严重度(S)	频度(O)	探测度(D)	PFMEA AP	特殊特性	备注

持续改进

问题# | 历史/变更授权（适用时） | | | | | | | | | | | | | | | | | | | | | | | | | | | |

> 该备选表格适用于，当在相同的过程项中有多个过程步骤（关注要素）需要分析时，把过程项和过程项的功能单独一行，可以简化表单

表4-26 PFMEA备选表格2

过程失效模式及影响分析（过程FMEA）

策划和准备（步骤一）

公司名称：	项目：	页码：
制造地址：	PFMEA开始日期：	PFMEA ID编号：
顾客名称：	PFMEA修订日期：	过程责任人：
年型／项目：	跨职能团队：	保密级别：□商业应用 □专有 □保密

结构分析（步骤二）			功能分析（步骤三）		
1.过程项 系统、子系统、零件要素 或过程名称	2.过程步骤 工位编号和关注要素 名称	3.过程工作要素 4M/5M类型	1.过程项的功能 系统、子系统、零件要素 或过程的功能	2.过程步骤的功能和 产品特性（量值为可 选项）	3.工作要素的功能 和过程特性

失效分析（步骤四）

1.对于上一较高级 别要素和或最终 用户的失效影响 （FE）	失效影 响的严 重度 （S）	2.过程步骤（关注要素） 的失效模式 （FM）	3.工作要素的失效起因 （FC）

PFMEA风险分析（步骤五）

对失效起 因的当前 预防控制 （PC）	失效起 因的频 度（O）	对失效起因 或失效模式 的当前探测 控制（DC）	失效起因 或失效模式 探测度（D）	PFMEA 措施优先 级（AP）	特殊 特性	筛选器 代码 （可选）	PFMEA 预防 措施	PFMEA 探测 措施

PFMEA优化（步骤六）

负责人 姓名	目标 完成 日期	状态 采取基 于证据 的措施	完成 日期	严重度 （S）	频度 （O）	探测度 （D）	PFMEA AP	特殊 特性	备注

持续改进

问题#	历史／ 变更 授权 （适用 时）																						

> 该备选表格适用于，当一个过程步骤有多种失效模式时，把步骤二和步骤三放在步骤四的上方，可以简化表单。有些FMEA软件也是这种视图格式

二、PFMEA 案例

在本章中是以"盖板加工过程"中"盖板拉伸"工序为案例进行分步介绍的，为便于完整地回顾，汇总电子表格的内容如下（见表4-27）。

表 4-27 PFMEA 表 步骤一至步骤六的内容汇总

过程失效模式及影响分析（PFMEA）					
策划和准备（步骤一）					
公司名称	×××公司	项目名称	产品 GL-26880 盖板加工过程		
制造地址	中国广州××区××大道工厂	PFMEA 开始日期	2020年10月18日	PFMEA ID 编号	2021LC-08-PFMEA-01
顾客名称	GLLC	PFMEA 修订日期	2020年11月16日	过程责任人	何××
年型/项目	2021LC-08	跨职能团队	参见 PFMEA 团队成员及职责表	保密级别	保密

结构分析（步骤二）		
1. 过程项 系统、子系统、零件要素或过程名称	2. 过程步骤 工位编号和关注要素名称	3. 过程工作要素 4M/5M 类型
盖板加工过程	【OP20】盖板拉伸	操作人员
		油压机
		拉伸模
		润滑油
		操作方法

功能分析（步骤三）		
1. 过程项的功能 系统、子系统、零件要素或过程的功能	2. 过程步骤的功能和产品特性 （量值为可选项）	3. 过程工作要素的功能和过程特性
本工厂： 盖板加工符合技术要求，与成品配合装配 发运至工厂： 将成品安装到汽车减震系统 最终用户： 车辆行驶平稳、舒适	将圆形板材拉伸成型盖板 要求/产品特性： （1）拉伸高度和直径符合图纸尺寸 （2）外观：表面平整、无拉伤、无毛刺	操作人员 （1）操作人员将拉伸模具安装在油压机设备上 （2）操作人员完成装料后，按下设备按钮启动拉伸过程 （3）操作人员待模具回到原位后取出工件 要求/过程特性： （1）拉伸模具与工单相符 （2）每次加工后，人工清理模具废料、异物 油压机 推动模具下压至设定位置，将圆形板材拉伸成型 要求/过程特性： （1）主缸压力 （2）下缸压力 拉伸模 模具将圆形板材拉伸到规定尺寸 要求/过程特性： （1）模具定位准确、稳固 （2）每次加工后，人工进行模具润滑，维护保养 （3）模具磨损，寿命控制

续表

功能分析（步骤三）		
1. 过程项的功能 系统、子系统、零件要素或过程的功能	2. 过程步骤的功能和产品特性 （量值为可选项）	3. 过程工作要素的功能和过程特性
		润滑油 给模具提供润滑，防止拉伤 要求/过程特性： （1）使用规定型号的润滑油 （2）润滑油使用中不能受到污染（粉尘、碎屑）
		操作方法 提供正确的操作方法及合理的参数设定 要求： （1）作业前发布正式的作业指导文件 （2）操作方法正确，工艺及参数设计合理

失效分析（步骤四）		
1. 对于上一较高级别要素和/或最终用户的失效影响（FE）	2. 过程步骤（关注要素）的失效模式（FM）	3. 过程工作要素的失效起因（FC）
本工厂： （1）盖板尺寸不符，不能配合装配成品，导致返工/报废 （2）盖板表面不良导致返工/报废 发运至工厂： （1）盖板尺寸不符的情况，不会发运至客户工厂 （2）表面不良可能发运至客户，导致客户挑选/退货/停线 最终用户： 表面不良对最终用户无影响	（1）盖板高度和直径尺寸不符 （2）表面起皱、拉伤、有毛刺	操作人员 （1）领取使用的模具型号与工单不符 （2）在每次加工后未清理模具废料、异物
		油压机： （1）机器压力不足，未压到位 （2）压力过大，拉伤
		拉伸模 （1）模具定位错误或松动 （2）未按要求在每个循环后进行模具润滑 （3）模具过度磨损
		润滑油 （1）润滑不良，使用了不同型号的润滑油 （2）润滑油使用中受到污染（粉尘、碎屑）
		操作方法 （1）没有提供书面的作业指导文件 （2）压力参数规定不合理 （3）操作方法规定不合理

续表

失效分析（步骤四）				PFMEA风险分析（步骤五）						
1. 对于上一较高级别要素和/或最终用户的失效影响（FE）	失效影响的严重度（S）	2. 过程步骤（关注要素）的失效模式（FM）	3. 过程工作要素的失效起因（FC）	对失效起因的当前预防控制（PC）	失效起因的频度（O）	对失效起因/失效模式的当前探测控制（DC）	失效起因/失效模式的探测度（D）	PFMEA措施优先级（AP）	特殊特性	筛选器代码（可选）
本工厂： （1）盖板尺寸不符，不能配合装配成品，导致返工/报废 （2）盖板表面不良导致返工/报废 发运至工厂： （1）盖板尺寸不符的情况，不会发运至客户工厂 （2）表面不良可能发运至客户，导致客户挑选/退货/停线 最终用户： 表面不良对最终用户无影响	7	（1）盖板高度和直径尺寸不符 （2）表面皱褶、拉伤、毛刺	操作人员： （1）领取使用的模具型号与工单不符	模具领取核对工单，作业前确认	2	（1）尺寸：手动卡尺测量 （2）外观：人工目视检查，限度样品比对	6	M		
			（2）每次加工后未对模具清理废料、异物		6			H		
			油压机： （1）压力不足，未压到位 （2）压力过大，拉伤	根据作业指导书规定的压力参数设定，作业前确认	4			M		
			拉伸模： （1）模具定位错误或松动	模具与设备定位防错	2			M		
			（2）未按要求在每个循环后人工进行模具润滑		6			H		
			（3）模具过度磨损	制定模具寿命数量，在生产数量达到前更换新模具	3			M		
			润滑油： （1）润滑不良，使用了不同型号的润滑油	（1）采购规定型号的润滑油，来料确认	2			M		
			（2）润滑油使用中受到污染（粉尘、碎屑）	（2）每天根据使用量提供盖子防护	4			M		
			操作方法： （1）没有提供书面的作业指导文件 （2）压力参数规定不合理 （3）操作方法规定不合理	（1）根据最佳实践确定压力参数设定范围，形成文件化的作业指导书 （2）过程设计评审时，确定已建立书面作业指导书，并对其合理性进行评审	3	试生产时验证	4	L		

续表

PFMEA 风险分析（步骤五）							PFMEA 优化（步骤六）										
对失效起因的当前预防控制（PC）	失效起因的频度（O）	对失效起因/失效模式的当前探测控制（DC）	失效起因/失效模式的探测度（D）	PFMEA措施优先级（AP）	特殊特性	筛选器代码（可选）	PFMEA预防措施	PFMEA探测措施	负责人姓名	目标完成日期	状态	采取基于证据的措施	完成日期	严重度S	频度O	探测度D	PFMEA AP	特殊特性	备注
模具领取核对工单，作业前确认	2	(1)尺寸：手动卡尺测量	6	M															
	6	(2)外观：人工目视检查，限度样品比对		H			加装自动模具清理功能		鲁工	2020.10.28	已完成	在每个加工循环后，吹气自动清理	2020.10.25	7	3	6	M		无进一步措施
根据指导书规定的压力参数设定，作业前确认	4			M			无进一步措施												
模具与设备定位防错	2			M															
	6			H			设备加装自动润滑功能		陆工	2020.10.28	已完成	在每个循环后，自动进行模具润滑	2020.10.26	7	3	6	M		无进一步措施
制定模具寿命数量，在生产数量达到前更换新模具	3			M			无进一步措施												

续表

PFMEA 风险分析（步骤五）						PFMEA 优化（步骤六）										
对失效起因的当前预防控制（PC）	失效起因的频度（O）	对失效起因/失效模式的当前探测控制（DC）	失效起因/失效模式的探测度（D）	PFMEA措施优先级（AP）	特殊特性	筛选器代码（可选）	PFMEA预防措施	PFMEA探测措施	负责人姓名	目标完成日期	状态	采取基于证据的措施	完成日期	严重度S	频度O	探测度D	PFMEA AP	特殊特性	备注
(1) 采购规定型号的润滑油，来料确认	2	来料确认	4		M														
(2) 每天根据使用量提供盖子防护	4			M			设备加装自动润滑功能		陆工	2020.10.28	已完成	在加装自动润滑功能后，润滑油受到污染的机会非常少	2020.10.26	7	2	6	M		无进一步措施
(1) 根据最佳实践确定压力参数设定范围，有形成文件化的作业指导书 (2) 过程设计评审时，确定已建立书面作业指导书，并对其合理性进行评审	3	试生产时验证	4		L														

将上述内容用 PFMEA 备选表格 1 的格式展示如下（见表 4-28）。

表 4-28 盖板加工过程的PFMEA（部分）
过程失效模式及影响分析（过程FMEA）

策划和准备（步骤一）			
公司名称：×××公司	项目：产品GL-26880 盖板加工过程	PFMEA ID 编号：2021LC-08-PFMEA-01	
制造地址：中国广州××区××大道工厂	PFMEA 开始日期：2020年10月18日	过程责任人：何××	
顾客名称：GLLC	PFMEA 修订日期：2020年11月16日	保密级别：□商业应用 ■保密 □专有	
年型/项目：2021LC-08	跨职能团队：参见PFMEA团队成员及职责表		

结构分析（步骤二）

1.过程项 盖板加工过程 系统、子系统、零件元素或过程名称	2.过程步骤和工位编号和关注要素	3.过程工作要素 4M/5M 类型
	[OP20] 盖板拉伸	操作人员
		油压机
		拉伸模
		润滑油
		操作方法

功能分析（步骤三）

1.过程项的功能系统、子系统、零件要素或过程的功能	2.过程步骤的功能和产品特性（值域为可选项）	3.过程工作要素的功能和过程特性（值域为可选项）
盖板加工符合技术要求，发运至工厂，将成品安装到汽车减震系统，最终用户：车辆行驶平稳、舒适	将圆形板料拉伸成型盖板 要求/产品特性：(1)拉伸高度和直径符合图纸尺寸 (2)外观：表面平整、无拉伤，无毛刺	操作人员 要求/过程特性：(1)拉伸模具上工单相符 (2)每次加工前、后人工清理模具表面、异物
		油压机 将圆形板材拉伸成型 要求/过程特性：(1)主压力：10±1MPa (2)压下压力：3±1MPa
		拉伸模 要求/过程特性：(1)模具定位准确，稳固 (2)每次拉伸前人工进行模具清洁、维护保养 (3)模具维护、寿命管理
		润滑油 给模具提供润滑 要求/过程特性：(1)润滑充足 (2)润滑油使用中不能受到污染（粉尘、碎屑）
		操作方法 提供正确的操作方法及重要参数设定 要求：(1)作业指导书文件 (2)操作方法正确，工艺及参数设计合理

失效分析（步骤四）

1.对于上一级最终要素和最终用户的失效影响（FE）	失效影响的严重度（S）	2.过程步骤（关注要素）的失效模式（FM）	3.工作要素的失效起因（FC）
本工厂：(1)盖板尺寸不符，不能配合装配 (2)盖板表面导致返工 报废	7	(1)盖板高度和直径尺寸不符	操作人员：(1)模具使用前的型号与工单不符
		(2)表面缺陷 拉伤、毛刺	(2)每次加工后未对模具表面清理
发运至工厂：(1)盖板尺寸不符 不能发运至客户工厂			油压机：(1)压力不足、压损设定、作业前确认 (2)压力过大、拉伤
最终用户：表面不良对最终用户无影响			拉伸模：(1)模具定位偏差或松动 (2)没发更换每个循环客户可能退货 (3)模具加工质量损
			润滑油：(1)润滑不足，用了不同型号的润滑油 (2)润滑油使用中受到污染（粉尘、碎屑）
			操作方法：(1)波浪形的操作作业指导书不符 (2)操作方法不正确 (3)压力参数不合理

PFMEA风险分析（步骤五）

对失效起因的当前预防控制（PC）	失效起因的频度（O）	对失效因的当前模式的探测控制（DC）	失效起因失效模式的探测度（D）	PFMEA 措施优先级（AP）	特殊特性	筛选器代码（可选）
模具领班核对工单、作业前确认	2	(1)尺寸：手动量测 (2)外观：人工目视检查、限度样品比对	6	M		
	6			H		无进一步措施
根据操作指导书规定的压力参数设定、作业前确认	3			M		
模具与设备定位防错	2			H		
制定模具寿命参数量，在定时作业法则前更换模具	6			M		无进一步措施
(1)采购规定型号润滑油 (2)有无润滑油使用前对盖子防护	3	试生产时验证	4	M		
(1)根据最佳跌硬操作压力参数设定范围，形成作业指导 (2)压力参数确定已建、审评，并对其合理性进行评审	3			L		

PFMEA优化（步骤六）

PFMEA 预防措施	PFMEA 探测措施	负责人姓名	目标完成日期	状态	采取基于证据的措施	完成日期	严重度（S）	频度（O）	探测度（D）	PFMEA AP	特殊特性	备注
加装自动模具清理功能		鲁工	2020.10.28	已完成	在每个加工循环后吹气自动清理	2020.10.25	7	3	6	M		无进一步措施
设备加装自动润滑功能		陆工	2020.10.28	已完成	设备加装自动进行模具的润滑	2020.10.26	7	3	6	M		无进一步措施
设备加装自动润滑功能		陆工	2020.10.28	已完成	在加装自动润滑功能后，润滑油受到污染的机会非常少	2020.10.26	7	2	6	M		无进一步措施

持续改进 | 历史/变更授权（适用时） | 问题#

第四章 过程 FMEA 的实施方法

我们以"传动轴总成焊装"过程为例进行 PFMEA 案例说明。

PFMEA 按下图"七步法"的逻辑顺序展开分析并呈现结果（见图 4-32）。

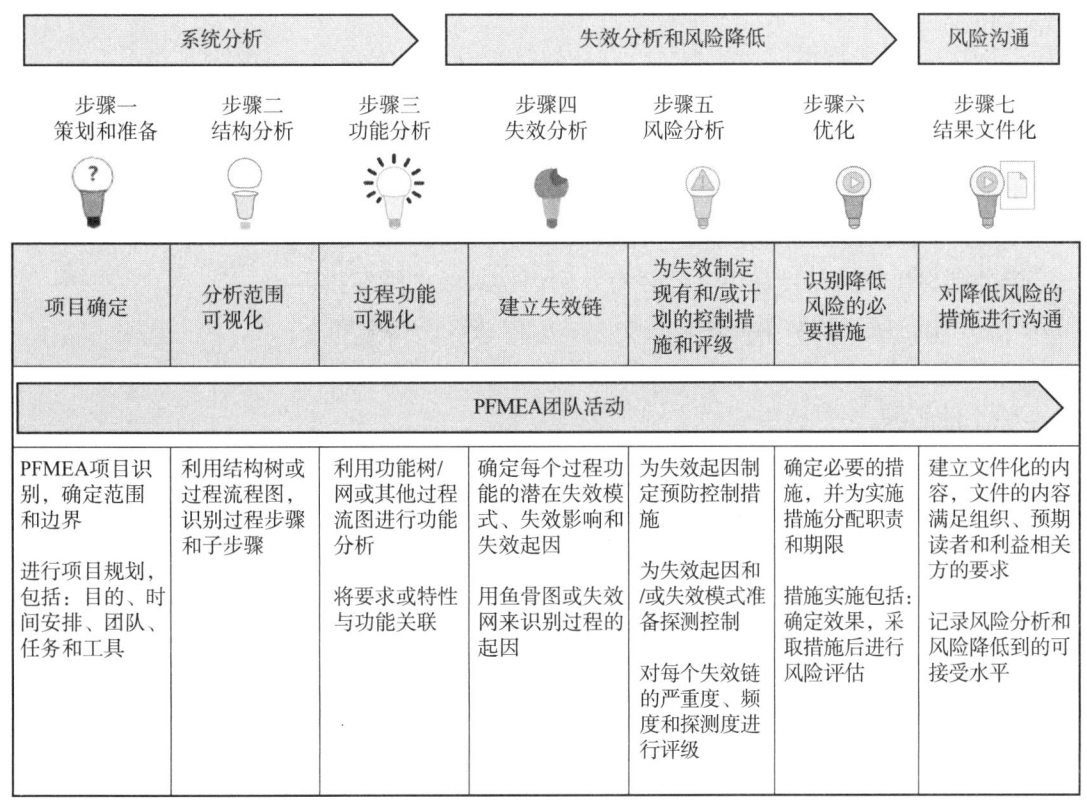

图 4-32　PFMEA 案例"七步法"顺序图

1. 项目背景说明

（1）过程名称

传动轴总成焊装（见图 4-33）

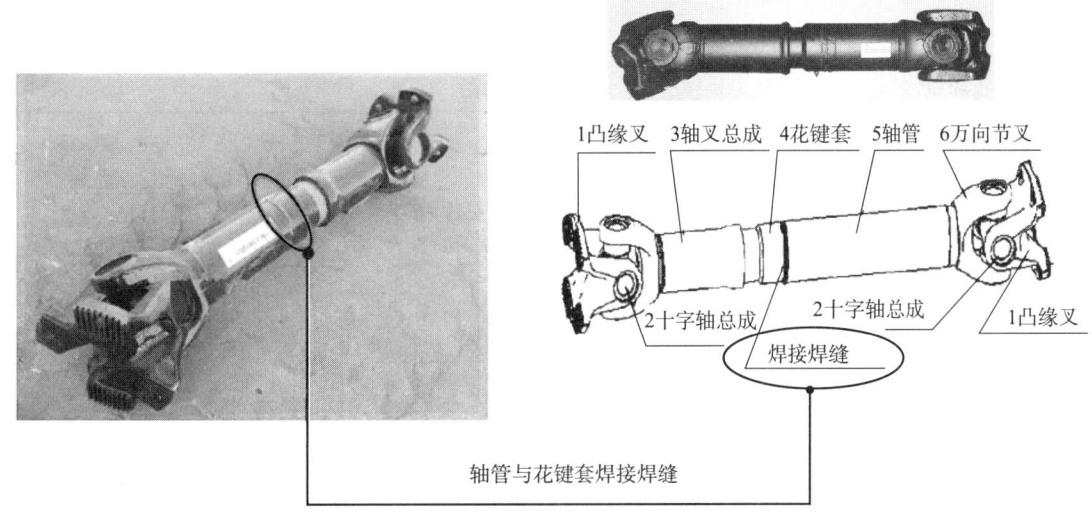

图 4-33　PFMEA 案例　传动轴总成焊装

（2）技术要求

材质：轴管—B480QZR（宝钢汽车传动轴管用牌号），Q/BQB 310—2009（宝钢企业标准—

汽车结构用热连轧钢板及钢带)；花键套—40Cr，GB/T 3077—1999《合金结构钢》(国家标准)。

性能：屈服扭矩≥22000Nm。

焊缝高度：≤1.5mm。

超声波探伤：100%焊缝周长，不允许存在裂纹、咬边、未焊透、未熔合、气孔。

(3) 可焊接性分析

材质40Cr的碳当量Ceq=0.61-0.79%>0.6%，因此焊接具有冷裂倾向。但是，材料的强度和规格均不能进行改变，只能通过后面的焊接工艺采取措施。

(4) 以往类似失效信息和影响

与该产品同材质的其他产品中，已经有6例焊接裂纹的顾客投诉。

在DFMEA中，该失效对车辆及最终用户、法律法规的影响如下：

- 不能传递动力；
- 车辆不能行驶；
- 可能导致发生追尾事故。

2. PFME 步骤一：策划和准备

(1) 组建PFMEA团队(跨功能小组)

本项目PFMEA团队组成如下 (见表4-29)。

表4-29 PFMEA案例 团队成员及职责表

姓名	来自部门	职位	团队角色	电话	电子邮箱
卢××	工艺部	经理	PFMEA管理者		
鲁××	工艺部	主管	PFMEA技术主管		
			PFMEA推进者		
肖××	工艺部	工艺工程师	核心成员		
柯××	生产部	焊装车间主管	核心成员		
戴××	质量部	质量工程师	核心成员		
龚××	技术部	设计工程师	扩展成员		
朱××	售后服务部	售后工程师	扩展成员		
涂××	设备部	设备工程师	扩展成员		

(2) PFMEA项目范围

画出本过程项目的边界图 (见图4-34)。本案例中仅考虑对焊装过程的PFMEA分析。

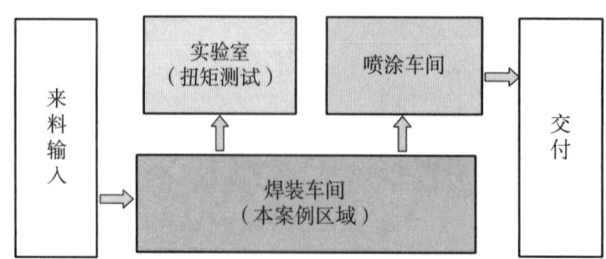

图4-34 PFMEA案例 边界图

(3) 制定PFMEA项目计划

技术主管负责制定PFMEA项目计划 (见表4-30)。

第四章 过程 FMEA 的实施方法

表 4-30 PFMEA 案例 项目计划

产品名称：传动轴总成 型号：CDZ-1689				
产品技术和质量要求： 按技术部提供的技术要求工艺设计，质量满足并高于客户的验收标准，零公里质量 300PPM				
本项目 PFMEA 应用情形： ■新过程　　□现有过程的变更　　□现有过程的新环境、新场地应用				
本项目 PFMEA 目的（PFMEA Intent）： • 通过 PFMEA 识别和降低焊装过程风险，确保满足制造质量 • 为制定控制计划和作业指导书提供重要信息输入 • 按 APQP 里程碑完成 PFMEA，并提交客户 PPAP 评审				
本项目 PFMEA 任务（PFMEA Task）： • 完成 PFMEA • 按"七步法"要求实施，并交付成果				
本项目 PFMEA 执行团队（PFMEA Team）： 参见 PFMEA 团队成员及职责表				
本项目 PFMEA 使用的工具（PFMEA Tool）： 使用 PFMEA 标准电子表格或 PFMEA 软件、过程流程图、零件图、方块图/边界图、参数图、树形图等				
可利用的以往类似 PFMEA 的经验： 可参考类似过程的 PFMEA				
本项目 PFMEA 时间安排（PFMEA Timing）：				
PFMEA 分析项目				
类型	过程项目/名称	责任人		时间安排	
^	^	部门主管	PFMEA 推进者	开始日期	预计完成日期
专有 PFMEA（针对客户产品 PPAP 必须提交）	CDZ-1689 焊装过程	柯××	鲁××	2021年4月25日	2021年××月××日

（4）填写 PFMEA 表中"策划和准备"的信息

表 4-31 PFMEA 案例 步骤一

过程失效模式及影响分析（PFMEA）					
策划和准备（步骤一）					
公司名称	×××有限公司	项目名称	CDZ-1689 传动轴焊装过程		
制造地址	山东省烟台市×××工厂	PFMEA 开始日期	2021年4月25日	PFMEA ID 编号	2021ABL-06-PFMEA-01
顾客名称	ABL	PFMEA 修订日期	2021年××月××日	过程责任人	柯××
年型/项目	2021ABL-06	跨职能团队	参见 PFMEA 团队成员及职责表	保密级别	保密

3. PFMEA 步骤二：结构分析

（1）建立过程流程图

团队建立焊装过程流程图（见图 4-35）。

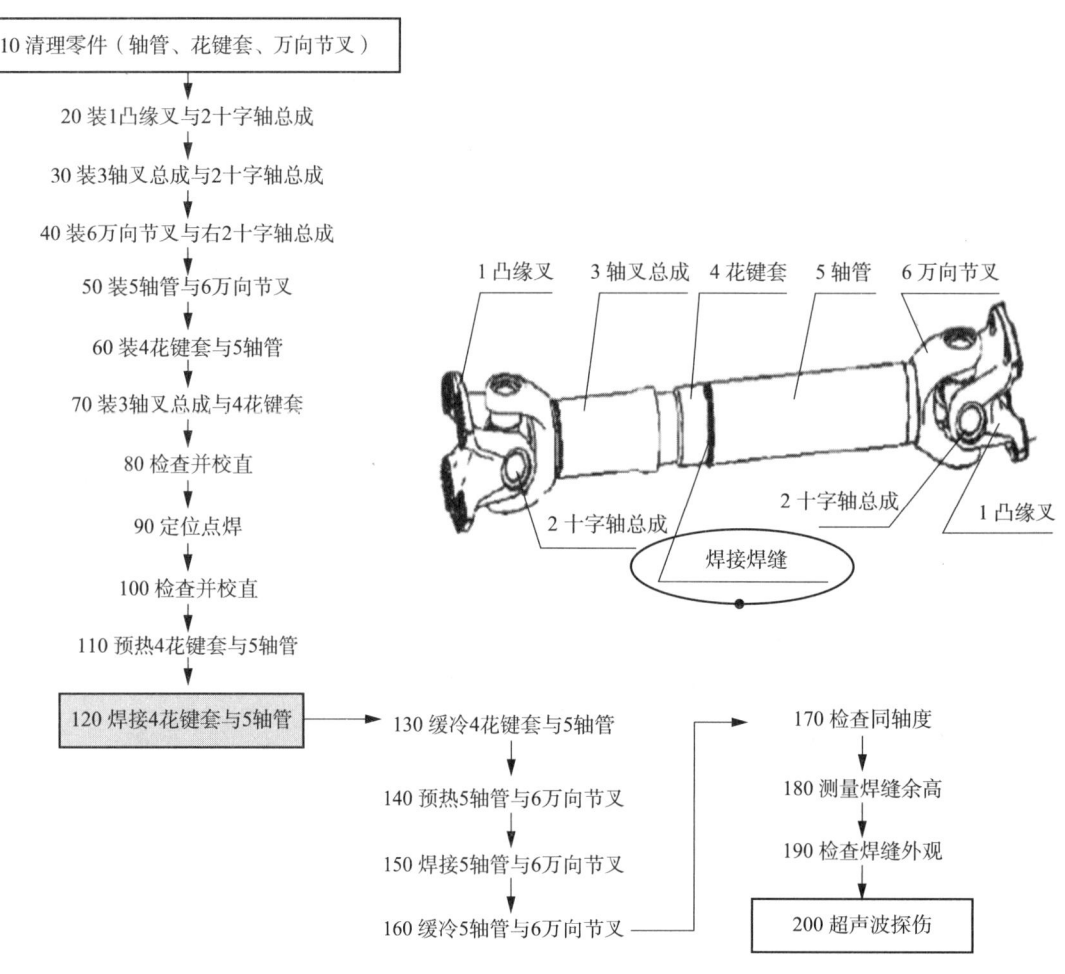

图 4-35　PFMEA 案例　焊装过程流程图

(2) 过程结构树分析

本案例中仅以"焊接工序"为关注要素进行说明（见图 4-36）。

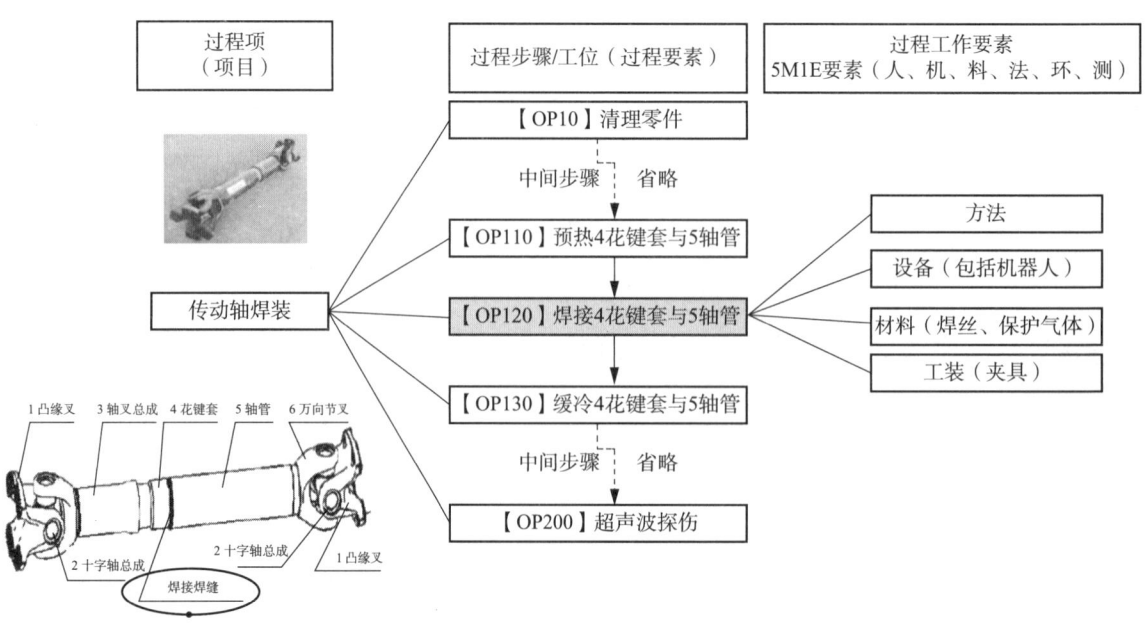

图 4-36　PFMEA 案例　焊装过程结构树

第四章 过程 FMEA 的实施方法

（3）填写 PFMEA 表中"结构分析"的内容

以下仅以"焊接 4 花键套与 5 轴管"过程步骤作为示例（见表 4-32）。

表 4-32 PFMEA 案例 步骤二

PFMEA 结构分析（步骤二）		
1. 过程项 系统、子系统、零件要素或过程名称	2. 过程步骤 工位编号和关注要素名称	3. 过程工作要素 4M/5M 类型
传动轴焊装	【OP120】焊接 4 花键套与 5 轴管	方法（操作方法和过程参数）
		设备（包括机器人）
		工装（夹具）
		材料（焊丝、保护气体）

4. PFMEA 步骤三：功能分析

（1）定义过程功能和要求

——PFMEA 的过程要求被描述为产品特性和过程特性。

——产品特性（要求）与执行过程功能的结果有关，是可判断或测量的。

——过程特性是指与实现产品特性具有因果关系的过程控制因素/参数，如过程参数（温度、时间、转速、气压、电流等）。

（2）过程参数图

过程参数图是一个过程项目所在环境的图表展示。过程参数图包括影响输入和输出之间实现过程功能的因素，专注于优化过程控制因素。

焊接过程是一个特殊过程，对焊接强度屈服扭矩的测试是破坏性试验，不能针对每个产品进行，因此过程参数是关键控制因子。

以下是焊接步骤的参数图（见图 3-37）。

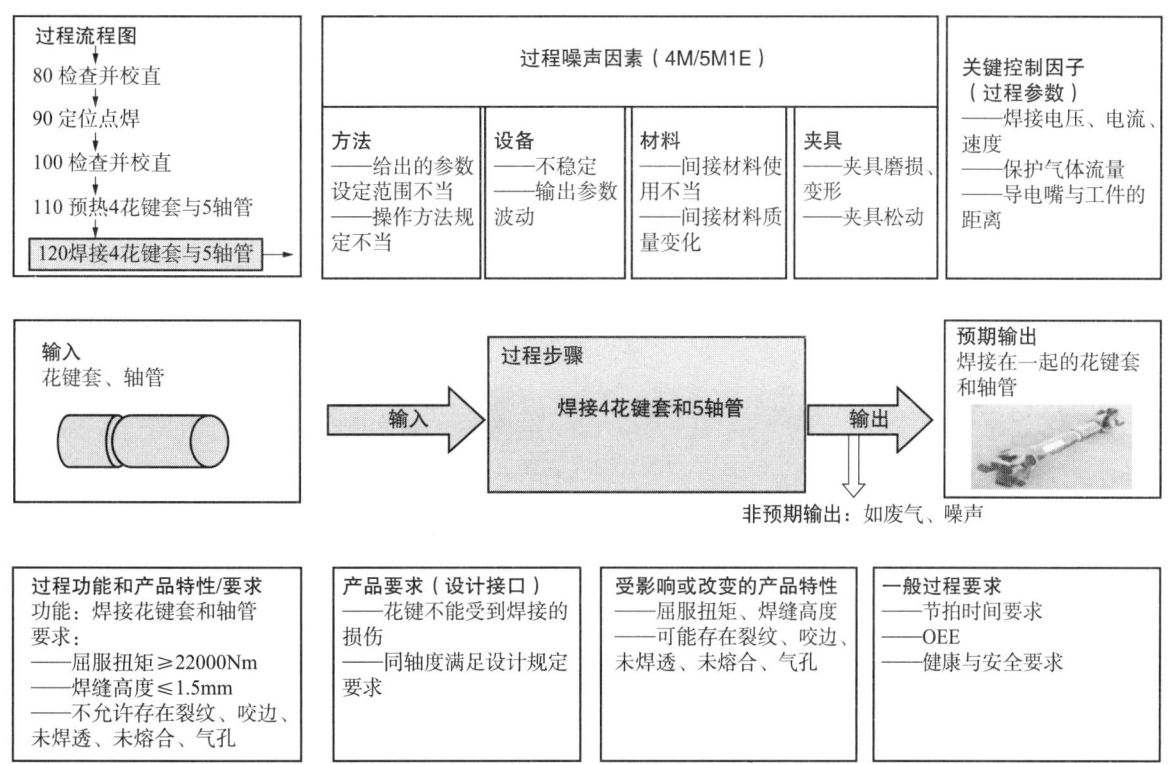

图 4-37 PFMEA 案例 过程参数图

(3) 过程功能分析结构树

以下为焊接步骤的功能分析功能树（见图4-38）。

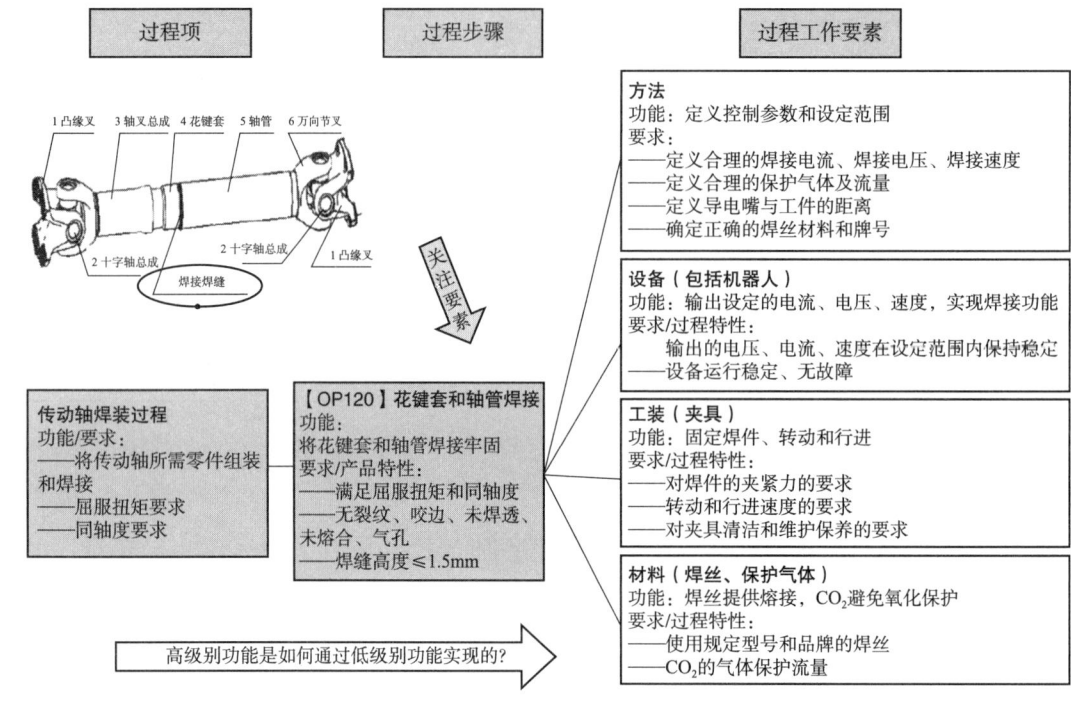

图4-38　PFMEA案例　过程功能分析功能树

(4) 填写PFMEA表中"功能分析"内容

表4-33　PFMEA案例　步骤三

PFMEA 功能分析（步骤三）		
1. 过程项的功能 系统、子系统、零件要素或过程的功能	2. 过程步骤的功能和产品特性 （量值为可选项）	3. 过程工作要素的功能和过程特性
本工厂： 将传动轴所需零件组装和焊接，并满足屈服扭矩和同轴度要求 **发运至工厂：** 将传动轴总成安装到车上 **最终用户：** 传递动力，使汽车正常行驶	功能： 将花键套和轴管焊接牢固 要求/产品特性： ——满足屈服扭矩和同轴度 ——无裂纹、咬边、未焊透、未熔合、气孔 ——焊缝高度≤1.5mm	**方法** 功能：定义控制参数和设定范围 要求： ——定义合理的焊接电流、焊接电压、焊接速度 ——定义合理的保护气体及流量 ——定义导电嘴与工件的距离 ——确定正确的焊丝材料和牌号 **设备（包括机器人）** 功能：输出设定的电流、电压、速度，实现焊接功能 要求/过程特性： ——输出的电压、电流、速度在设定范围内保持稳定 ——设备运行稳定、无故障 **工装（夹具）** 功能：固定焊件、转动和行进 要求/过程特性： ——对焊件的夹紧力的要求 ——转动和行进速度的要求 ——对夹具清洁和维护保养的要求 **材料（焊丝、保护气体）** 功能：焊丝提供熔接，CO_2避免氧化保护 要求/过程特性： ——使用规定型号和品牌的焊丝 ——CO_2的气体保护流量

5. PFMEA 步骤四：失效分析

（1）建立失效树

以下为焊接步骤的失效分析失效树（见图4-39）。

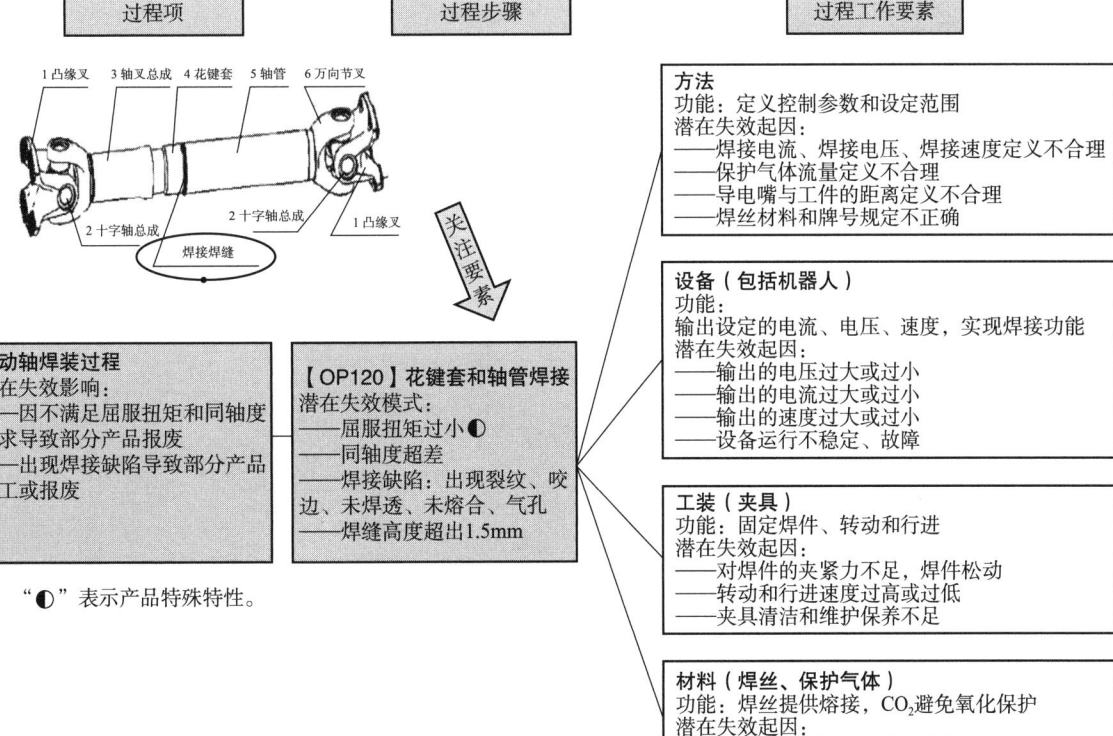

图4-39　PFMEA 案例　过程失效分析失效树

（2）填写 PFMEA 表中"失效分析"的内容

表4-34　PFMEA 案例　步骤四

PFMEA 失效分析（步骤四）		
1. 对于上一较高级别要素和/或最终用户的失效影响（FE）	2. 过程步骤（关注要素）的失效模式（FM）	3. 过程工作要素的失效起因（FC）
本工厂： ——因不满足屈服扭矩或同轴度要求，或出现焊接缺陷导致部分产品报废 **发运至工厂：** ——顾客工厂将屈服扭矩或同轴度不符合，或存在焊接缺陷的传动轴装在车上 ——导致顾客工厂停工在1小时以上 **最终用户：** 在预期使用寿命内会产生传动轴故障，车辆失去动力	——屈服扭矩过小◐ ——同轴度超差 ——焊接缺陷：出现裂纹、咬边、未焊透、未熔合、气孔 ——焊缝高度超出1.5mm	**方法** ——焊接电流、焊接电压、焊接速度定义不合理 ——保护气体流量定义不合理 ——导电嘴与工件的距离定义不合理 ——焊丝材料和牌号规定不正确 **设备（包括机器人）** ——输出的电压过大或过小 ——输出的电流过大或过小 ——输出的速度过大或过小 ——设备运行不稳定、故障 **工装（夹具）** ——对焊件的夹紧力不足，焊件松动 ——转动和行进速度过高或过低 ——夹具清洁和维护保养不足 **材料（焊丝、保护气体）** ——使用错误型号和品牌的焊丝 ——CO_2 的气体保护流量不足

注："◐"表示产品特殊特性。

6. PFMEA 步骤五：风险分析

根据步骤四"失效分析"的结果进行"风险分析"（见表 4-35）。

表 4-35　PFMEA 案例　步骤四至步骤五

失效分析（步骤四）			PFMEA 风险分析（步骤五）						
1. 对于上一较高级别要素和/或最终用户的失效影响（FE）	失效影响的严重度（S）	2. 过程步骤（关注要素）的失效模式（FM）	3. 过程工作要素的失效起因（FC）	对失效起因的当前预防控制（PC）	失效起因的频度（O）	对失效起因/失效模式的当前探测控制（DC）	失效起因/失效模式的探测度（D）	PFMEA 措施优先级（AP）	特殊特性	筛选器代码（可选）
本工厂： ——不满足屈服扭矩或同轴度要求，或出现焊接缺陷导致部分产品报废 发运至工厂： ——顾客工厂将屈服扭矩或同轴度不符合，或存在焊接缺陷的传动轴装在车上 ——导致顾客工厂停工在 1 小时以上 最终用户： 在预期使用寿命内会产生传动轴故障，车辆失去动力	10	——屈服扭矩过小 ——同轴度超差 ——焊接缺陷：出现裂纹、咬边、未焊透、未熔合、气孔 ——焊缝高度超出 1.5mm	方法 ——焊接电流、焊接电压、焊接速度定义不合理	参考行业经验和标准，根据过去最佳实践定义参数及设定范围及规定材料和牌号，建立焊接工艺指导书	4	屈服扭矩测试	6	H	◐	★
			——保护气体流量定义不合理		3	焊缝超声波探伤测试	6	M		
			——导电嘴与工件的距离定义不合理	作业前参数确认	3	手动仪器测量同轴度和焊缝高度	6	M		
			——焊丝材料和牌号规定不正确		2	外观人工目视检查	6	M		
			设备（包括机器人） ——输出的电压过大或过小	通过电流、电压、速度监控仪表，作业前确认	3		6	M		★
			——输出的电流过大或过小	设定参数与显示数据是否一致	3		6	M		★
			——输出的速度过大或过小	每班点检监控仪表是否正常状态	3		6	M		★
			——设备运行不稳定、故障	按设备维护计划和维护指导书进行维护和保养	4		6	H		
			工装（夹具） ——对焊件的夹紧力不足，焊件松动	在夹具使用前，对夹紧力、转速、行进速度进行验证	3		6	M		
			——转动和行进速度过高或过低	按夹具维护计划和维护指导书进行维护和保养	3		6	M		
			——夹具清洁和维护保养不足		4		6	H		
			材料（焊丝、保护气体） ——使用错误型号和品牌的焊丝	仅采购规定的型号和牌号，作业前确认	2		6	M		
			——CO_2 的气体保护流量不足	流量表确认和监视，作业前确认	3		6	M		

注："◐"表示产品特殊特性，"★"表示过程特殊特性。

值得注意的是，在本例中当前探测控制是针对失效模式的探测，对应不同失效模式确定相应的探测手段和方法，探测频次会在控制计划体现。

7. PFMEA 步骤六：优化

从步骤五"风险分析"的结果可以看出，在本企业的现有技术条件下，优化应从降低发生频度的角度思考。

如表 4-36 所示，能够采取措施的是针对频度为 4 的三个失效起因。采取措施后，失效起因发生的频度由 4 降到 3，实际发生的概率降低了，措施优先级由 H 降到 M，措施是有效的，剩余风险经 PFMEA 团队和管理者评审是可接受的。

表 4-36 PFMEA 案例 步骤五至步骤六

PFMEA 风险分析（步骤五）							PFMEA 优化（步骤六）										
对失效起因的当前预防控制（PC）	失效起因的频度（O）	对失效起因/失效模式的当前探测控制（DC）	失效起因/失效模式的探测度（D）	PFMEA 措施优先级（AP）	特殊特性	筛选器代码（可选）	PFMEA 预防措施	PFMEA 探测措施	负责人姓名	目标完成日期	状态	采取基于证据的措施	完成日期	严重度 S	频度 O	探测度 D	PFMEA AP	特殊特性	备注
参考行业经验和标准，根据过去最佳实践定义参数设定范围及规定材料和牌号，建立焊接工艺指导书	4	屈服扭矩测试 焊缝超声波探伤测试 手动仪器测量同轴度和焊缝高度	6	H	◐	★	进行DOE研究，优化电流、电压、焊速		肖工	2021.05.22	已完成	通过DOE研究，优化电流、电压、焊速，经评审后修订了工艺指导书	2021.05.21	10	3	5	M	★	
作业前参数确认	3		6	M															
	3		6	M															
	2		6	M															
通过电流、电压、速度监控仪表，作业前确认设定参数与显示数据是否一致	3	外观人工目视检查	6	M		★													无进一步措施
	3		6	M		★													
每班点检监控仪表是否正常状态	3		6	M		★													
按设备维护计划和维护指导书进行维护和保养	4		6	H			评审和修订设备维护计划		涂工	2021.05.10	已完成	增加了维护频次，细化了维护方法，修订了维护计划	2021.05.08	10	3	5	M		
在夹具使用前，对夹紧力、转速、行进速度进行验证	3		6	M															无进一步措施
	3		6	M															
按夹具维护计划和维护指导书进行维护和保养	4		6	H			评审和修订夹具维护计划		涂工	2021.05.06	已完成	增加了夹具维护频次，细化了维护方法，修订了维护计划	2021.05.06	10	3	5	M		
仅采购规定的型号和牌号，作业前确认	2		6	M															无进一步措施
流量表确认和监视，作业前确认	3		6	M															

注："◐"表示产品特殊特性，"★"表示过程特殊特性。

8. PFMEA 步骤七：结果文件化

对结果和分析结论进行沟通并形成 PFMEA 报告，报告内容和格式请参考本章第八节的内容，此处不赘述。

将本案例内容用"PFMEA 备选表"的格式汇总（见表 4-37）。

表 4-37 PFMEA 案例汇总表 过程失效模式及影响分析（过程 FMEA）

由于原表为复杂的横向多列 PFMEA 表格，以下以结构化方式呈现主要内容：

表头信息：

策划和准备（步骤一）		
公司名称：	×××有限公司	PFMEA ID 编号：2021ABL-06-PFMEA-01
制造地址：	山东省烟台市×××工厂	PFMEA 开始日期：2021年4月25日
顾客名称：	ABL	PFMEA 修订日期：2021年×月×日
年型/项目：	2021ABL-06	跨职能团队：见 PFMEA 团队成员及职责表
项目：	CDZ-1689 传动轴焊装过程	过程责任人：柯××
		保密级别：□商业应用 □专有 ■保密

结构分析（步骤二）/ 功能分析（步骤三）/ 失效分析（步骤四）/ PFMEA 风险分析（步骤五）/ PFMEA 优化（步骤六）

过程项	过程步骤 [OP120] 焊接花键套与轴管	过程工作要素 4M/5M 类别	功能	失效影响(FE)及严重度(S)	失效模式(FM)	失效起因(FC)及频度(O)	当前预防控制(PC)	当前探测控制(DC)	探测度(D)	AP	特殊特性	筛选代码	PFMEA 预防措施	PFMEA 探测措施	负责人	目标完成日期	状态	采取基于证据的措施	完成日期	S	O	D	AP	特殊特性	备注
传动轴焊装过程		方法（集成操作方法和过程参数）	将花键套和轴管焊接牢固；要求/产品特性：—满足屈服扭矩和同轴度；—无裂纹，未熔合，气孔；—焊缝高度≤1.5mm	本工厂：不满足同轴度和屈服扭矩要求，或出现焊接缺陷导致报废品概率；发运工厂：顾客工厂返修或报废；最终用户：在预期使用寿命内会产生故障，车辆失去动力 / 10	屈服扭矩过小；同轴度超差；焊接缺陷：出现裂纹、咬边、未熔合、气孔；焊缝高度超出1.5mm	方法：—焊接电流、焊接电压、焊接速度定义不合理；—保护气体流量定义不合理；—导电嘴与工件的距离定义不合理；—焊丝材料选择不合理 / 4	参考行业经验和标准，根据过去最佳实践定义参数设定值范围，建立焊接和焊接工艺指导书	屈服扭矩测试	5	H	●	★	进行DOE研究，优化电流、电压、焊速		肖工	2021.05.22	已完成	通过DOE研究，优化电流、电压、焊速，经评审后修订工艺指导书	2021.05.21	10	3	5	M	★	
						—定义不合理 / 3		焊接超声波探伤测试		M															
						/ 3		手动仪器测量同轴度和焊缝高度		M															
						/ 2		外观人工目视检查		M														无进一步措施
		设备（包括机器人）	要求/过程特性：—输出的电流、电压、速度、流量稳定；—设备运行范围内会保持稳定；—设备运行正常，无故障		设备（包括机器人）故障；—输出的电流、电压、速度不稳定；—大或过小；—大或过小；—大或过小	/ 4		通过电流、电压、流速表，作业前确认设置参数与显示数据是否一致		H		★	评审和修订设备维护计划		涂工	2021.05.10	已完成	增加了维护频次、细化了维护方法、修订了维护计划	2021.05.08	10	3	5	M		无进一步措施
						/ 3		按设备维护计划和维护指导书进行维护和保养		M															
		工装（夹具）	工装（夹具）要求/过程特性：—固定焊件；—对焊件的夹紧力满足要求；—转动和行进速度满足要求；—夹具清洁和维护保养要求		工装（夹具）失效；—对焊件的夹紧力不足；—转动和行进速度过高或过低；—夹具清洁和维护保养不足	/ 3		在夹具使用前，对夹具松开、行进速度进行验证		H		★	评审和修订夹具维护计划		涂工	2021.05.06	已完成	增加了夹具维护频次、细化了维护方法、修订了维护计划	2021.05.08	10	3	5	M		无进一步措施
						/ 4		改变夹具维护计划并进行维护和保养		M															
		材料（焊丝、保护气体）	材料（焊丝、保护气体）要求/过程特性：—焊丝牌号和规格；—氧化保护；—使用规定型号和品牌的焊丝；—CO₂的气体保护		材料（焊丝、保护气体）：—使用错误型号和品牌的焊丝；—CO₂的气体保护流量不足	/ 2		仅采购规定型号和牌号，作业前确认		M															
						/ 3		流量表确认和监视、作业前确认		M														无进一步措施

（持续改进 / 历史变更授权（适用时）/ 问题 # 栏位）

三、AIAG & VDA 新版 FMEA 手册中的 PFMEA 案例说明

在 AIAG & VDA 新版 FMEA 手册中，针对 PFMEA 仅有一个案例，现摘录如下，以便读者朋友们参考和分析。

该案例是以电机装配线的"烧结轴承压装过程"作为关注要素进行分析的（见图 4-40）。

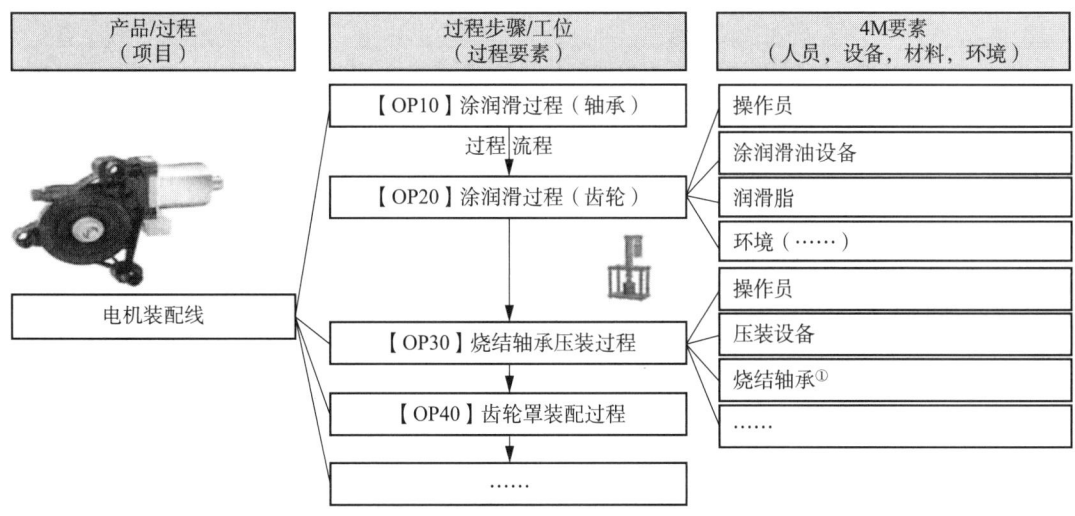

图 4-40　AIAG & VDA PFMEA 案例　结构树

在该案例中，"烧结轴承压装过程"的过程工作要素涉及"操作员"和"压装设备"，表中仅分析了"压装设备"的一个失效原因，内容见表 4-38、表 4-39 和表 4-40。

这个案例中也有不完善的地方，我们可以根据本章中"七步法"的知识进行分析和探讨。

表 4-38　AIAG & VDA　PFMEA 案例　步骤一至步骤三

过程失效模式及影响分析（PFMEA）				
策划和准备（步骤一）				
公司名称	Acme Automotive	项目名称	PX123 手动管柱总成	
制造地址	密歇根萨吉诺6厂	DFMEA 开始日期	2018 年 3 月 19 日	PFMEA ID 编号	654321
顾客名称	Jackson Industry	DFMEA 修订日期	2018 年 9 月 25 日	设计职责	B. Black
年型/项目	2020 PX123	跨职能团队	参加团队成员列表	保密级别	保密

结构分析（步骤二）		
1. 过程项 系统、子系统、零件要素或过程名称	2. 过程步骤 工位编号和关注要素名称	3. 过程工作要素 4M 类型
电机装配线	【OP30】烧结轴承压装过程	操作人员
		压装设备

功能分析（步骤三）		
1. 过程项的功能 系统、子系统、零件要素或过程的功能	2. 过程步骤的功能和产品特性 （量值为可选项）	3. 过程工作要素的功能和过程特性
本工厂： 将轴安装至电机壳总成内 发运至工厂： 将电机安装在车门上 最终用户： 升起和降下车窗	压烧结轴承，在压装时实现电机壳内的轴向定位，按照图纸保留最大间隙	机器将烧结轴承压入电机壳轴承座内，直至定义的轴向位置

---

① 此处的"烧结轴承"是主材料，不是间接材料，不应在 4M 工作要素中列出。

表 4-39　AIAG & VDA PFMEA 案例　步骤四至步骤五

失效分析（步骤四）				DFMEA 风险分析（步骤五）						
1. 对于上一较高级别要素和/或最终用户的失效影响（FE）	失效影响的严重度（S）	2. 过程步骤（关注要素）的失效模式（FM）	3. 过程工作要素的失效起因（FC）	对失效起因的当前预防控制（PC）	失效起因的频度（O）	对失效起因/失效模式的当前探测控制（DC）	失效起因/失效模式的探测度（D）	PFMEA 措施优先级（AP）	特殊特性	筛选器代码（可选）
本工厂：间隙太小无法在没有潜在损伤的情况下装配 发运至工厂：将电机安装至车门上需要额外插入力，存在潜在损伤 最终用户：超出舒适关闭时间过久	8	烧结轴承没有到达轴向位置（压入时）	设备在达到最终位置前停止	根据数据表调整力的大小	5	根据规范 MRKJ 5039 对电机性能曲线进行完全检测	2	M		

这里严重度评级为8，与PFMEA严重度评价准则有出入

这里"设备在达到最终位置前停止"是现象，不是根本原因，进一步原因可能是压力过低

表 4-40　AIAG & VDA PFMEA 案例　步骤五至步骤六

PFMEA 风险分析（步骤五）						PFMEA 优化（步骤六）										
对失效起因的当前预防控制（PC）	失效起因的频度（O）	对失效起因/失效模式的当前探测控制（DC）	失效起因/失效模式的探测度（D）	PFMEA 措施优先级（AP）	特殊特性	筛选器代码（可选）	PFMEA 预防措施	PFMEA 探测措施	负责人姓名	目标完成日期	状态	采取基于证据的措施	完成日期	严重度S	频度O	探测度D	PFMEA AP	特殊特性	备注
根据数据表调整力的大小	5	根据规范 MRKJ 5039 对电机性能曲线进行完全检测	2	M			带位置控制传感器的选择性压装	带压力监测的选择性压装	过程工程师 Paul Duncan	年月日	尚未确定			8	3	2	L		

这里提出了优化的预防措施和探测措施，但措施的状态是"尚未确定"，因此不能证实措施的有效性，就不适合评估措施后的S、O、D和AP

第五章
监视及系统响应的补充FMEA（FMEA-MSR）实施方法

- 监视及系统响应的补充FMEA（FMEA-MSR）概述
- FMEA-MSR步骤一至步骤七实施说明

微·信·扫·码
加入"定期免费读者沙龙"群
有机会获取本书配套资源
◎数字内容　◎配套音频
◎视频课程　◎作者答疑

第一节 监视及系统响应的补充 FMEA（FMEA-MSR）概述

一、什么是监视和系统响应

汽车电子控制系统在硬件结构上一般由三部分组成：传感器、电子控制单元（ECU）和执行器（见图 5-1）。

汽车在运行时，各传感器不断检测汽车运行的工作状况，并将这些信息实时地通过输入接口传送给 ECU。ECU 接收到这些信息后，根据内部预先编写好的控制程序，进行相应的决策和处理，并通过其输出接口输出控制信号给相应的执行器，执行器接收到控制信号后，执行相应的动作，实现某种预定的功能（见图 5-1）。

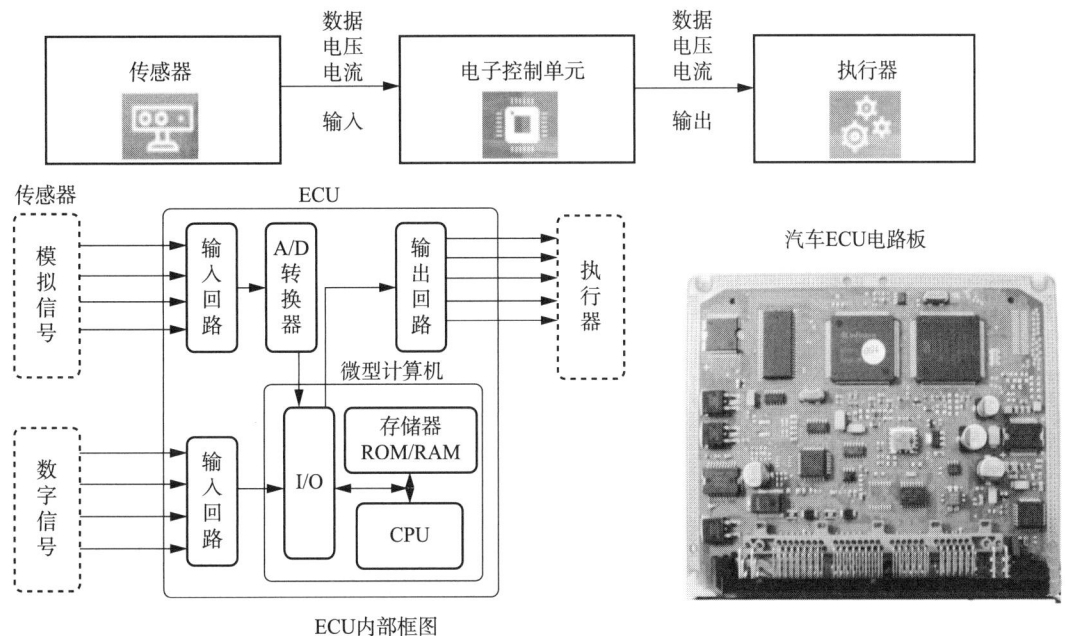

图 5-1 电气/电子/可编程电子系统的一般方块图

图 5-2 为某型号发动机的电子控制系统。

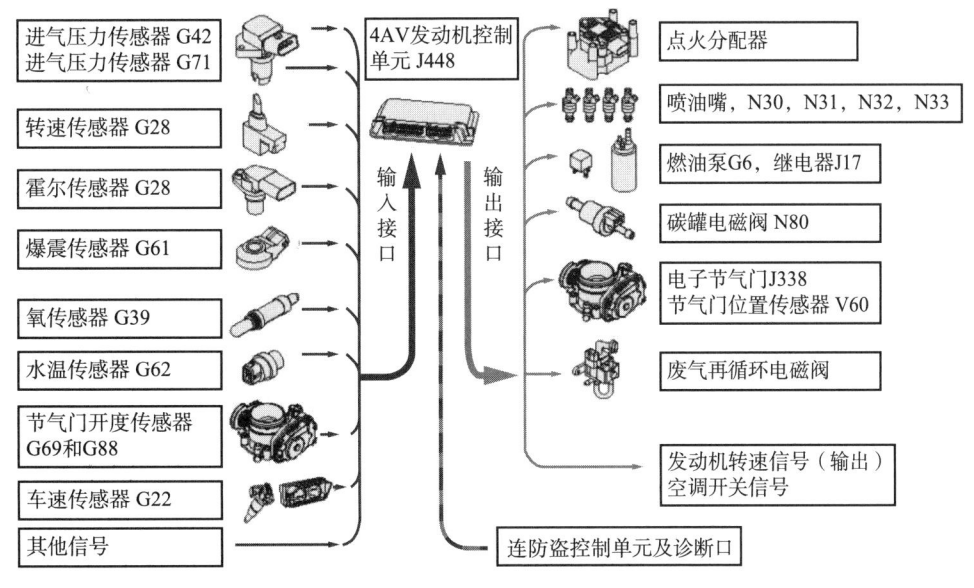

图 5-2 某型号发动机的电子控制系统

图 5-2 中各种传感器分别检测进气量、发动机转速、排气中的氧含量、冷却液温度、进气温度、大气压力、节气门位置等,并将信息转换成电信号,ECU 根据这些信号,计算并控制该工况的最佳点火时刻和喷油量,保证发动机工作状态良好。

该发动机 ECU 的功能有电动汽油泵控制、燃油压力控制、燃油喷射正时控制、点火正时控制、怠速转速控制、EGR(废气再循环)控制、故障诊断与储存功能等。

下图为某型号发动机各种传感器的安装位置,可以更直观地理解监视和系统响应功能(见图 5-3)。

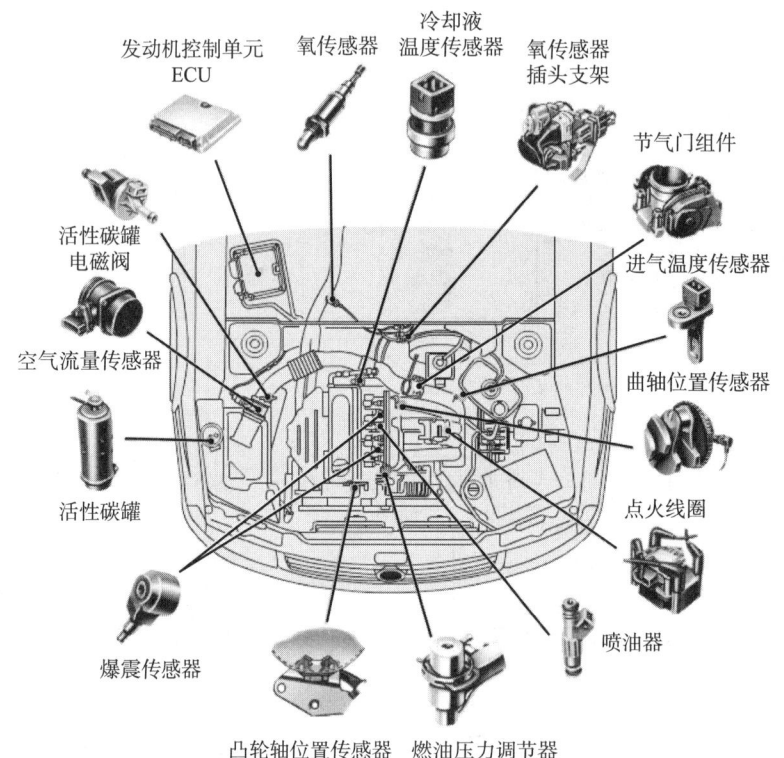

图 5-3 某型号发动机各种传感器的安装位置

再比如,汽车轮胎压力监视系统(TPMS)在汽车行驶时实时地对轮胎气压进行自动监测,对轮胎漏气和低气压进行报警,以保障行车安全。

二、什么是监视和系统响应的补充 FMEA(FMEA-MSR)

随着系统复杂性的提高,以及软件和电子/电气系统的应用,系统失效和随机硬件失效的风险也日益增加。因此,早在 2011 年国际标准化组织就制定和发布了 ISO 26262《道路车辆功能安全》,并于 2018 年发布了第二版。

ISO 26262 为汽车安全提供了一个生命周期(管理、开发、生产、经营、服务、报废)理念,并在生命周期各阶段提供必要的支持。该标准涵盖功能性安全方面的整体开发过程(包括需求规划、设计、实施、集成、验证、确认和配置)。

在汽车研发中,安全是最关键因素之一,新的功能不仅应用于辅助驾驶,也应用于车辆的动态控制和涉及安全工程领域的主动安全系统。这些功能的研发和集成必将加强安全系统研发过程的需求,同时也为满足所有预期的安全目的提供证据。

过去,广泛应用的是设计 FMEA 和过程 FMEA。AIAG 和 VDA 新版 FMEA 手册包括了监视及系统响应的补充 FMEA(FMEA-MSR)。FMEA-MSR 的部分内容来自 VDA 第四卷《产品和过程 FMEA》中"机电系统的 FMEA"。FMEA-MSR 是对设计 FMEA 的补充,FMEA-MSR 可用于确定系统设计是否满足安全性和合规性方面的性能要求。

监视及系统响应的补充 FMEA 是对在顾客操作条件下可能出现的潜在失效起因进行分析。该方法考虑到失效起因或失效模式是否由该系统探测到或失效影响是否由驾驶员探测到。顾客操作包括最终用户操作或运行操作以及维护操作。

FMEA-MSR 的范围仅限于系统的要素，当根据该系统的 DFMEA 显示存在可能导致危险或不合规影响的失效起因时，进行 FMEA-MSR。

FMEA-MSR 可用于确定系统设计是否满足安全性和合规性方面的性能要求。结果可能需要如下措施（见图 5-4）：

- 出于监视的目的考虑，可能需要额外的传感器；
- 可能需要处理冗余；
- 利用合理性检查（数据模型和比对处理），发现传感器故障。

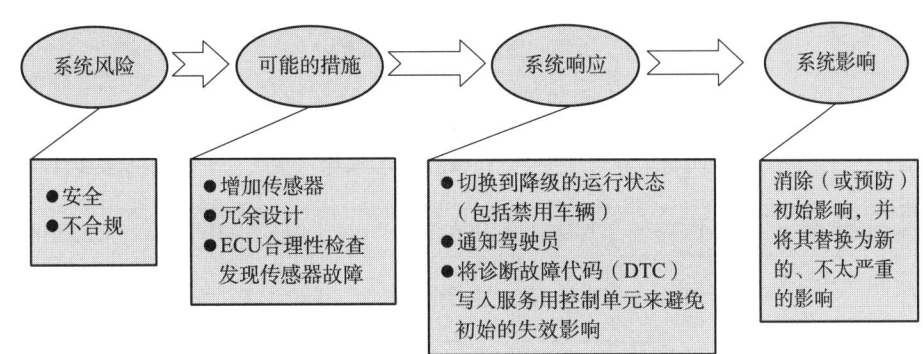

图 5-4　FMEA-MSR 中的措施和系统响应

FMEA-MSR 评估最终用户条件下的当前失效风险状态（安全或不合规），通过切换到降级的运行状态（包括禁用车辆），通知驾驶员和/或将诊断故障代码（DTC）写入服务用控制单元来避免初始的失效影响。就 FMEA-MSR 而言，可靠的诊断探测和响应最终消除（或预防）初始影响，并将其替换为新的、不太严重的影响。

> 什么是冗余？
> 某个元件除了拥有足够手段来执行所需功能或表示信息之外，还拥有附加的手段来实现同样的功能和表示信息。例如：采用重复的功能组件，可以提高可用性或用来故障检测。
> 　　注：在 ISO 26262 中，冗余用于实现安全目标或规定的安全需求，也用于表示与安全相关信息。
> 　　电源冗余：高端服务器产品中普遍采用双电源系统，这两个电源是负载均衡的，即在系统工作时，它们都为系统提供电力，当一个电源出现故障时，另一个电源就承担所有的负载。
> 　　磁盘镜像：将相同的数据分别写入两个磁盘中。
> 　　数据冗余：在一个数据集合中，重复的数据称为数据冗余。
> 　　飞机发动机的冗余：如果一架飞机正常运行需要两个发动机的话，那么，这架飞机通常配置四个发动机，以保证不会因两个发动机的故障引起飞机失事而造成重大的事故。

FMEA-MSR 方法在汽车系统和子系统设计中的潜在应用：

- 在关闭车窗时的防夹手功能；
- 电池低电量或未充电；
- 胎压监视系统（TPMS）；
- 刹车片磨损；
- 燃料和水的混合；

- 机油温度高；
- 发动机、齿轮油或冷却液的液位；
- 倒车警报；
- 低油位；
- 油箱漏油；
- 油盖开启警告；
- 超速警报；
- 其他。

三、FMEA-MSR 与 DFMEA 的联系

我们先了解一下 AIAG & VDA 手册中关于 FMEA-MSR 的示例（见表 5-1）。

表 5-1　FMEA-MSR 表（示例）

设计失效模式及影响分析（DFMEA）					
策划和准备（步骤一）					
公司名称	负责 DFMEA 的公司名称	项目名称	DFMEA 项目名称（系统、子系统和/或组件）		
工程地点	地理位置	DFMEA 开始日期	开始日期	DFMEA ID 编号	由公司确定
顾客名称	顾客名称或产品系列	DFMEA 修订日期	最后修订日期	设计责任人	DFMEA 的设计责任人
年型/项目	顾客应用或公司类型	跨职能团队	所需的团队成员名单	保密级别	□商业应用 □专有 □保密

结构分析（步骤二）		
1. 上一较高级别	2. 关注要素	3. 下一较低级别或特性类型
车窗升降系统	车窗升降器 ECU	车窗升降器的 ECU 连接器

功能分析（步骤三）		
1. 上一较高级别功能及要求	2. 关注要素功能及要求	3. 下一较低级别的功能及要求或特性
在舒适关闭模式下，提供防夹手保护功能	在车窗夹手情形下，发出车窗升降电机停止和逆向操作的信号	将霍尔效应传感器发出的信号传递至 ECU

失效分析（步骤四）			
1. 对于上一较高级要素和/或最终用户的失效影响（FE）	失效影响的严重度（S）	2. 关注要素的失效模式（FM）	3. 下一较低级别的要素或特性的失效起因（FC）
在舒适关闭模式下，没有防夹手保护功能（在车窗玻璃和车窗框架之间可能会出现夹手或夹颈现象）	10	在车窗夹手情形下，没有发出车窗升降器电机停止和逆向操作的信号	因为霍尔效应传感器接触不良，未能将霍尔效应传感器发出的信号传递至 ECU

续表

补充 FMEA（FMEA-MSR）风险分析（步骤五）								
频率评级的理由	失效起因的发生频率（F）	当前的诊断监视	当前的系统响应	监视（M）	在系统响应后最严重的失效影响	在MSR之后失效影响的严重度（S）	在失效分析中初始失效影响的严重度（步骤四）	MSR AP	筛选器代码（可选）
根据×××标准将霍尔效应传感器和ECU进行连接的原理	2	无	车窗将在最大夹持力状态下关闭	10	在玻璃和车窗框架之间可能会出现夹手或夹颈现象	10	10	M	

补充 FMEA（FMEA-MSR）优化（步骤六）												
MSR预防措施	诊断监视措施	系统响应	系统响应后最严重的失效影响	在MSR之后失效影响的严重度（S）	负责人姓名	目标完成日期	状态	采取基于证据的措施	完成日期	频率（F）	监视（M）	MSR AP	备注
无	在电机电流和霍尔效应传感器丢失信号之间采用真实性核查	禁用舒适关闭模式	失去便捷的"舒适关闭"功能。车窗仅在手动模式下升降	6	测试工程师刘××	__年__月__日	已完成	通过ECU的真实性核查，在容错时段内，系统总是能够对故障/失效进行自动反应		2	1	L	

从上面的示例我们可以看到，FMEA-MSR 是在 DFMEA 基础上的补充，前四个步骤其实都是 DFMEA 的内容。因此，FMEA-MSR 可以属于 DFMEA 的一部分，DFMEA 中该分析的开发方面从顾客操作条件下可能出现的潜在失效起因进行补充分析。

在美国汽车工程师协会（SAE）于 2021 年 1 月发布的 FMEA 指南"地面车辆标准 SAE J1739"标准中，直接将 FMEA-MSR 整合到 DFMEA 第四步中。以下为 SAE J1739 的"六步法"。

步骤一：项目计划

步骤二：FMEA 准备

步骤三：风险分析

步骤四：风险评价和优先排序

步骤四 A：监视及系统响应（视情况而定）

步骤五：减少和沟通风险

步骤六：结果文件化

这和 AIAG & VDA FMEA 手册的"七步法"是大同小异的。

FMEA-MSR 可通过分析诊断的有效性补充 DFMEA 在维护功能安全方面的监视和系统响应。除了安全（严重度 10）考虑，该方法还可以用于分析法规符合性（严重度 9）。

因此，FMEA-MSR 仅在需要诊断探测维持安全性或合规性时才被应用。补充 FMEA（FMEA-MSR）用于解决 DFMEA 中被评为高级别的风险（包括伤害风险、不合规风险、不遵守规范的风险）。

FMEA-MSR 是降低严重度最有效的方法。

我们知道，在 DFMEA 中的优化措施，只有设计变更才能降低严重度等级。那么，什么样的设计可以减轻 DFMEA 的严重度呢？

从车窗升降系统的失效分析我们可以看到，因为霍尔效应传感器接触不良，可能导致在车窗玻璃和车窗框架之间会出现夹手或夹颈现象（影响安全），因此，严重度是 10。当增加诊断监视措施后，系统在探测到夹手或夹颈时，关闭自动升降模式，转为仅能手动升降，从而避免了夹伤手或夹伤颈。因此，系统响应后的影响仅是失去车辆次要功能，严重度降为 6。

再比如，汽车轮胎爆胎或漏气容易产生安全事故，为了避免这个问题，汽车开发工程师们开发了轮胎压力温度监测系统。

轮胎压力温度监测系统（TPMS），有时也称作胎压监测器、胎压报警器，采用无线传输技术，利用固定于汽车轮胎内的高灵敏度微型无线传感装置在行车或静止的状态下采集汽车轮胎压力、温度等数据，并将数据传送到驾驶室内的主机中，以数字化的形式实时显示汽车轮胎压力和温度等相关数据，一屏显示所有轮胎压力、温度状态。

TPMS 主要由两个部分组成：安装在汽车轮胎上的远程轮胎压力监测传感器和放在汽车驾驶台上的中央监视器（LCD/LED 显示器）。直接在每个轮胎上安装测量轮胎压力和温度的传感器。传感器将测量得到的信号调制后通过高频无线电波（RF）发射出去（一辆轿车的轮胎压力温度监测系统有 4 个 TPMS 监测传感器，一辆卡车有 8~36 个 TPMS 监测传感器，因轮胎个数而定）。

中央监视器接收 TPMS 监测传感器发射的信号，将各个轮胎的压力和温度数据显示在屏幕上，供驾驶者参考。如果轮胎的压力或温度出现异常，中央监视器就会根据异常情况发出报警信号，提醒驾驶者采取必要的措施，从而确保轮胎的压力和温度维持在标准范围内，起到预防爆胎、毁胎的作用，保障车辆人员生命安全。

另外，DFMEA 的探测与补充 FMEA（FMEA-MSR）的监视不同。

在 DFMEA 中，探测控制体现了可证明满足开发和确认要求的试验能力。

对于已成为系统设计一部分的监视功能，设计探测确认旨在证明诊断监视和系统响应按预期运作。

然而，在假设监视功能满足相应的规范的情况下，FMEA-MSR 中的监视是评估顾客操作中的故障探测性能的效果。监视评级也可理解为安全性能以及系统对监视到的故障响应的可靠性。

FMEA-MSR 涵盖了以下风险要素：
- 伤害的严重程度、不符合法规、功能丧失或退化，以及不可接受的质量，由（S）表示；
- 在运行情况下估计的失效起因频率，由（F）表示；
- 通过诊断探测和自动响应避免或限制失效影响的技术可能性，以及通过感官知觉和物理响应避免或限制失效影响的人为可能性，由（M）表示。

F 和 M 的组合可以反映出由于失效（失效起因）和由此产生的故障行为（失效模式）所导致的失效影响发生的概率。

监视及系统响应的补充 FMEA（FMEA-MSR）实施的"七步法"如图 5-5 所示。

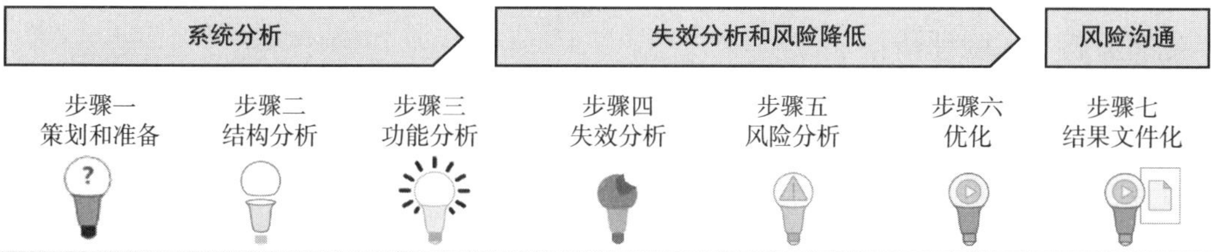

第五章 监视及系统响应的补充FMEA（FMEA-MSR）实施方法

	系统分析		失效分析和风险降低			风险沟通
步骤一 策划和准备	步骤二 结构分析	步骤三 功能分析	步骤四 失效分析	步骤五 风险分析	步骤六 优化	步骤七 结果文件化
项目确定	分析范围可视化	产品功能可视化	建立失效链	为失效制定现有和/或计划的控制措施和评级	识别降低风险的必要措施	对降低风险的措施进行沟通
项目策划：目的、时间安排、团队、任务和工具	DFMEA：结构树或其他方块图/边界图、数学模型、实体部件	DFMEA：功能树/网、功能矩阵、参数图（P图）	DFMEA：每个产品功能的潜在失效影响、失效模式和失效起因 FMEA-MSR：失效起因、监视、系统响应和失效影响缓解	FMEA-MSR：对发生频率等级分配理由准备监视控制措施为失效起因和/或失效模式准备探测控制	确定必要的措施，并为实施措施分配职责和期限	建立文件化的内容 文件的内容满足组织、预期读者和相关利益相关方的要求
确定范围和边界	DFMEA：设计接口，相互作用和间隙的识别	DFMEA：将相关要求与（内部和外部）顾客功能关联，将要求或特性与功能关联	FMEA-MSR：建立DFMEA和FMEA-MSR的混合失效链	FMEA-MSR：为每个失效链的严重度、频率和监视进行评级	措施实施包括：确定效果，采取措施后进行风险评估	记录风险分析和风险降低到的可接受水平

图 5-5　FMEA-MSR 实施的"七步法"

第二节　FMEA-MSR 步骤一至步骤七实施说明[①]

一、FMEA-MSR 步骤一：策划和准备

1. FMEA-MSR "策划和准备"的主要目标
- 项目确定；
- 项目计划（目的、时间安排、团队、任务、工具）；
- 分析边界：分析中包括什么、不包括什么；
- 基准 DFMEA 的识别；
- 作为结构分析步骤的基础。

2. 组建 FMEA-MSR 团队（小组）

FMEA-MSR 团队与 DFMEA 团队是有重叠的，由多方论证（跨职能）成员组成，他们具备必要的专业知识，包括能促进 FMEA-MSR 分析的专业技术和知识，FMEA-MSR 的成功实施取决于跨职能团队的积极参与。

FMEA-MSR 团队的组建和职责请参考第三章第二节中 DFMEA 团队的要求，此处不赘述。

3. FMEA-MSR 项目识别和边界确定

项目识别包括明确了解需要评估的内容，这涉及确定顾客项目所需的 FMEA-MSR 的决策过程。

[①] 本节的内容根据 AIAG & VDA 新版 FMEA 手册第四章编写，关于 FMEA-MSR 的方法，OEM 主机厂和一级供应商仍在沟通和讨论，后续可能会有变化。

适用时，以下内容可帮助团队确定 FMEA-MSR 项目：
- 危害分析和风险评估；
- 法律要求；
- 技术要求；
- 顾客需要/需求/期望（内部和外部顾客）；
- 要求规范；
- 图表（方块图/边界图/系统）；
- 原理图、图纸和/或 3D 模型；
- 物料清单（BOM）、风险评估；
- 类似产品以往的 FMEA。

团队对上述内容进行评审可以帮助创建所需的 FMEA-MSR 项目清单。FMEA-MSR 项目清单确保了团队方向、承诺和工作重点的一致性。

以下基本问题可帮助确定 FMEA-MSR 边界：
- 在电气/电子/可编程电子系统上完成 DFMEA 后，是否存在可能对人员造成伤害或涉及法规不符合的影响？
- DFMEA 是否表明可通过直接感知和/或合理算法探测到将引起伤害或不合规行为的所有起因？
- DFMEA 是否表明对所有探测到的起因的预期系统响应已切换到降级的运行状态（包括禁用车辆），通知驾驶员和/或将诊断故障代码（DTC）写入服务用控制单元？

这类系统的诊断和监视功能可通过硬件和/或软件实现。

可在顾客和供应商协商的基础上确定监视及系统响应的补充 FMEA 的范围。适用范围标准可能包括但不限于：
- 系统安全关联性；
- ISO 标准，例如根据 ISO 26262 的安全目标；
- 立法机构的文件化要求，例如：联合国欧洲经济委员会（UN/ECE）法规、美国汽车安全技术法规（FMVSS）和车载诊断要求（OBD）合规性。

4. 制定项目计划

确定 FMEA-MSR 项目后，应立即制定 FMEA-MSR 项目计划。

FMEA-MSR 的计划有助于公司提前启动 FMEA-MSR。FMEA-MSR 活动（"七步法"过程）应纳入总体项目计划。

项目计划通常包括五个方面的内容，即 FMEA-MSR 目的、任务、团队、工具、时间安排。

FMEA-MSR 目的——为什么要做 FMEA-MSR？（FMEA-MSR Intent）

FMEA-MSR 任务——需要做哪些工作？（FMEA-MSR Task）

FMEA-MSR 团队——包括哪些人？（FMEA-MSR Team）

FMEA-MSR 工具——如何进行分析？（FMEA-MSR Tool）

FMEA-MSR 时间安排——什么时候完成？（FMEA-MSR Timing）

FMEA-MSR 项目计划可与 DFMEA 项目计划整合在一起制定，也可以单独制定，以下仅为示例（见表 5-2）。

第五章 监视及系统响应的补充 FMEA（FMEA-MSR）实施方法

表 5-2 FMEA-MSR 项目计划（示例）

FMEA-MSR 应用情形	项目名称	FMEA-MSR 目的	FMEA-MSR 任务	FMEA-MSR 团队成员及职责	FMEA-MSR 工具	FMEA-MSR 时间安排
新设计	车窗升降系统	针对系统的安全性和合规性风险，增加额外的监视和探测，消除（或预防）初始影响，并将其替换为新的、不太严重的影响	完成ECU车窗升降器FMEA-MSR	参见DFMEA和MSR团队成员及职责表	方块图/边界图/树形图 FMEA-MSR 电子表格	2020.08.18～2020.10.26（与产品开发的APQP计划时间相符）

5. 识别和利用基准 DFMEA

——包括了解哪些可用信息可以帮助跨职能团队，如基础 FMEA、类似产品的 DFMEA 或同一产品系列的 DFMEA。

——系列 DFMEA 是一个基础设计 FMEA 的具体化，用于那些包含共同或一套产品边界和相关功能的产品。

FMEA-MSR 与 DFMEA 表中步骤一"策划和准备"的信息是一致的（见表 5-3）。

表 5-3 FMEA-MSR 表 步骤一（示例）

设计失效模式及影响分析（DFMEA）					
策划和准备（步骤一）					
公司名称	×××公司	项目名称	（系统、子系统和/或组件）车窗升降系统		
工程地点	中国广州××区	DFMEA 开始日期	2020 年 8 月 18 日	DFMEA ID 编号	2021FX-5-DFMEA-01
顾客名称	GHAC	DFMEA 修订日期	××××年××月××日	设计责任人	张××
年型/项目	2021FX-5	跨职能团队	参见 DFMEA 和 MSR 团队成员及职责表	保密级别	保密

二、FMEA-MSR 步骤二：结构分析

1. FMEA-MSR"结构分析"的主要目标

- 分析范围的可视化；
- 结构树或方块图、边界图、数字模型、实体零件；
- 识别设计接口、交互作用；
- 顾客和供应商工程团队之间的协作（接口职责）；
- 功能分析步骤的基础。

根据分析范围，结构可能包含硬件要素和软件要素。复杂的结构可分成几个结构（工作包）或不同的方块图层，并出于组织原因的考虑单独分析或确保足够的清晰度。

FMEA-MSR 的范围仅限于系统的要素，其中根据该系统的基准 DFMEA 显示，存在可能导致危险或不合规影响的失效起因。

为实现系统结构的可视化，通常使用以下两种方法：

- 方块图/边界图；
- 结构树。

（关于方块图/边界图和结构树的更详细信息，请参考第三章第三节 DFMEA 结构分析）

2. 结构树

在监视及系统响应的补充 FMEA 中,结构树的根要素可能处于整车层面,例如车窗升降系统结构树,用于调查错误信号、监视及系统响应(见图 5-6);也可能处于系统层面(对子系统或组件进行分析的供应商)(见图 5-7)。

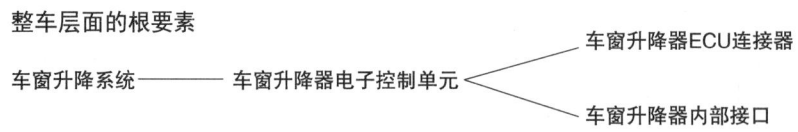

图 5-6 车窗升降系统结构树(示例)

传感器元件和控制单元可能也是一个组件(智能传感器)的一部分。此类系统中的诊断和监视功能可通过硬件和软件要素实现。

例如,带内部感测元件和接口输出的智能传感器结构树如下(见图 5-7)。

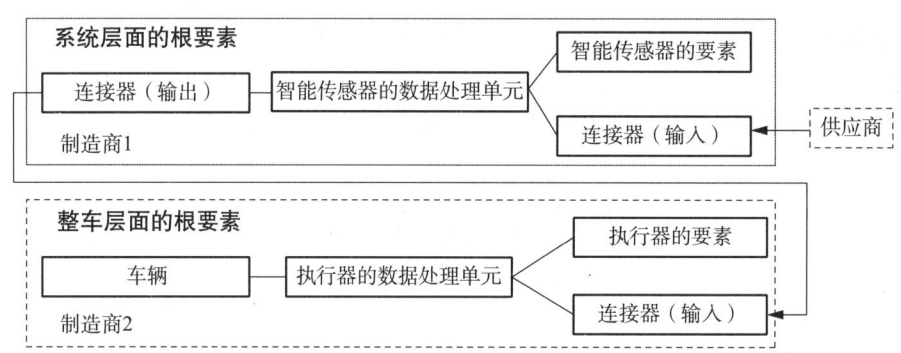

图 5-7 带内部感测元件和接口输出的智能传感器结构树(示例)

——如果分析范围内未提供传感器,则使用接口要素来描述 ECU 接收的数据/电流/电压。ECU 的功能之一便是接收信号,即通过连接件接收信号。这些信号可能丢失或错误,在没有监视的情况下,获得的输出可能有误。

——如果分析范围内未提供执行器,则使用接口要素来描述 ECU 发送的数据/电流/电压。ECU 的另一功能便是发送信号,即通过连接器发送信号。这些信号也可能丢失或错误,也可能是"无输出"或"失效信息"。

——错误信号可能是由组织设计的责任范围之外的组件所致。这些错误信号可能对组织责任范围内组件的性能产生影响,因此在 FMEA-MSR 中需要涵盖这些原因。

FMEA-MSR 表格中的"结构分析"如表 5-4 所示。

表 5-4 FMEA-MSR 表 步骤二(示例)

结构分析(步骤二)		
1. 上一较高级别	2. 关注要素	3. 下一较低级别或特性类型
车窗升降系统	车窗升降器 ECU	车窗升降器的 ECU 连接器

三、FMEA-MSR 步骤三:功能分析

1. FMEA-MSR "功能分析"的主要目标

- 功能及各功能之间的关系的可视化;
- 功能树/网;
- 顾客(内部和外部)功能与相关要求的关联;

第五章　监视及系统响应的补充FMEA（FMEA-MSR）实施方法

- 要求或特性与功能的关联；
- 工程团队（系统、安全和组件）之间的协作；
- 作为失效分析步骤的基础。

2. 功能分析

——在监视及系统响应的补充FMEA中，将失效探测和失效响应的监视视为其具有的功能，硬件和软件功能可能包括监视控制状态的功能（见图5-8）。

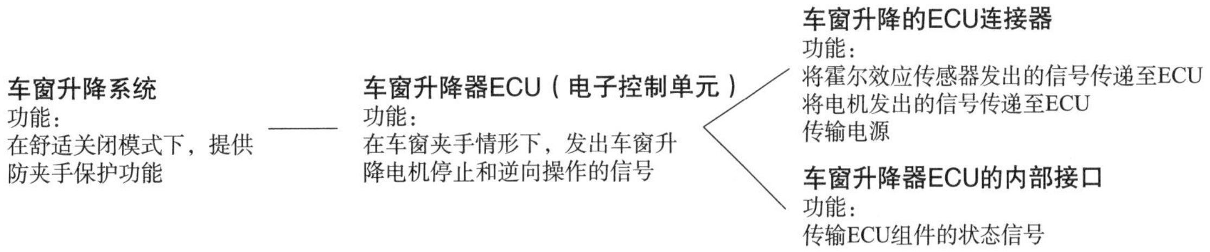

车窗升降系统
功能：
在舒适关闭模式下，提供防夹手保护功能

车窗升降器ECU（电子控制单元）
功能：
在车窗夹手情形下，发出车窗升降电机停止和逆向操作的信号

车窗升降的ECU连接器
功能：
将霍尔效应传感器发出的信号传递至ECU
将电机发出的信号传递至ECU
传输电源

车窗升降器ECU的内部接口
功能：
传输ECU组件的状态信号

图5-8　FMEA-MSR功能结构树（示例）

——故障/失效的监视和探测功能可能包括超出范围的探测、循环冗余校验、真实性（合理性）检查和序列计数器检查等功能。

——针对失效响应的功能可能包括提供默认值、切换到跛行模式、关闭相应功能和/或显示警告等功能。

——这些针对失效响应的功能被建模为功能载体的结构要素，即具有计算能力的控制单元或组件，如智能传感器。

——如果传感器和/或执行器不在分析范围内，则将功能分配给相应的接口要素（与适用安全概念相符）。

——此外，可考虑由控制单元接收的传感器信号。因此，也可以描述信号的功能。

——执行器的功能可增加，这表明了执行器或车辆按需响应的方式。

FMEA-MSR表格中的"功能分析"如表5-5所示。

表5-5　FMEA-MSR表　步骤二至步骤三（示例）

结构分析（步骤二）		
1. 上一较高级别	2. 关注要素	3. 下一较低级别或特性类型
车窗升降系统	车窗升降器 ECU	车窗升降器的 ECU 连接器

功能分析（步骤三）		
1. 上一较高级别功能及要求	2. 关注要素功能及要求	3. 下一较低级别的功能及要求或特性
在舒适关闭模式下，提供防夹手保护功能	在车窗夹手情形下，发出车窗升降电机停止和逆向操作的信号	将霍尔效应传感器发出的信号传递至 ECU

四、FMEA-MSR 步骤四：失效分析

1. FMEA-MSR"失效分析"的主要目标

- 建立失效链；
- 失效起因、监视、系统响应、减轻的失效影响；
- 使用失效网识别产品失效起因；
- 顾客与供应商之间的协作（失效影响）；

- FMEA-MSR 表格中失效文件化和风险分析步骤的基础。

在相关的场景下，FMEA-MSR 的失效分析旨在说明导致最终影响的事件链。

2. 失效场景

——失效场景由相关操作条件的描述组成，在这些条件中，故障导致错误行为并且可能导致最终系统状态（失效影响）的事件序列（系统状态）。它的起点为确定的失效起因，而其终点为失效影响，如图 5-9 所示。

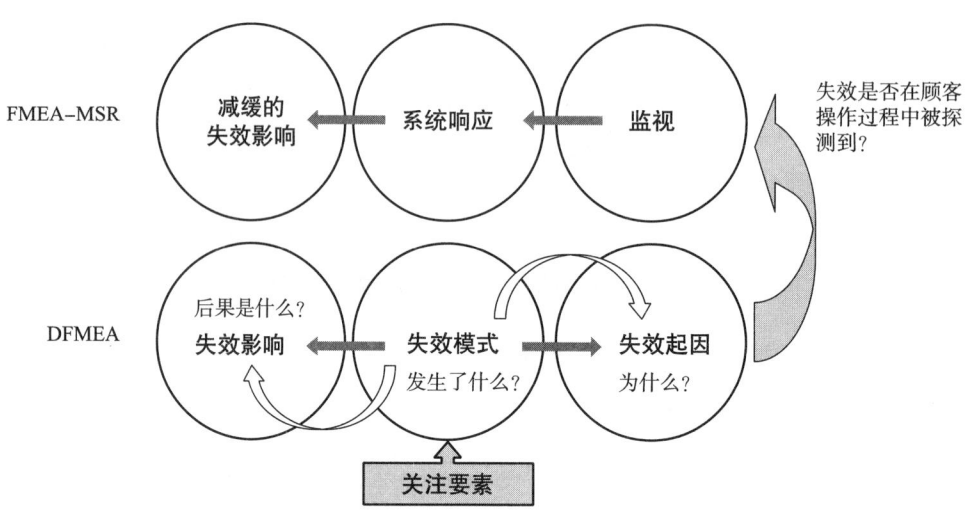

图 5-9 理论失效链模型 DFMEA 和 FMEA-MSR

——分析的焦点在具有诊断能力的组件，即 ECU。

——如果组件无法探测到故障/失效，则会发生失效模式，从而导致相应严重程度的最终结果。但如果组件可探测到失效，就会产生系统响应，其失效影响与初始的失效影响相比，其严重度更低。在场景（1）至（3）中对相关细节进行了说明（见图 5-10、图 5-11、图 5-12）。

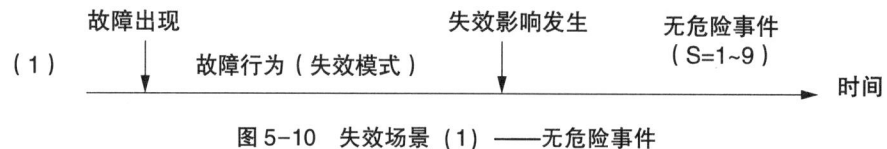

图 5-10 失效场景（1）——无危险事件

失效场景（1）说明了从故障出现到失效影响发生过程中所产生的故障行为，在本示例中，失效影响虽然不会造成危险（严重度 S=1~9），但可能形成不合规的最终系统状态。

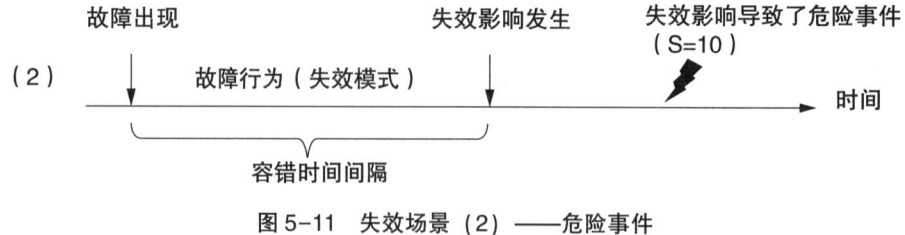

图 5-11 失效场景（2）——危险事件

失效场景（2）说明了从故障出现到失效影响发生所产生的故障行为，在本示例中，失效影响导致了危险事件（严重度 S=10）。

作为失效场景的一个方面，需要估算故障容错时间间隔的长短（故障发生与危险/不合规失效影响发生的时间间隔）。

故障容错时间间隔是指在安全机制未激活的情况下，危险事件发生前故障行为的最小时间跨度。

失效发生
减缓的失效影响发生
未发生危险事件，但造成功能的损失或退化
（3）
故障行为
过渡
时间
探测时间
系统响应时间
M=1
故障处理时间间隔

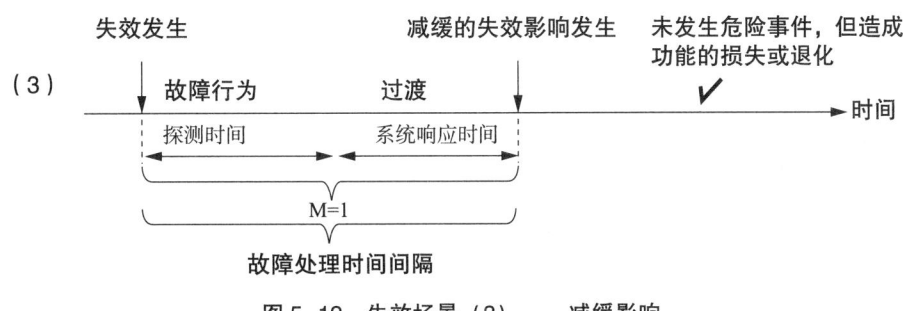

图 5-12 失效场景（3）——减缓影响

失效场景（3）说明了从故障出现到减缓的失效影响出现所产生的故障行为，在本示例中，失效影响导致了功能的损失或退化而非危险事件。（M＝1 表示在容错时段内，系统总是能够对故障/失效进行自动反应）

3. 失效起因

——失效起因的描述是监视及系统响应的补充 FMEA 失效分析的起点。

——假设失效起因是已发生且并非真正的失效起因（根本原因）。

——典型失效起因是指在操作或运行条件下的电气/电子故障（E/E 故障）。当受到外部环境、车辆动力学、磨损、服务、应力循环、数据总线过载和错误信号等各种因素的影响时，根本原因可能也变得不够稳健。

——失效起因可以从 DFMEA、E/E 组件失效目录和网络通信数据说明中获得。

注意：在 FMEA-MSR 中，假定诊断监视按预期运作（但它可能无效），也就是说，假定诊断监视系统设计是正常的。因此，诊断监视本身失效的起因并不属于 FMEA-MSR 的一部分，但可增加到表格的 DFMEA 部分。这些失效起因包括：

- 未探测到故障；
- 错误探测到故障（危害）；
- 不可靠的故障响应（响应能力的变差）。

团队可能决定在 DFMEA 中排除诊断监视的失效，原因在于该失效的发生率通常非常低。但是，准确地实现诊断监视应属于开发测试计划的一部分。

——DFMEA 中的诊断的预防控制表明了探测失效起因机制的可靠性，以及该机制可根据性能要求及时作出反应。

——DFMEA 中的诊断的探测控制将与开发测试相关。其中，这些开发测试验证了监视机制的准确实现及其有效性。

4. 失效模式

失效模式是失效起因所导致的后果。在 FMEA-MSR 中，考虑到以下两种可能性：

（a）如果是失效场景（1）和（2），未探测到故障或系统反应太晚，那么 FMEA-MSR 中的失效模式与 DFMEA 中的相同（见图 5-13）。

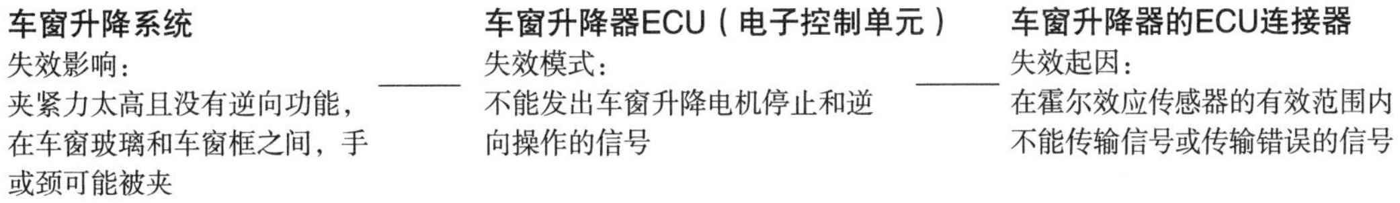

车窗升降系统
失效影响：
夹紧力太高且没有逆向功能，在车窗玻璃和车窗框之间，手或颈可能被夹
车窗升降器ECU（电子控制单元）
失效模式：
不能发出车窗升降电机停止和逆向操作的信号
车窗升降器的ECU连接器
失效起因：
在霍尔效应传感器的有效范围内不能传输信号或传输错误的信号

图 5-13 不具有或仅部分有效的监视功能的失效链结构场景（1）和场景（2）

（b）在失效场景（3）中的表现不同，其中探测到故障并且系统响应产生了减缓的失效影响。在这种情况下，诊断监视和系统响应的说明将添加到分析中。（见图5-14）

车窗升降系统
预期行为（影响）：
失去便利"舒适关闭"功能。车窗仅在手动模式下才得以移动

车窗升降器ECU（电子控制单元）
预期行为（模式）：
探测到信号丢失

车窗升降器的ECU连接器
失效起因：
因为霍尔效应传感器接触不良，未能将霍尔效应传感器发出的信号传递至ECU

图5-14 具有始终有效且将系统切换到减缓失效影响的监视功能的预期行为场景（3）

5. 失效影响

失效影响被定义为失效模式的后果。下图为示例（见图5-15）。

车窗升降系统
失效影响：
在舒适关闭模式下，没有防夹手保护功能
（在车窗玻璃和车窗框之间，可能会出现夹手或夹颈现象）

车窗升降器ECU（电子控制单元）
失效模式：
在车窗夹手情形下，没有发出车窗升降器电机停止和逆向操作的信号

车窗升降器的ECU连接器
失效起因：
因为霍尔效应传感器接触不良，未能将霍尔效应传感器发出的信号传递至ECU

图5-15 FMEA-MSR失效网（示例）

FMEA-MSR中的失效影响是指系统的故障行为或探测到故障原因后的预期行为。最终效果可以是"危险"或"不合规状态"，或者在探测和及时系统响应的情况下，可以是功能的丢失或退化的"安全状态"或"合规状态"。

FMEA-MSR表格中的"失效分析"示例（见表5-6）。

表5-6 FMEA-MSR表 步骤二至步骤四（示例）

结构分析（步骤二）		
1. 上一较高级别	2. 关注要素	3. 下一较低级别或特性类型
车窗升降系统	车窗升降器 ECU	车窗升降器的 ECU 连接器

功能分析（步骤三）		
1. 上一较高级别功能及要求	2. 关注要素功能及要求	3. 下一较低级别的功能及要求或特性
在舒适关闭模式下，提供防夹手保护功能	在车窗夹手情形下，发出车窗升降电机停止和逆向操作的信号	将霍尔效应传感器发出的信号传递至ECU

失效分析（步骤四）			
1. 对于上一较高级要素和/或最终用户的失效影响（FE）	失效影响的严重度（S）	2. 关注要素的失效模式（FM）	3. 下一较低级别的要素或特性的失效起因（FC）
在舒适关闭模式下，没有防夹手保护功能（在车窗玻璃和车窗框之间可能会出现夹手或夹颈现象）	10	在车窗夹手情形下，没有发出车窗升降器电机停止和逆向操作的信号	因为霍尔效应传感器接触不良，未能将霍尔效应传感器发出的信号传递至ECU

五、FMEA-MSR 步骤五：风险分析

1. FMEA-MSR"风险分析"的主要目标

- 分配现有和/或计划的控制措施，并对失效进行评级；
- 对频率评级分配理由；

第五章 监视及系统响应的补充 FMEA（FMEA-MSR）实施方法

- 分配监视控制措施；
- 分析功能安全和法规合规性的规定；
- 对每个失效链进行严重度、频率和监视评级；
- 顾客与供应商之间的协作（严重度和频率）；
- 评估措施优先级；
- 产品优化步骤的基础。

FMEA-MSR 中的风险分析旨在通过评估严重度、频率和监视来评估失效的风险，并对需要采取降低风险的措施进行优先排序。

2. 评估

失效模式、因果关系（失效链）通过以下三个标准评估。

严重度（S）：表示失效影响的严重程度。

频率（F）：表示在给定的运行情况下，车辆在预期使用寿命内发生失效起因的频率。

监视（M）：表示诊断监视功能的潜在探测度（探测失效起因、失效模式和/或失效影响）。

S、F 和 M 都是用 1 到 10 的数字作为评估分值，其中数字 10 代表最高风险。

单独检查这些评级并结合三个因素，可优先考虑降低风险的措施。

3. 严重度（S）

严重度评级是一种对所评估功能在既定失效模式下的最严重失效影响相关联的度量，并且 DFMEA 和 FMEA-MSR 的严重度评级是相同的。

严重度应使用"表 5-7 MSR1-补充 FMEA（FMEA-MSR）严重度（S）"中的标准进行估计。该表可以扩充，可以包括特定产品的示例。

表 5-7 MSR1-补充 FMEA（FMEA-MSR）严重度（S）

产品一般评估标准严重度（S）评价准则			
根据以下标准对潜在失效影响进行评级			空白，由使用人员填写
S	影响	严重度标准-DFMEA	公司或产品线示例
10	非常高	• 影响到车辆和/或其他车辆的操作安全、驾驶员、乘客、道路使用者或行人的健康状况	
9		• 不符合法规	
8	高	• 在预期使用寿命内，**丧失**正常驾驶所必需的车辆主要功能	
7		• 在预期使用寿命内，**降低**正常驾驶所必需的车辆主要功能	
6	中	• **丧失**车辆次要功能	
5		• **降低**车辆次要功能	
4		• 外观、声音、振动、粗糙度或触感令人感觉非常不舒服	
3	低	• 外观、声音、振动、粗糙度或触感令人感觉中度的不舒服	
2		• 外观、声音、振动、粗糙度或触感令人略微感觉不舒服	
1	非常低	• 没有可觉察到的影响	

注：表 MSR1-补充 FMEA（FMEA-MSR）严重度（S）与表 D1-DFMEA 严重度（S）相同。

根据表 5-7 的评价准则，严重度（S）评价步骤可以简单表述如下（见图 5-16）。

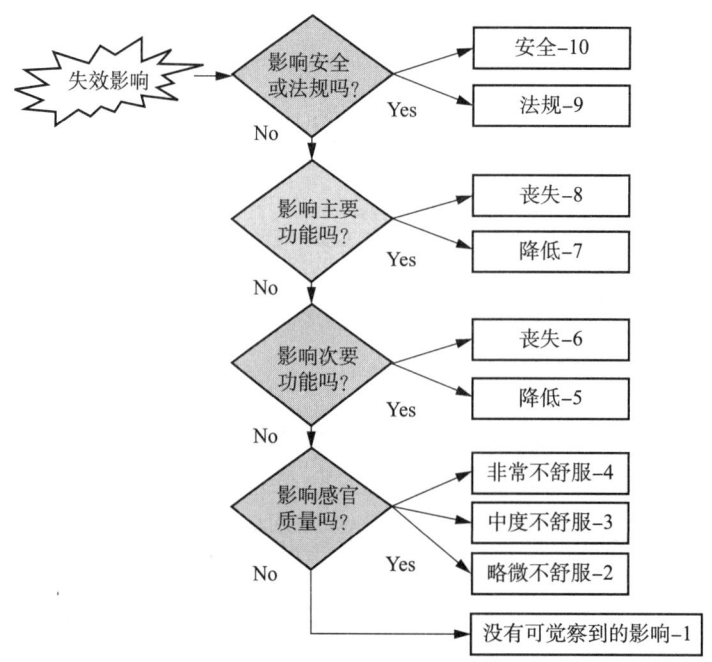

图 5-16　FMEA-MSR 严重度（S）评价步骤

FMEA 项目团队应就评估标准和评级体系达成一致，即使单个设计分析做了修改，该标准和体系也是一致的。

失效影响的严重度评估应按需要由顾客传递给组织。

4. 频率（F）

频率评级是指使用"表 5-8　MSR2-补充 FMEA（FMEA-MSR）频率（F）"中的标准，对在车辆或系统预期使用寿命内相关操作中发生失效起因的可能性的衡量。

表 5-8　MSR2-补充 FMEA（FMEA-MSR）频率（F）

产品的潜在频率（F）评价准则			
频率标准（F），用于在车辆预期使用寿命内与运行状况相关失效起因的估计频率			空白，由使用人员填写
F	估计频率	频率标准—FMEA-MSR	公司或产品线示例
10	极高或不能确定	在车辆预期使用寿命内，失效起因的发生频率未知，或已知很高而无法接受	
9	高	失效起因在车辆预期使用寿命内可能会出现（发生频率很高）	
8		在车辆预期使用寿命内，失效起因可能在车辆使用中经常出现	
7	中	在车辆预期使用寿命内，失效起因可能在车辆使用中频繁出现	
6		在车辆预期使用寿命内，失效起因可能在车辆使用中略微频繁出现	
5		在车辆预期使用寿命内，失效起因可能在车辆使用中偶尔出现	
4	低	在车辆预期使用寿命内，预计失效起因在车辆使用中极少出现。预计在使用中至少发生 10 次	
3	非常低	在车辆预期使用寿命内，预计失效起因在孤立事例的车辆使用中会出现。预计在使用中至少发生 1 次	
2	极低	在车辆预期使用寿命内，在应用预防及探测控制措施以及相似零件现场使用经验的基础上，预计失效起因在车辆使用中不会出现。不能排除孤立事例。没有证据表明这种现象不会发生	
1	不会出现	失效起因在车辆预期使用寿命内不会出现，或几乎排除这种可能。证据表明失效起因不会出现，其理由已进行记录	

相关操作条件占总操作时间的比例	F 可以随之降低的值
<10%	1
<1%	2

注：随着车辆数量的增加，可能性也随之增加，估计参考值为一百万台使用中的车辆。

如果失效起因并不总是导致相关联的失效影响，考虑暴露于相关运行条件的可能性，可以考虑调整评级。在这种情况下，运行情况和理由应在 FMEA-MSR 表中"频率评级的理由"列中说明。

示例：从使用现场数据知悉，控制单元有缺陷的频率以 ppm/年为单位，这可能导致 F = 3。研究中的系统为一种停车系统，与整个运行时间相比，该系统使用的时间较短。因此，只有在停车操作期间发生缺陷时才可能对人员造成伤害。因此，频率可降低到 F = 2。

5. 频率评级的理由

监视及系统响应的补充 FMEA 中，在使用寿命内，在顾客操作条件下，频率评级的理由是和现场发生失效的可能性相关。

最终用户操作的分析需要假设制造过程得到足够的控制（假设产品制造是合格的），以便评估设计的适用性。

频率评级的理由可基于以下的示例：

- 基于 DFMEA 结果的评估；
- 基于 PFMEA 结果的评估；
- 使用现场的退货和拒收产品数据；
- 顾客投诉；
- 保修数据库；
- 数据手册。

理由记录在 FMEA-MSR 表格的"频率评级理由"列中。

6. 当前的诊断监视

所有计划中的或已实施的能使系统或驾驶人探测到失效起因、失效模式或失效影响的控制，填入"当前的诊断监视"列中。

另外，应当对探测后的失效反应进行说明，例如提供默认值（前提是还没有对失效影响进行适当的说明）。

监视评估可及早探测到失效起因、失效模式或失效影响的可能性，以便在危险发生或达到不合规状态之前减缓初始失效影响，使结果在较低严重度的最终状态。

7. 监视（M）

监视评级是对在顾客操作期间探测故障/失效并应用故障响应来维持安全或合规状态的能力的度量。

监视评级涉及所有传感器、逻辑和人类感知的组合能力，旨在探测故障/失效，并对机械驱动和物理反应（可控性）改变车辆行为的方式作出响应。

为保持安全或合规的运行状态，需要在发生危险或不合规的影响之前进行故障探测和响应的排序。最终评级表明了维持安全或合规运行状态的能力。

假设是按照设计实现和测试监视，监视的有效性取决于传感器硬件的设计、传感器冗余以及采用的诊断算法。

监视的执行及有效性的验证应当属于开发过程的一部分，因此可在产品的相应 DFMEA 中进行分析。

要在评级前确定诊断监视和响应、故障处理时间间隔和容错时间间隔的有效性。ISO 26262-5：2018 附录 D 详细说明了诊断监测有效性的确定。

监视评级是在单个 FMEA 范围内的相对评级，并且是在不考虑严重度或频率的情况下确定的。

应使用"表 5-9 MSR3-补充 FMEA（FMEA-MSR）监视（M）"中的标准评估监视情况。可使用常见监视的示例来扩充该表。

FMEA 项目团队应就评估标准和评级体系达成一致，即使单个产品分析做了修改，该标准和体系也是一致的。

表 5-9 MSR3-补充 FMEA（FMEA-MSR）监视（M）

监视及系统响应（M）的评价准则				
在顾客操作中用于监视失效起因、失效模式和失效影响的监视标准（M）。在监视或系统响应中使用与最低效的标准相关的评级				空白，由使用人员填写
M	监视控制及系统响应的有效性	诊断监视/感知标准	系统响应/人体反应标准	公司或产品线示例
10	无效	在容错时段内，系统、驾驶员、乘客或维修技术人员根本无法探测或未探测到故障/失效现象	在容错时段内，没有反应	
9	非常低	在相关操作条件下，几乎从未探测到故障/失效现象。监视控制非常低效，具有很高的变化性和不确定性。诊断覆盖率低	在容错时段内，系统或驾驶员不能以可靠的方式对故障/失效进行反应	
8	低	在极少数的相关操作条件下，故障/失效能够被探测到。监视控制非常低效，具有很高的变化性和不确定性。诊断覆盖率预计低于 60%	在容错时段内，系统或驾驶员不能总是对故障/失效进行反应	
7	较低	在容错时段内，系统或驾驶员探测到故障/失效的概率低。监视控制非常低效，具有很高的变化性和不确定性。诊断覆盖率预计高于 60%	在容错时段内，系统或驾驶员对故障/失效进行反应的概率低	
6	中	只有在打开电源状态下，系统或驾驶员才能自动探测到故障/失效，探测时间的变化为中等程度。诊断覆盖率预计达到 90%	在多种操作条件下，自动化系统或驾驶员能够对探测到的故障/失效进行反应	
5		在容错时段内，系统能够自动探测到故障/失效，探测时间的变化为中等程度或者驾驶员可在多种操作条件下，探测到故障/失效。诊断覆盖率预计在 90%~97%	在很多种操作条件下，自动化系统或驾驶员能够对探测到的故障/失效进行反应	

续表

M	监视控制及系统响应的有效性	诊断监视/感知标准	系统响应/人体反应标准	公司或产品线示例
4	较高	在容错时段内,系统能够自动探测到故障/失效,探测时间的变化一般,或者驾驶员在大多操作条件下可以探测到故障/失效。诊断覆盖率预计高于97%	在容错时段内,自动化系统或驾驶员在大多操作条件下能够对探测到的故障/失效进行反应	
3	高	在容错时段内,系统能够自动探测到故障/失效,探测时间的变化很小,并且概率高。诊断覆盖率预计高于99%	在容错时段内,系统在大多操作条件下能够自动探测到故障/失效,系统反应的时间变差很小,并且概率高	
2	非常高	在容错时段内,系统能够自动探测到故障/失效,探测时间的变化很小,并且概率很高。诊断覆盖率预计高于99.9%	在容错时段内,系统能够自动探测到故障/失效,系统反应的时间变差很小,并且概率很高	
1	在消除原有的失效影响方面可靠并可接受	系统总是可以自动探测到故障/失效,诊断覆盖率预计大大高于99.9%	在容错时段内,系统总是能够对故障/失效进行自动反应	

区别三种不同监视/响应情况（见图5-17、图5-18、图5-19）。

(1) 不存在故障/失效监视

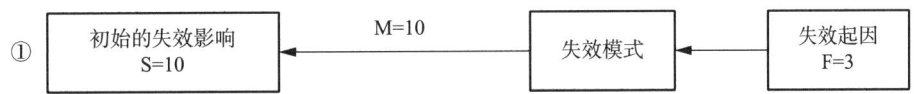

图5-17 未实施或未考虑适用的 FMEA-MSR 监视

如果不存在监视控制或在容错时段内未发生监视和响应,则监视应评为无效（M=10）。

(2) 可靠的故障/失效监视及系统响应

图5-18 FMEA-MSR 可靠的诊断监视

几乎消除了初始的失效影响,仅减缓的失效影响仍与产品或系统的风险评估相关。

仅在这一情况下,减缓的失效影响（FE）与措施优先级相关,而不是与原始的失效影响（FE）相关。

失效起因的监视评级及其相应的监视控制可取决于以下几个方面：
- 失效起因或失效模式的变差；
- 实现诊断监视的硬件的变差；
- 安全机制的执行时间安排（例如：仅在"通电"期间探测到失效）；
- 系统响应的变差；
- 人类感知和反应的变差；
- 其他项目的实施和有效性的知识（新颖性）。

根据这些变化或执行时间安排,除非 M=1 时,否则监视控制措施不被认为是可靠的。

(3) 不太可靠的故障/失效监视

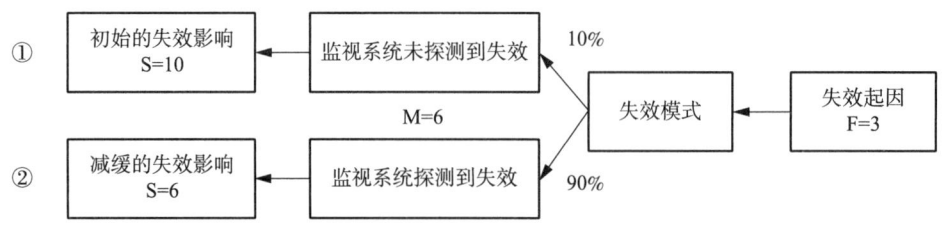

图 5-19 部分有效的 FMEA-MSR 诊断监视

初始的失效影响发生的次数较少,大多数的失效均能探测到,并且系统响应使失效影响降低,降低的风险用监测评级表示。在此情况下,最严重的失效影响仍为 S=10。

8. FMEA-MSR 的措施优先级(AP)

措施优先级是指在考虑严重度、频率和监视的情况下,确定需要采取措施优先顺序的一种方法。

这是通过 S、F、M 评级来完成的,其中这些评级为风险评估提供了依据。

表 5-10 FMEA-MSR 措施优先级表(AP 表)

FMEA-MSR 的措施优先级(AP)						
措施优先级是以严重度、频率以及监视评级的综合为基础的,是为了降低风险而对各项措施进行优先排序						
影响度	S	在车辆使用寿命内对发生失效起因的预测	F	监视有效性	M	措施优先级(AP)
对产品的影响度高	10	中—极高	5~10	可靠—无效	1~10	H
		低	4	较高—无效	4~10	H
				很高—高	2~3	H
				可靠	1	M
		非常低	3	较高—无效	4~10	H
				很高—高	2~3	M
				可靠	1	L
		极低	2	较高—无效	4~10	M
				可靠—高	1~3	L
		不会出现	1	可靠—无效	1~10	L
对产品的影响度高	9	低—极高	4~10	可靠—无效	1~10	H
		极低—很低	2~3	很高—无效	2~10	H
				可靠	1	L
		不会出现	1	可靠—无效	1~10	L

续表

影响度	S	在车辆使用寿命内对发生失效起因的预测	F	监视有效性	M	措施优先级（AP）
对产品的影响度较高	7~8	中—极高	6~10	可靠—无效	1~10	H
		中	5	较高—无效	5~10	H
				可靠—较高	1~4	M
		低	4	较低—无效	7~10	H
				较高—中	4~6	M
				可靠—高	1~3	L
		非常低	3	很低—无效	9~10	H
				较低—低	7~8	M
				可靠—中	1~6	L
		极低	2	较低—无效	7~10	M
				可靠—中	1~6	L
		不会出现	1	可靠—无效	1~10	L
对产品的影响度较低	4~6	高—极高	7~10	可靠—无效	1~10	H
		中	5~6	中—无效	6~10	H
				可靠—较高	1~5	M
		极低—低	2~4	很低—无效	9~10	M
				较高—中	7~8	M
				可靠—中	1~6	L
		不会出现	1	可靠—无效	1~10	L
对产品的影响度低	2~3	高—极高	7~10	可靠—无效	1~10	H
		中	5~6	较低—无效	7~10	M
				可靠—中	1~6	L
		极低—低	2~4	可靠—无效	1~10	L
		不会出现	1	可靠—无效	1~10	L
对产品的影响度很低	1	不会出现—极高	1~10	可靠—无效	1~10	L

注：如果 $M=1$，在确定 MSR 措施优先级时，应使用监视及系统响应后的失效影响严重度评级。
如果 $M \neq 1$，在确定 MSR 措施优先级时，应使用最初的失效影响严重度评级。

措施优先级（AP）的三个级别：

措施优先级（AP）	级别说明	采取措施的要求
优先级高（H）	评审和措施的最高优先级	团队**需要**识别适当的措施来降低频率和/或改进监视控制，或证明并记录为何当前的控制足够有效
优先级中（M）	评审和措施的中等优先级	团队**应当**识别适当的措施来降低频率和/或改进监视控制，或由公司自行证明并记录为何当前的控制足够有效
优先级低（L）	评审和措施的低优先级	团队**可以**识别措施来降低频率和/或改进监视控制

以上高、中、低三个措施优先级别共 39 种分类，其中：最高优先级（H）13 种、中等优先

级（M）11种、低优先级（L）15种。

注意：潜在的严重度为9~10且措施优先级为高（H）和中（M）的失效影响，建议至少应由管理层评审，包括对所采取的任何建议措施的评审。

需要强调的是，这不是对高、中、低风险的优先排序，而是对降低风险的措施的优先顺序。

为了在使用AP表时方便检索，也可以简化为一个矩阵表，下表仅作为参考（见表5-11）。

表5-11　FMEA-MSR措施优先级（AP）矩阵表

S/F/M 分类		严重度（S）																			
		10					9			7~8					4~6				2~3			1
频率（F）		5~10	4	3	2	1	4~10	2~3	1	6~10	5	4	3	2	1	7~10	5~6	2~4	1	7~10	5~6	2~4	1	1~10
监视（M）	9~10											H	H	M				M	M			M		
	7~8									H			H	M				H	M			M		
	6		H	H	M							M												
	5	H				L	H		L	H		M			L	H			L	H		L	L	L
	4												L	L					L						
	3											M												
	2		H	M	L			L																
	1		M	L			L																		

FMEA-MSR风险分析示例——当前风险评估表（见表5-12）。

表5-12　FMEA-MSR表　步骤二至步骤五（示例）

结构分析（步骤二）		
1. 上一较高级别	2. 关注要素	3. 下一较低级别或特性类型
车窗升降系统	车窗升降器ECU	车窗升降器的ECU连接器

⇩

功能分析（步骤三）		
1. 上一较高级别功能及要求	2. 关注要素功能及要求	3. 下一较低级别的功能及要求或特性
在舒适关闭模式下，提供防夹手保护功能	在车窗夹手情形下，发出车窗升降电机停止和逆向操作的信号	将霍尔效应传感器发出的信号传递至ECU

⇩

失效分析（步骤四）			
1. 对于上一较高级要素和/或最终用户的失效影响（FE）	失效影响的严重度（S）	2. 关注要素的失效模式（FM）	3. 下一较低级别的要素或特性的失效起因（FC）
在舒适关闭模式下，没有防夹手保护功能（在车窗玻璃和车窗框之间可能会出现夹手或夹颈现象）	10	在车窗夹手情形下，没有发出车窗升降器电机停止和逆向操作的信号	因为霍尔效应传感器接触不良，未能将霍尔效应传感器发出的信号传递至ECU

⇩

续表

补充FMEA（FMEA-MSR）风险分析（步骤五）								
频率评级的理由	失效起因的发生频率（F）	当前的诊断监视	当前的系统响应	监视（M）	系统响应后最严重的失效影响	在MSR之后失效影响的严重度（S）	在失效分析中初始失效影响的严重度（步骤四）	MSR AP	筛选器代码（可选）
根据×××标准将霍尔效应传感器和ECU进行连接的原理	2	无	车窗将在最大夹持力状态下关闭	10	在玻璃和车窗框之间可能会出现夹手或夹颈现象	10	10	M	

六、FMEA-MSR 步骤六：优化

1. FMEA-MSR"优化"的主要目标

- 确认降低风险的必要措施；
- 为实施措施分配职责并确定目标完成日期；
- 实施措施并将其文件化，包括对所实施措施的有效性的确认以及采取措施后的风险评估；
- FMEA-MSR 团队、管理层、顾客和供应商在潜在失效方面的协作；
- 为改进产品要求和预防/探测控制提供基础。

FMEA-MSR 优化的主要目的在于制定降低风险和提高安全性的措施。在此步骤中，团队将评审风险分析的结果并评估措施优先级。

2. 确定必要的措施

——中、高措施优先级可能表明需要技术改进。

——可通过引入更可靠的、可减少使用现场失效起因潜在发生的组件，或者引入额外的可提高系统探测能力的监视，实现改进。

——监视的引入类似于设计变更，失效起因的频率不会改变。同样，可通过引入冗余的方式来消除失效影响。

优化的最有效顺序如下：

- 修改组件的设计，以降低设计失效起因（FC）的频度（O）；
- 修改组件的设计，以降低操作条件下失效起因（FC）的发生频率（F）；
- 引入额外的监视（M）以提高系统探测失效起因（FC）或失效模式（FM）的能力。

——在设计修改的情况下，所有受影响的设计要素都要重新评估。

——在概念变更的情况下，FMEA 的所有步骤都要针对受影响的部分进行评审。这是必要的，因为初始分析是基于不同的设计概念，已不再有效。

如果团队决定不采取进一步措施，则在 FMEA-MSR 表"筛选器代码（可选）"或"备注"栏中填入"无进一步措施"，以表明已经完成风险分析。

3. 责任分配

——每个措施都应该有负责人和与之相关的目标完成日期。

——负责人应确保措施的状态保持更新。如果措施被确认，那么该负责人也要对措施的实施情况负责。

——应记录措施的实际完成日期，包括措施实施的日期。

——目标完成日期应切合实际（例如：按照产品开发计划、在过程确认之前、在生产开始之前）。

4. 措施的状态

措施的状态，建议分为以下几类：

开放的：没有措施被定义。

尚未决定（可选）：措施已经定义，但还没有决定，还在创建决策文件。

尚未执行（可选）：已对措施作出决定，但尚未执行。

执行中（可选）：已对措施作出决定，但尚在执行中，其有效性还未得到验证和记录。

已完成：措施已经被执行，其有效性已经被证明和记录，并已经进行了最终评估。

不执行：当决定不执行某项措施时，就是"不执行"状态。如果实践和技术限制超出当前能力，就会发生这种情况。

只有当FMEA-MSR团队评估了每一项的措施优先级，并接受风险水平或记录所有措施关闭时，FMEA-MSR工作才算完成。在生产开始（SOP）时发布FMEA之前，应记录所有措施的完成情况。

如果"不采取措施"，那么失效的风险就不会变化，措施优先级就不会降低。对于具有开环的措施（没有完成的措施），需以书面形式将其进行关闭。

5. 措施有效性评估

——当措施完成时，频率和监视值将重新评估，可能要确定一个新的措施优先级。

——新的措施将获得初步措施优先级评估，作为对有效性的预测。

——重新评估应基于采取的MSR预防和诊断监视措施的有效性，并且新的值应基于FMEA-MSR频率和监视评级表。

6. 持续改进

——FMEA-MSR是设计的历史记录。因此，一旦采取措施，初始严重度、频率和监视的评分将不会被修改。

——分析完成后将形成一个存储库，能够记录设计决策和设计改进的进展。

——然而，对于基础、系列或一般DFMEA，初始的严重度、频率和监视评级可能被修改，因为这些信息在特定应用中可被用作应用分析的起点。

7. FMEA-MSR团队、管理层、顾客和供应商之间针对潜在失效的协作

在技术风险分析进行期间和/或当FMEA-MSR初步完成时，FMEA-MSR团队、管理层、顾客和供应商之间可将相关人员聚在一起进行沟通和研讨，以提高他们对产品功能和失效的理解。这种方式可以使"如何降低风险"的知识得以传播。

8. 进行最新风险评估的 FMEA-MSR 优化表格示例

表 5-13 FMEA-MSR 表 步骤五至步骤六（示例）

补充 FMEA（FMEA-MSR）风险分析（步骤五）								
频率评级的理由	失效起因的发生频率（F）	当前的诊断监视	当前的系统响应	监视（M）	系统响应后最严重的失效影响	在 MSR 之后失效影响的严重度（S）	在失效分析中初始失效影响的严重度（步骤四）	MSR AP	筛选器代码（可选）
根据×××标准将霍尔效应传感器和 ECU 进行连接的原理	2	无	车窗将在最大夹持力状态下关闭	10	在玻璃和车窗框之间可能会出现夹手或夹颈现象	10	10	M	

补充 FMEA（FMEA-MSR）优化（步骤六）												
MSR 预防措施	诊断监视措施	系统响应	系统响应后最严重的失效影响	在 MSR 之后失效影响的严重度（S）	负责人姓名	目标完成日期	状态	采取基于证据的措施	完成日期	频率（F）	监视（M）	MSR AP	备注
无	在电机电流和霍尔效应传感器丢失信号之间采用真实性核查	禁用"舒适关闭"模式	失去便捷的"舒适关闭"功能。车窗仅在手动模式下升降	6	测试工程师王先生		已完成	通过 ECU 的真实性核查，在容错时段内，系统总是能够对故障/失效进行自动反应		2	1	L	

七、FMEA-MSR 步骤七：结果文件化

1. 将 FMEA-MSR "结果文件化" 的主要目标

- 对结果和分析结论进行沟通；
- 建立文件内容；
- 采取的措施文件化，包括对实施措施的效果进行确认，采取措施后进行风险评估；
- 在组织内部，以及与客户和/或供应商之间（如需）针对降低风险的措施进行沟通；
- 记录风险分析和风险降低到的可接受水平。

"结果文件化"步骤的目的是针对 FMEA 活动的结果进行总结和交流。

2. FMEA-MSR 报告

- FMEA-MSR 的范围和结果应当在报告中进行总结。
- 该报告可用作公司内部或公司之间的沟通使用。
- 当管理层、顾客或供应商要求时，该报告不是为了取代对 FMEA-MSR 细节的评审，而是 FMEA-MSR 团队和其他人员的总结，以确认每个任务都已完成，并评审分析结果。
- 文件的内容应满足组织、预期读者和利益相关方的要求，这一点很重要。具体细节可由各方商定。这样，还可以确保分析的所有细节和知识产权都由编制 FMEA 的公司保留。

- 文件的格式可根据具体公司而定。但是，报告应指出失效的技术风险，并将其视为开发计划和项目里程碑的一部分。

FMEA-MSR 报告可包括以下内容：

（1）相较于"项目计划"中的初始目标，说明一下最终状态。
- FMEA-MSR 目的——FMEA-MSR 的目的是什么？
- FMEA-MSR 任务——FMEA-MSR 的范围？
- FMEA-MSR 团队——参与人员清单？
- FMEA-MSR 工具——如何使用所采取的分析方法？
- FMEA-MSR 时间安排——FMEA-MSR 的截止日期？

（2）总结分析范围并识别新的内容。

（3）对功能是如何开发的进行总结。

（4）至少对团队确定的高风险失效进行总结，并提供一份具体的（S、F、M）评级表和措施优先排序的方法（如措施优先级表）。

（5）对采取的和/或计划中的措施进行总结（包括这些措施的状态），以解决高风险的失效。

（6）为进行中的 FMEA 改进措施制定计划、安排时间，并承诺完成。
- 对尚未确定的措施进行关闭，并做出承诺和时间安排。
- 承诺在操作条件下对 FMEA-MSR 进行评审和修订，以确保相对于最初的设计来说，分析是准确和完整的（例如：根据公司程序，由设计变更、纠正措施等引起的修订）。
- 承诺在"基础 FMEA-MSR"中找到"出差错的地方"，以便在将来适用时可以再次用于分析。

3. FMEA-MSR 报告的参考格式

FMEA-MSR 报告可包括以下"1~8"项的信息，本格式仅供参考。

（1）DFMEA 和 MSR 基本信息

设计失效模式及影响分析（设计 FMEA）					
策划和准备（步骤一）					
公司名称	×××公司	项目名称	（系统、子系统和/或组件）车窗升降系统		
工程地点	中国广州××区	DFMEA 开始日期	2020 年 8 月 18 日	DFMEA ID 编号	2021FX-5-DFMEA-01
顾客名称	GHAC	DFMEA 修订日期	××××年××月××日	设计责任人	张××
年型/项目	2021FX-5	跨职能团队	参见 DFMEA 和 MSR 团队成员及职责表	保密级别	保密

（2）FMEA-MSR 项目计划

FMEA-MSR 应用情形	项目名称	FMEA-MSR 目的	FMEA-MSR 任务	FMEA-MSR 团队成员及职责	FMEA-MSR 工具	FMEA-MSR 时间安排
新设计	车窗升降系统	针对系统的安全性和合规性风险，增加额外的监视和探测，消除（或预防）初始影响，并将其替换为新的、不太严重的影响	完成 ECU 车窗升降器 FMEA-MSR	参见 DFMEA 和 MSR 团队成员及职责表	方块图/边界图/树形图 FMEA－MSR 电子表格	2020 年 8 月 18 日至 2020 年 10 月 26 日（与产品开发的 APQP 计划时间相符）

(3) DFMEA 和 MSR 团队成员

DFMEA 和 MSR 团队成员					
核心团队成员完成 DFMEA 和 MSR 系统分析（步骤一至步骤六）并参加 FMEA 会议。扩展团队成员根据需要参与（由 DFMEA 推进者或会议组织人协调）DFMEA 和 MSR 不同阶段的活动					
核心团队成员					
姓名	来自部门	职位	团队角色	电话	电子邮箱
	开发部	项目经理	DFMEA 管理者		
	开发部	项目工程师	DFMEA 技术主管		
	开发部	设计工程师	DFMEA 推进者		
	开发部	设计工程师	核心成员		
	开发部	系统工程师	核心成员		
	开发部	零件工程师	核心成员		
	工程部	测试工程师	核心成员		
	质量部	质量工程师	核心成员		
扩展团队成员					
姓名	来自部门	职位	团队角色	电话	电子邮箱
	外聘	技术专家	扩展成员		
	工程部	过程/制造工程师	扩展成员		
	工程部	维修工程师	扩展成员		
	工程部	功能安全工程师	扩展成员		
	采购部	采购	扩展成员		
		供应商	扩展成员		
		顾客代表	扩展成员		

(4) 总结分析范围并确认新的内容

(5) 对功能是如何开发的进行总结

(6) 对高风险失效项目及其采取措施情况的总结

高风险失效项目及其采取措施情况的总结(附：S、F、M 评级表和措施优先级 AP 表)

结构分析（步骤二）			功能分析（步骤三）			失效分析（步骤四）			
1. 上一较高级别	2. 关注要素	3. 下一较低级别或特性类型	1. 上一较高级别功能及要求	2. 关注要素功能及要求	3. 下一较低级别的功能及要求或特性	1. 对于上一较高级别要素和/或最终用户的失效影响（FE）	失效影响的严重度（S）	2. 关注要素的失效模式（FM）	3. 下一较低级别要素或特性的失效起因（FC）

DFMEA 风险分析（步骤五）和 DFMEA 优化（步骤六）											
对失效起因的当前预防控制（PC）	失效起因的频度（O）	对失效起因/失效模式的当前探测控制（DC）	失效起因/失效模式的探测度（D）	DFMEA 措施优先级（AP）	筛选器代码（可选）	负责人姓名	目标完成日期	状态	采取基于证据的措施	完成日期	备注

DFMEA 当前的控制措施

DFMEA 优化

FMEA-MSR 风险分析（步骤五）和 FMEA-MSR 优化（步骤六）										
频率评级的理由	失效起因的频度（F）	诊断监视和系统响应	监视（M）	MSR 措施优先级	筛选器代码（可选）	负责人姓名	目标完成日期	状态	采取基于证据的措施	完成日期	备注

FMEA-MSR 当前的控制措施

FMEA-MSR 优化

（7）后续措施计划安排

- 对尚未确定的措施进行关闭，并做出承诺和时间安排：

- 承诺在操作条件下对 FMEA-MSR 进行评审和修订：

- 对"基础 FMEA-MSR"（如果有）进行评审和更新：

（8）顾客和/或供方的参与和支持

DFMEA 管理者签署：
DFMEA 和 MSR 团队成员签署：

报告完成日期：

八、FMEA-MSR 的使用表格

FMEA-MSR 标准表格见表 5-14。FMEA-MSR 备选表格见表 5-15。

表5-14 FMEA-MSR标准表格

监视及系统响应的补充FMEA（FMEA-MSR）

公司名称：
工程地点：
顾客名称：
车型/项目：

项目：
DFMEA开始日期：
DFMEA修订日期：
跨职能团队：

DFMEA ID编号：
设计责任人：
保密级别： □商业应用 □专有 □保密

设计失效模式及影响分析（设计FMEA）

策划和准备（步骤一）	结构分析（步骤二）			功能分析（步骤三）			失效分析（步骤四）			DFMEA风险分析（步骤五）							DFMEA优化（步骤六）					
	1.上一较高级别	2.关注要素	3.下一较低级别或特性类型	1.上一较高级别功能及要求	2.关注要素功能及要求	3.下一较低级别功能及要求或特性	1.对于上一较高级别要素和/或最终用户的失效影响（FE）	失效影响的严重度（S）	2.关注要素的失效模式（FM）	3.下一较低级别要素或特性的失效起因（FC）	对失效起因当前预防控制（PC）	失效起因的频度（O）	对失效起因或失效模式的当前探测控制（DC）	失效起因或失效模式的探测度（D）	DFMEA措施优先级（AP）	筛选器代码（可选）	DFMEA预防措施	DFMEA探测措施	负责人姓名	目标完成日期	状态 采取基于据的措施	完成日期	严重度（S）	频度（O）	探测度（D）	DFMEA AP	备注

补充FMEA（FMEA-MSR）风险分析（步骤五）

| 频率评级的理由 | 失效起因的发生频率（F） | 当前的诊断监视 | 当前的系统响应 | 监视（M） | 在系统响应后失效影响最严重的失效影响的严重度（S） | MSR措施AP中在失效分析后初始失效影响严重度（步骤四） | 筛选器代码（可选） | MSR诊断监视措施 | MSR预防措施 | 系统响应措施 |

补充FMEA（FMEA-MSR）优化（步骤六）

| 负责人姓名 | 目标完成日期 | 状态 采取基于据的措施 | 完成日期 | 频率（F） | 监视（M） | 在系统响应后失效影响最严重的失效影响的严重度（S） | MSR AP | 备注 |

持续改进 — 历史变更授权（适用时）问题#

第五章 监视及系统响应的补充FMEA（FMEA-MSR）实施方法

表5-15 FMEA-MSR备选表格

设计失效模式及影响分析（设计FMEA）

策划和准备（步骤一）		
公司名称：	项目：	页码：
工厂地点：	DFMEA开始时间：	DFMEA ID编号：
顾客名称：	DFMEA修改日期：	设计责任人：
年型/平台：	跨职能团队：	保密级别：

结构分析（步骤二）		
1.上一较高级别	2.关注要素	3.下一较低级别或特性类型

功能分析（步骤三）		
1.上一较高级别功能及要求	2.关注要素功能及要求	3.下一较低级别功能及要求或特性

失效分析（步骤四）				DFMEA风险分析（步骤五）和DFMEA优化（步骤六）			FMEA-MSR风险分析（步骤五）和FMEA-MSR优化（步骤六）				DFMEA优化和DFMEA优化（步骤六）					
历史／变更授权（适用时）	问题 #	1.对上一较高级别要素和/或最终用户的失效影响(FE)	失效影响的严重度(S)	2.关注要素的失效模式(FM)	3.下一较低级别要素或特性的失效起因(FC)	当前对失效起因的预防措施(PC)	失效起因的频度(O)	当前的失效起因/失效模式的探测措施(DC)	失效起因/失效模式的探测度(D)	DFMEA措施优先级	筛选器代码（可选）	负责人姓名	目标完成日期	状态	采取基于证据的措施	完成日期	备注
						DFMEA当前的控制措施											
						DFMEA优化											

频率评估的理由	失效起因的频率(F)	诊断监视和系统响应	监视(M)	MSR措施优先级	筛选器代码（可选）	负责人姓名	目标完成时间	状态	采取基于证据的措施	完成日期	备注
FMEA-MSR当前的控制措施											
FMEA-MSR优化											

提示：这一行可以隐藏

第六章
FMEA总结和其他特定应用说明

- FMEA总结
- 基于失效模式的设计评审
- 标准件如何应用FMEA
- 检验过程如何应用PFMEA
- 返工/返修的FMEA、控制计划和作业指导书

微·信·扫·码
加入"定期免费读者沙龙"群
有机会获取本书配套资源
◎数字内容　◎配套音频
◎视频课程　◎作者答疑

第一节　FMEA 总结

一、FMEA 的成功有赖于高层管理者的重视和支持

FMEA 的成功有赖于管理者特别是高层管理者的重视和支持。

对汽车行业来说，FMEA 在企业内是一项重要的活动。FMEA 的开发是一项多学科活动，影响整个产品的实现过程，在执行时需要花费很好的策划才能达到更好的效果。这个过程需要花费相当多的时间并耗费所需资源，但更重要的是过程所有者和高层管理者的承诺。

AIAG 第四版 FMEA 手册已经强调，管理层是 FMEA 过程的拥有者。管理层承担选择和应用资源以及确保有效管理风险的最终责任。管理层职责还包括以评审、消除障碍和总结教训等方式给小组提供直接支持。从根本上讲，管理层有责任和权利进行开发和维护 FMEA。

AIAG & VDA FMEA 手册在"1.3.2 高层管理者的承诺"中也强调，产品和过程拥有者的积极参与和高层管理者的承诺对成功实施 FMEA 很重要。高层管理者负责 FMEA 的应用，并最终负责接受 FMEA 中确定的风险和风险最小化措施。

但是在现实中，很多企业管理者宁可承担返工、返修、报废、退货、索赔的损失，也不愿意多投入一些时间和资源去做事前 FMEA 预防，没有认识到 FMEA 的价值，不能不说，这也是管理者所欠缺的能力之一。

二、FMEA 是一项系统工程

FMEA 是一项系统工程，不能一蹴而就，一劳永逸。

虽然 AIAG 和 VDA 以及 IATF 一直在整个汽车行业推动 FMEA，FMEA 方法也被不断地改进和更新，但是能用好 FMEA 的企业还是非常少。

众多企业都是为了应对顾客要求的 PPAP 提交、IATF16949 认证审核、顾客的审厂，认为经过 PPAP 批准了、IATF16949 认证审核通过了、顾客审厂通过了就没有问题了，于是将 FMEA 束之高阁，直到下次审核时再使用。

试想，我们提交 PPAP 文件给顾客的工程部门或供应商质量工程师（SQE），这些工程师一天很忙，自己的事情都处理不完，哪有时间细看供应商的 FMEA 呢？况且他们对供应商的制造过程也没有那么熟悉和专业，所以只能粗略看看就审核通过了；认证审核或者顾客审厂也是一样，审核老师的时间安排是很紧的，没有时间逐项去看你的 FMEA，只能看看主要内容，如方块图/边界图、结构树、过程流程图、安全特性、特殊特性等在 FMEA 中的联系和体现，最多给你提出一两个问题就算通过了。

所以归根结底，是我们发自内心对 FMEA 的认识和需要，而不是为了应对审核的需要。我们需要有计划地展开 FMEA 的分析和研究，以及定期跟踪、评审和维护。

在 AIAG & VDA FMEA 手册中，DFMEA 强调系统要素和零部件的各层级逻辑结构和关联，强调每个关注要素分析的前后连接；PFMEA 要求对所有的制造过程、过程步骤都要进行分析，过程工作要素要从 4M/5M1E 角度分析。有些企业的产品由十几个甚至几十零部件组成，一个零件有多个功能，一个功能有多项要求，一项要求有多个失效模式，一个失效模式可能又由多个原因引起，完整地做好 DFMEA 和 PFMEA，工作量是相当大的。所以说，FMEA 是一项系统工程。

虽然 FMEA 是事前的行为，不是事后的行动，但是如果之前的产品设计和过程设计没有认真地、科学地、完整地进行 FMEA 并形成文件，那么，亡羊补牢，犹未为晚。

因此，针对现有的已经批量生产产品的 DFMEA 和 PFMEA，建议重新评审、分析和讨论，

以期通过 FMEA 的应用，改进产品和过程，提高产品合格率，使顾客满意。以下的几点可供参考：

- 由管理者主导，特别是高层管理者的支持和参与；
- 成立 DFMEA 团队和 PFMEA 团队；
- 管理者和团队成员共同参加 FMEA 方法的学习和培训；
- 选择公司有代表性的一个产品（该产品已批量生产），列出 DFMEA 和 PFMEA 项目清单；
- 制定一个时间计划（不要急于求成，可以计划 3 个月或更长时间内完成，安排每周 3~4 小时的会议讨论，3 个月内至少有 36 小时）；
- 按"七步法"完成 DFMEA 和 PFMEA；
- 反向/逆向 FMEA，对 FMEA 中所有失效模式进行在线评审，关注与验证是否所有失效模式都有了恰当的控制方法（预防控制和探测控制），并且能有效地运作。

实施 FMEA，应遵循以下规范：

- 明确，即用严格准确的技术术语描述潜在的失效模式，使团队能够评估失效起因和可能产生的影响。描述应避免产生误解，避免使用带有情绪的词语（如危险、不可容忍、不负责任等）。
- 真实，应准确描述潜在失效的影响（如产生异响、不能转向、无法制动等）。
- 合理，失效起因应合理，不考虑极端事件（如道路上的落石、制造厂断电等）。当通过系统方法（包括头脑风暴、专家判断、现场报告、使用案例分析等）进行记录时，因感知、判断或各种行为相关的不当使用导致的失效应被视作可预见。蓄意不当使用（如故意操作和破坏）导致的失效不予考虑。
- 完整，不应对可预见的潜在失效进行隐瞒。担心创建一个准确有效的 FMEA 文件会泄露太多的知识经验，不能作为 FMEA 文件不完整的正当理由。完整性是指被分析产品/过程的整体性（系统要素和功能）。然而，应根据所涉及的风险的具体情况来确定描述的详细程度。

FMEA 怎样才算完成？

值得提出的问题是，"FMEA 何时完成？""FMEA 的每一栏或每一步骤都填好后是否就完成了？"答案是否定的。FMEA 不是填写完 FMEA 电子表格或软件的各个栏或步骤就完成了。

当 FMEA 团队根据风险优先级推荐并执行了特定的措施时，FMEA 是否完成？答案是不一定。当所有的行动都已执行时，FMEA 并不一定是完成的。

当每个 FMEA 建议的措施被执行后，FMEA 小组在已采取的措施栏或步骤中输入已采取的措施，并对 S、O 和 D 重新评分。如果重新评分的 S、O 和 D 的组合所代表的风险降低到公司认为可接受的水平，此项改进就完成了；如果重新评分的 S、O 和 D 所代表的风险不被认为是可接受的，FMEA 小组继续建议并执行降低风险的措施，直到达到可接受的风险水平。

当所有 FMEA 建议的行动都已执行，重新评分的 S、O、D 和 AP 达到了可接受的风险水平，并得到 FMEA 团队和管理层的同意时，才算完成了本阶段的 FMEA。

FMEA 是一份动态文件，FMEA 不是一劳永逸的事，随着量产后内部和外部出现的故障或失效，必须重新评审、修订和不断完善。

三、FMEA 的评审和修订时机

新技术开发、新要求、产品召回和使用现场失效可能会变更设计和/或过程。在这种情况下，可能需要对 FMEA 进行评审或修订。

出现以下情况时，可以在生产开始后进行修订：

- 设计或过程变更；

- 运行条件变更；
- 要求变更（法律、规范、顾客、技术变更）；
- 质量问题（工厂经验、零公里质量、使用现场问题、内部/外部投诉）；
- 危害分析和风险评估变更；
- 产品监视过程中发现问题；
- 经验教训。

四、基础 FMEA 和家族 FMEA

AIAG & VDA FMEA 手册"1.3.6 基础 FMEA 和家族 FMEA"提出了事先做出一个基础 FMEA 或分产品系列的家族 FMEA，可以更经济有效地为后续新产品、新过程的应用节省时间和成本。

建议创建和使用基础 FMEA 和家族 FMEA，为新的分析提供基础信息。这些可选实践提供了利用经验和知识的最大机会，确保在产品生命周期内积累知识，并且不会重复先前的问题（吸取经验教训）。

基础 FMEA（也称作一般、基准、模板、核心、母版或最佳实践 FMEA 等）包含了组织先前开发过程中积累的知识，可为创建新的 FMEA 提供基础。基础 FMEA 不针对某个具体项目，因此，允许对需求、功能和措施进行笼统的概述。

家族 FMEA 是基础 FMEA 的具体化。通常，企业会开发包含共同或一致产品边界和相关功能（一个产品系列）的产品，或开发包含一系列操作的过程来生产多个产品或零件。在这种情况下，合适的做法是创建一个涵盖同一产品系列下所有产品的家族 FMEA。

对于正在开发的新产品或过程，使用家族 FMEA 或基础 FMEA 方法时，团队应识别和专注分析现有的产品和新产品、新过程或应用之间的差异。从家族 FMEA 或基础 FMEA 获得的信息和评级，应根据具体的使用案例和已知应用经验进行严格检查。

五、应用新版 FMEA 的过渡策略

新版 FMEA 手册"1.3.5 过渡策略"中提到，使用 AIAG FMEA 第四版和 VDA 版本"产品和过程 FMEA"制作的现有 FMEA 可以保持原有格式并用于后续版本修订。同时强调，组织应仔细规划从当前的 FMEA 过程和方法过渡到新的 AIAG & VDA FMEA 过程和工具。

现有的"产品和过程 FMEA"，如果没有重大的设计变更或过程变更，可以继续保留沿用；如果只是微小变更，在原来的 FMEA 中修订即可，并不要求将原来的 FMEA 转换成新版的形式。

但是，如果是新项目，除非企业管理者和顾客特定要求（CSR）要求采用不同的方法，新项目应遵循新版手册中介绍的 FMEA 方法。新项目遵循此方法的过渡日期和项目里程碑应由企业根据顾客的具体要求确定。

所以，AIAG 和 VDA 都没有提出具体的过渡时间期限表，而是由企业根据自己的新项目以及顾客的要求去确定何时以及哪个项目开始采用新版 FMEA 方法。

当然，如同前面提到的，企业也可以自觉地采用新版 FMEA 方法建立一个有代表性产品的 FMEA 或基础 FMEA 和家族 FMEA，及时采用新技术、新方法改进产品设计和过程设计。

六、逆向/反向 PFMEA

1. 什么是逆向（反向/主动式）PFMEA

逆向 PFMEA 是对 FMEA 团队所制定的 PFMEA 文件中所有失效模式的在线评审，关注与验证是否所有失效模式具有了恰当的控制方法（预防控制、探测控制），并有效地运作。

2. 逆向 PFMEA 的目的

逆向 PFMEA 是通过对所有失效模式的在线评审来获取实际信息，据此支持 PFMEA 评审和

风险降低活动的一个工具。此评审尝试去发现PEMEA或DFMEA中未予考虑的新的潜在失效模式，同时根据实际数据验证频度和探测度的评级，并确认PFMEA中优化措施的有效性，从而完善PFMEA。

3. 逆向PFMEA的开展流程

逆向PFMEA的开展流程如图6-1所示。

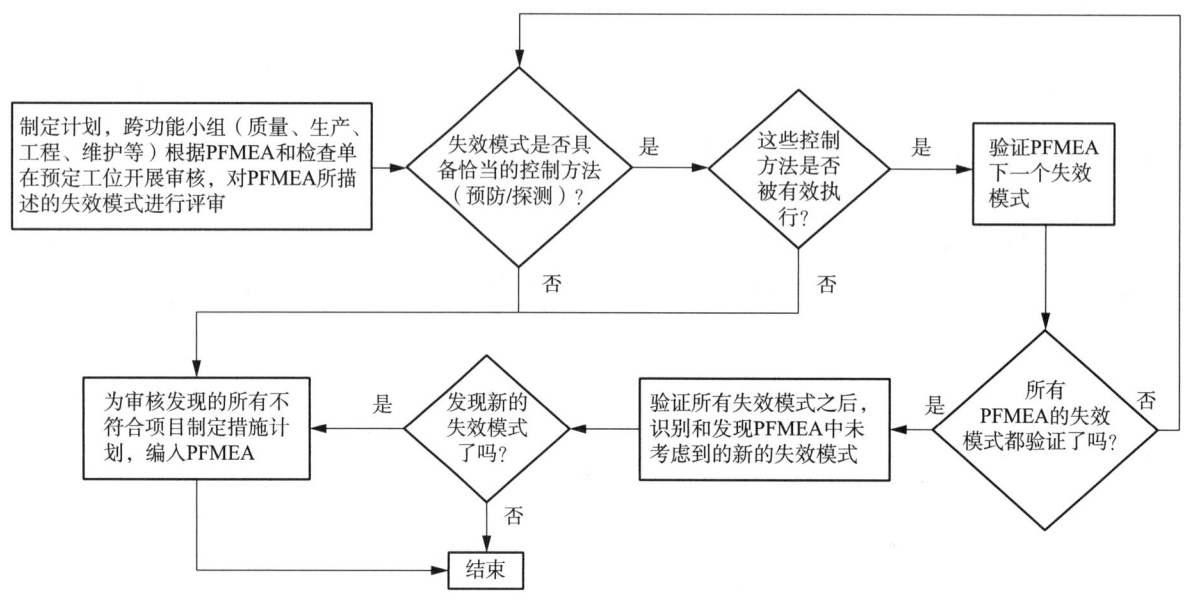

图6-1 逆向PFMEA的开展流程

逆向PFMEA是通用汽车BIQS-4提出的要求，并且提供了一个逆向PFMEA检查单（见表6-1），以下检查清单可作为参考，企业可在此基础上修订或增加需要的内容。

表6-1 逆向PFMEA检查清单

逆向PFMEA检查清单		编号：		
		第1页 共1页		
零件名称/编号：				
生产线： 工位号：		过程描述：		
1	该组件是否装错	Yes No		
	如何装错（如上下、左右位置颠倒）			
	有无检测组件的程序安装错误	Yes 操作工位	Yes 线下	无工厂检测
	描述检测方法并说明在操作工位有执行			
2	能否检测出遗漏组件	Yes 操作工位	Yes 线下	无工厂检测
	描述检测方法并说明在操作工位有执行			
3	类似的但不正确组件能否安装	Yes No		
	有无检测类似的但不正确组件安装的方法	Yes 操作工位	Yes 线下	无工厂检测
	描述检测方法并说明在操作工位有执行			

续表

逆向 PFMEA 检查清单			编号：		
			第 1 页 共 1 页		
零件名称/编号：					
生产线：		工位号：	过程描述：		
4	有无零件落下且卡在生产线上的可能（额外组件）		Yes No		
	有无检测落下零件的方法		Yes 操作工位	Yes 线下	无工厂检测
	描述检测方法并说明在操作工位有执行				
5	破损组件能否安装		Yes No		
	有无检测破损组件的方法		Yes 操作工位	Yes 线下	无工厂检测
	描述检测方法并说明在操作工位有执行				
6	有没有定义污染问题（零件仓储、垫板清洁等）		Yes 操作工位	Yes 线下	无工厂检测
	描述检测污染的方法并说明在操作工位有执行				
7	返工工位能否安装该组件		Yes No		
	在返工工位有无完成 RFMEA（返工 FMEA）		Yes No		
8	有无要求安装工具		Yes No		
	有无使用		Yes No		
9	RFMEA 级别（选择一个）		绿色	黄色	红色
10	设备会不会损坏组件		Yes No		
11	操作工有无遵循作业指导书		Yes No		
执行人：					
PFMEA 评级的定义：					
绿色：零件在加工时，在操作工位对其进行检测。未经检测的故障件不允许离开操作工位					
黄色：零件在工厂内进行检测。未经检测的故障件可离开操作工位。发货前在线下进行问题检测（如试验台）					
红色：没有检测方法。未经检测的故障件可离开操作工位。在发货前也无任何检测					

七、DFMEA、特殊特性清单、过程流程图、PFMEA、控制计划、作业指导书之间的联系

在产品质量先期策划（APQP）或设计开发过程中，产品设计输入、DFMEA、特殊特性清单、过程流程图、PFMEA、控制计划、作业指导书各环节的先后顺序如图 6-2 所示。

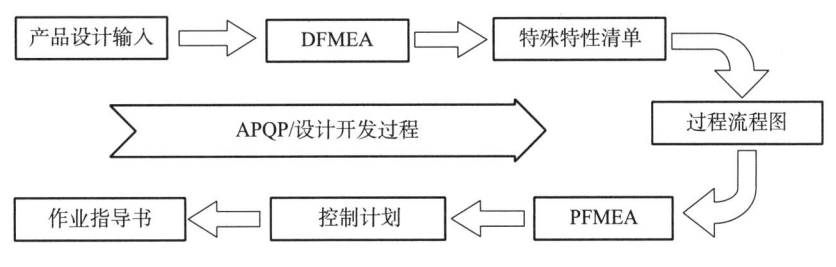

图 6-2 FMEA 在 APQP 中的关系图

DFMEA、特殊特性清单、过程流程图、PFMEA、控制计划、作业指导书的关联如图 6-3 所示。

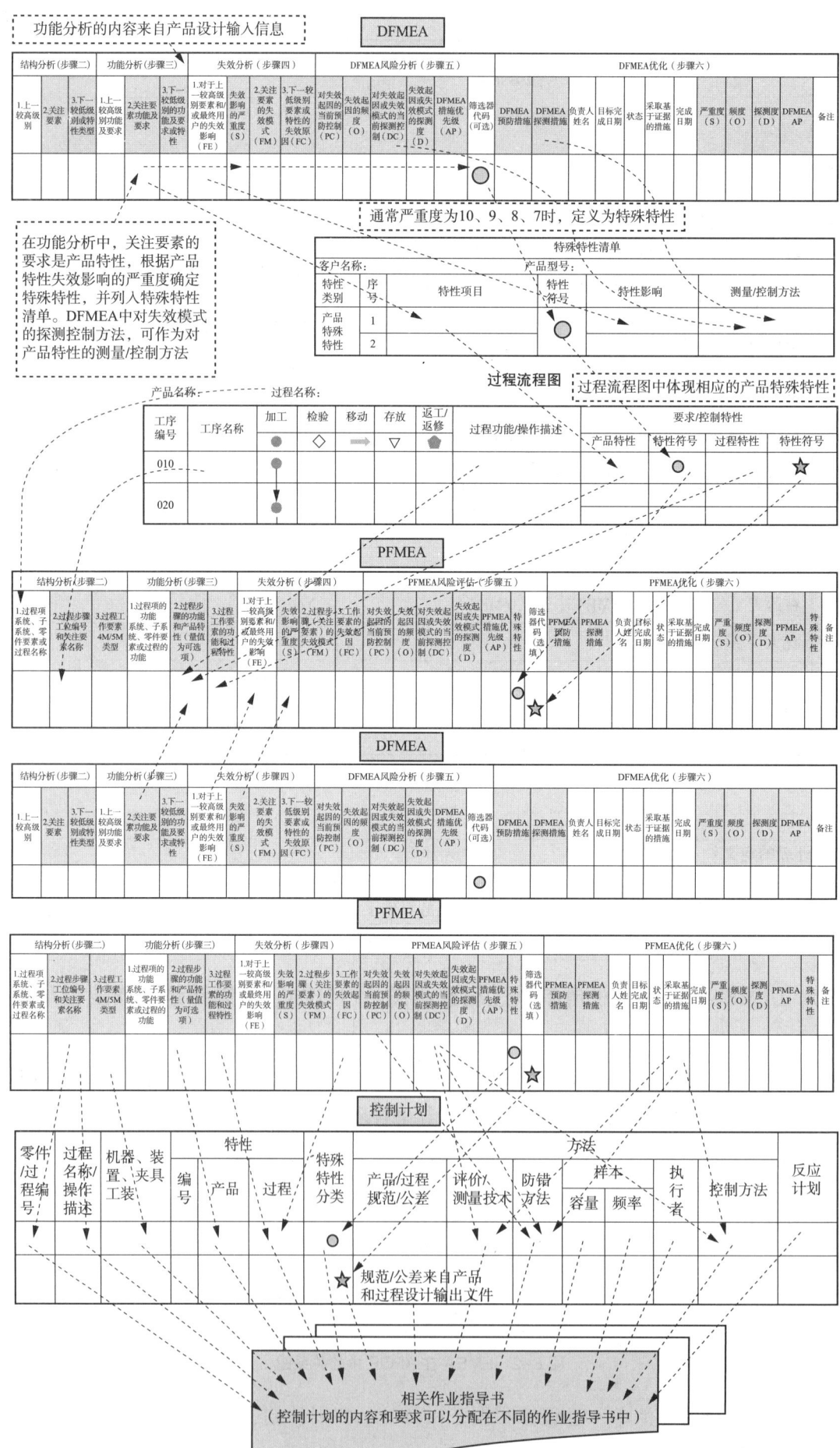

图 6-3 DFMEA、特殊特性清单、过程流程图、PFMEA、控制计划、作业指导书的关联

从上面的图示我们可以看到，策划的所有活动和措施最终都是要分配到相关作业指导书中去实施和落实。

八、顾客和供应商之间的协作（严重度）

FMEA 风险分析的结果是顾客和供应商对技术风险达成的一致理解。协作的方法可以是口头报告也可以是正式报告。共享的信息量取决于项目的需要、公司政策、合同协议等，共享的信息内容取决于公司在供应链中的位置（见图 6-4）。

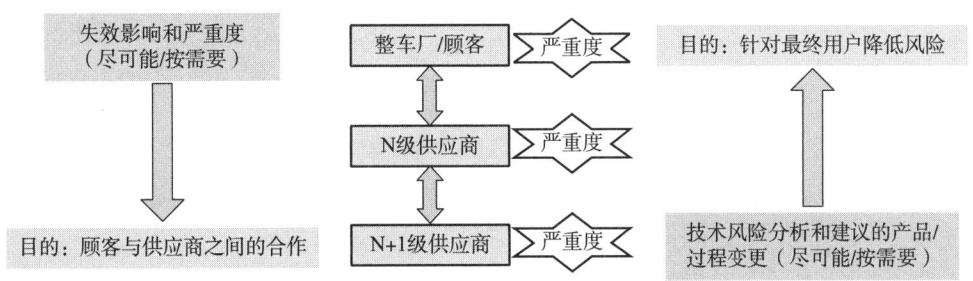

图 6-4 顾客和供应商之间的严重度传递

下面列出了一些示例：

——OEM 可将整车级 DFMEA 的设计功能、失效影响和严重度与一级供应商的 DFMEA 进行比较。

——一级供应商可将子系统 DFMEA 的设计功能、失效影响和严重度与负有设计责任的二级供应商进行比较。

——一级供应商以产品图纸和/或规范或其他方式传达有关产品特性的必要信息，包括对标准或特殊特性和严重性的指定。此信息用作二级供应商的 PFMEA 以及一级供应商内部 PFMEA 的输入。

——当设计团队传达"产品特性超出规范"的相关风险时，过程团队可以在制造过程中建立适当水平的预防和探测控制。

第二节　基于失效模式的设计评审（DRBFM）

一、什么是 DRBFM

DRBFM（Design Review Based on Failure Mode），是指基于失效模式的设计评审，是一种针对设计更改进行失效分析的基础上实施设计评审的系统化的分析方法。

DRBFM 可用于产品设计优化或改进型产品，也可以用于 PPAP 后的产品设计更改评审。

DRBFM 不是一般的设计开发评审，也不是对设计工作的确认与检查。

DRBFM 是一种将失效模式及影响分析（FMEA）与设计评审结合起来的方法，目的是通过评审设计"变更点"，将研发过程的设计信息进行充分沟通和交流，从而尽早发现问题并进行预防。

DRBFM 是由日本九州大学的吉村达彦先生在丰田公司开发并成功运用的管理方法，旨在提高产品开发的质量和可靠性。

DRBFM 关注对设计变更的分析，将 FMEA 与设计评审有效地结合在一起，并通过与成熟设计的对比分析，充分地识别出设计变更对产品功能、可装配性、性能和/或耐久性的影响及潜在失效，有效地分析失效的根本原因并制定改进措施。

许多产品并非全新设计开发所得，是基于现有设计的修改或者改型引用，而很多的失效则直接来源于"变更"带来的影响。基于失效模式的设计评审是一种聚焦在组织内及各层级供应链之间对贯穿于产品设计过程中的所有产品工程及过程变更进行深入分析及管控的系统过程，以尽可能在前端工程阶段清晰地识别、评审、定义变更的影响并采取相应措施，以避免在批量生产后因这些影响而再做变更。

影响到质量、成本、设计、验证、确认、服务、制造（组织内及供应商）以及交付等的活动都应在DRBFM活动中进行考虑。为此，美国汽车工业行动集团AIAG出版了CQI-24 DRBFM手册，使汽车工业DRBFM活动标准在AIAG手册与SAE J2886 DRBFM实施指南得到了融合。

二、DFMEA与DRBFM的关系

DRBFM与DFMEA都是产品开发中有效的风险管理方法，它们有着紧密的关系，可以说DRBFM是DFMEA的概念延伸。但是DRBFM更适合用于设计变更的分析过程，相对于DFMEA，它在花费更少工作量的同时，同样能够有效地降低产品开发失效率。

在当今汽车工业中，企业更多的是应用产品平台升级，对现有产品进行设计优化等改型项目来实现降本增效的目的。随之而来的设计变更则会给整个开发过程带来风险，需要运用DRBFM确保潜在失效得到考虑并得以解决。同时，在企业的质量管理体系中，DRBFM的分析结果可及时反馈给成熟产品平台的DFMEA，作为一种有效的知识管理手段。因此，DRBFM可以说是DFMEA的有力补充。DRBFM与DFMEA的关系如图6-5所示。

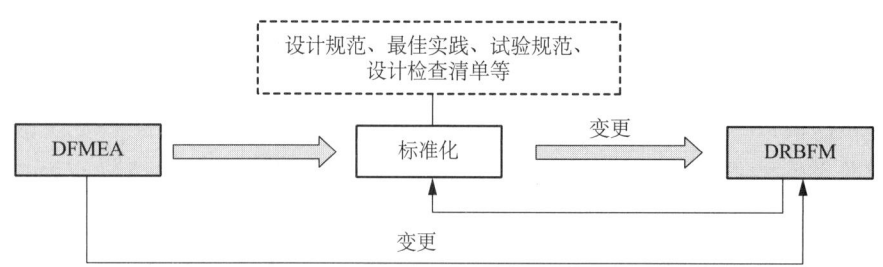

图6-5 DFMEA与DRBFM的共存关系

在大多数情况下，公司进行DFMEA只针对全新的系统或产品，但事实上真正全新的系统或产品是没有的，多数设计都是工程师在现有的产品或技术的基础上的改进，这就不需要完整的FMEA活动，只需要执行DRBFM进行设计变更管理。

如果没有设计指导或同类产品已完成的DFMEA参考，应先对全新的设计进行DFMEA，这种情况通常是建立DFMEA的基础数据库，进一步实现设计标准化。

在新的设计指导或DFMEA数据库的情况下，一些改型的产品可以使用DRBFM。当然，最终还是要形成标准化以指导新一代产品的设计开发。

三、DRBFM的核心原则

DRBFM成功地贯彻了吉村达彦提出的丰田生产力问题预防哲学理念，并将该理念中的"GD"作为其核心原则。

1. GD1：Good Design 好的设计

好的设计是一种稳健性设计。它是优秀产品具有竞争性和可制造性的基础。好的设计不应被改变，除非有充分的理由和深入的分析。

2. GD2：Good Discussion 很好的讨论

由一个跨功能团队在产品开发过程的初期进行充分的设计讨论，该团队应包括技术专家、工艺专家、供应商等。它是对创新的、增值的、客观的知识和想法的交流。

3. GD3：Good Design Review 良好的设计评审

良好的设计评审是由一个跨功能的评审团队对产品设计进行详细的分析。对技术文件、图纸、样品、测试等方面进行深入的设计评审。

DRBFM 的思考过程是工程师从以下所列的提问去思考和发现问题：

- 更改的是什么？
- 对更改有什么顾虑（担心）？
- 顾虑（担心）什么时候出现？
- 对客户有什么影响？
- 会采取什么措施防止问题的发生？

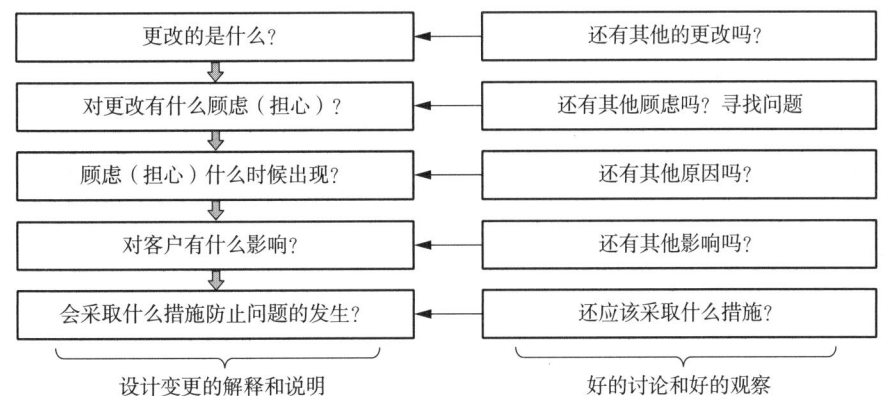

图 6-6 DRBFM 的思考过程

图 6-6 中的思考过程，左侧是设计变更的解释说明，右侧是对变更的讨论。

四、DRBFM 在开发过程中的实施时机

在汽车行业，很多企业执行的开发流程是产品质量先期策划（APQP），那么在哪个阶段执行 DRBFM 呢？

一般来说，从产品立项开始，到产品量产至少有 3 个时机（见图 6-7）。在产品开发过程中，由于市场或顾客需求变化等因素引起的设计变更，可以根据实际情况适当地增加评审。

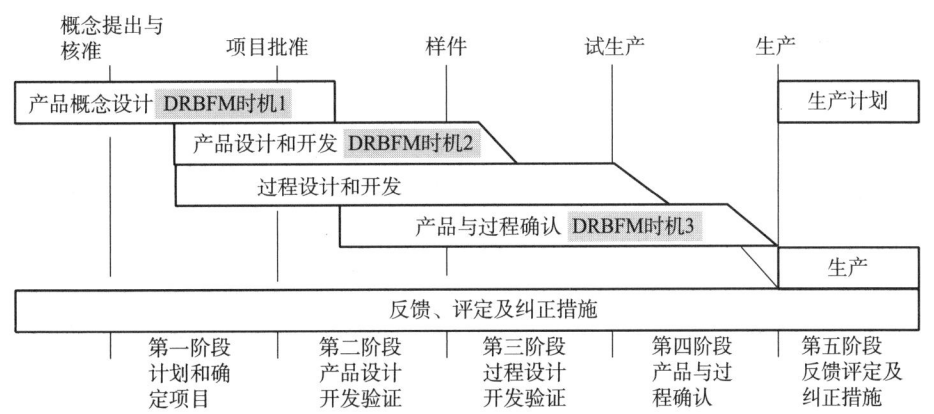

图 6-7 DRBFM 在 APQP 中的实施时机

时机 1：产品概念设计阶段

汽车产品的开发周期不断缩短，在这种情况下就不得不更早地执行 DRBFM。也就是在产品概念设计阶段实施，在这个阶段，设计师和相关职能的工程师针对基础的产品提出有哪些参数变更或变化点、如何设计、会有哪些不同的设计方案等问题，讨论对于某一具体产品哪些是最重要的、必须考虑的，并提供多种方案供大家讨论决策，这时 DRBFM 更多的是作为激发设计者

创造力的一种工具。

在这种情况下，概念设计的输出就是产品初始设计方案，包括：
- 产品概念设计方案；
- 概念设计的 3D 数模；
- 初始 BOM 物料清单；
- 系统级 FMEA；
- 初始产品特殊特性清单。

时机 2：产品设计和开发阶段

在产品设计阶段，输出图纸、技术规范及物料清单，接着进行样件制造与样件验证，这时需要针对图纸、技术规范及样件进行充分讨论。在这个阶段运用 DRBFM 是充分识别问题，从而预防的一种方法。

时机 3：产品与过程确认阶段

在产品与过程确认阶段，会进行试生产以放行设备、工装、量检具，对影响生产与装配过程的变差进行验证与总结，对试生产出来的零部件及总成产品进行试验和检验。在这个阶段运行 DRBFM 对产品设计来说是相当重要的。

五、DRBFM 的实施步骤

DRBFM 是将 DFMEA 与设计评审有效结合的一种方法。企业在实施 DRBFM 时，同样需要先成立跨功能团队，制定项目计划，准备与原始产品规范相关的文件和信息。

DRBFM 的实施步骤可以分为以下两大过程：

1. 变更的失效分析过程，完成设计变更的 DFMEA

对变更的 DFMEA 分析是设计工程师为进行有效的设计评审而做的准备工作。设计工程师需要按思考过程完成"DRBFM 工作表"（见表 6-2），工作表中的"D"表示设计工程师（design engineer），"R"表示设计评审（review），栏目有 D 的一栏需要工程师事先完成。

为了更好地实施 DRBFM，工程师首先需要针对变更产品完成工作表中的基础部分，这和 DFMEA 是一样的，此处就不重复介绍了。

运用"DRBFM 工作表"来理解系统之间或零件之间的接口状态，并且明确新老设计间的区别，完成基础部分以帮助设计评审使用。

表 6-2 DRBFM 工作表

零件名称/变更点	功能	变更的影响		影响的潜在原因		失效影响	严重度	设计上已经采取的措施和设计相关的措施	评审建议的措施（DRBFM 的结果）						措施实施结果
		潜在失效模式	其他影响（评审）	失效起因	其他影响（评审）				和设计相关的措施	责任人和完成时间	和验证相关的措施	责任人和完成时间	和制造相关的措施	责任人和完成时间	
D	D	D		D		D	D	D							
			R		R	R	R		R	R	R	R	R	R	R
节温器壳/电子接插件位置变更	供电	与周边零件干涉，异物通过接插件渗到壳体内部	需要评审电子接插件的装配性能	接插件位置按 12 时方向移动时，与氧传感器支架发生干涉		氧传感器和电子接插件不可装配，接插件泄漏，诱发漏电引起恒温器和 ECM 故障	8	为避免与氧传感器支架干涉进行设计变更，为防止接插件泄露进行稳健设计并进行充分验证	接插件位置设计变更、氧传感器支架设计变更						

(1) 零件名称

零件信息要尽可能详细，这有助于在评审时展开充分的讨论。

(2) 变更点

详尽描述新设计与原型设计之间的差异（变更点），说明引起变更的原因，如无法用简单的话语表述时，可以将图纸或数模、实际产品（初始产品）作为附件予以说明。这是设计者对变更的解释，是基本信息。

(3) 功能

功能一般是针对系统或子系统的，设计工程师需要将总成级的功能分解到零部件。例如"供电"。

(4) 潜在失效模式（进行变更时担忧的问题）

设计工程师填写设计过程的关注点，而不仅仅是失效模式，填写设计者考虑过的问题时，最好是用自己的语言，这一点是 DRBFM 和 DFMEA 分析的重大区别（在 DFMEA 表中，失效模式要求用专业术语描述）。

为了在设计评审时能够发现问题，必须明确是如何考虑设计的，关注的不仅仅是功能的损失，也包括对顾客而言价值的损失，换句话说，既要关注由变更引起的技术规范内要求的功能损失，也要关注技术规范之外的功能损失。如表中"与周边零件干涉，异物通过接插件渗到壳体内部"。

(5) 失效影响

明确失效发生时会产生什么样的后果，给顾客造成什么样的损失，对客户最大的影响是什么？设计工程师必须明确失效对上一级系统的影响，明确失效对相邻系统的影响，如表中"氧传感器和电子接插件不可装配，接插件泄漏，诱发漏电引起恒温器和 ECM 故障"。

(6) 失效起因

填写设计工程师在设计时考虑到的原因，失效模式和原因之间应有对应关系。如表中"接插件位置按 12 时方向移动时，与氧传感器支架发生干涉"。

(7) 设计上已经采取的措施和设计相关的措施

把解决问题而做的设计与评价的内容记录下来。如表中"为避免与氧传感器支架干涉进行设计变更，为防止接插件泄露进行稳健设计并进行充分验证"。

2. 设计评审过程，完成设计变更的评审

评审过程常用的方法是"头脑风暴法"，利用专家团队"头脑风暴"使问题及早发现。DRBFM 的有效运用可以发现设计中存在的问题并决定如何改进设计。

在设计评审时，设计工程师需要提供原设计和新设计的图纸、样件、手工样件或其他材料。在评审时，应关注是否还有其他变更、功能、对顾客的潜在影响。

(1) 对变更的其他失效模式评审

是否有其他的失效模式？需要评审对其他系统产生的影响并说明受到的具体影响。如表中"需要评审电子接插件的装配性能"。

(2) 其他潜在原因的评审

是否有其他关注点和失效起因？如果没有，则留空白。

(3) 对失效影响及严重度的评审

是否有其他的失效影响？严重度是否有变化？

执行 DRBFM 最大的影响在风险最高的界面，例如主机厂和一级供应商，因此执行 DRBFM 时设计工程师要邀请业务链上下游的人员（如负责车辆外形设计、质量、验证、整车集成、样车制造等人员）以及其他功能部门共同进行设计评审。

（4）基于 DRBFM 的结果，评审建议的措施

①和设计相关的措施

需要记录设计者实施的内容，如何进行变更，什么样的变更，都需要具体记录。

②和验证相关的措施

设计变更事项明确之后，在顾客发现问题之前，我们要对担忧的问题进行评估，了解何时会产生问题。如需要特殊的试验方法、试验条件、观察和试验时间等填入此栏。

③和制造相关的措施

记录制造中的反映事项（检查、制造装置、管理项目等）。因此，需要工艺人员的参与。在此阶段，重要的是在制造过程中找出令人担忧的问题并加以改正，给设计添加附加价值。

（5）措施实施结果的跟踪

DRBFM 工作表最重要的目的是早期发现问题。在设计评审时，最重要的是针对发现来解决问题，因此需要跟踪问题是否已经解决，措施是否有效。设计工程师应确保设计输出给下游顾客或最终顾客时，问题已经解决。

以上仅是对 DRBFM 的简单介绍，更详细的说明请参见 AIAG CQI-24 DRBFM 手册。

第三节　标准件如何应用 FMEA

一、什么是标准件

标准件是指结构、尺寸、画法、标记等各个方面已经完全标准化，并由专业厂生产的常用的零（部）件，如螺纹件、键、销、滚动轴承等。

广义标准件包括紧固件、连接件、传动件、密封件、液压元件、气动元件、轴承、弹簧等机械零件。此外，还有行业标准件，如汽车标准件、模具标准件等，也属于广义标准件。

狭义标准件仅包括紧固件。国内的标准件是标准紧固件的简称（见图 6-8），是狭义概念，但不能排除广义概念的存在。

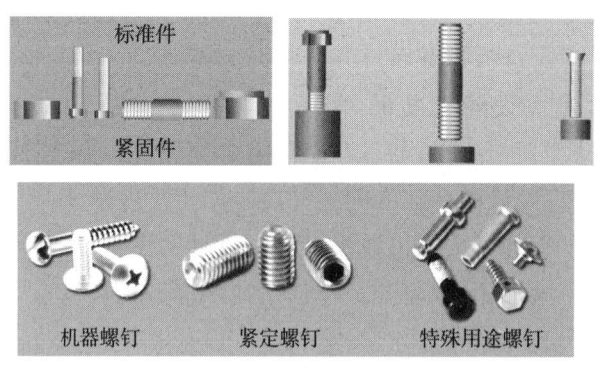

图 6-8　部分紧固件图示

二、广义标准件

——是有明确标准的机械零（部）件和元件，使用标准主要有中国国家标准（GB）、美国机械工程师协会标准（ANSI/ASME）等，日本（JIS）、德国（DIN）等标准也在世界上被广泛使用。标准化程度高、行业通用性强的机械零部件和元件，也被称为通用件。广义标准件都有相应的国家标准，跨行业通用性强。

——行业标准件是行业内约定俗成的说法，并没有明确规定。行业标准件常见的有模具标准件、汽车标准件等。当一种产品在行业广泛通用，就是通用件；通用件标准通常由行业内领

袖企业制订，并被行业内广泛接受，这样企业标准就成为事实上的行业标准，该通用件也就可以称作行业标准件了。

模具标准件，具体有注塑模架、推杆推管、热流道模具等。

汽车标准件，种类繁多，如火花塞、门锁、减震件、汽车紧固件等，具体见《汽车标准件手册》。一个行业越成熟，标准化、通用化程度越高，标准件就越多，行业成本就越低。但要避免过度标准化，导致行业产品种类单调，竞争低端化。

连接件，包括螺纹连接件（又称紧固件）和轴毂连接件、销连接件、铆接件、胶接件、焊接件等。

传动件，包括带传动件、链传动件、齿轮传动件、摩擦轮、减速器、无级变速器、联轴器、离合器及液力耦合器、气压传动件、液压传动件等。

轴承，包括滑动轴承、滚动轴承。

弹簧，包括圆柱弹簧、碟形弹簧、橡胶弹簧、片弹簧、环型弹簧等。

三、狭义标准件

狭义标准件即标准化紧固件，实际是连接件的一种，但因为种类繁多、应用广泛，所以实际使用中单算一类，甚至简称为标准件，通常包括以下零件。

螺栓：由头部和螺杆（带有外螺纹的圆柱体）两部分组成的一类紧固件，需与螺母配合，用于紧固连接两个带有通孔的零件。这种连接形式称螺栓连接。如把螺母从螺栓上旋下，又可以使这两个零件分开，故螺栓连接是属于可拆卸连接。

螺柱：没有头部的，仅有两端均外带螺纹的一类紧固件。连接时，它的一端必须旋入带有内螺纹孔的零件中，另一端穿过带有通孔的零件中，然后旋上螺母，使这两个零件紧固连接成一个整体。这种连接形式称为螺柱连接，也是属于可拆卸连接，主要用于被连接零件因厚度较大、要求结构紧凑或拆卸频繁、不宜采用螺栓连接的场合。

螺钉：由头部和螺杆两部分构成的一类紧固件。按用途可以分为三类：机器螺钉、紧定螺钉和特殊用途螺钉。机器螺钉主要用于一个紧定螺纹孔的零件与一个带有通孔的零件之间的紧固连接，不需要螺母配合；紧定螺钉主要用于固定两个零件之间的相对位置；特殊用途螺钉，如有吊环螺钉等供吊装零件用。

螺母：带有内螺纹孔，形状一般呈扁六角柱形，也有呈扁方柱形或扁圆柱形，配合螺栓、螺柱或机器螺钉，用于紧固连接两个零件，使之成为一个整体。

自攻螺钉：与机器螺钉相似，但螺杆上的螺纹为专用的自攻螺钉用螺纹。用于紧固连接两个薄的金属构件，使之成为一个整体，构件上需要事先制出小孔，由于这种螺钉具有较高的硬度，可以直接旋入构件的孔中，在构件中形成相应的内螺纹。这种连接形式也是属于可拆卸连接。

木螺钉：与机器螺钉相似，但螺杆上的螺纹为木螺钉专用的螺纹，可以直接旋入木质构件（或零件）中，用于把一个带通孔的金属（或非金属）零件与一个木质构件紧固连接在一起。这种连接形式也是属于可以拆卸连接。

垫圈：形状呈扁圆环形的一类紧固件。置于螺栓、螺钉或螺母的支撑面与连接零件表面之间，起着增大被连接零件接触表面面积、降低单位面积压力和保护被连接零件表面不被损坏的作用；另一类弹性垫圈，还有阻止螺母回松的作用。

挡圈：供装在机器、设备的轴槽或孔槽中，起着阻止轴上或孔上的零件左右移动的作用。

销：主要供零件定位用，有的也可供零件连接、固定零件、传递动力或锁定其他紧固件之用。

铆钉：由头部和钉杆两部分构成的一类紧固件，用于紧固连接两个带通孔的零件（构件），使之成为一个整体。这种连接形式称为铆钉连接，简称铆接，属于不可拆卸连接。因为要使连接在一起的两个零件分开，必须破坏零件上的铆钉。

组合件和连接副：组合件是指组合供应的一类紧固件，如将某种机器螺钉（或螺栓、自攻螺钉）与平垫圈（或弹簧垫圈、锁紧垫圈）组合供应；连接副是指将某种专用螺栓、螺母和垫圈组合供应的一类紧固件，如钢结构用高强度大六角头螺栓连接副。

焊钉：由钉杆和钉头（或无钉头）构成的异类紧固件，用焊接方法把它固定连接在一个零件（或构件）上面，以便再与其他零件进行连接。

四、标准件是否需要做 DFMEA

由于标准件在国际标准、国家标准、行业标准中已经规定了产品的尺寸和公差、材料、机械和物理性能及检测方法等，标准件生产企业是完全按照标准生产和检验，所以不需要执行 DFMEA。

五、标准件如何做 PFMEA

虽然标准件不需执行 DFMEA，但是必须做 PFMEA。

由于标准件通常是单体零件，其生产过程相对比较简单，在执行 PFMEA 时可以简化一些。PFMEA 的风险分析可以按新版 FMEA 的严重度、频度、探测度评价准则及 AP 表执行，使用的分析表格可在 AIAG 第四版表格的基础上进行适当修改后使用，失效起因同样可以从 4M/5M1E 的过程工作要素进行分析，表 6-3 为参考。

标准件是通用的零件，并不是专为某个客户特定生产的，生产企业可能并不了解对使用客户或最终用户的影响，其失效影响可以根据零件本身的功能、规格、机械或物理性能来定义影响。

表 6-3 标准件 PFMEA 表

PFMEA 编号：_____
页码：第　页，共　页

过程名称：_____
产品名称：_____　公司名称：_____　制造地址：_____
型号/规格：_____　过程责任人：_____　PFMEA 开始日期：_____　PFMEA 修订日期：_____
PFMEA 小组成员：_____

过程步骤/功能	要求	失效模式	失效影响	严重度(S)	分类	失效起因	现行过程控制		探测度(D)	AP 措施优先级	建议的预防或探测措施	负责人及目标完成日期	措施实施结果			
							对失效起因的当前预防控制（PC）	对失效起因或失效模式的当前探测控制（DC）	频度(O)					所采取措施和完成日期	S	O	D	AP
						人：										
						机：										
						料（辅助材料）：										
						法：										
						环：										

第四节 检验过程如何应用 PFMEA

一、检验过程是否要做 PFMEA

很多企业在应用 PFMEA 的时候，都提出这样的疑问：
- 检验过程要做 PFMEA 吗？
- 如果要做，哪些检验需要做？
- 检验过程如何做 PFMEA？
- 如果检验做了 PFMEA，那检验 PFMEA 中的探测措施填写什么？

要理清这些问题，我们需要逐项进行分析。

AIAG & VDA FMEA 手册中，在"PFMEA 步骤一 策划和准备"阶段"3.1.2 PFMEA 项目确定和边界"中有一段话："工厂内会影响产品质量且可考虑进行 PFMEA 分析的过程包括：接收过程、零件和材料储存、产品和材料交付、制造、装配、包装、标签、成品运输、储存、维护过程、检测过程以及返工和返修过程等。"

显然，从质量预防和问题预防的视角，以及从满足顾客要求和提高顾客满意度的角度出发，上述过程都应该做 PFMEA。现实中，企业普遍的做法是，针对直接和密切影响产品质量的制造、加工、装配等过程执行了 PFMEA，其他诸如接收过程、零件和材料储存、产品和材料交付、成品运输、储存、维护过程、检测过程等基本没有做 PFMEA，除非有顾客特定要求。

在 IATF 16949 标准中，也没有要求对检验过程执行 PFMEA，只有"8.3.5.2 制造过程设计输出""8.7.1.4 返工产品的控制""8.7.1.5 返修产品的控制"3 个条款明确要求必须执行 PFMEA。

因此，检验过程是否要做 PFMEA 由企业自己决定，当有顾客特定要求时，就必须做。

二、哪些检验需要做 PFMEA

检验也是一项作业活动，同样存在着可能的失效，而且失效可能导致不合格品流出到下一道工序或客户工厂或最终使用者，其重要性是不言而喻的。所以，从理论上说，所有的检验活动都应该做 PFMEA。

从质量控制的不同阶段区分，工厂内检验活动通常分为以下几类：

IQC——来料检验（Incoming Quality Control，进货或进料质量控制）

PQC——制程检验（Process Quality Control，过程或制程质量控制）

FQC——成品检验（Finish or Final Quality Control，成品或最终质量控制）

OQC——出货检验（Out-going Quality Control，出货质量控制）

制程检验（PQC）通常有五检制，即首检、自检、互检、专检与巡检。

首检——是在生产开始时或工序因素调整后对制造的第一件或前几件产品进行的检验，在 IATF16949 中是"作业准备验证"的内容，在 VDA6.3—2016 条款"6.2.2"中是"生产启动的重复性放行"的内容，通过首件检验的结果对制造过程进行放行。

自检——是指作业员对自己作业完成的工件进行质量检查。

互检——是指作业员对前工序流入的工件进行作业前的质量检查。

专检——是工艺流程设计中，在生产线上专门设置的专检岗位或检验站，用于确保只有合格的产品或零件流入下一道工序。如：组装流水线上的功能测试工站。

巡检——是指检验员在生产现场按一定的时间间隔（根据控制计划安排）对制造工序进行巡回质量检验。

以上的五检制中的"专检"，是在工艺流程设计中专门设置的检验工站，通常是 100%检验，可以作为过程步骤在 PFMEA 中进行分析，也可以单独作为检验活动进行分析。

因此，建议将 IQC、PQC 专检、FQC、OQC 列入 PFMEA 中进行分析。

三、检验过程如何做 PFMEA

AIAG & VDA FMEA 手册中的"过程流程图"体现了"进货检验"和"装配检验"（见图

6-9），但手册中没有对检验过程如何做 PFMEA 做出说明或给出案例。

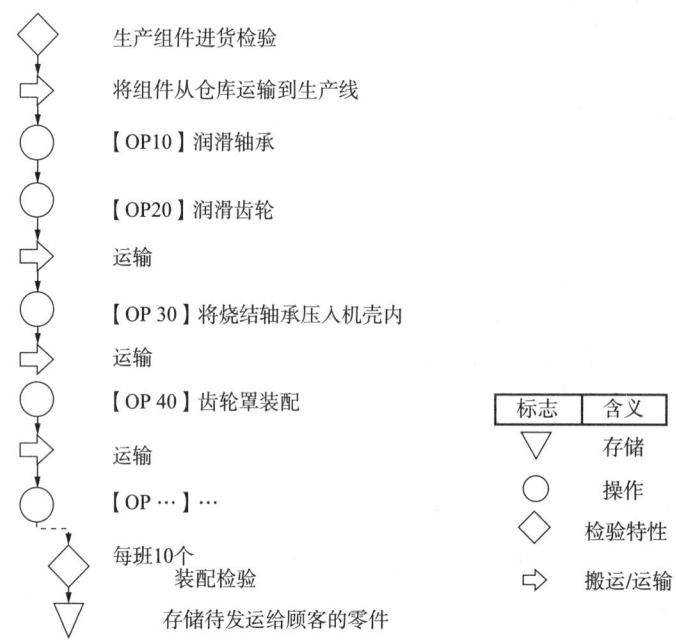

图 6-9　电机装配线过程流程图

那么，检验过程如何做 PFMEA 呢？我们可以把检验当作一个独立的过程进行分析。检验的核心功能是判定，支持判定的是数据（定量/定性），产生数据的是测量系统（见图 6-10）。

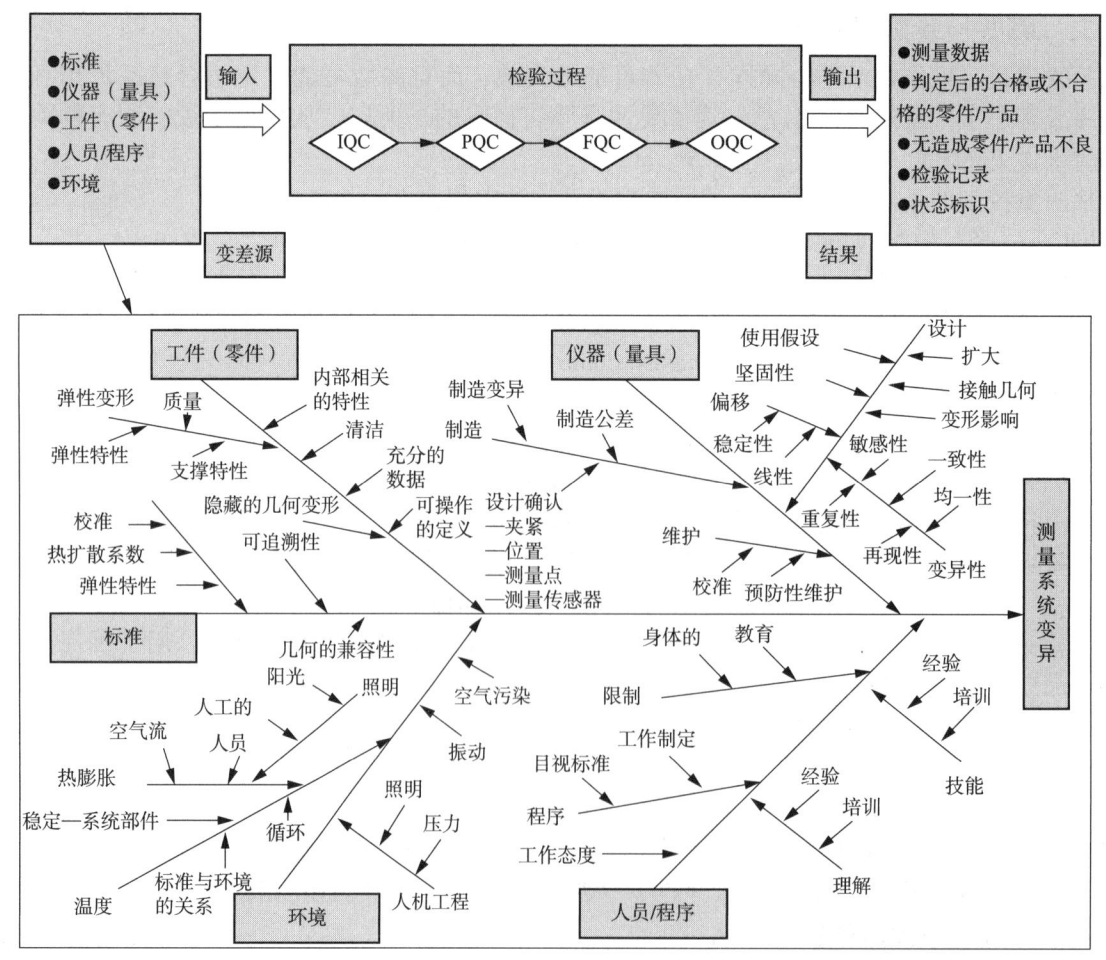

图 6-10　检验过程与测量系统变异

从图 6-10 可知，影响检验判定的是测量系统，测量系统的变差与标准、仪器、零件/产品、检验程序/方法、检验员、环境有关。因此，在测量系统投入使用前应先做测量系统分析（MSA），确保测量系统的变差是可接受的，不会导致错误的判定。定期执行 MSA，确保测量系统的长期稳定。

检验活动的功能/要求、失效模式、失效影响、失效起因与加工作业活动是不同的，我们以 FQC 为例进行说明（假定 FQC 是全检），见表 6-4。

表 6-4 成品检验过程失效表（示例）

过程步骤/功能	要求	潜在失效模式	失效影响	失效起因
成品检验（FQC） （1）通过检验判定成品合格或不合格 （2）判定后对产品进行"合格"或"不合格"的标识 （3）形成书面的成品检验记录	正确的判定	错误的判定（将合格品判为不合格品或将不合格品判为合格品）	工厂内： 产品重复检验或错误报废 顾客工厂： 不合格品流到客户工厂无法安装，客户分拣或生产线停工 最终使用者： 不合格品不会流到最终使用者	测量系统因素： ● 标准（填写具体标准或样品名称） 指检验时的参考标准件或标准样品（PPAP 保存的标准样品），如限度样品或比对样品存在模糊、变质、退化 ● 仪器（填写具体量具名称） 指测量仪器的精度、校准、维护，未执行 MSA ● 零件/产品（填写具体产品类型） 指被测零件/产品弹性变形、不洁净等影响测量 ● 检验程序/方法 指没有书面的检验规范，检验规范不详细，检验方法定义不清晰、不准确等 ● 检验员 指检验员技能不足，缺陷判断能力不足 ● 环境 指测量环境的温湿度、照明、振动、洁净度等
	正确的标识	状态标识错误	导致内部返工，或导致客户生产线停工	● 人 指检验员贴错标签
	正确和完整的检验记录	检验记录不正确、不完整	（1）导致授权批准的人员错误放行或错误拒收，导致内部返工，或导致客户生产线停工 （2）影响产品追溯	● 人 指检验员未正确地理解记录填写方法或检验员未按要求填写完整
	检验过程不造成产品不良	检验过程对产品造成了不良	工厂内： 需要返工/返修或报废	● 人 指检验员未正确地执行检验程序（写出具体不正确的操作） ● 设备 指测量仪器/设备对产品的损伤 ● 方法 指未规定正确的容器、隔离方法、拿取方法 ● 环 指检验环境对产品特性的影响

检验过程 PFMEA，我们可以采用制造过程 PFMEA 的思路，但简化了作业步骤和表格形式。

1. 策划和准备

(1) 组建 PFMEA 团队（跨功能小组）

检验过程的 PFMEA 团队以质量部门为主导，其他包括工艺工程师、生产主管、采购、销售、客服等。表 6-5 为示例。

表 6-5 检验过程 PFMEA 团队成员表（示例）

姓名	来自部门	职位	团队角色	电话	电子邮箱
章××	质量部	经理	PFMEA 管理者		
万××	质量部	质量工程师	PFMEA 推进者		
路××	质量部	SQE	核心成员		
张××	质量部	IQC	核心成员		
戴××	质量部	PQC	核心成员		
黄××	质量部	FQC	核心成员		
路××	质量部	OQC	核心成员		
吴××	质量部	测量设备工程师	核心成员		
龚××	工程部	工艺工程师	扩展成员		
胡××	采购部	采购专员	扩展成员		
功××	销售部	销售专员（顾客代表）	扩展成员		

(2) 检验过程 PFMEA 项目范围

画出检验过程项目的边界图，图 6-11 为示例。

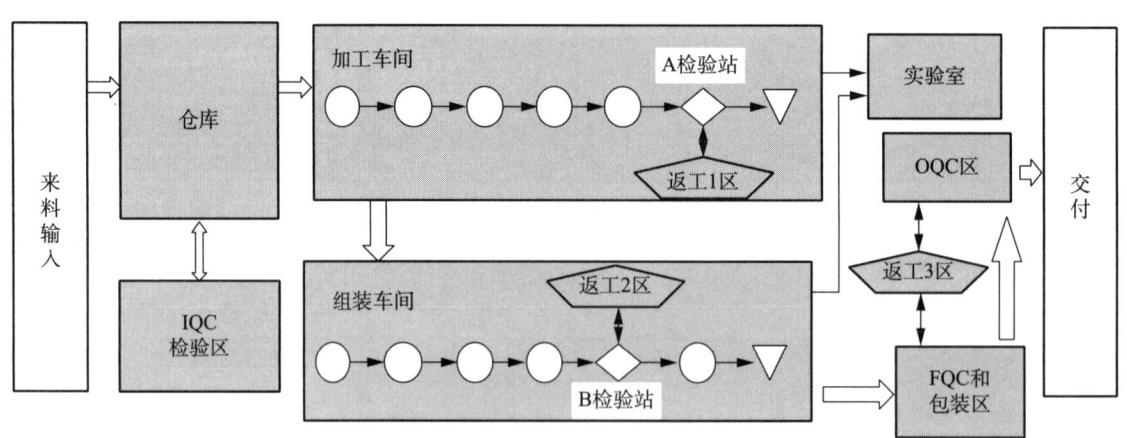

图 6-11 检验过程边界图（示例）

(3) 制定检验过程 PFMEA 项目计划

确定检验过程项目的边界后，制定检验过程 PFMEA 计划（见表 6-6）。

第六章 FMEA 总结和其他特定应用说明

表 6-6 检验过程 PFMEA 计划（示例）

PFMEA 分析项目				
类型	名称	责任人		时间安排	
		部门主管	PFMEA 推进者	开始日期	预计完成日期
IQC	进料检验	章××	万××	2021 年 5 月 25 日	2021 年 5 月 30 日
PQC	A 检验站			2021 年 6 月 6 日	2021 年 6 月 10 日
	B 检验站			2021 年 6 月 12 日	2021 年 6 月 15 日
FQC	成品检验			2021 年 6 月 17 日	2021 年 6 月 20 日
OQC	出货检验			2021 年 6 月 24 日	2021 年 6 月 28 日

2. 结构分析

本案例中仅以"FQC"为关注要素进行结构树分析说明（见图 6-12）。

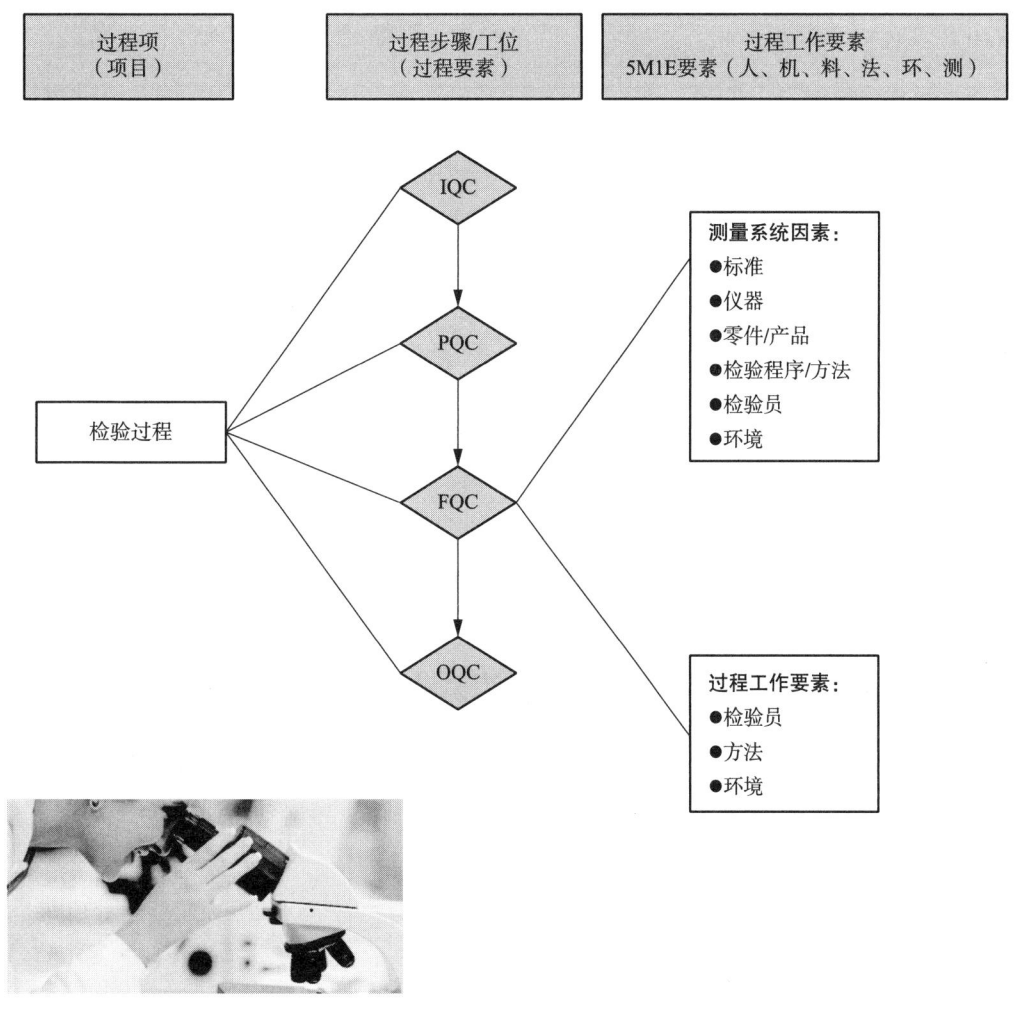

图 6-12 检验过程结构树（示例）

3. 功能分析和失效分析

由于检验过程的结构比较简单，检验活动对产品系列都是通用的，并不区分产品的具体型号，因此检验过程 PFMEA 使用的表格不必套用新版手册的格式，可以简化一些，可在 AIAG 第四版表格的基础上适当修改后使用，表 6-7 为参考。

表 6-7 检验过程 PFMEA 表

PFMEA 编号：_____

第 1 页 共 页

过程名称：_____
产品名称：_____ 公司名称：_____ 制造地址：_____
规格/型号/：_____ 过程责任人：_____ PFMEA 开始日期：_____ PFMEA 修订日期：_____
PFMEA 小组成员：_____

过程步骤/功能	要求	失效模式	失效影响	严重度(S)	分类	失效起因	现行过程控制		探测度(D)	AP 措施优先级	建议的预防或探测措施	负责人及目标完成日期	措施实施结果				
							对失效起因的当前预防控制（PC）	频度(O)	对失效起因或失效模式的当前探测控制（DC）					所采取措施和完成日期	S	O	D	AP

表中风险分析可以采用新版 PFMEA 的严重度、频度、探测度评价准则及 AP 表。

检验活动的核心功能是"判定"，检验要求是"正确的判定"，它的失效模式就是"错误的判定"（包括将合格判为不合格或将不合格判为合格），导致错误判定的失效起因是测量系统，所以要从标准、仪器、零件/产品、检验程序/方法、检验员、环境这些因素去分析失效起因。

判定错误的失效影响应考虑对工厂内的影响，对顾客工厂的影响以及对最终用户的影响。本案例中，不合格产品流出到顾客工厂，顾客工厂无法安装，则产品不会流出到最终使用者，所以对最终使用者不会产生影响。假设你的产品在顾客工厂组装后会流出到最终使用者，则必须考虑其影响。

检验活动的功能除了"判定"这个核心功能之外，还包括判定后对合格与不合格的标识，以及形成完整的书面检验记录，同时要求检验过程不能对零件/产品造成不良。这些功能的失效则是从过程工作要素 4M/5M1E 分析的，与制造过程的 PFMEA 思路相同（见表 6-8）。

表 6-8 检验过程的功能分析和失效分析（示例）

过程步骤/功能	要求	失效模式	失效影响	严重度(S)	分类	失效起因
成品检验（FQC） （1）通过检验判定成品合格或不合格 （2）判定后对产品进行"合格"或"不合格"的标识 （3）形成书面的成品检验记录	正确的判定	错误的判定（将合格品判为不合格品或将不合格品判为合格品）	工厂内： 产品重复检验或错误报废 顾客工厂： 不合格品流到客户工厂无法安装，客户分拣或生产线停工 最终使用者： 不合格品不会流到最终使用者	7		测量系统因素： ● 标准（比对样品）：样品表面氧化 ● 仪器（卡尺、高度仪）：精度不当，校准周期不当，未定期执行 MSA ● 产品：零件没有清洗，表面油污影响测量 ● 检验程序/方法：指没有书面的检验规范，检验规范不详细，检验方法定义不清晰、不准确 ● 检验员：指检验员技能不足，缺陷判断能力不足 ● 环境：指检验室的温湿度没有控制，照明不足

续表

过程步骤/功能	要求	失效模式	失效影响	严重度(S)	分类	失效起因
	正确的标识	状态标识错误	导致内部返工，或导致客户生产线停工	7		● 检验员：检验员贴错标签
	正确和完整的检验记录	记录不正确、不完整	（1）导致授权批准的人员错误放行或错误拒收，导致内部返工，或导致客户生产线停工 （2）影响产品追溯	7		● 检验员：检验员未正确地理解记录填写方法，或检验员未按要求填写完整
	检验过程不造成产品不良	对产品造成不良	工厂内：需要返工/返修	5		● 检验员：检验员未戴棉手套，未按规定的要求分层隔离 ● 方法：定义的隔离材料不当 ● 环：检验区未封闭，落尘影响产品外观和导致氧化

4. 风险分析和优化

风险分析可以采用新版PFMEA的严重度、频度、探测度评价准则及AP表执行（见表6-9）。

表6-9 检验过程的风险分析和优化（示例）

严重度(S)	分类	失效起因	现行过程控制		频度(O)	现行过程控制	探测度(D)	AP措施优先级	建议的预防或探测措施	负责人及目标完成日期	措施实施结果				
			对失效起因的当前预防控制（PC）			对失效起因或失效模式的当前探测控制（DC）					所采取措施和完成日期	S	O	D	AP
7		测量系统因素： ● 标准（比对样品）：样品表面氧化	建立样品维护要求和计划		3	定期检查标准样品OQC抽检	4	L							
		● 仪器（卡尺、高度仪）：精度不当，校准周期不当，未定期执行MSA	量具选型评审，校准周期评审，按计划校准和执行MSA		3	过程审核体系审核OQC抽检	6	M	无						
		● 产品：零件没有清洗，表面油污影响测量			6	测量前检查并清除OQC抽检	8	H	加装清洗生产设备	王工 2021.05.30	加装清洗设备，在检验前清洗 2021.05.28	7	3	8	M
		● 检验程序/方法：没有书面的检验规范，检验规范不详细，检验方法定义不清晰、不准确	建立书面检验规范，采用图文目视化表述，检验方法对照客户要求评审		3	过程审核体系审核OQC抽检	6	M	无						
		● 检验员：检验员技能不足，缺陷判断能力不足	培训，技能考核，再现性分析		4	定期再现性分析OQC抽检	6	M	无						
		● 环境：检验室的温湿度没有控制，照明不足	温湿度无预防控制检验工位有单独照明灯，并定期更换		6	OQC抽检	8	H	加装空调和除湿设备	罗工 2021.05.16	加装空调和除湿机并记录 2021.05.15	7	3	8	M
7		● 检验员：检验员贴错标签			4	OQC抽检	8	H	加装防错设备	李工 2021.05.30	加装防错设备，自动隔离不合格品 2021.05.30	7	1	8	L
7		● 检验员：检验员未正确地理解记录填写方法，或检验员未按要求填写完整	检验记录填写要求和方法的培训		4	FQC组长审核	4	M	无						

续表

严重度(S)	分类	失效起因	现行过程控制			探测度(D)	AP措施优先级	建议的预防或探测措施	负责人及目标完成日期	措施实施结果				
			对失效起因的当前预防控制（PC）	频度(O)	对失效起因或失效模式的当前探测控制（DC）					所采取措施和完成日期	S	O	D	AP
5		●检验员：检验员未戴棉手套，未按规定的要求分层隔离	培训和早会强调	3	FQC组长检查OQC抽检	6	L							
		●方法：定义的隔离材料不当	对隔离材料的效果评审和验证	3	OQC抽检	8	L							
		●环：检验区未封闭，落尘影响产品外观和导致氧化		6	OQC抽检	8	M	检验区封闭	罗工 2021.05.16	加装空调时同步完成封闭 2021.05.15	5	3	8	L

根据PFMEA严重度（S）的评价准则，失效产品流出到顾客，可能导致顾客工厂生产线停工从1小时起到一个完整的班次，因此严重度等级评为7。

检验过程可能造成部分产品不良，导致工厂内返工/返修，因此严重度等级评为5。

值得注意的是，当前探测控制包括对失效起因或失效模式的探测，两种探测都需要填写在该栏目中，如表中"定期检查标准样品"是探测原因，"OQC抽检"是探测失效模式（即发现错检或漏检）。当识别出一种以上探测控制时，建议每一种控制的探测方法应包含在控制描述中，在"探测度"栏记录最低的等级值。如"定期检查标准样品"探测度是4，而OQC是抽检，探测失效模式的能力低，探测度评价为8，两者取最低值为4。

根据风险评估的结果，针对4个失效起因提出并实施了预防措施改善：

①针对零件没有清洗，表面油污影响测量，加装了清洗设备，产品在检验前全部清洗后再检验和测量，大幅度地降低了发生频度。

②针对检验室的温湿度没有控制，加装了空调和除湿机，每日点检温湿度并记录。

③针对检测后的不合格产品未有效隔离因而导致检验员贴错标签，加装防错设备，自动隔离不合格产品，不会再出现贴错标签。

④针对检验区未封闭，落尘影响产品外观和导致氧化，在加装空调时，同步完成检验区的封闭，大大降低了灰尘和异物进入检验区的机会。

以下为FQC的PFMEA的完整示例，仅供参考（见表6-10）。

第六章 FMEA 总结和其他特定应用说明

表6-10 成品检验过程PFMEA（示例）

过程名称：	检验过程	公司名称：	×××公司	制造地址：	中国广东省广州市黄埔经济开发区××大道×××号	PFMEA编号：
产品名称：	公司通用产品	过程责任人：	章××	PFMEA开始日期：2021年5月6日	PFMEA修订日期：	第1页 共 页
规格型号：	不分型号					

PFMEA小组成员：

检验过程PFMEA团队成员表

过程步骤/功能	要求	失效模式	失效影响	严重度(S)	分类	失效起因	现行过程控制		频度(O)	探测度(D)	AP措施优先级	建议的预防或探测措施	负责人及目标完成日期	措施实施结果				
							对失效起因的当前预防控制(PC)	对失效起因或失效模式的当前探测控制(DC)						所采取措施和完成日期	S	O	D	AP
成品检验(FQC) (1)通过检验判定成品合格或不合格	正确的判定	错误的判定（将合格产品判为不合格品或将不合格品判为合格品）	工厂内：产品重复检验或错误报废 顾客工厂：不合格品流到客户工厂无法安装，或生产线停工 最终使用者：不合格品不会流到最终使用者	7		测量系统因素： •标准（比对样品）：样品表面氧化	建立样品维护要求和计划	定期检查标准样品 OQC抽检	3	4	L	无						
						•仪器（卡尺、高度仪）：精度不当，校准周期不当，未定期执行MSA	量具选型评审，校准周期评审，按计划校准和执行MSA	过程审核体系审核 OQC抽检	3	6	M	无						
						•产品：零件没有清洗，表面油污影响测量		测量前清除 OQC抽检	6	8	H	加装清洗生产设备	王工 2021.05.30	加装清洗设备，在检验前清洗 2021.05.28	7	3	8	M
						•检验程序/方法：指没有书面的检验规范，检验规范不详细，检验方法定义不清晰，不准确	建立书面检验规范，采用有书面代表选，检验方法按照客户要求评审	过程审核体系审核 OQC抽检	3	6	M	无						
						•检验员：检验员技能不足，缺陷判断能力不足	培训、技能考核、再现性分析	定期再现性分析 OQC抽检	4	8	M	无						
						•环境：检验室的温湿度没有控制照明不足	温湿度无预防控制采用单独照明灯，并定期更换	OQC抽检	6	8	H	加装空调和除湿机并记录	罗工 2021.05.16	加装空调和除湿设备 2021.05.15	7	3	8	M
(2)判定后对产品进行"合格"或"不合格"的标识	正确的标识	状态标识错误	导致内部返工、或错误放行或返工，导致内部返工、或客户生产线停工	7		•检验员：检验员贴错标签	检验记录填写要求和方法的培训	FQC组长检查 OQC抽检	4	4	L	加装防错设备、自动隔离不合格品	李工 2021.05.30	加装防错设备、自动隔离不合格品 2021.05.30	7	1	8	L
(3)形成书面的成品检验记录	正确和完整的检验记录	记录不正确、不完整	(1)导致授权批准的人员错误放行或错误返工，导致内部返工、或客户生产线停工 (2)骗问产品追溯	7		•检验员：检验员未正确地理解记录填写方法，或检验员未按要求填写记录	培训和早会强调	FQC组长审核 OQC抽检	3	6	L	无						
	检验过程造成产品不良	对产品造成了不良	工厂内：需要返工/返修	5		•检验员：检验员未戴棉手套，未按规定的隔离分层隔离	对隔离材料的效果评审和验证	OQC抽检	3	8	L	无						
						•环：检验区未封闭、定义的要求不充分造成划伤		OQC抽检	6	8	M	检验区封闭	罗工 2021.05.16	加装空调同步完成封闭 2021.05.15	5	3	8	L

第五节 返工/返修的 FMEA、控制计划和作业指导书

一、理解返工和返修的定义

我们通过列表来比较一下两个术语的定义（见表6-11）。

表6-11 返工和返修定义比较表

返工 rework (ISO 9000：2015 3.12.8)	返修 repair (ISO 9000：2015 3.12.9)
为使不合格产品或服务**符合要求**而对其采取的措施。 注：返工可影响或改变不合格的产品或服务的某些部分	为使不合格产品或服务满足预期用途而对其采取的措施。 注1：不合格的产品或服务的成功返修未必能使产品符合要求。返修可能需要连同让步。 注2：返修包括对以前是合格的产品或服务，为重新使用所采取的修复措施，如作为维修的一部分。 注3：返修可影响或改变不合格的产品或服务的某些部分
仅从两个术语的定义来分析两者的异同点	
相同点： （1）返工和返修都是对不合格的产品采取措施，都属于"纠正"行动。 （2）返工和返修都可能影响或改变不合格的产品的某些部分，比如拆解、打磨、补焊。 **不同点：** （1）返工是为了符合原来的产品规范要求。因此，返工可包括对产品功能、性能、外观、尺寸等所有不合格的情况采取措施。 （2）返修是为了满足预期用途，是针对影响预期用途的不合格产品采取的措施；在FMEA语境中，产品的功能被描述为项目/系统要素的预期用途（见新版FMEA手册）。因此，也可以说，返修是为了满足功能的要求，是针对产品功能不合格采取措施。 （3）不合格产品的成功返修不一定能使产品符合原始规范的要求，也就是说，返修后能满足预期用途，而不一定能完全满足质量要求，此时返修后的产品属于"满足预期用途的不合格品"，虽然不合格但是能用，也类似于我们通常所说的"修修补补还能用"。因此，返修后的产品可能需要让步批准方可放行；而返工后的产品是完全符合原始规范要求的，不需要让步。	

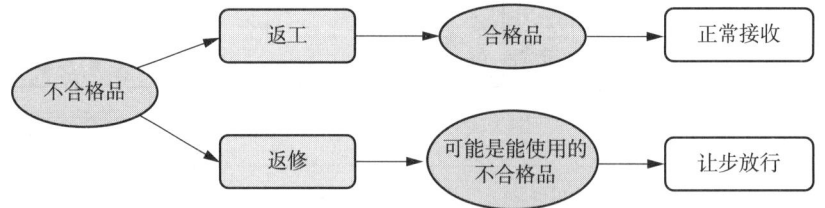

举个简单的例子，机加工行业常常发生工件上的某个孔的直径超上公差或下公差的情况，就是孔大了或孔小了，都会导致后工序或顾客工厂不能安装（不满足预期用途）。

孔小了就比较好办，可以返回到前工序再加工到规定的公差范围，所以叫"返工"，再加工后的产品是完全合格的，可以按正常流转。

如果是孔大了就比较麻烦，因为不能返工，直接报废成本损失可能比较大，所以有些工厂就采用烧焊的方法把整个孔焊满，然后再重新加工到规定的尺寸，这就是"返修"。这样做，尺寸是满足了，但是焊上去的材料的强度和牢度是达不到原来技术要求的。因此，在采取烧焊这个返修措施之前必须向顾客申请批准。如果顾客评估认为能满足预期用途，且质量风险很低，就可能会批准，同意让步接收；如果顾客评估风险后没有批准，那么这种返修方法就不能实施。

（4）"注1：不合格的产品或服务的成功返修未必能使产品符合要求"，这句话隐含的另一个意思是，不合格的产品的成功返修后也可能是符合要求的产品。

比如手工插件手工焊锡的电子组件，焊接完后有个线上检验站做功能全检；检出功能不合格的电子组件通常转移到线外专门的维修站，维修人员检查后发现某个电子元件不良，更换相同元件后功能正常，也没有造成其他质量影响，是符合要求的合格品。

续表

> 另外有一种情况，比如作为金属件的表面喷漆后出来的产品发现有少数表面不良点，这种情况不影响预期用途，但不符合外观要求，影响感观。通常采用砂纸打磨后再喷漆烘干，但涂层厚度和色泽不均匀可能不符合原始规范。这是属于返工还是返修呢？如果说是返修，又不涉及预期用途；如果说是返工，又没有完全符合要求。下图为示例。
>
>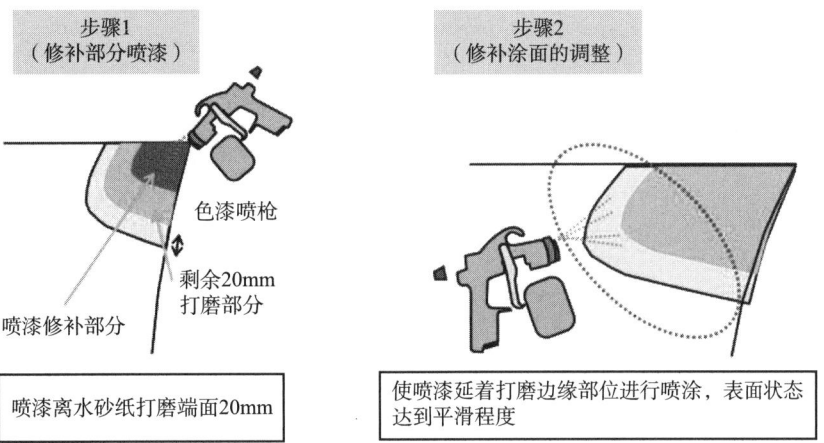
>
> **不要纠结于返工还是返修：**
> 标准定义返修的出发点是考虑到对影响预期用途的那些不合格品采取措施后不能完全符合原来的技术要求时，应先向顾客申请批准，由顾客评估是否可行，避免可能出现的风险。
> 因此，在工厂实际中，我们不必纠结于返工或返修的名称，而是要考虑对不合格品采取的措施是否会影响预期用途，措施后的产品是否能达到原始技术规范的要求，如果不能达到，就先向顾客申请批准，若顾客没有批准，就不能采取这种措施。

二、IATF16949 标准对返工和返修产品的控制要求

我们通过列表来比较一下 IATF16949 对返工和返修的控制要求（见表 6-12）。

表 6-12　IATF16949 对返工和返修的控制要求比较

8.7.1.4 返工产品的控制	8.7.1.5 返修产品的控制
组织应在决定对产品进行返工之前，利用风险分析（如FMEA）方法来评估返工过程中的风险。如顾客有所要求，组织应在开始产品返工之前获得顾客批准	组织应在决定对产品进行返修之前，利用风险分析（如FMEA）方法来评估返修过程中的风险。组织应在开始产品返修之前获得顾客批准
组织应有一个形成文件的符合控制计划的返工确认过程，或者其他形成文件的相关信息，用于验证对原始规范的符合性	组织应有一个形成文件的符合控制计划的返修确认过程，或者其他形成文件的相关信息
包含了重新检验和可追溯性要求的拆卸或返工指导书，应易于被适当的人员取得和使用	包含了重新检验和可追溯性要求的拆卸或返修指导书，应易于被适当的人员取得和使用
	组织应获得顾客对待返修产品的形成文件的让步授权
组织应保留与返工产品处置有关的形成文件的信息，包括数量、处置、处置日期及适用的可追溯性信息	组织应保留与返修产品处置有关的形成文件的信息，包括数量、处置、处置日期及适用的可追溯性信息
不同之处在于：在 IATF16949 体系中，对返工和返修产品的控制要求，除了返修需要事先获得顾客批准，并获得书面的让步授权外，其他要求基本一致	

不管内部是称呼返工还是返修，对返工/返修的控制要求，建议可从以下流程考虑（见图 6-13）。

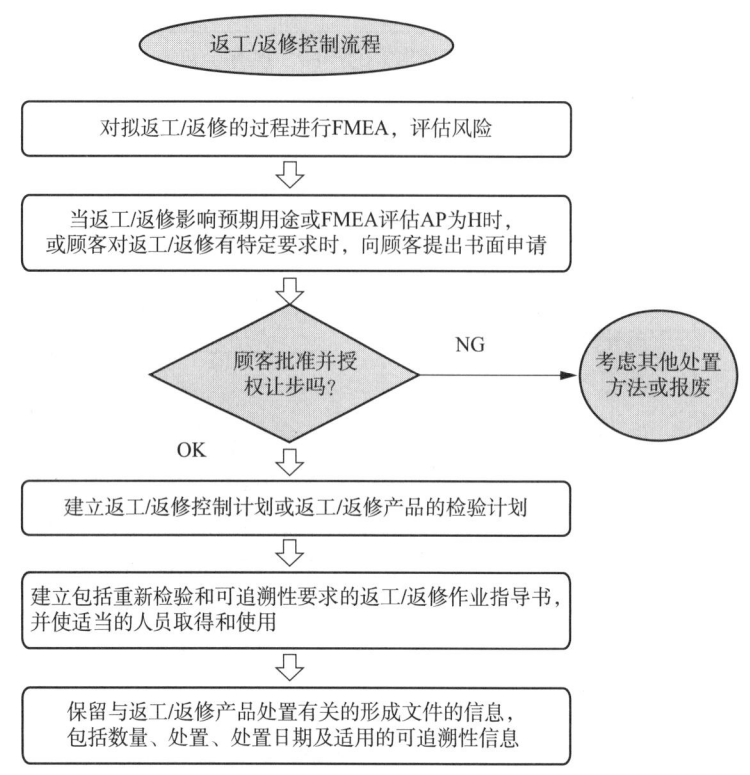

图 6-13 返工/返修控制流程

三、工厂内如何识别和确定所需的返工/返修

对于绝大多数企业来说，工厂内都存在或多或少的返工/返修情形，但也有少数企业基于产品质量风险和公司的质量管理理念及质量方针，工厂内不允许有返工/返修，针对所有发现的不合格品的处置措施就是报废。这也促使全厂管理干部和员工永远把质量放在第一，千方百计第一次就做对。

当然，实际生产中基于技术的原因和质量成本的考虑，很多工厂都是存在返工/返修的。因此，针对返工/返修需要事先识别和策划，识别和策划的输入信息来源于产品技术规范、顾客要求、DFMEA、过程流程图、PFMEA 等。

在 IATF16949 标准条款"8.3.5.2 制造过程设计输出"中，要求制造过程设计输出应包括"产品和制造过程不符合的快速探测、反馈和纠正的方法"。产品不符合的快速探测就是 PFMEA 中的探测控制和控制计划中的控制方法，产品不符合的纠正方法主要是返工/返修。

在制造过程设计阶段，应先识别和策划出哪些加工和制造过程中需要在工位上返工或线下返工/返修，这些返工/返修的活动应在制造过程流程表中体现（见表 6-13）。

表 6-13 包含返工/返修的制造过程流程表

产品名称：							过程名称：				
工序编号	工序名称	加工 ●	检验 ◇	移动 →	存放 △	返工/返修 ⬟	过程功能/操作描述	要求/控制特性			
								产品特性	特性符号	过程特性	特性符号
010		●						○			☆
020		●									

工厂内的返工/返修包括预期的和非预期的两种情况。

1. 预期的返工/返修

预期的返工或返修是可预见的、常态化的活动。这是基于产品特性和制造过程工艺的特性以及工厂过去生产的客观实践确定的。

比如注塑件，注塑成型后可能会出现披锋，那么在工位上就会安排员工用刀片削平披锋，这就是工位在线返工的活动，是常态的、可预见的，这类返工需要在过程流程图中体现。

是不是所有工厂的注塑件都有返工呢，也不是。有些注塑件的结构比较简单，模具设计精度高、自动化程度高，注塑件和水口自动分离，完全没有返工活动。

另外，很多时候不合格品都不能或不便于在线上工位返工，而需要在线外单独返工/返修，如下图所示的冲压件不合格的返修（见图 6-14）。

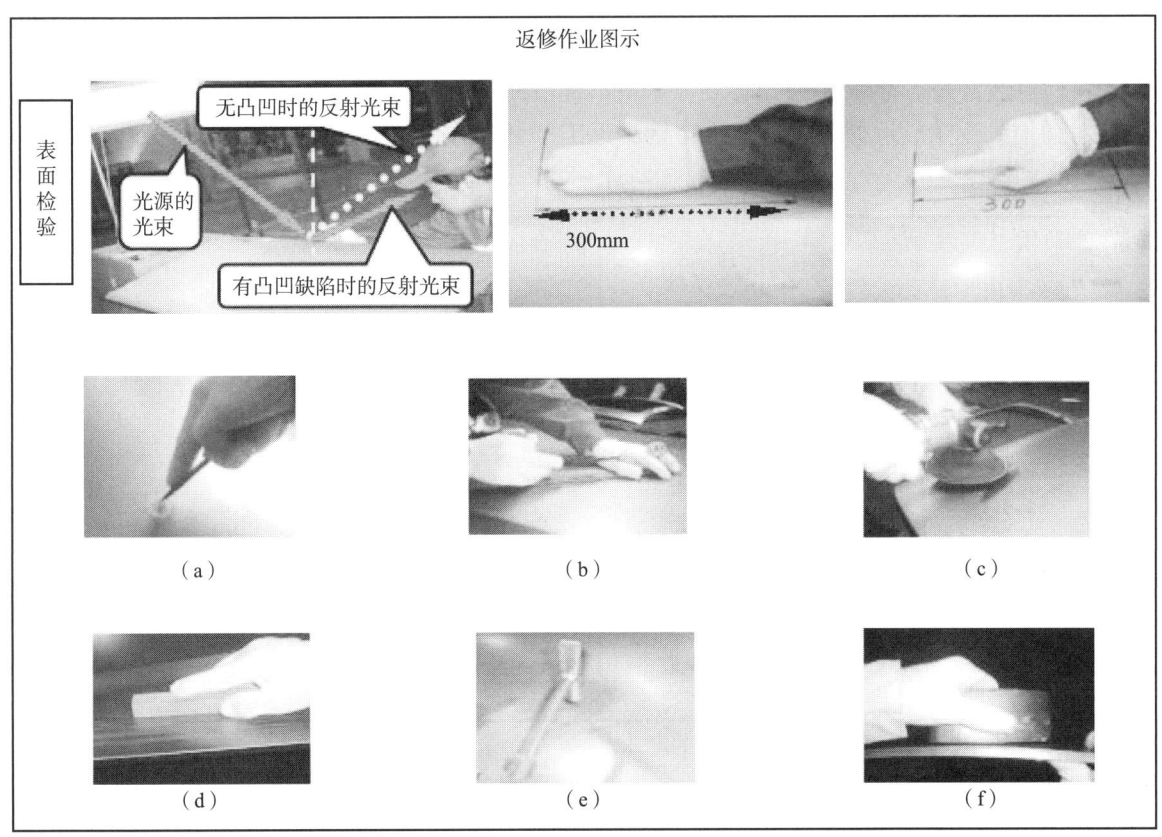

图 6-14 线外单独返修作业图示

通常需要设置单独的返工/返修区域，包括制程中的不合格返工区、成品不合格返工区等。这些返工区应该是在过程设计的生产布局时就要考虑的。这在 IATF16949 标准 "7.1.3.1 工厂、设施及设备策划" 中也有要求，"在设计工厂布局时，组织应：a）优化材料的流动和搬运，以及对空间场地的增值利用，**包括对不合格品的控制。**"

比如图 6-15 中示例，针对加工不合格、组装不合格、成品不合格分别有 3 个返工区。

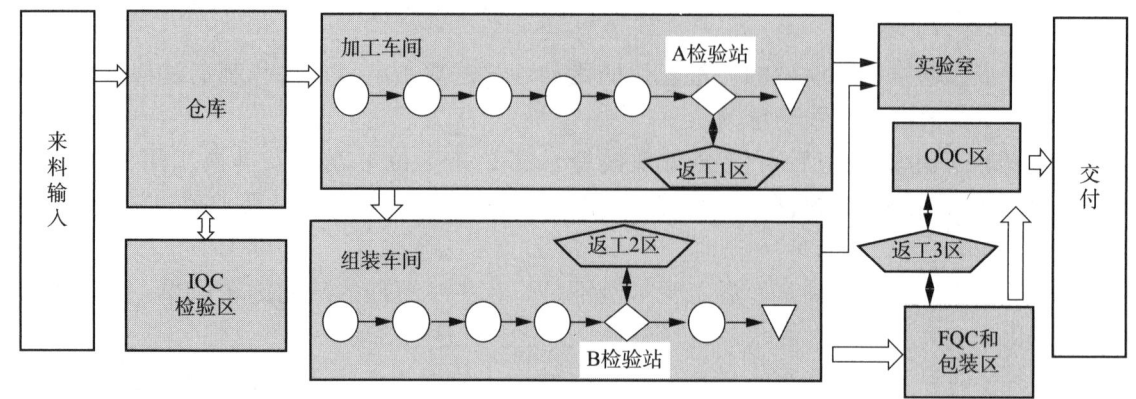

图 6-15 设置不同返工区域图示

通常在检验之后就会发现不合格品,就需要考虑返工/返修的活动及其区域布局。

来料检验通常是不考虑返工/返修的,来料不合格,应由供应商去考虑如何返工/返修的问题。针对预期的返工、返修可以建立不合格品返工/返修目录。表 6-14 为示例。

表 6-14 不合格品返工/返修目录

质量控制阶段	所在区域	不合格类别	不合格描述	返工/返修位置	返工/返修负责人
制程检验	加工车间	A 类		返工 1 区	
		B 类			
		C 类			
	组装车间	A 类		返工 2 区	
		B 类			
		C 类			
成品检验	成品检验和包装区	A 类		返工 3 区	
		B 类			
		C 类			
出货检验	出货检验区	A 类		返工 3 区	
		B 类			
		C 类			

注:不合格类别参考 GB/T 2828.1—2012 中的定义。

A 类:认为最被关注的一种类型的不合格。

——通常指可能影响安全性或法律法规符合性,可能会造成人身伤害或危害的不合格(在 FMEA 中,严重度为 9 或 10 的项目)。

B 类:认为关注程度比 A 类稍低的一种类型的不合格。

——通常指产品不满足规定或预期的用途,在现在或者将来可能会引起产品功能不能正常实现和从本质上降低产品使用性能的缺陷。如电性不良、基本功能丧失等(在 FMEA 中,通常严重度为 5~8 的项目)。

C 类:关注度最低的不合格。

——通常指产品不满足规定要求,但不影响基本功能的使用,会降低客户满意度的项目,如影响感观或操作不便。(在 FMEA 中,通常严重度为 2~4 的项目)。

需要注意的是,不合格与缺陷的定义是不同的,不合格(不符合)是指"未满足要求",而缺陷是指"与预期或规定用途有关的不合格"(见 ISO 9000—2015 3.6.9 和 3.6.10)。从这个定义看,返修是采取措施消除产品缺陷的活动。

因此,区分缺陷与不合格的概念是重要的,这是因为其中有法律内涵,特别是与产品和服务责任问题有关的方面。

我国于 2012 年颁布的《缺陷汽车产品召回管理条例》第三条规定:"本条例所称缺陷,是指由于设计、制造、标识等原因导致的在同一批次、型号或者类别的汽车产品中普遍存在的不符合保

第六章 FMEA 总结和其他特定应用说明

障人身、财产安全的国家标准、行业标准的情形或者其他危及人身、财产安全的不合理的危险。"

2. 非预期的返工/返修

非预期的返工/返修是不可预见的、偶然的、被动的活动。往往是因为我们产品或过程策划或控制的某个方面遗漏或失误而产生的，非预期的返工/返修可能是来自内部发现的不合格，也可能是来自外部（顾客工厂或最终使用者）发现的不合格。

非预期的返工/返修是突发的，其活动通常是有时间和数量限制的，以后可能再也不会发生。因此，非预期的返工/返修不能事先策划，只能是在发生不合格后进行返工/返修的评审和风险分析，然后确定处置方法。

四、返工/返修 FMEA 的实施方法

为了方便描述，我们将返工/返修的 FMEA 简称为 RFMEA。

实施 RFMEA 有两个时机，对于预期的返工/返修，应是在过程策划和过程设计阶段实施 RFMEA；对非预期的返工/返修，是在不合格发生后，经内部评审需要进行返工/返修时才实施 RFMEA。

我们可以采用制造过程 PFMEA 的思路执行 RFMEA，但需简化作业步骤和表格形式。

说明：对于线上工位的返工/返修，可以视同与制造过程相同的过程步骤直接在 PFMEA 中分析，如果是这样，应在对应的控制计划中体现对该返工/返修步骤的控制方法。此外，线上返工/返修也可以做单独的 RFMEA。对于线外的返工/返修，则建议单独进行 RFMEA，并建立返工/返修的控制计划和作业指导书。对于非预期的返工/返修，也应单独进行 RFMEA。

1. RFMEA 策划和准备

（1）组建 RFMEA 团队（跨功能小组）

预期返工/返修的 RFMEA，其团队成员可以和 PFMEA 团队一致，也可适当加入负责返工/返修的人员，此处不赘述。

非预期返工/返修的 RFMEA，根据不合格的性质及其影响，临时组建 RFMEA 团队。

（2）制定 RFMEA 项目计划

可以制定单独的返工/返修 RFMEA 计划（见表 6-15）。

表 6-15 返工/返修 RFMEA 计划（示例）

RFMEA 分析项目				
类型	名称	责任人		时间安排	
		负责主管	RFMEA 推进者	开始日期	预计完成日期
制程	加工件返工				
	组装品返工				
成品	未包装成品返工				
	待出货品返工				

此计划也可和 PFMEA 项目计划合并在一起。可以临时制定非预期返工/返修 RFMEA 项目计划。

2. RFMEA 结构分析

如果一个返工/返修活动相对比较简单，那么，这个返工/返修活动可以作为一个过程步骤进行分析。反之，如果返工/返修活动相对比较复杂的话，可以采用过程流程图或结构树的形式进行结构分析。这可由工厂根据实际的返工/返修情况确定。

以"冲压件（缩颈、开裂）返修"为例进行结构树分析说明。在本案例中，通过人员手动

补焊和打磨抛光完成返修（见图 6-16）。

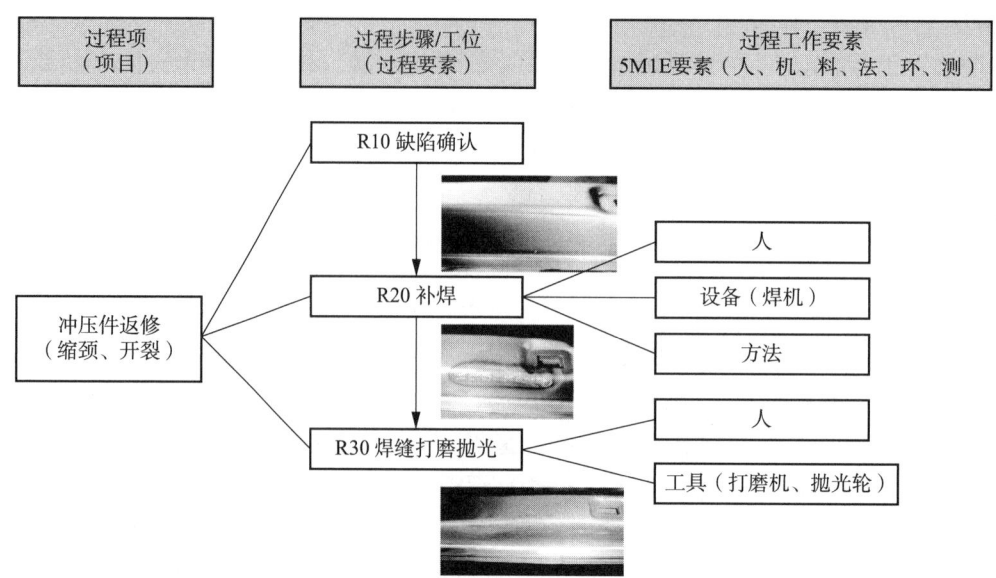

图 6-16 返修过程结构树（示例）

对于非预期的返工/返修，且不合格品批量比较大时，在做返工/返修 RFMEA 之前要确定返工/返修流程，其中可能包含领料、加工、检验、包装、存储等环节。同时，需要对所需物料、工装、工时、人数等做出详细的规划，以便及时有序地安排返工/返修（见表 6-16）。

表 6-16 返工流程确认表

| 返工流程确认表 | | | 产品型号 | | 开始时间 | |
| | | | 返工数量 | | 完成时间 | |
生产排位	编号	工序名称	使用的物料	所需工时	单位工时	所需人数	工装夹具
工序作业流程图	1						
	2						
	3						
	4						
	5						
	6						
	7						
	8						
	9						
	备注	节拍时间（S）	时产能（PCS）	作业人数		拉长	
		总工时（S）	个人产量（PCS）	平衡率		修理	
		返工原因：				物料员	
工序名称						QC	
制作：		审核：		批准：			

第六章 FMEA 总结和其他特定应用说明

3. 完成 RFMEA 的功能分析、失效分析、风险分析和优化

返工/返修 RFMEA 的使用表格，不必套用新版 FMEA 手册的格式，可以简化一些，可在 AIAG 第四版表格的基础上适当修改后使用，下表为参考（见表 6-17）。

RFMEA 的功能分析、失效分析、风险分析和优化可在此表中完成。

表 6-17 返工过程 RFMEA 表

RFMEA 编号：_____

第 1 页 共 页

过程名称：_____
产品名称：_____ 公司名称：_____ 制造地址：_____
规格/型号：_____ 过程责任人：_____ RFMEA 开始日期：_____ RFMEA 修订日期：_____
RFMEA 小组成员：_____

过程步骤/功能	要求	失效模式	失效影响	严重度(S)	分类	失效起因	现行过程控制		探测度(D)	AP措施优先级	建议的预防或探测措施	负责人及目标完成日期	措施实施结果				
							对失效起因的当前预防控制（PC）	频度(O)	对失效起因或失效模式的当前探测控制（DC）					所采取措施和完成日期	S	O	D	AP

表中风险分析可以采用新版 FMEA 的严重度、频度、探测度评价准则及 AP 表执行。

以下为"冲压件（缩颈、开裂）"补焊返修的 RFMEA 示例，仅供参考（见表 6-18）。

五、编制返工/返修的控制计划

返工/返修的控制计划编制和制造过程控制计划编制的方法是一样的，表格也是相同的，控制计划选项中可以加上"□返工/返修"类型。

预期的返工/返修的控制计划，通常是通用的，不一定是针对某个产品单独编制；但如果是非预期的返工/返修，则是针对具体产品编制的。以下为根据"冲压件（缩颈、开裂）"补焊返修的 RFMEA 编制的控制计划示例，仅供参考（表见 6-19）。

表6-18 冲压件补焊返修过程RFMEA表

过程名称：冲压件返修过程　　　　　　　公司名称：×××汽车零部件公司　　　　制造地址：中国广东省广州市番禺区×××大道×××号　　　　RFMEA编号：_____
产品名称：所有产品　　　　　　　　　　过程责任人：邝工　　　　　　　　　　　RFMEA开始日期：　　　2021年5月20日　　　RFMEA修订日期：_____　　第1页 共1页
规格型号：所有型号　　　　　　　　　　过程团队成员和职责表
RFMEA小组成员：参见RFMEA团队成员和职责表

过程步骤/功能	要求	失效模式	失效影响	严重度(S)	分类	失效起因	现行过程控制		探测度(D)	AP措施优先级	建议的预防或探测措施	负责人及目标完成日期	措施实施结果				
							对失效起因的当前预防控制(PC)	频度(O)	对失效起因或失效模式的当前探测控制(DC)					所采取措施和完成日期	S	O	D	AP
R20补焊 在冲压预或有开裂的缺陷处补焊填平	保持焊缝饱满、无气孔、无裂纹	焊缝未填平、出现气孔或裂纹	焊缝未填平、出现气孔或裂纹，需要二次返修	6		·人 操作技能不熟练	上岗前培训和考核、资格认定	5	返工后外观目视检查和样品比对	6	L							
						·设备（焊机） —输出的电流过大或过小 —设备运行不稳定、故障	按设备维护计划和维护指导书进行维护和保养	5	焊缝高度用手动限高检具测量	6	L							
						·方法 —焊接电流定义不合理 —保护气体流量定义不合理	参考行业经验和标准，根据过去最佳实践规定参数及设定范围，建立焊接工艺指导书。文件发布前评审	3		6	L							
	焊缝高度≤1.5mm	焊缝高度超出1.5mm	焊缝超出高度，增加打磨时间			—焊丝材料和牌号规定不正确												
R30焊缝打磨抛光	将焊缝打磨平整、光洁光滑	焊缝表面不平整、光洁度不够	焊缝表面不平整，光洁度不够欲返修	6		·人 操作技能不熟练	上岗前培训和考核、资格认定	5		6	L							
						·工具（打磨头、抛光轮） 随着使用逐步磨损	定义打磨头、抛光轮的使用数量、达到数量后更换	5		6	L							

第六章 FMEA 总结和其他特定应用说明

表 6-19 冲压件补焊返修过程控制计划（示例）

返工返修控制计划（示例）

□样件 □试生产 □生产 ☑返工返修	主要负责人：邝工	发布日期：2021年5月20日	第 1 页，共 1 页
控制计划编号：			
零件编号/最新更改等级：通用产品	核心小组：参见团队成员表	组织工厂批准/日期：	修订日期：
零件名称/描述：冲压件返修	负责的功能组/区域：冲压返工区	顾客工程批准/日期（如需要）：	
组织工厂名称：	组织工厂代码：	顾客质量批准/日期（如需要）：	

零件/过程编号	过程名称/操作描述	机器、装置、夹具、工装	特性 编号	特性 产品	特性 过程	特殊特性分类	产品/过程规范/公差	评价/测量技术	防错方法	方法 样本 容量	方法 样本 频率	执行者	控制方法	反应计划
R10	缺陷确认	—		外观缺陷			缩颈或开裂《冲压件返修作业指导书》	目视检查/样品比对		100%	连续	作业员	自检	不属于缩颈或开裂的缺陷，隔离放置
R20	补焊	焊机 焊枪		焊缝外观和高度			保持焊缝饱满，无气孔、无裂纹、焊缝高度≤1.5mm	目视检查/样品比对/限高检具		100%	连续	作业员	自检	二次返修
R20	补焊	焊机 焊枪			焊接电流		《焊接工艺指导书》《冲压件返修作业指导书》	电流表监视		3件	每小时	PQC	巡检《返修检验记录表》	二次返修
R20	补焊	焊机 焊枪			保护气体流量			流量表监视		1次	每次作业前	作业员	作业准备验证《点检记录表》	调整电流、流量在规定范围内
R20	补焊	焊机 焊枪			焊丝型号			目视核对		1次	每次作业前	作业员	自检	型号不对时更换
R30	焊缝打磨抛光	打磨头、抛光轮		产品外观			焊缝打磨平整、光滑，《冲压件返修作业指导书》	目视检查/样品比对/限高检具		100%	连续	作业员	自检	二次返修
R30	焊缝打磨抛光	打磨头、抛光轮			打磨头和抛光轮磨损		《工具使用寿命表》	目视检查		1次	每批转序前	PQC	全检《返修检验记录表》	二次返修
R30	焊缝打磨抛光	打磨头、抛光轮								1次	每次作业前	作业员	自检《工具更换记录》	发现不符合马上更换

-251-

六、编制返工/返修作业指导书

根据控制计划和返工/返修要求，编制详细的、可视化的返修作业指导书，并发放到工作现场，确保相关人员易于得到并使用。表6-20为冲压件返修作业指导书，仅供参考。

表6-20 冲压件返修作业指导书（示例）

×××有限公司		冲压件返修作业指导书		共1页 第1页	
适用产品		所有产品	版次：A/0	编号：	
缺陷类别		缩颈、开裂等缺陷		作业人员注意事项	
作业顺序		作业图示		1.作业前严格按照《劳动保护用品管理制度》配戴好劳保用品 2.作业人员轻拿轻放制件，避免制件的变形与磕碰 3.作业中对制件缺陷无法判定的可以与返修区质检员、工艺员进行沟通 4.作业中产生的废品必须通知当班材料员做好标注，及时放入废品箱内做好隔离 5.作业结束后，将工具与磨料放回指定区域，认真清理现场保持洁净	
返修前工作	1.将待修冲压件从工位器具上或从工位器具中取出放在钣金工作台上 2.将待修冲压件擦拭干净，通过目视检查和样品比对进行100%自检，确认生产线标出的缺陷是否相符，若不符，则隔离放置	表面检验 缩颈 开裂（图a）（图b）			
返修中工作	1.对生产线标出的缺陷按位置与程度，选择合适的工具与方法修复 2.随时用手感验证修复后的表面平整度的状态 3.修复后，用目测、手感、样件相结合的方式对整个制件进行二次检验 4.若有缺陷存在可重复以上返修工作，同一缺陷位置返修次数不可超过三次	（图c）（图d） 焊缝高度≤1.5mm		劳动保护用品	
				防尘帽、劳保鞋、劳保手套、口罩	
				使用工具	
				二氧化碳弧焊机	
				二氧化碳气体	
返修后工作	1.完全修复后，将冲压件擦拭干净，通过目视检查和样品比对进行100%自检，将合格品放入指定容器 2.按要求填写好合格标识后，经检验员盖戳入库（包括数量、图号、名称、操作者等）	作业人员要确认进入返修区的缩颈与开裂制件（见上图）		气体保护焊焊枪	
		返修要领		二氧化碳焊丝	
		补焊前，作业人员要认真检查二氧化碳瓶的气压，打开气阀（图a），将焊丝安装在焊枪上并清理焊枪喷嘴内的焊渣（图b），按下焊枪开关试焊若干次并调整电流，确认电流适中后，左手扶住制件，右手间断或连续启动焊枪开关，对开裂、缩颈处进行焊接，焊枪呈"N"字形上下移动，保持焊缝饱满无漏焊（图c）。焊接完成后确认效果，修复不到位，进行二次焊接，重复（图b）和（图c）步骤。焊接后，选择合适的工具打磨焊缝（图d）		抛光轮	
				平面打磨机	
				偏心振动打磨机	
标记	处数	更改文件号	签字	日期	标记	处数	更改文件号	签字	日期	编制（日期）	校对（日期）	审核（日期）	批准（日期）

返工/返修产品的标识和可追溯性要求：返工/返修后的产品应有特定的标识，并能实现可追溯性，特别是顾客要求时，能提供可追溯性证据。如图6-17所示。

贴有不合格标签的零件，等待返工

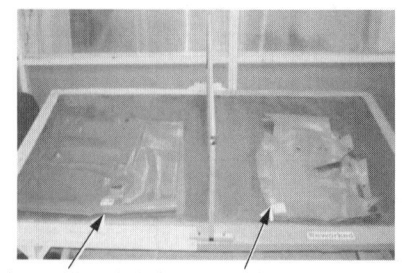
根据返工指导书在专用返工台上进行返工操作　　返工件批准放行后，绿色标签附在零件上并移至绿色放行台

图6-17 返工/返修标识（示例）

第七章
防错技术及应用

- 感受生活中的防错
- 防错法概述
- 防错的基本方法和常用的11个原理
- 防错法在产品设计和过程设计中的应用
- 对现有过程和问题实施防错改善的流程及方法
- 防错装置的验证和防错运行审核

第一节 感受生活中的防错[①]

大家在日常生活和出行中，不知道是否观察和留意过，一些看似不经意或不甚便利的设计，却为我们避免了错误或安全事件的发生。下面的一些例子，您是否经历过？

一、自动取票机的倾斜感应区

我们乘坐火车、高铁时会发现，火车站的自助售票机或取票机上放置身份证的地方被设计成倾斜的（见图7-1）。如果不用手扶住，身份证就会滑下去，从而不能顺利读卡。

这样的设计看似有些不方便，其实不然。试想一下，若是把卡放在平整的地方，一个赶火车的人匆忙取票，因为时间紧就急急忙忙走了，结果身份证落下了。这样倾斜的设计让人必须手扶着身份证才能完成机器读卡，看似麻烦，实则避免了很多人因马虎大意而忘记取走身份证。

图7-1 自助取票机的倾斜感应区

二、自动扶梯的扶手差速

我们乘坐自动扶梯时，是否总感觉扶手带比踏板要快一点儿，从上电梯的一刻起，手扶着扶手的位置基本在与身体平行稍微靠前的位置，手臂是呈弯曲状态，当电梯运行了一段时间后，手握扶手带的位置就移动到了与身体平行但稍靠前的位置，手臂已经呈伸直状态。人们猜测，或许是因为扶手带和踏板是独立运行，踏板上站了人，所以会慢一点儿。

其实，自动扶梯的国家标准GB 16899—2011规定，扶手带运行的速度比梯级的速度快（0~+2%）。扶手带和梯级是各自独立的驱动系统，这样做是为了防止乘客在手握扶手时，因为扶手带的速度滞后于梯级或踏板的速度而造成人体后仰发生意外情况（见图7-2）。

三、高铁上大件行李架的下层防护

我们坐高铁的时候，如果带的是大件行李箱，座位上的行李架是放不下的，需要放到车厢后面大件专用行李架上。放在专用行李架底层的大件箱子，如果摆放不好，在高铁转弯的时候容易被甩到走道，甚至会滑行几米，影响过道的畅通。

笔者有一年到日本学习时乘坐新干线，发现他们在行李架的底层做了一个不锈钢的护杠，如果底层没有放行李箱，护杠可以往上收上去，基本看不到。有行李箱的时候就放下来，能够有效地防止行李箱被甩

图7-2 自动扶梯的扶手差速

[①] 普象工业设计小站．这些设计看似愚蠢，实则精妙无比，网友：对不起，错怪设计师了！[EB/OL]．[2019-05-21]．https：//mp.weixin.qq.com/s/4yzgg258Olek-0ENdsmcKg．

出。图7-3中的左边是中国高铁的大件专用行李架，右边是日本高铁的大件行李架。

图7-3 高铁上大件行李架的下层防护

四、"烦人"的蛇形护栏

不管是购票还是入场，每当遇到排队的人数较多的时候，都会推出一排排的蛇形护栏（见图7-4）。人人都要绕路，所以很多人对这个设计很反感。

其实，这个让人觉得不爽的东西，是真的避免了很多麻烦。试想一下，如果没有这个蛇形护栏，可能会发生踩踏事件或者由于插队而发生争吵的事件？

图7-4 蛇形护栏

五、盘式蚊香

相信很多人都曾为拆蚊香伤过脑筋。

其实，这难拆的背后隐藏着诸多好处。首先是不易碰碎，因其圆形外廓，不易碎掉，易于运输。若做成一根长长的，不仅不易包装及收藏，而且容易折断。其次是卷起来的蚊香在满足长度的同时又不需要过多的存储空间，而且盘式蚊香可以把燃烧的范围控制在小小的圆周之内，提高了安全性（见图7-5）。

六、很难开的药瓶

有些药瓶的盖子需要先向下用力压住再拧开，不知道的人第一次都不太容易打开这样的药瓶（见图7-6）。为什么要多此一举设计一个这样复杂的开瓶方式呢？

这个看似反直觉、不方便的设计，其实主要目的在于防止儿童误食药物。一般人见到瓶盖拧不开，一般都会试着反方向打开，或者试着向上提，但很少有人会想到要先向下按住再拧开。儿童看不懂药瓶上面的文字说明，出于好奇打开瓶子误吃药物的概率就会大大减少，从而实现了安全存放药物的目的。

图7-5 盘式蚊香

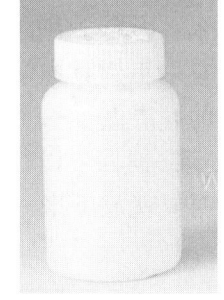

七、高速路上无聊的弯道

经常开车出门的司机可能会发现，高速上经常会有一些莫名其妙的弯道，明明一马平川的大平原还要人为设置出几

图7-6 很难开的药瓶

个弯道来（见图7-7）。很多人不明白为什么要这样，既浪费资源又给行车造成不必要的麻烦。

其实，这还真是故意设计出来的，在平直道路上行驶久了，驾驶员缺乏感官刺激容易精神疲劳、昏昏欲睡，速度感和快速反应能力会大大减弱，而且看到直道还会诱发飙车欲望。

弯道的作用就是促使司机注意力集中、大脑清醒、反应敏捷和降低车速，从而减少交通事故的发生。

八、汽车的保险杠是塑料做的

很多开车的朋友都注意到一个奇怪的事情——汽车的保险杠是塑料做的（见图7-8）。为什么是塑料的？难道不应该是越坚固越好吗？肯定是汽车厂商偷工减料！

图7-7 高速路上的弯道

 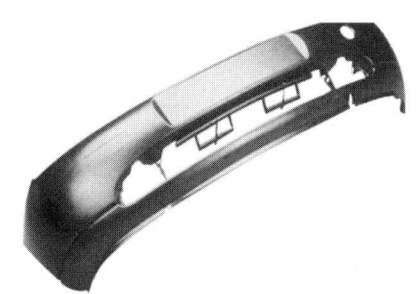

图7-8 塑料保险杠

其实，错怪汽车厂商了。很多年前，轿车前后保险杠还真是钢板冲压的，后来有了现在这种更好的替代方案——塑料保险杠。道理很简单，塑料比金属更具有弹性，能更好地吸收撞击力，塑料的保险杠大大降低了行人遇到低速事故时出意外的概率（见图7-9）。

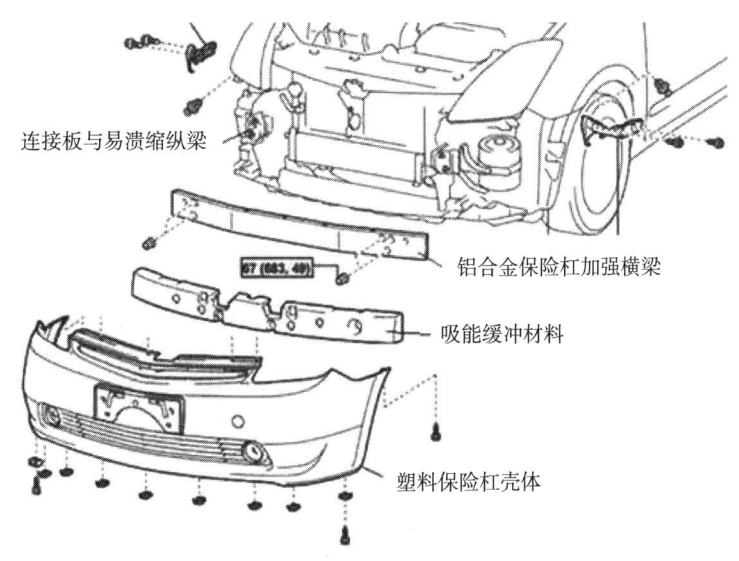

图7-9 塑料保险杠在车辆上的缓冲作用

九、塑料凳子上的圆洞

我们常坐的这种塑料凳子上总是会有个圆洞（见图7-10），相信很多人都好奇这个小洞是做什么用的？

其实，这个圆洞是用来防止空气隔绝的。因为把几个这样的凳子摞起来，凳子之间会形成密闭空间，很难把它们分开。小洞形状还有讲究，最好是圆的，因为尖角的孔受力容易裂开。另外，这个圆洞的位置刚好可作为塑料模具的注塑成型进胶口，可谓一举两得。

图7-10 塑料凳子上的圆洞

十、汽水瓶口螺旋处有缺口

细心的朋友会发现，碳酸饮料的瓶口螺旋处有缺口，而茶饮料瓶或矿泉水瓶的瓶口螺旋处是没有这个缺口的（见图7-11）。

图7-11 汽水瓶口螺旋处有缺口

为什么会有这样的设计呢？缺口的目的是什么呢？

其实是因为碳酸饮料内注入了一定量的二氧化碳，这个缺口就是为了在开盖的过程中让瓶内的气体通过这个缺口很快地泄露出来，否则，到了拧开的最后一瞬间，残留的气体压力会把瓶盖像炮弹一样发射出去。

十一、烦人的减速带

减速带最常见，但平常开车时是不是很讨厌它？

其实，它就是用来让大家讨厌的。车速太快很容易发生危险，百般提醒不见得有用，减速带的存在避免了很多交通事故的发生（见图7-12）。

图7-12 连续的减速带

十二、表针是弯的

为什么有一些表的指针是弯的呢？

图7-13 弯曲的表针

其实，这是表厂故意设计的，目的是让表针末端和刻度距离更近，减少因不同角度读取表针数据而产生的视觉误差（见图 7-13）。特别是体育用的、测试用的专业计时码表上，这一点非常明显。

第二节 防错法概述

一、什么是防错法

顾名思义，防错就是防止错误，防错法就是防止错误的技术和方法。

在 IATF 16949 中，防错定义为"为防止制造不合格产品而进行的产品和制造过程的设计及开发"，也就是通过产品设计和制造过程设计来防止错误的产生，即在错误发生之前便加以防止。

防错法（Error Proofing），日语为 Poka-Yoke，是日本管理专家新乡重夫最早提出的，在日语中，Yoke 是防止的意思，Poka 是疏忽错误之意。防错法又称愚巧法、防呆法。

- 防错法具有即使人为疏忽也不会发生错误的构造——不需要注意力；
- 防错法具有外行人来做也不会错的构造——不需要经验与直觉；
- 防错法具有不管是谁或在何时工作都不会出差错的构造——不需要专门知识与高度的技能。

二、防错法的起源

新乡重夫（1909—1990 年），在工业工程（IE）领域是世界著名的管理专家，也是著名的丰田生产体系创建人。在品质管理方面作出了重大贡献，在美国出版了不少品质方面的著作。他还根据自己 20 年事业生涯中的系统性方法和精心笔记，著有 18 部书和大量管理文章。他指出，"零损坏"就是品质要求的最高极限，被尊称为"纠错之父"。

在众多的成就中，其中有两项最被人称道：

- 快速换模是在工业工程（IE）领域发明的革新性概念之一。
- 丰田生产系统（Toyota Production System）的精益生产系统。

1. 新乡重夫的简单防错法

新乡重夫在其著作中举了一个典型的防错例子（见图 7-14）。名古屋 Yamada 电子公司有一道组装按钮装置的简单工序，工人经常出错。按键装置构造相当简单：该装置有两个按钮（一个开和一个关），每个按钮下都必须嵌入一个小弹簧。但实际情况是，工人经常忘记安装弹簧，工厂经常接到顾客投诉。每次出现这种情况，工厂就会教育一下工人，情况暂时会有所好转，但没过几天，同样的事情就又发生了，这样拖来拖去成了痼疾。通过观察，新乡重夫建议他们准备一个小碟子，在装配开关装置前，先从零件盒中取出两个弹簧放到碟子里，然后开始组装开关，放入弹簧，装入按钮。如果组装后还有弹簧留在碟子里，工人就会意识到漏装弹簧了，再拆开重装这个开关即可。此后，该工厂再也没有出现过漏装弹簧的情况，顾客也没有因此再投诉过。在这个案例中，只增加了一个从零件盒中取出两个弹簧放到一个小碟子里的环节，差错就消除了。

改善前　　　　　　　　　　改善后

图 7-14　新乡重夫的简单防错法

2. 新乡重夫快速换模改善

1969 年，丰田汽车公司更换 1000 吨级冲床的模具要花 4 个小时，而德国大众汽车公司只用 2 个小时。丰田制造厂的经理大野耐一要求赶超德国。新乡重夫花了 6 个月时间将内部调试从外部调试中分离出来，并逐步改进了每一程序中所有相关操作，最后成功地将调试时间缩短到 1.5 个小时。

接着，大野又指示他将调试时间减少到 3 分钟。一开始，新乡重夫觉得根本不可能，但很快就想出新的方法来缩短调试时间。3 个月后，他和丰田的主管们一起实现了目标。

福特汽车公司举办研讨会时，新乡重夫看到一种冲床，要更换其中的模具需要 5 个小时。但是福特公司的工程师们听了新乡重夫几小时的课后，面对挑战，仅用了 12 分钟时间便把模具更换完毕。这在 1986 年可是了不起的成就。

然而，新乡重夫仍不满足，他要工程师们在 10 分钟之内完成。几个月之后，福特公司一位工厂经理报告说，更换时间已经缩短到 2 分半钟。

Norman Bodek（诺曼·博德克）在 *The Sayings of Shingo*（《新乡重夫箴言录》）一书中写道："把设备调试时间从几小时锐减到几分钟，是车间实现革命性变革不可或缺的第一步。其成果显而易见，库存锐减 90%，产品从设计到投产的时间由 12 周缩短到 4 小时。"

3. 新乡重夫提出 3 种不同的检验理念

（1）判别检验（Judgment Inspection）

判别检验是指对产品检测和挑选，将不合格品从产成品中挑选出来，企业普遍采用的检验和测试均为判别检验，这就是我们通常说的"质检"。

这是一种事后补救方式，不能防止缺陷的产生，只可以发现并隔离缺陷，并为后续改善提供某些信息，相当于救火，等到火警发生才去扑救，损失是必然的。

（2）有效信息检验（Informative Inspection）

通过抽样方法取得检测数据，并利用此数据，监控生产过程的稳定性。统计过程控制（SPC）方法所进行的检测即为有效信息检验。

有效信息检验带有预防性质，它在抽检时间上是与生产过程同步进行的，可以及时发现过程是否处于统计受控状态，一旦出现失控迹象，就可以灵敏地在控制图上显现出来，从而可以将缺陷的原因消灭在萌芽状态。

（3）来源/溯源检验（Source Inspection）

溯源检验是对过程的作业条件进行检测和确认，以保证在作业之前即满足高质量生产所需的条件。这就需要在生产之前检查员工的操作条件，而非在生产之后再检查。新乡重夫认为，溯源检验是一种理想的质控手段，因其在生产流程开始运作之前就能获得有关反馈。

溯源检验可以发现产品设计和制造过程设计的不足，从而真正实现预防性检验。

三、墨菲定律

墨菲定律：如果做一件事有两种或两种以上选择方式，其中一种选择方式将导致错误，则必定有人会作出这种选择。如果事情有变坏的可能，那么不管这种可能性有多小，它总会发生。

1. 墨菲定律的由来

爱德华·墨菲（Edward A. Murphy）是美国爱德华兹空军基地的上尉工程师。1949 年，他和他的上司斯塔普少校参加美国空军进行的 MX981 火箭减速超重实验。这个实验的目的是测定人类对加速度的承受极限。

其中有一个实验项目是将 16 个火箭加速度计悬空装置在受试者上方，当时有两种方法可以将加速度计固定在支架上，而不可思议的是，竟然有人有条不紊地将 16 个加速度计全部装到了错误的位置。

于是墨菲作出了这一著名的论断：如果做某项工作有多种方法，而其中有一种方法将导致事故，那么一定有人会按这种方法去做。

2. 对待墨菲定律的两种态度

对这个定律，存在着两种不同的态度：一种是消极的态度，认为既然差错是不可避免的，事故迟早会发生，那么管理者就难有作为；另一种是积极的态度，认为差错虽不可避免，但管理者可以提前防范，不能放松思想，要时刻提高警觉，防止事故发生，保证安全。

墨菲定律在管理上的应用——事后补救不如事前防范。

- 传统的质量管理是被动的，主要在于事后的补救和经验总结。（亡羊补牢）
- 主动的管理，识别可能的风险，预测潜在的危险，加以预防和控制。（未雨绸缪）

四、正确认识错误与缺陷

错误是预期过程的任何偏离，多数是由于人们疏忽、无意识等偶尔犯下的。

日常生活和工作中，在以下情形常常会发生错误（见图 7-15）。

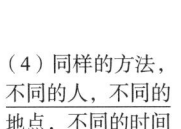

（1）同样的方法，同样的时间和同样的地点，不同的人

（2）同样的方法，同样的人和同样的地点，不同的时间

（3）同样的方法，同样的人和不同的地点，不同的时间

（4）同样的方法，不同的人，不同的地点，不同的时间

图 7-15 容易发生错误的 4 种情形

1. 发生错误的常见原因和现象

表 7-1 发生错误的常见原因和现象

序号	原因	常见的现象
1	遗忘 精神不集中时，会忘记事情	遗漏一个或多个过程步骤，如忘记在打螺丝之前先装上垫片
2	理解错误 对工作指令、程序判断或理解错误所致	如作业标准书要求正面安装，结果理解为反面安装
3	对过程/作业不熟悉 由于不熟悉作业过程或步骤而出现错误	如让一个业务不熟练的新手去做复杂的工序，较容易出现错误
4	缺乏工作经验 需要有经验的工作，由于缺乏工作经验而发生错误	如让一个从未做过生产的人去做车间管理，就比较容易出现错误
5	轻视规则 不遵守某些规则时，擅自行为发生错误	如闯红灯、生产中不遵守作业标准或安全操作规范
6	疏忽大意 在无意识状态下，不小心犯错	如不小心漏装、错装零件或贴错标签方向
7	行动迟缓 由于作业人员判断或决策过慢而导致错误	如踩刹车较慢，导致追尾 如生产中焊锡的零件接触时间过长而烧坏

续表

序号	原因	常见的现象
8	**缺乏标准或作业指导** 由于缺乏作业指导或工作标准而发生错误	由于缺乏作业标准或作业指导不当,发生错误的概率是相当大的 如装配汽车座椅,假设正确的装配方法是先装右边第一颗螺丝,接着装对角螺丝,然后装左上角和右下角螺丝,如果没有作业指导书,而让员工随机装配螺丝,则可能发生装配位置不正或出现间隙等错误
9	**意外事件** 当设备运行状况与预期不符时会发生错误	如机器可能在无警示的情况下发生故障
10	**故意** 作业者故意制造错误	如员工认为受到不公平对待而发泄情绪,故意做错或损坏。此类情况很少,属于管理上的问题

据统计,在以下的 8 种导致错误的原因中,人为因素占了 77.8%,其次为作业方法和设备的原因(见表 7-2)。

表 7-2 8 种导致错误的原因统计

错误原因	原因归类	所占比例
遗忘	人	77.8%
对过程/作业不熟悉	人	
缺乏工作经验	人	
轻视规则	人	
疏忽大意	人	
行动迟缓	人	
缺乏适当的作业指导	方法	11.1%
意外事件	设备	11.1%

因此,针对人为因素进行防错是防错方法的重点。

2. 错误与缺陷

在《现代汉语词典》解释中,"错误"意为不正确;与客观实际不符合;不正确的事物、行为等。

在描述错误时,应同时具有时间、地点、人物、具体行动、描述等,表达、表现出来的法定、公认、确定的错误内容。

我们知道,缺陷是由错误产生的,但不是所有的错误都产生缺陷。比如,行人不注意看红绿灯过马路是个错误,但不一定发生事故。再如,设备参数设定超出了规定范围,但不一定产生缺陷产品。

可是,在大多数情况下,错误都会产生缺陷,从而导致不同程度的后果(见图 7-16)。

图 7-16 缺陷可能导致的后果

五、解决错误和缺陷的方法

我们知道，人犯错是很自然的事，全世界没有谁敢说自己从不犯错。那么，我们可以做的是想办法尽可能防止犯错，或者即使犯错也不会产生缺陷。

1. 传统解决错误/缺陷的方法

由于人为错误所占的比重很大，各大公司传统的防止人为错误的主要措施是"培训与惩罚"，即对作业者进行培训，管理人员通过培训告诫作业者工作要更加认真和努力。确实，通过培训可以避免相当一部分的人为错误，比如对过程/作业不熟悉、缺乏工作经验、缺乏适当的作业指导所导致的错误。但由于人为疏忽、忘记等所造成的错误却很难防范。长期以来的大量实践及质量学者研究发现：惩罚与教育相结合的防错方式并不怎么成功。

2. 现代解决错误/缺陷的方法

随着技术的发展和顾客要求的提高，质量标准也越来越高，很明显仅靠"培训和惩罚"的传统方法是很难满足要求的。为了适应新的质量标准，企业管理人员必须杜绝错误，而要杜绝错误，首先必须弄清楚产生错误的根本原因，然后针对原因采取对策。因为错误是造成缺陷的原因，因此可以通过消除或控制错误来预防缺陷。

使用防错法在错误发生之前即进行防范，是一种在作业过程中采用自动作用、报警、标识、分类等防错手段，替代过去依靠工人完成的重复劳动，消除产生差错的条件或使出错的机会降到最低，使作业人员不需要特别注意就能防范错误的方法。

生产中常见的防错手段有6类：
- 出现操作错误，物品就装不上工装夹具。
- 物品不符合规格，机器就不会加工。
- 出现操作错误，机器就不会加工。
- 自动修正操作错误、动作错误，然后开始加工。
- 在后道工序检查出前道工序不合格，前道工序停止操作。
- 作业上如有遗漏，后道工序停止动作。

以上比较可知，传统解决方法可以通过培训和惩罚纠正部分错误，而防错法可以从根本上解决错误问题。

六、防错法在生产中的作用和益处

生产中采用防错方法带来成本的降低（见图7-17）。

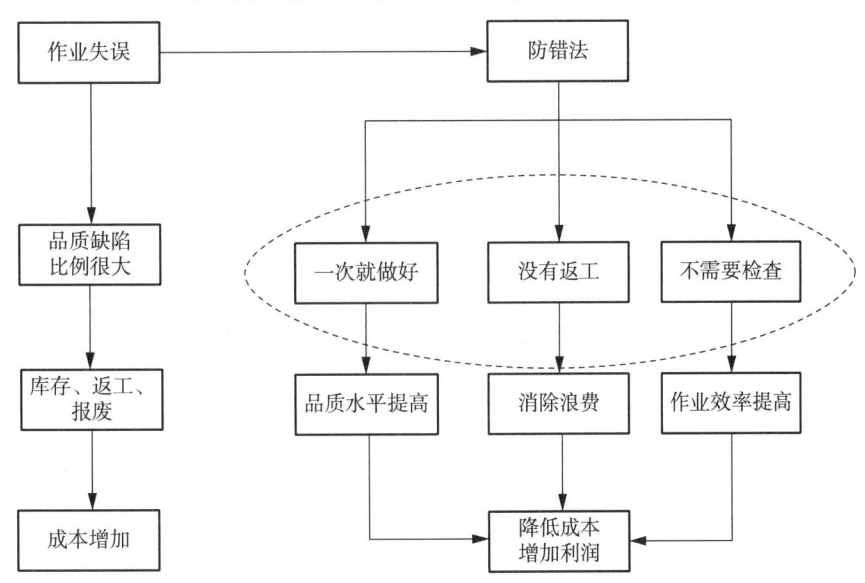

图7-17 生产中采用防错方法带来成本的降低

应用防错方法，可获得但不限于以下益处：
- 减少错误，提高产品利润率；
- 减少时间浪费，提高生产效率；
- 减少由于检查而导致的浪费；
- 消除返工/返修及其引起的浪费；
- 提高产品质量和可靠性；
- 使产品更加人性化，提高消费者满意度和产品信誉。

七、5M1E 分析和常用解决方法

在制造过程中产生错误的原因通常利用"鱼骨图"从 5M1E（人、机、料、法、环、测）因素进行分析（见图 7-18）。

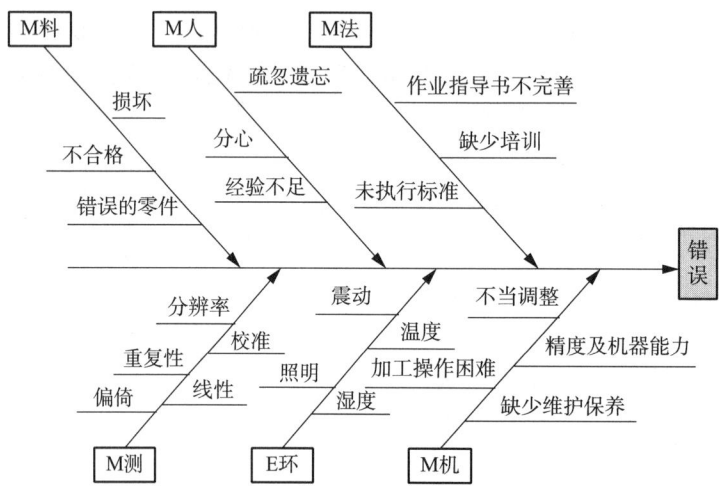

图 7-18　5M1E 鱼骨图原因分析（示例）

针对 5M1E 的问题来源，通常可用的技术工具和解决方法见表 7-3。

表 7-3　针对 5M1E 原因的常用解决方法

问题来源	常见问题	解决方法
人	犯错误	培训、防错
机	设备精度不足、故障、磨损、漂移	选择精度满足要求的设备、Cmk、全面生产维护（TPM）、SPC
料	来料不合格、批次不稳定	来料检验、SPC、供应链管理
法	作业方法非最优、作业指示不明确	DOE、PFMEA、可视化
环	环境因素波动大	密封、隔离、温湿度控制、个人防护、静电防护等
测	量具及测量系统偏差	Cgk、校准、MSA

第三节　防错的基本方法和常用的 11 个原理

一、防错法的 3 种策略

防错方法通常包括以下 3 种策略（见图 7-19）。

上策：消除发生原因，使错误不会发生。
中策：使错误发生的机会降至最低程度。
下策：万一错误发生，有机制保证缺陷不会流出。

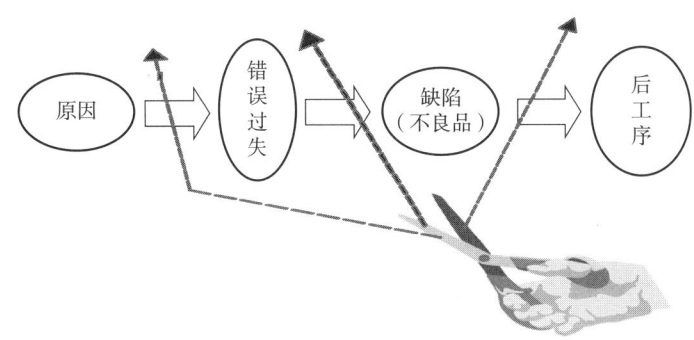

上策：主动防错，按形状区分，使错误不会发生

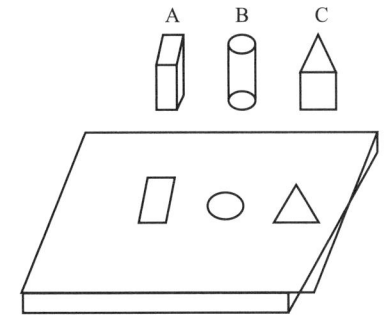

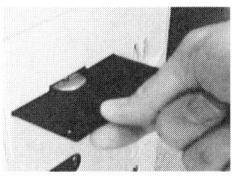

中策：被动防错，警示或颜色区分，错误还有可能发生

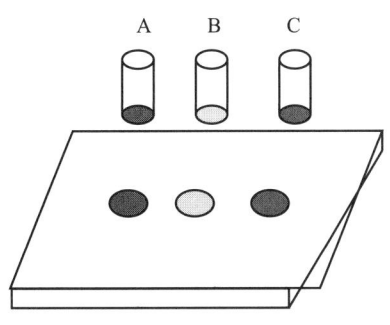

下策：作业完成后，对产品自动检测，保证缺陷不会流出

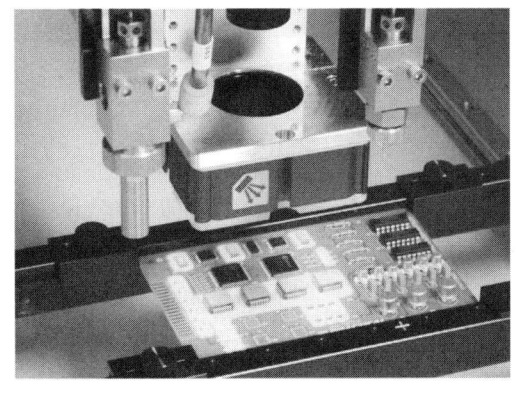
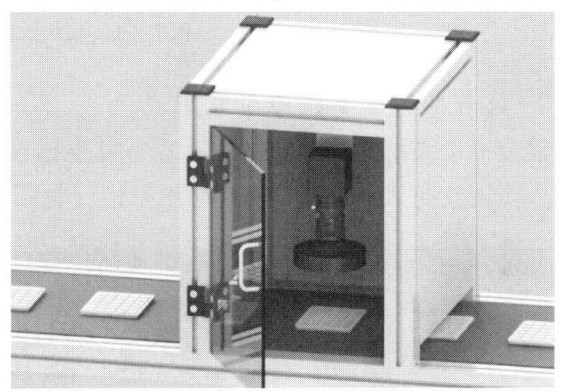

图 7-19　防错法的 3 种策略（示例）

上策是主动防错，中、下策是被动防错。主动防错也是源头防错，需要在产品设计和过程设计时就采用防错技术和方法。基于技术能力的限制或成本的考虑，并非所有错误都能够采用主动防错方法。因此，上策、中策、下策这 3 种策略应根据实际情况选择采用。

例如，为防止火车进入交叉路口与车辆和行人发生事故，通常采用以下 3 种防错方法（见图 7-20）。

方法1：消除进入交叉路口这个使错误发生的根本原因。

方法2：提前鸣警报器并闪烁警报灯，提醒行人、车辆，有火车通过，行人、车辆停止通行。

方法3：鸣笛警报也可能有人无视而进入交叉路口，为防止发生事故用栏杆阻隔。

（a）高架方式

（b）警报方式

（c）阻隔方式

图 7-20　对同一问题可能采用的 3 种防错方法（示例）

在有条件的情况下，方法一是最好的，其次是采用方法二和方法三。

二、防错的 4 个基本原则

在使用防错法时，有以下 4 个基本原则可供参考：

1. 使作业动作轻松

难于观察、难拿、难动的作业即变得难做，易疲劳，从而导致发生错误。用不同颜色使得容易区分，或放大标识，或加上把手使得容易拿，或使用搬运器具使动作变得轻松（见图 7-21）。

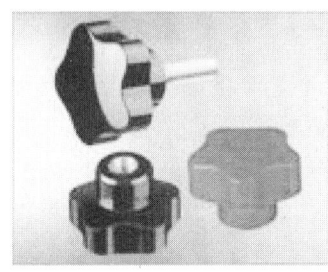
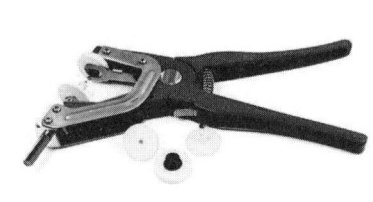
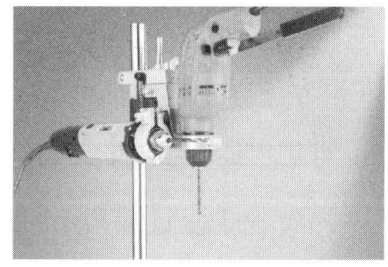

图 7-21　使作业动作轻松（示例）

2. 使作业不需要技能与直觉

需要高度技能与直觉的作业，容易发生错误。考虑治具或工具，进行机械化或自动化，使新进人员或支持人员也能在作业时不犯错（见图 7-22）。

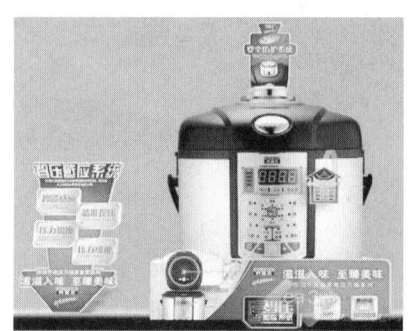

图 7-22　使作业不需要技能与直觉（示例）

3. 使作业不会有危险

因不安全或不安定而会给人或产品带来危险时，加以改善，使其不会有危险。

另外，因行为马虎或勉强操作而发生危险时，设法安装无法马虎或无法勉强的装置。

如冲床需要双手同时按钮，注塑机防护门未关闭则不能动作，机器安装防护罩保护等（见图7-23）。

图 7-23　使作业不会有危险（示例）

4. 使作业不依赖感官

依赖眼睛、耳朵等感官进行作业时，容易产生错误。制作治具或使之机械化，减少用人的感官来判断的作业。

如果有一定要依赖感官的作业，譬如，当信号一红即同时有声音出现，设法使之能做二重或三重的判断（见图7-24）。

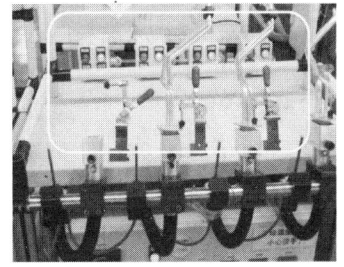

图 7-24　使作业不依赖感官（示例）

三、防错的 5 个基本思路

防错通常有以下 5 个基本思路（见表7-4）。

表 7-4　防错的 5 个基本思路

防错思路	目标	方法	评价
消除	消除可能的错误	通过产品及制造过程的重新设计，加入防错方法	最好
替代	用更可靠的过程代替目前的过程，以降低错误	运用机器人技术或自动化生产技术	较好
简化/容易	使作业更容易完成	合并生产步骤，实施工业工程改善	较好
检测	缺陷流入下道工序前，对其进行检测并剔除	使用自动检测系统，在操作错误时予以警报	较好
减缓影响	将错误影响降至最低	采用防护手段，如开车系安全带，骑车戴安全帽等	好

防错方法的 5 个基本思路简要说明如下：

1. 消除
- 最好的防错方法；
- 从设计角度即考虑到可能出现的错误并用防错方法进行预防；
- 从源头防止错误和缺陷的方法；
- 符合质量的经济性原则。

2. 替代
- 对硬件设施进行更新和改善；
- 使过程不过多依赖作业人员；
- 降低人为原因造成的错误。

3. 简化/容易
- 作业变得更容易、更合适、更独特，或具有共同性，以减低失败；
- 适合化、共同化、集中化、特殊/个别化，流程越简单，出现操作错误的概率越低；
- 简化并不能完全防止人为缺陷的产生。

崔西定律：任何工作的困难度与其执行步骤的数目平方成正比。例如，完成一件工作有 3 个执行步骤，则此工作的困难度是 9；而完成另一工作有 5 个执行步骤，则此工作的困难度是 25。所以，必须要简化工作流程。

4. 检测
虽然已经有不良或错误现象，但在下一个制程中，能将之检出，以减少或剔除其危害性。

5. 减缓影响
作业失败的影响在其波及的过程中，用方法使其缓和或吸收。

四、11 个常用防错原理

1. 断根原理
即断绝形成错误的条件，从根本上排除造成错误的原因，使错误不会发生。

如前面提到的火车与道路的交叉路口，改为立交桥，彻底断绝接触条件；又如，长时间离家情况下关闭水、电、气的总开关，防止发生意外。

如图 7-25 所示，为防止员工上班时间玩手机，在进入车间时，统一把手机放到保管柜中上锁，到下班时才能取走。同样，有些公司因为开会时很多人看手机，会上注意力不集中，所以在开会前要求把手机统一放到保管箱里，会后再取走。

早期的计算机主机的外壳和内部组件都是用锁螺丝的方式紧固的，既费时、费力，又经常会有漏锁螺丝的情况，后来改为卡嵌式的组装方法，从根源上解决了这个问题。

图 7-25　断根原理（示例）

2. 保险原理

需要两个或以上动作共同完成或按顺序执行才能开始工作（见图7-26），或者设计冗余（见图7-27）。

例1：开银行保险箱时，须将顾客的钥匙与银行的钥匙同时插入钥匙孔，才能将保险箱打开。

例2：一般冲床有三个防护，一是光电保护，二是双手操作按钮，三是紧急停止按钮。

例3：驻车后拉手刹。

 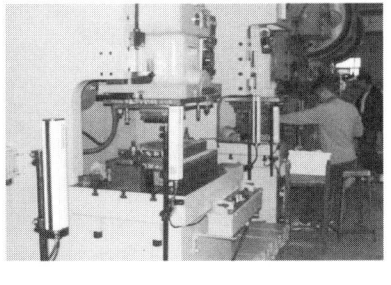 

例1　　　　　　　　　　　　例2　　　　　　　　　　　　例3

图7-26　保险原理（例1~例3）

例4：进入高铁站时，必须同时人脸识别和刷身份证。

例5：洗手盆边上开个孔，防止忘记关水时水溢出。

例6：卫生间放两个卷筒纸，用完一个后及时补充上，一般不会两个同时用完，避免发生无纸使用的尴尬。

例4　　　　　　　　　　　　例5　　　　　　　　　　　　例6

图7-27　保险原理（例4~例6）

3. 自动原理

以光学、电学、力学、机构学、化学等原理来限制某些动作的执行或不执行，以避免错误的发生。随着科学技术的发展，这些自动开关非常普遍，也是非常简易的"自动化"应用（见图7-28）。

以"浮力"的方式来控制，例如：抽水马桶的水箱内设有浮球，水升至某一高度时，浮球推动拉杆，切断水源。

以"重量"控制的方式来完成，例如：当电梯超载时，电梯门关不上，电梯不能上下运行，警告器鸣起。

以"光或电的感应"控制的方式来完成，例如：自动化设备上大量使用感应器、自动出水/关水、车窗夹手升降器自动停止或逆转、酒店房间插卡自动取电等。

以"时间"控制的方式来完成，例如：洗手间内的"烘手机"；自动出水的水龙头，时间一到自动停止。

以"温度"控制的方式来完成，例如：电饭煲、电热水器，空调按温度设定自动调节室内温度等。

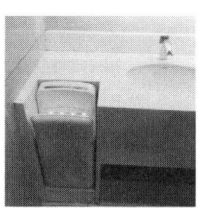

图7-28　自动原理（示例）

4. 相符原理

通过检查动作或结构的符合性来防止错误的发生。

可以用形状、符号、声音、数量等方式来检查，日常生活中有很多类似的设计。

应用相符原理进行防错的例子很多，以下仅为示例（见图7-29）。

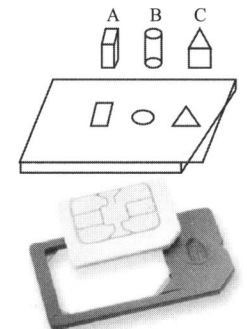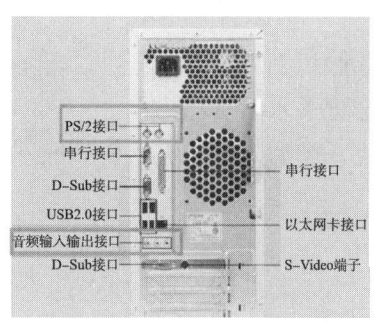

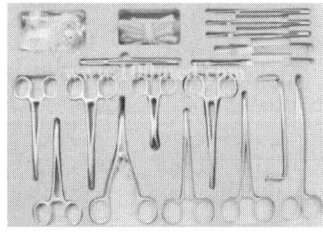

图7-29　相符原理（示例）

5. 顺序原理

用顺序编号排列等方法，来减少或避免工作或流程前后倒置的错误（见图7-30）。

以"斜线或编号"方式来完成，例如：许多档案放在资料柜内，每次拿出来看完后，再放回去时容易放错地方，可用斜线标志或编号数字的方式来解决这个问题。

用数字编号方式防错是最简单最普遍的，例如：登机口、站台、车厢等。

6. 隔离原理

以分隔不同区域的方式，保护某些区域，使其不能造成危险或导致错误发生（见图7-31）。

例如：高速路旁的隔离带、护栏等；家中危险的物品放入专门的柜子里加锁并置于高处或孩子不易拿到的地方，防止小孩接触、误食、误用而造成危险；煮菜时，锅盖的把手太热，加上电木或用塑胶隔热。

图 7-30 顺序原理（示例）

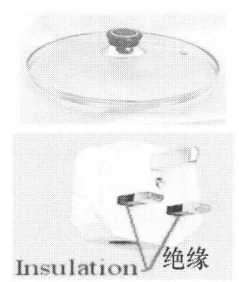

图 7-31 隔离原理（示例）

7. 复制原理

同一件工作，如需做两次以上，最好采用"复制"方式来完成，省时又不会出现错误（见图 7-32）。

以"复写"方式来完成，如常见到的各种票据、带录音的笔。

以"印章"方式来确保一致性和有效性，或以"拓印"的方式保持原样。

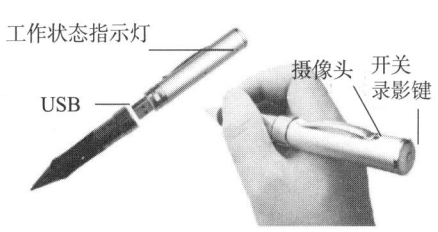
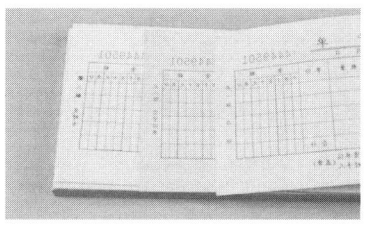

图 7-32 复制原理（示例）

用复制原理进行制程中的改善示例（见图 7-33）。

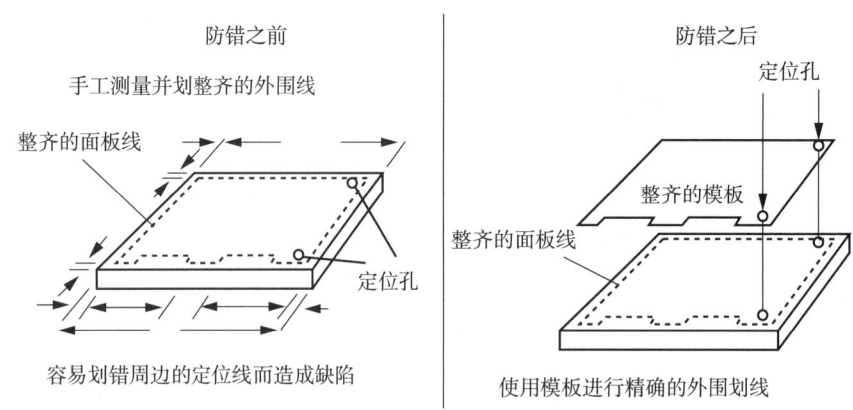

图 7-33　用复制原理进行制程中的改善（示例）

8. 层别原理

充分运用各种感官，将不同的作业或状态进行区分，使作业变得容易并避免错误的发生。

常见方法：颜色分层、划线分层、标识分层等，层别原理应用也非常广泛（见图 7-34）。

人们对颜色的共通认识是，以"绿色"表示"安全"或"良好"；"黄色"表示"警示、注意"或"可疑品"；"红色"表示"危险"或"不良品"。

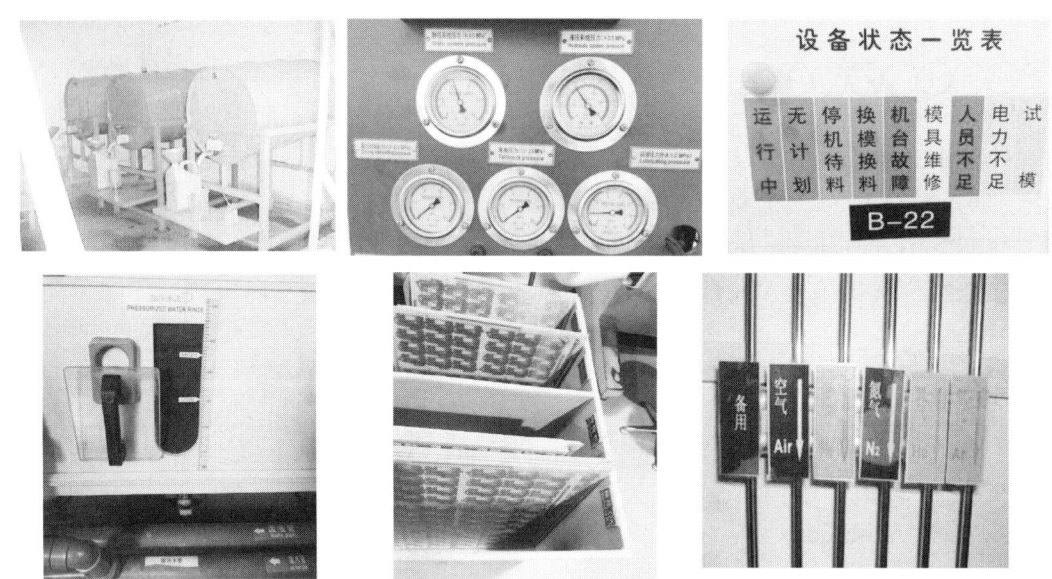

图 7-34　层别原理（示例）

9. 警告原理

如有不正常的现象发生，能以声光或其他方式显示出各种"警告"的讯号，以避免更大问题或减少错误（见图 7-35）。警告原理是一种被动的防错，并不能杜绝问题的发生。

例 1：车子速度过高时，警告灯就亮了。

例 2：车门没关好，安全带没系好，警告灯就亮了或声音提示。

例 3：异常警示，如发动机异常、电池异常、水温异常、胎压异常等。

例 4：操作计算机按错键时，发出警告声音。

例 5：进入某个区域，则发出警告，如高铁的厕所及车厢内有禁止吸烟警告，在动车上吸烟，会引发烟雾报警导致动车自动降速甚至紧急停车，严重影响列车运行安全。

例6：在可能出错的地方做出明确、醒目的提醒。

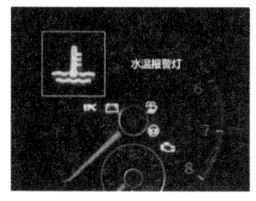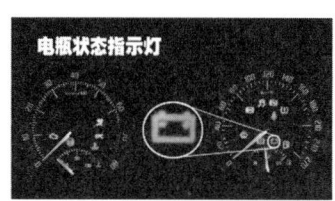
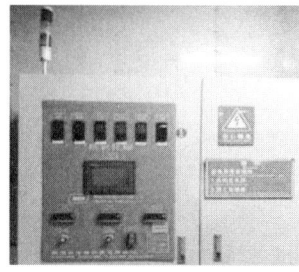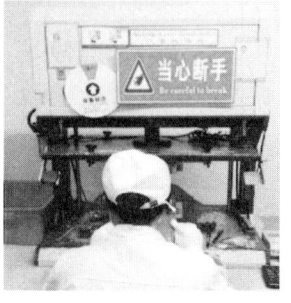

图7-35 警告原理（示例）

10. 缓和原理

以各种方法来减少错误发生后所造成的损害，虽然不能排除错误的发生，但是可以降低其损害的程度（见图7-36）。

例1：鸡蛋的隔层装运盒减少鸡蛋在搬运途中的破损。

例2：汽车的安全带、安全气囊，骑摩托车戴安全帽。

例3：加泡沫包装或纸板以减少产品在搬运中的碰伤。

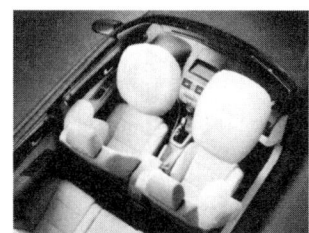

图7-36 缓和原理（示例）

11. 条件原理

以某事件的发生或不发生为条件，启动运行机制，从而避免错误发生后造成的损失或损害。

如：洗衣机盖子关闭，电机转动，盖子未关闭时则电机不转动。

电梯门关闭后，电梯才能上下运行，电梯门未关闭则电梯不能上下运行。

在工业生产中，经常使用一些微动或限位开关，以防止作业者安装不到位，或用于工序加工后不满足尺寸要求。

如图7-37所示，当前工序的零件加工尺寸过大时（左图），触动常闭限位开关，电源断开，则生产不能继续进行；当零件尺寸加工过小（右图），零件不能触动常开的限位开关，电源没有接通，生产也不能继续进行。因此只有零件在公差范围内，开关1没有被触动，开关2被触动的情况下才能生产加工。

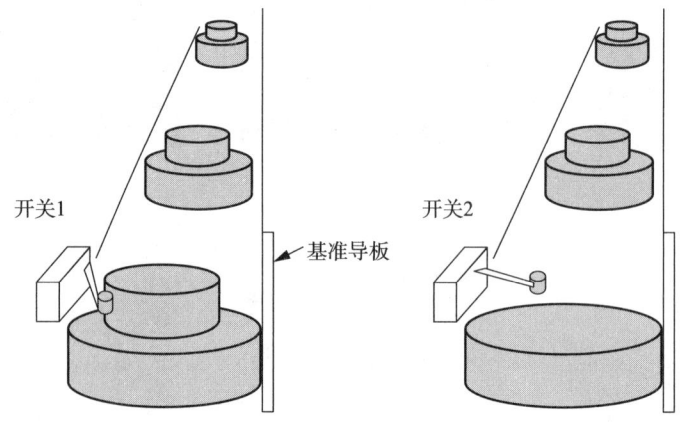

图 7-37　条件原理（示例 1）

如图 7-38 所示，点检吊车时，要通过梯子爬到上端进行，第三方人员在不知情的情况下启动吊车会发生事故。为防止可能发生的安全事件，在梯子上加一个限位开关，人上去后限位开关断开，电机不能启动，只有当人下来后，才会闭合限位开关。

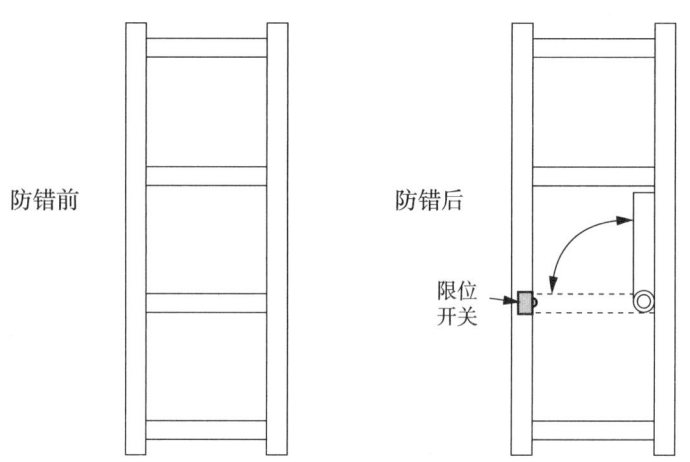

图 7-38　条件原理（示例 2）

如图 7-39 所示，在电熨斗上设立按键，只有当按键按下时才能熨烫，避免人突然离开时可能发生的危险。

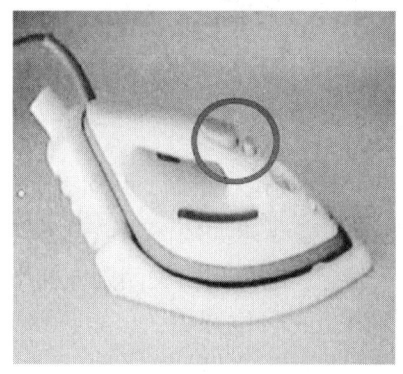

图 7-39　条件原理（示例 3）

第四节　防错法在产品设计和过程设计中的应用

一、质量零缺陷观念

1. 零缺陷概念的产生

被誉为"全球质量管理大师""零缺陷之父"和"伟大的管理思想家"的菲利浦·克劳士比在20世纪60年代初提出了"零缺陷"思想，并在美国推行零缺陷运动。菲利浦·克劳士比在1979年出版惊世巨著《质量免费》（见图7-40），奠定了大师的地位，标志着质量管理学的诞生。

菲利浦·克劳士比

图7-40　菲利浦·克劳士比的《质量免费》

零缺陷管理最早应用于美国马丁马里塔公司（Martin Marietta Materials Inc.）的奥兰多事业部，又称零缺点计划。1962年，该公司为提高产品的可靠性，解决"确保质量"与"按期交货"的矛盾，首先在制造部门实施零缺点计划，获得了成功。第二年，美国通用电气公司在全公司范围内实施零缺点计划，并增加了消除错误原因建议这一重要内容，从而使零缺点计划更加完善。

1964年初，美国国防部正式要求军工系统的企业采用零缺点计划，许多民用工业企业也相继实施零缺点计划。

1965年5月，日本电气股份公司首先在日本开展了零缺陷管理，称为零缺陷运动。日本的一个协会还专门向美国派遣了"零缺点计划"考察团，并组织了推进零缺点计划研究会。仅一年多的时间，在日本开展零缺点运动的公司就有100多家。

美国在1988年设立了克劳士比质量奖，1992年设立的欧洲质量奖的核心框架亦是克劳士比质量奖。

零缺陷特别强调预防系统控制和过程控制，要求第一次就把事情做正确，使产品符合对顾客的承诺。开展零缺陷运动可以提高全员对产品质量和业务质量的责任感，从而保证产品质量和工作质量。

在美国，许多公司用在测试、检验、变更设计、整修、售后保证、售后服务、退货处理及其他与质量有关的成本相当于总营业额的15%~20%，所以真正浪费的原因是没有在客户端抓需求，而是退居后端抓"服务"和救火。如果我们第一次就把事情做对，那些浪费在补救工作上的时间、金钱和精力就可以避免。

2. 零缺陷和质量改进

质量改进的最终目标是零缺陷，零缺陷是指引质量持续改进的理念。

在质量管理活动中，按其对产品质量所起的作用来衡量，可分为两类：一类是通过质量控制，保持已经达到的水平，称之为"维持"或"质量控制活动"；另一类是对现有的质量水平在控制、维持的基础上加以突破和提高，将质量提高到一个新水平。这个实现提高的过程称之为"质量改进"。

3. 零缺陷管理的核心

零缺陷管理的核心是第一次把正确的事情做正确，包含了三个层次：正确的事、正确地做事和第一次做正确，三个因素缺一不可。每个人都坚持第一次就做对，不让缺陷发生或流到下道工序或其他岗位，那么工作中就可以减少很多因处理缺陷和错误造成的成本，工作质量和工作效率也可以大幅度提高，经济效益也会显著增长。

- 正确的事：辨认出顾客的真正需求，从而制定出相应的策略。
- 正确地做事：经营一个组织、生产一种产品或提供的服务以及与顾客打交道所必需的全部活动都符合顾客和市场的客观要求。
- 第一次做正确：防止不符合要求的成本的产生，从而降低质量成本，提高效率。

要实现零缺陷就必须改变传统的质量文化，从探测导向型发展为预防导向型。防错方法论完全适用于预防导向型，因为它更多地涉及产品和过程的设计。目的就是能在产品的设计、制造、装配阶段或在包括行政管理职能等相关流程中消除错误。

二、IATF16949 对防错的要求

在 IATF 16949：2016 标准中，以下条款提出了对防错的要求：

8.3.5.1 设计和开发输出—补充

d) **产品设计防错**结果，例如：DFSS、DFMA 和 FTA。

——本条款要求在产品设计上体现防错的结果，也就是说，产品设计阶段必须考虑防错的应用。包括可制造性和可装配性设计（DFMA）的输出，以及根据故障树分析（FTA）结果所采取的防错措施。

8.3.3.2 制造过程设计输入

制造过程设计应包括，针对问题适当的重要性程度，和所遭遇到风险相称的程度来使用**防错方法**。

——本条款要求在制造过程设计输入时，要考虑新的制造过程可能会发生的潜在问题，以及类似过程曾经发生过的问题，识别和确定在哪些方向需要采用哪些防错技术和方法，以便在制造过程设计中应用这些方法。

8.3.5.2 制造过程设计输出

m) 适用时，**防错识别和验证**的结果。

——本条款要求制造过程设计输出应包括对输入所要求的适用的防错方法应用，以及对这些防错方法的有效性进行验证。

8.5.6.1.1 过程控制的临时更改

组织应识别过程控制手段，包括检验、测量、试验和**防错装置**，形成文件化的清单并予以保持，清单包含主要过程控制和经批准的备用或替代方法。

——本条款是要求针对防错装置需要有备用或替代方法，以确保在防错装置异常时，不会中断生产或检测活动，从而保障按时交付。

10.2.4 防错

组织应有一个形成文件的过程,用于确定适当防错方法的使用。所采用方法的详细信息应在过程风险分析中(如 PFMEA)形成文件,试验频率应记录在控制计划中。

过程应包括防错装置失效或模拟失效的试验。应保持记录。若使用挑战件,则应在可行时对挑战件进行标识、控制、验证和校准。防错装置失效应有一个反应计划。

——本条款的标题就是"防错",要求组织应有一个形成文件的过程,用于确定适当防错方法。因此,可以在产品设计开发过程或 APQP 过程中识别和确定防错方法,并且所采用的防错方法应在过程 FMEA 中形成文件。

防错装置在运行中也可能失效。因此,对防错装置要按一定的频次进行试验或验证其是否正常,试验或验证频率应规定在控制计划中。

当防错装置失效时,应有一个反应计划,这个反应计划通常就是"8.5.6.1.1 过程控制的临时更改"中所提到的备用或替代方法。

三、防错应用流程与 DFMEA、PFMEA 及控制计划的关联

1. 防错应用流程

根据 IATF 16949 标准要求,结合设计开发过程或 APQP 过程,防错应用流程如图 7-41 所示。

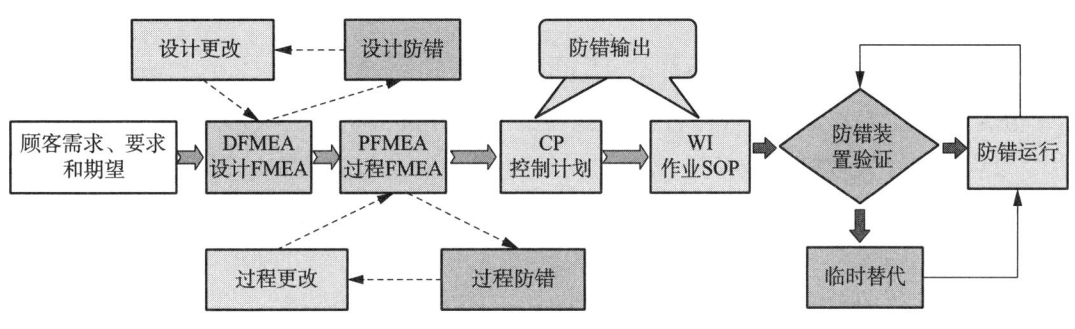

图 7-41 防错应用流程

防错与 DFMEA、PFMEA 是同步的,并为 FMEA "优化"提供了措施和方法(见图 7-42)。

先期产品质量策划阶段(APQP)	策划和定义方案	产品设计和开发的验证	过程设计和开发的验证	产品与生产确认	反馈、评定和纠正措施
	防错				
DFMEA	在产品开发启动之前的概念阶段开始FMEA计划 从DFMEA到PFMEA的信息流动应在同一时间段内执行DFMEA和PFMEA,以便优化产品和过程设计	充分理解设计概念后,启动DFMEA。在用于报价的设计规范发布之前完成DFMEA	在生产工装开始之前,完成DFMEA行动		如有现有设计和过程发生变更,则重新开始策划DFMEA和PFMEA
PFMEA		充分理解生产概念后,启动PFMEA	在最终过程决策之前,完成PFMEA	在PPAP/PPA之前,完成PFMEA行动	

图 7-42 防错与 DFMEA、PFMEA 的同步关联

2. 防错方法在 PFMEA 和控制计划中的关联

在 PFMEA 中确定的防错方法,必须在相应的控制计划中体现(见图 7-43)。

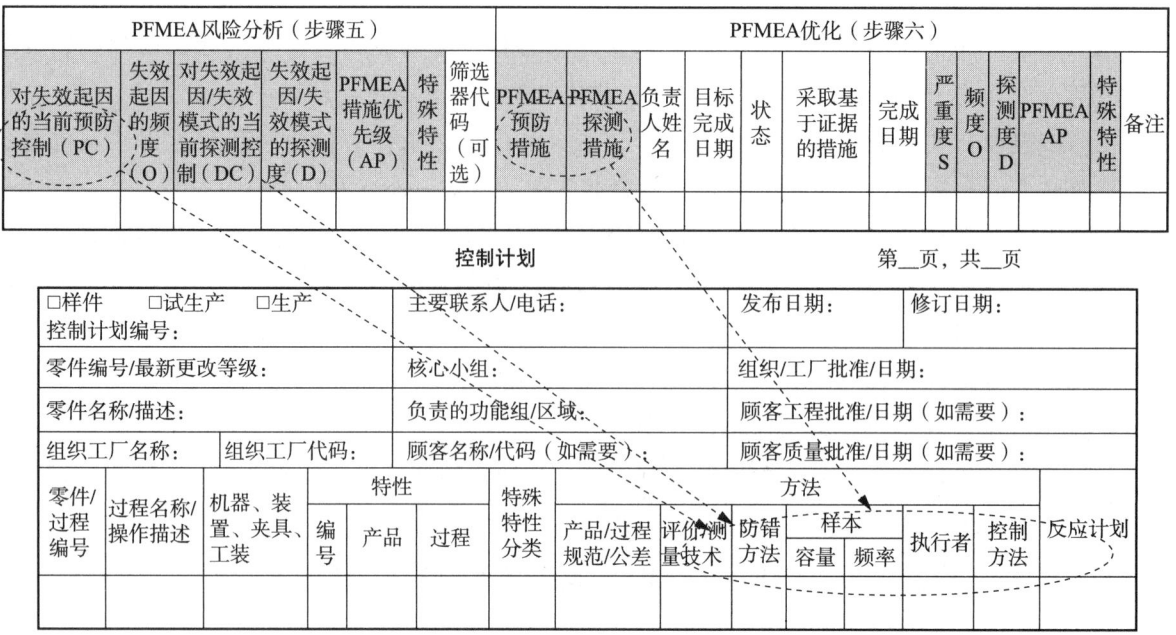

图7-43 防错方法在PFMEA和控制计划中的关联

3. FMEA的3个防错的时机

失效模式及影响分析（参考AIAG & VDA FMEA手册）是判断产品或过程设计风险程度的方法。FMEA展开的失效分析、风险分析也提供了3个时机去防止失效和/或防止引起失效的根本原因。当防错一个失效模式或特殊原因，或者防错一个当前的控制过程时，这些操作的行为必须根据分配的职责和时间被记录到FMEA建议的行动中。这些被推荐的行动应该在既定的设计评审（产品或过程）中一起被评审，以便能成功地开展这些行动并降低风险。

根据DFMEA和PFMEA的措施优先级（AP）矩阵表（见表7-5），我们可以看到3个防错的时机。

表7-5 DFMEA和PFMEA的措施优先级（AP）矩阵表

S/O/D 分类		严重度（S）																			
		9~10					7~8					4~6					2~3				1
频度（O）		8~10	6~7	4~5	2~3	1	8~10	6~7	4~5	2~3	1	8~10	6~7	4~5	2~3	1	8~10	6~7	4~5	2~3	1	1~10
探测度（D）	7~10	H	H	H	H		H	H	H	M		H	M	M	L		M	L	L	L		
	5~6	H	H	H	M	L	H	H	M	M	L	H	M	L	L	L	M	L	L	L	L	L
	2~4	H	H	M	L		H	M	M	L		M	M	L	L		L	L	L	L		
	1	H	H	M	L		H	M	M	L		M	L	L	L		L	L	L	L		

（1）在FMEA中，当产品或过程方面的失效模式涉及不符合安全及法律法规要求（严重度为9或10）的影响时，成为防错的第一个时机。通过使用防错去预防失效模式或失效起因，在失效导致不良影响产生前就能消除风险。如果设计阶段已经进行了防错，那么发生的频度等级就不会高于"1"，因此失效模式也不会发生。

（2）第二个时机是当失效模式影响到功能/性能或导致产品报废/返工返修（如严重度为5~8），而发生频度不是很低的时候（根据AP表评价准则），那么其行动应该列为优先级H级或M级。

(3) 第三个时机是在其随后的阶段进行错误探测时,不允许缺陷产品被通过或被接受。探测度应降低到一个能让消费者或顾客远离失效及其之后可能带来的不良影响的数值。如果防错设备在发现和隔离可疑品时是充分有效的,那么这个探测度应该是"1"。

关于防错,应树立以下观念:
- 防错装置并不需要投入大量的资源或很高的技术水平;
- 防错应立足于预防,在设计伊始即应考虑各过程操作时的防错方法;
- 任一作业过程均可考虑通过预先加入防错技术而防止人为差错;
- 在所有可能产生问题的场所均可考虑防错方法;
- 防错是持续改善的过程。

秉承以上观念去进行过程管理,可以使防错法更有效地实施。

四、防错设计的技术思维

防错设计的技术思维源于两大内容:一是特性识别,二是流程和动作识别。

1. 特性识别

合格品与不合格品本质上就是产品的特性有差异。为了识别这种差异,物体的外形、质量、颜色、光泽度、比重、磁场、电场、电阻、黏度、温度、声音、振动等特性,在一定的检测手段下均可以作为防错的设计原理。

我们可以采用特性比较表对需要检测的对象进行特性识别,从而找出差别最显著的特性,以提高检测的可靠性。

2. 流程和动作识别

人的操作动作和顺序会有错误的可能,机器也会因故障而不按照标准的程序运行。当作业活动发生错误的时候,往往意味着不合格品的产生。防错的目的就是监测流程,不仅监测,还可以促进作业的标准化。一旦标准化的作业被作业者培养为操作习惯,就能够最大限度地减少人为操作的差错,从而实现生产过程的稳定,确保加工出来的产品质量稳定。

因此,防错是通过应用产品特征、制造监控装置以及产品控制等方式来帮助我们消除缺陷,确保所生产的无缺陷产品送至顾客。通过产品和过程设计,在开始时将发生错误的概率降到最低。

五、防错法在产品设计中的应用说明

产品防错设计是指在产品设计过程中运用技术或工具以保证总是能够得到符合设计目标的理想结果或产出。同时,产品在制造、装配或使用阶段,其错误的风险应该是最低的。更具体地说,我们想设计的产品,使得它在生产流程中尽可能少的由于人为问题或机器问题而产生错误。

最基本的理念是产品设计决定生产过程,这个设计能被执行或改进,以消除生产过程中发生错误的概率。比如,一个零件只能被设计一种正确的装配方法,而不是多种方法。多种方法的话,一旦装配错误,就可能会出现产品缺陷。

此外,假定产品设计是要在合适的环境、在其预期的生命周期中充分地发挥其功效,那么,我们的讨论也要聚焦在产品设计开发周期的各阶段。

我们越早使用防错技术,就能消除或降低后期发生失败成本的风险。

1. 概念阶段需要被考虑的输入信息

在产品设计的初始阶段(概念),大量的工具或技术应该被使用,这样将产生一个经过防错的设计。这个阶段对于最终要投入生产的设计是至关重要的。因此,使用这些工具时,投入充足的资源和时间将对日后设计的投入生产非常有利。相对于被动的作出反应(日后对已投入生

产的设计进行工程变更),这种提前的投资是具有主动性的防错。

(1) 设计特点或产品属性/性能

一个经过更多的防错设计是设计理念在开发阶段得到认真分析的结果。这种分析和过往的历史经验将使设计得到改进,在产品的制造或生产阶段,能减少错误的发生机会。

下面是在设计的生产阶段、产品大量生产时,一些设计特点或产品属性/性能的例子。这些设计特点或产品属性基于在汽车生产上的运用,可能导致问题的发生,如果能够避免,就是一个防错产品设计的机会。

人体工程学及安全/环境:
- 锐利的边缘;
- 零部件重量;
- 非常小的零部件;
- 非常大的零部件;
- 零部件温度(高或低);
- 零部件太硬不易装配;
- 依靠装配工的力量;
- 容易损坏;
- 装/卸载困难;
- 不舒服的感觉/触觉/气味;
- 噪声问题;
- 环境问题——湿度、温度、灰尘。

涉及装配:
- 零部件被不正确组装;
- 外表相似的零部件(不对称);
- 新工艺;
- 新材料;
- 紧固件潜在区域;
- 限制附着点;
- 限制工具存取;
- 难处理的紧固件嵌入;
- 操作或装配的潜在危险;
- 没有定位器的组装;
- 零件不容易被识别;
- 干扰其他零部件。

零部件形状/颜色:
- 多重色彩或阴影;
- 相似外表颜色;
- 不对称;
- 相同颜色不同材料;
- 暴露缝隙;
- 相似外表材料——例如皮革和乙烯基,木料和嵌花织物;
- 相似色码的零部件。

零部件功能：
- 许多活动零部件；
- 服务或维修困难；
- 零部件没有足够的支撑；
- 不相容材料（摩擦声、腐蚀性）；
- 润滑要求；
- 弯曲/弯折；
- 设计的基础面不适于使用。

零件的复杂性：
- 许多变化或选项；
- 许多零部件；
- 许多标准；
- 许多紧固件；
- 许多紧固件型号；
- 定制零部件；
- 可调节元件；
- 要求涂漆/涂层；
- 多次加工操作。

（2）经验教训

产品设计通常立足于一个先前的设计或替代的设计，然后对其进行复制或修改。所以，设计也应该考虑到之前由消费者实际使用所得来的历史反馈，包括保修、现场维修以及召回事件。另外，经验教训往往从生产过程中得来，生产中由于某种设计特性所引发的问题已发生，相同的历史教训应该被归纳进 FMEA。

（3）客户标准

客户（不管其行业）要么是已经拥有了内部的标准，要么是使用了行业标准或商业标准。许多产品使用安全性标准，这个标准是为了让使用者在使用产品时不会受到产品所带来的伤害，或者能降低产品所带来的伤害。如果不使用安全性标准，将发生非常昂贵的并且影响恶劣的产品召回事件。

这些标准包括但不限于：
- 知觉标准或那些被设定的标准，例如安全性标准；
- 针对客户直接反馈而开发的标准；
- 针对现场使用和质保结果而开发的标准；
- 针对内部测试和分析而开发的标准；
- 针对历史信息而开发的标准；
- 客户要求的强制性标准；
- 政府机构要求的强制性标准。

（4）参考基准

基准技术是将一个给定的设计与竞争者相似的设计进行对比，或者与其他有相似性设计的产品进行对比。典型的，如拆卸产品并对其材质、容差、紧固件、加工过程、涂层以及其他设计标准进行完整分析。

将分析结果与新的设计对比，或与有例证作用的之前的产品进行对比，并做好防错实践的文件记录工作。值得采用的地方，我们应该将其融入新产品的设计中。

（5）最佳实践

所有的产品设计都应该使用或对比最佳实践。这些实践是从历史经验或类似于"经验教训"的先前设计中得来的。最佳实践有时候也来源于一个特定产品型号的"同类最佳"。很多时候，"同类最佳"就是竞争者。

例如，竞争者的产品可能已经将一个既定项目的零部件总数降到 30 个。那么，你可以把这个作为你新产品设计的一个目标，或者试图降到一个更低的数字。

最佳实践也有可能从生产过程中产生的效果或已知的问题中得到。

2. 产品设计阶段

这一阶段，正式的图纸需要被完成，设计的原型样件也需要被做出来。尺寸规格、公差、材料规格以及适用的标准都在图纸上有所体现。

在这个阶段，可以借助一些工具帮助建立设计的模型。所运用的分析应该帮助改变或改进设计，降低产品制造或生产过程中发生错误的概率。在设计开发阶段进行改进，是低成本的，如果我们没有任何改进发展下去，它的成本会急剧上升并可能影响到后面的进程。

（1）故障树分析（FTA）

故障树分析（Fault Tree Analysis，简称 FTA）是用来识别并分析造成特定不良事件（称作顶事件）因素的技术。因果因素可通过归纳法进行识别，也可以按合乎逻辑的方式进行编排并用树形图进行表示，树形图描述了原因因素及其与重大事件的逻辑关系。

故障树中识别的因素可以是与硬件故障、人为错误或造成不良事项的其他相关事项。

故障树可以用来对故障（顶事件）的潜在原因及途径进行定性分析，也可以在掌握因果事项可能性的知识之后，定量计算重大事件的发生概率。

故障树可以在产品设计阶段使用，以识别故障的潜在原因并在不同的设计方案中进行选择；也可以在运行阶段使用，以识别重大故障发生的方式和导致重大事件不同路径的相对重要性；故障树还可以用来分析已出现的故障，以便通过图形来显示不同事项如何共同作用造成故障。

图 7-44 和图 7-45 为故障树的示例。

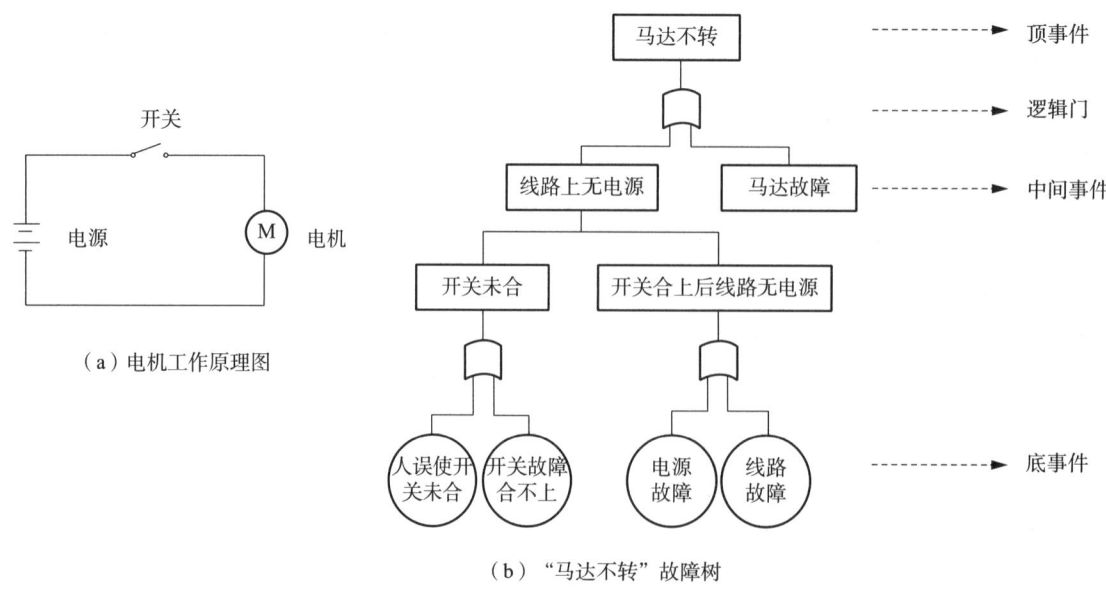

图 7-44 故障树分析—马达不转示例

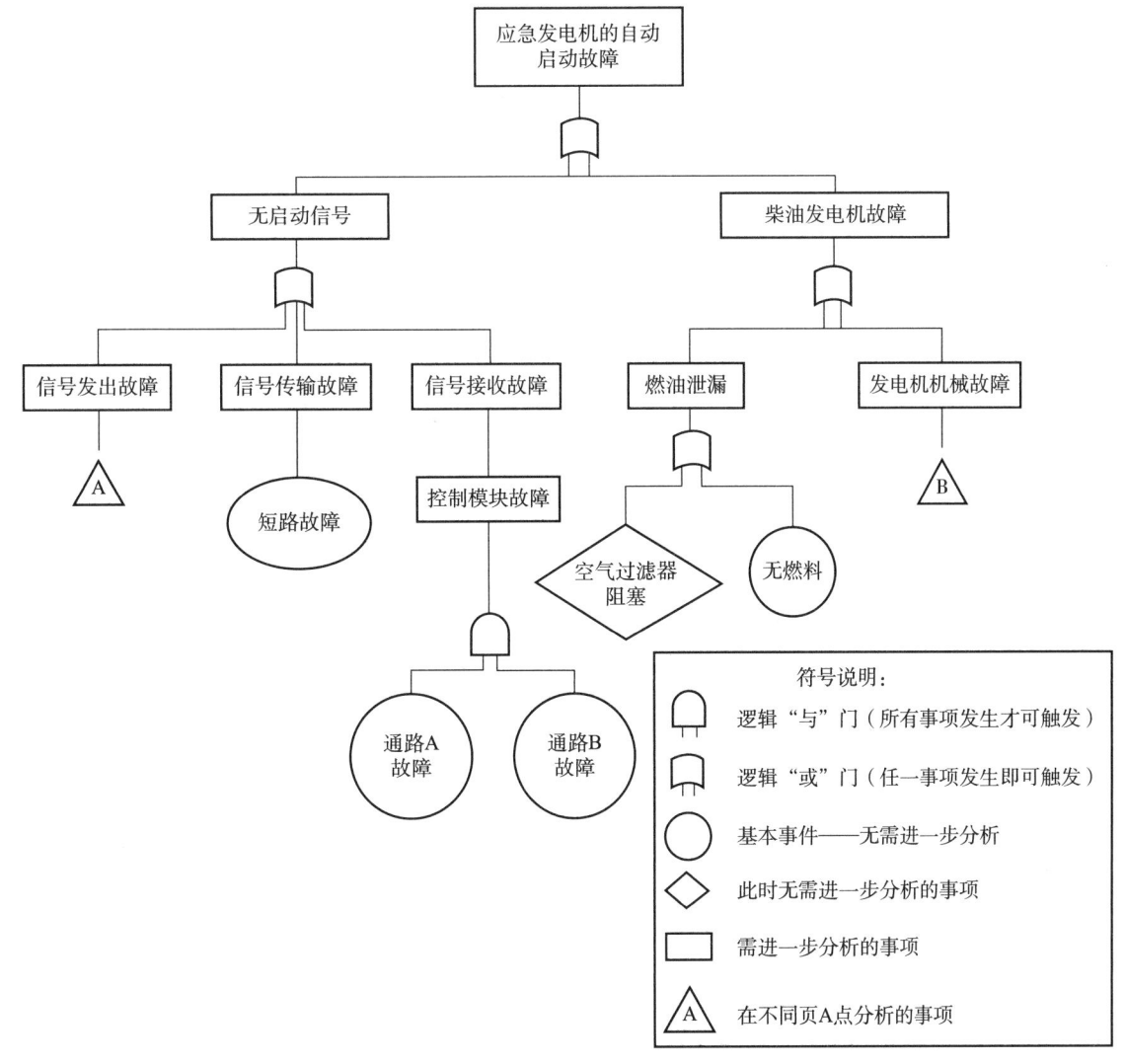

图 7-45 故障树分析—发电机启动故障（示例）

FTA 可能是一个非常有用的工具，用以识别所有潜在的失效模式，以便能被包含进 DFMEA 中。对于在树形顶层的每一个主要故障，FTA 也可以让我们对严重程度的排名有所了解。

举个例子，一个汽车安全气囊有 4 个重要功能失效模式：

- 安全气囊无故展开；
- 需要时，安全气囊不能展开；
- 安全气囊可以展开，但会引起额外的危险；
- 安全气囊可以展开，但是不能保护车主。

在 DFMEA 中，每一个主要故障的潜在失效模式都会影响安全，它们的严重度等级应该是相同的。

因此，故障树分析为我们采取防错设计提供了完整和详细的信息。

（2）设计失效模式与影响分析（DFMEA）

DFMEA 是由负责设计的工程师/团队早期采用的一种分析技术，用来在最大范围内保证已充分地考虑到并指明各种潜在失效模式及与其相关的起因。DFMEA 是一种对设计风险评估的技术，被认为是一种识别失效潜在影响的严重性的方法，并为采取减轻风险的措施提供了输入。

设计人员针对产品总成/部件/零件进行风险分析，输出对应的总成DFMEA、部件DFMEA、零件DFMEA等文件，其结果为后续的产品设计提供了防止错误的方法和措施。

DFMEA的开发和创建请参考本书中第三章"设计FMEA的实施方法"。

(3) 可制造性和装配设计（DFMA）

面向制造和装配的产品设计（Design for Manufacturing and Assembly，简称DFMA）在考虑产品外观、功能和可靠性等前提下，通过提高产品的可制造性和可装配性，保证以更低的成本、更短的时间和更高的质量进行产品设计。

可制造性和装配设计是一种同步工程，用来优化设计功能、可制造性和易于装配之间的关系。

可制造性是设计产品的一个阶段，目的是优化所有的生产性能，如制造、装配、测试、采购、装运、交货、服务及维护，并为了保证最佳成本、质量、可靠性、遵守法规、安全性及客户满意度。

为了设计可制造性，产品设计团队必须：

● 通过从制造、培训、设计指南/指导得来的经验，和/或同多功能设计团队参与制造，理解产品是如何被制造的。

● 对正在设计的产品的制造过程进行特别设计。如果产品将用标准化流程制造，那么设计团队必须理解这些流程。如果流程是新的，那么设计团队在设计产品的同时，也必须设计这些新流程。

可装配性是装配工艺对产品的设计要求，确保装配效率高、装配不良率低、装配成本低、装配质量高等。

设计人员要考虑以下所列的项目：

● 设计、概念、功能和对制造变差的敏感性；
● 制造和/或装配过程；
● 尺寸公差；
● 性能要求；
● 部件数；
● 工序调整；
● 材料搬运。

上述所列可能会根据小组的知识、经验、产品/过程、法律法规和服务要求有所增加。

可制造性和装配设计的基本原则：

——尽量减少零件的种类和个数，使用标准件；
——产品中相似的特征尽量设计成统一的尺寸；
——避免内加工；
——避免使用单独的紧固件；
——在可能的情况下，尽量采用成组设计方法；
——减少零件的处理次数。

3. 原型样件阶段

防错设计应该在样件阶段得到验证。基于原型样件的试验和测试结果，可能需要将产品进行一些改变。通常，一个新设计的投入是缓慢的，是能够有时间做一些附加的增强设计功能的事情的。

设计验证和产品验证（DV/PV）是在产品可能被运用到的所有环境中，包括在被设计的安全界限环境中，验证其性能。这个测试也将验证防错是否按计划进行，在实际运用中表现是否强劲。

4. 试生产阶段

产品在这个阶段被投入试生产，进行小批量的制造。设计的问题在试生产中将被暴露出来。如果产品设计和流程是经过防错的，那么一次合格率（FTQ）应该是100%或者接近100%的。如果不是这样的结果，那么引起低FTQ的问题应该被解决。

在这个阶段，工装、模具已经定型，要进行改变是比较困难的，改变的成本也是相当高的。

但是，由于关系到项目的存活，避免可能的报废成本或者产生更大范围问题，该做的改变仍然需要进行。

这些更改如何融入产品是一个挑战，更改可能帮助也可能阻碍防错计划。在这个时候，应该更改的是那些可以提高防错程度的更改，而不是那些可能让生产制造变得更复杂的改变。

很多设计更改的发生是在验证设计时发现了问题，这些问题可能是不利于防错的。一个迟来的更改将迫使流程发生改变，这明显地增加成本、耽搁设备的使用。这个时候所做的任何改变都应该考虑它将对现有防错程度产生的影响。

5. 产品量产后的反馈和评定

在产品正式批量生产过程中，之前的设计不足或存在缺陷可能会暴露出来。通过批量生产交付给顾客或推向市场后，组织应收集顾客或市场反馈的信息，并将这些信息传递给生产部门、设计部门和质量部门，以便组织跨功能小组对这些问题进行评审，考虑防错设计中存在的不足或需要增加更多的防错，并及时采取相应的改善措施。

六、产品设计中的防错案例

1. 零件仅具有唯一正确的装配位置

零件仅具有唯一正确的装配位置，当零件具有多个装配位置时，应当通过防错设计特征阻止零件被装配到其他不正确的位置。此时防错的对象有两种：

（1）零件本身的装配

防止零件在对应的装配位置装错。

示例1：把大小相同的零件插脚改为一大一小（见图7-46）。

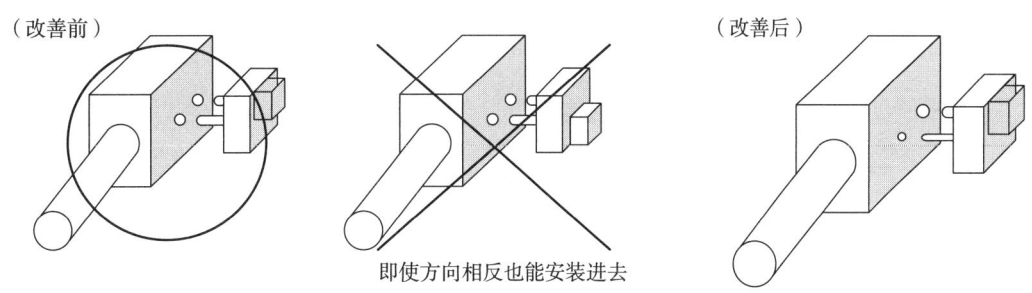

图7-46 零件仅具有唯一正确的装配位置（示例1）

示例2：增加嵌入式插槽（见图7-47）。

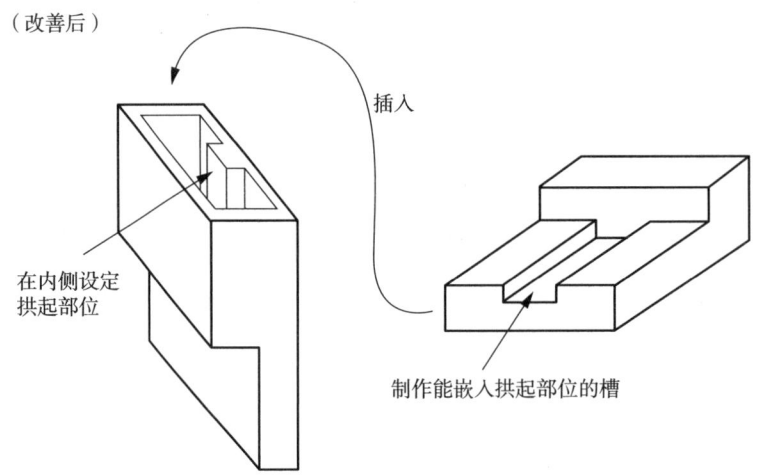

图7-47 零件仅具有唯一正确的装配位置（示例2）

示例3：把对称设计改为不对称设计（见图7-48）。

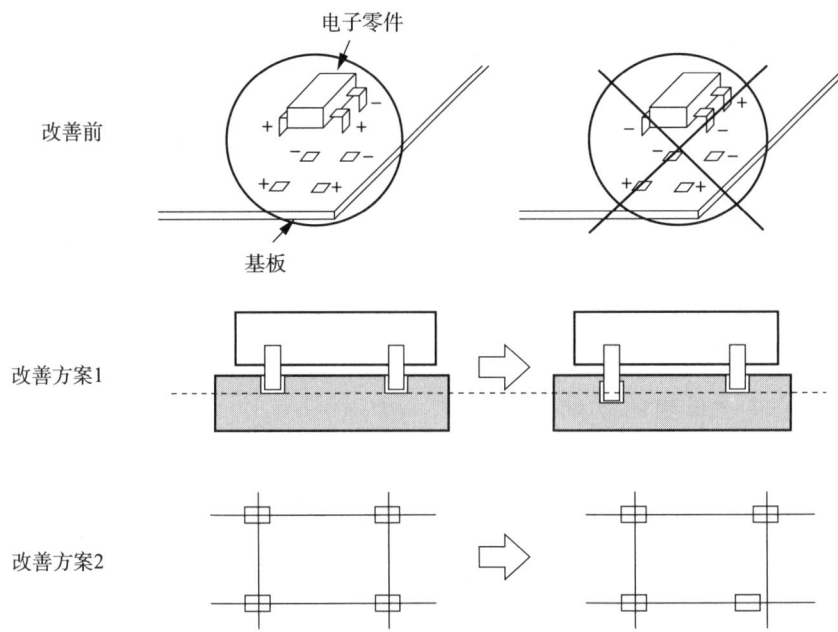

图7-48 零件仅具有唯一正确的装配位置（示例3）

示例4：对称的标识条可以按不同方向装配，但只有一个方向是正确的（见图7-49）。

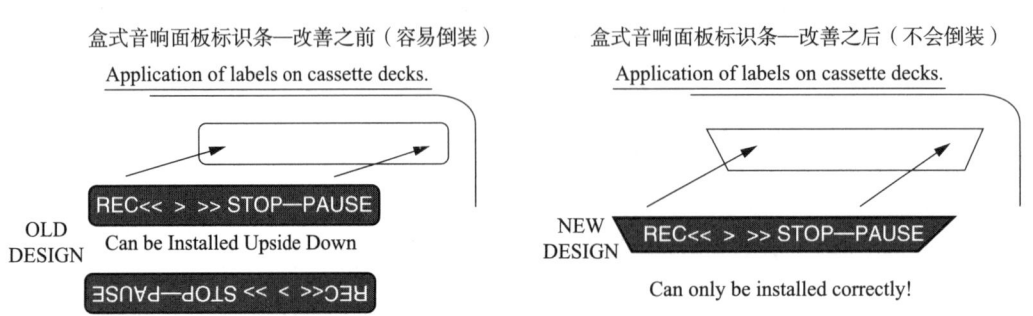

图7-49 零件仅具有唯一正确的装配位置（示例4）

（2）零件与零件之间装配

防止零件装配在其他零件对应的装配位置。

示例：USB 插头和接口（见图 7-50）。

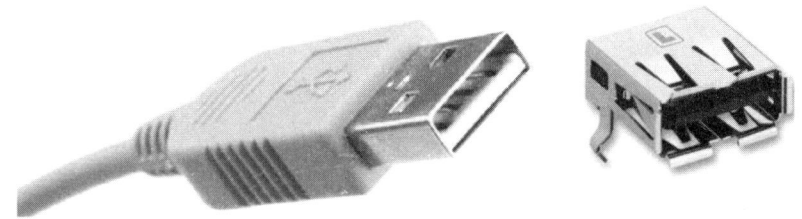

图 7-50　零件与零件之间仅具有唯一正确的装配位置（示例）

2. 零件的防错设计特征越明显越好

零件的防错设计特征越明显，防错效果越好。

防错设计特征不明显，需要操作人员反反复复地识别和调整，浪费大量装配时间！

示例 1：不好的防错设计特征案例——鼠标、键盘的两个接头（见图 7-51）。

用过老式台式电脑的人应该都有体会，如果没有特别注意鼠标和键盘的这两个接头，安装时就容易接错。

图 7-51　不好的防错设计特征（示例）

示例 2：好的设计案例——笔记本电脑上设计的各种接口，其大小和形状都不同，只有唯一正确的方式，没有出错的机会（见图 7-52）。

图 7-52　好的防错设计特征（示例）

3. 夸大零件的不相似性

零件太过相似会导致：

- 操作人员不容易区分，增加装配时间；

- 容易把零件装配在错误的位置。

示例1：尽量合并相似零件（见图7-53）。

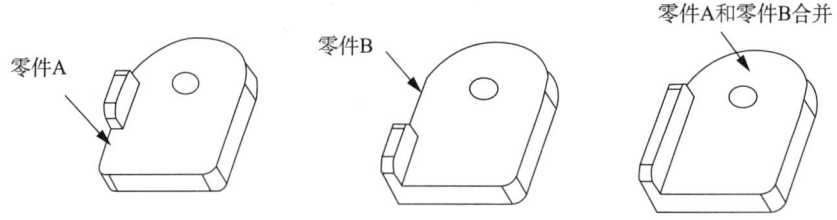

图 7-53　合并相似零件（示例）

示例2：如果不能合并相似零件，则应尽量夸大零件的不相似性（见图7-54）。

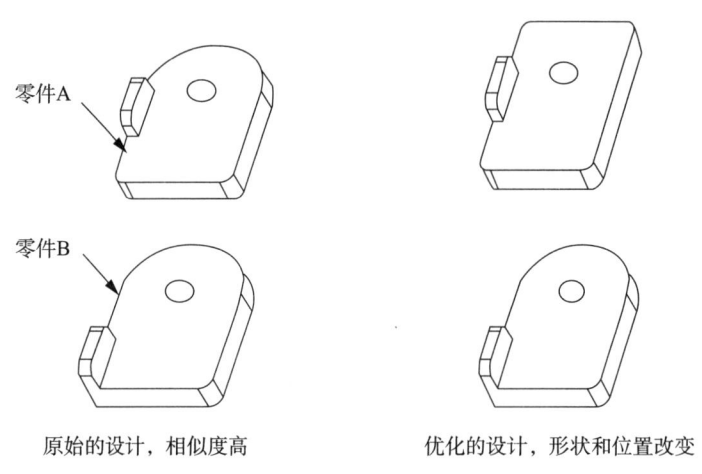

原始的设计，相似度高　　　　优化的设计，形状和位置改变

图 7-54　夸大零件的不相似性（示例）

4. 统一零件标准和完全对称

设计统一的零件标准可以减少零件的采购和生产，减少库存品种。

零件完全对称，任何角度都可装配，减少操作人员的装配调整时间，减少产品整体装配时间。

零件完全对称，可以进行盲装，大幅提高装配效率。

有关消费者操作的零件如果完全对称，可提高产品人性化，提高用户体验度。

比如手机充电线就有三种不同的规格（见图7-55），安卓接口还有方向的要求，即使是三合一的充电线，使用起来也有诸多不便。所以，理想的设计是统一使用一个标准接头，而且没有方向的要求。

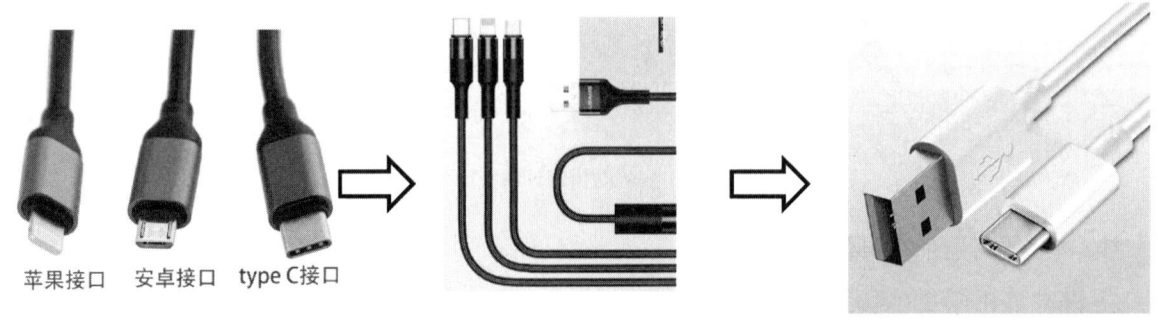

苹果接口　安卓接口　type C接口

图 7-55　统一零件标准和完全对称（示例）

5. 尽量提高零件的对称度

如果零件无法做到完全对称,那就尽量提高零件的对称度(见图 7-56)。

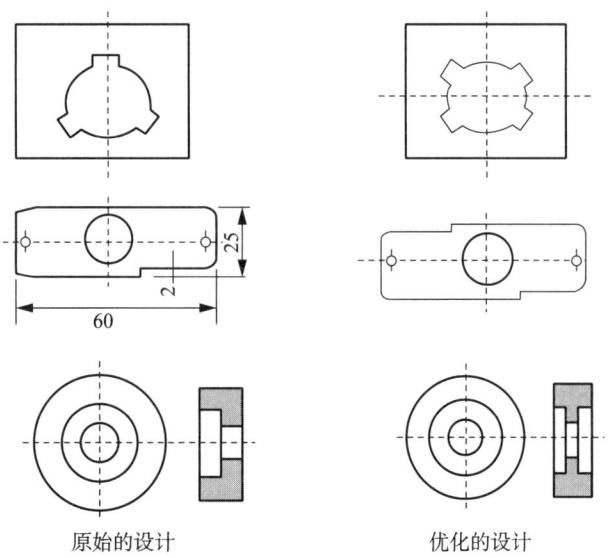

图 7-56 尽量提高零件对称度(示例)

6. 零件设计成不需借助工具开启、安装或拿取

零件需要借助其他工具才能开启、安装或拿取,既增加了时间又容易出错。

很长时间以来,啤酒瓶盖都如图(b)设计,需要借助工具开启。桂林漓泉啤酒的瓶盖就改进了设计,如图(c),消费者轻轻一拉,就可以开启,非常方便。如图 7-57 所示。

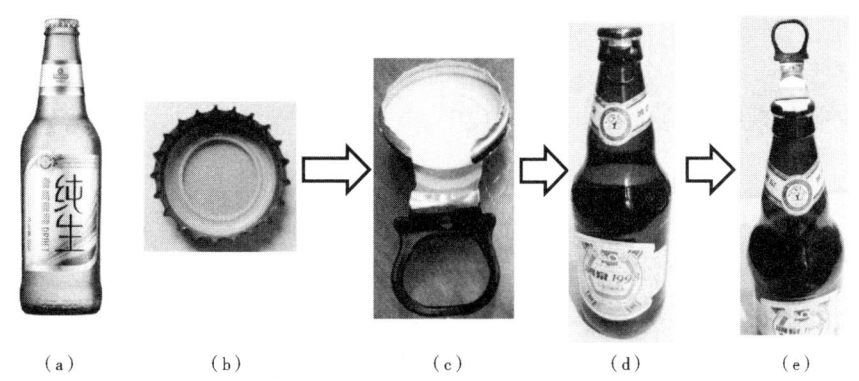

图 7-57 不需借助工具开启瓶盖(示例)

7. 改变紧固方式

示例中,用于紧固倒车闸的螺纹紧固螺栓常常没有正确紧固,这种错误常常导致较多的售后抱怨(见图 7-58)。

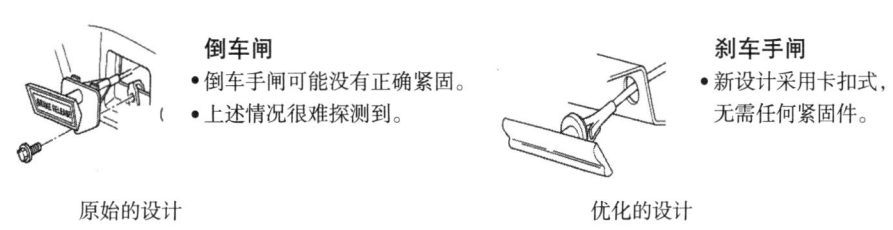

图 7-58 改变紧固方式(示例)

8. 设计明显防错标识

如果零件防错特征很难设计，至少需要在零件上做出明显的防错标识，指导操作人员装配，或者告诉消费者如何使用这些标识，包括符号、文字和鲜艳的颜色等。

示例1：散热器软管

改善前：散热器软管安装时很容易发生许多不易察觉的错误（见图7-59）。

散热器软管的三种潜在失效模式：

- 装错软管类型；
- 软管方向装错；
- 软管没有紧固到位。

上述缺陷难于探测到。

改善后：在软管上设置位置控制标识条，操作工在安装时就有章可循（见图7-59）。

软管控制标识OPIS（操作工/产品识别系统）在很多地方能够解决一些错误模式。

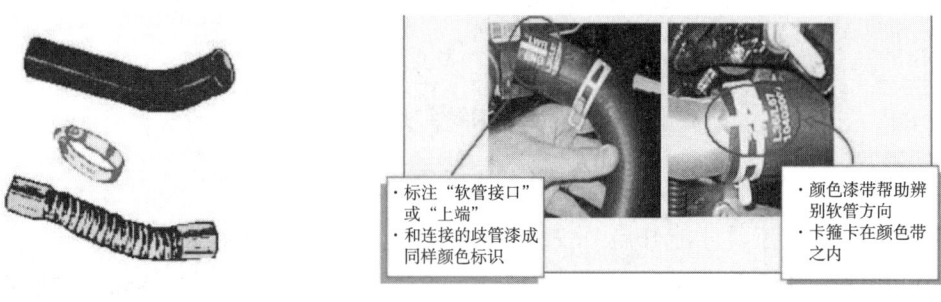

改善前　　　　　　　　　改善后

图7-59　设计明显防错标识（示例1）

示例2：颜色防错

采用颜色防错体现明显的标识（见图7-60）。

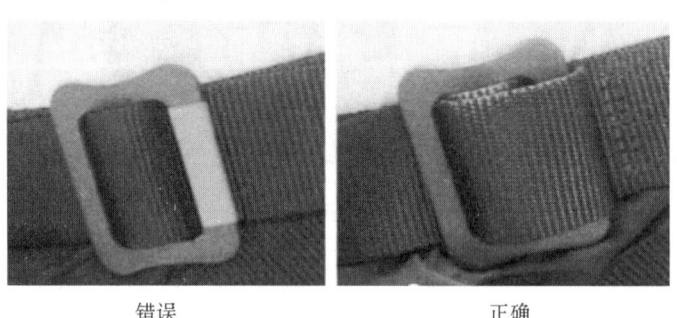

错误　　　　　　　　　正确

图7-60　设计明显防错标识（示例2）

示例3：某发动机右悬置，上、下流道板反装的改善例子

初步情况：某发动机右悬置总成装配上下流道板，由于产品结构相似，颜色一致（均为黑色），易反装。

问题的严重性：潜在的报废或返工，产品功能受影响，易遭到顾客投诉。

采取的防错行动：变更产品颜色，上流道板变更为白色，使上下流道板易于区分。

实际结果：大幅减少了反装问题。

采取进一步的行动：所采取方案仍需要操作者的注意，不能完全杜绝错误，如能改变产品结构，反装时，无法完成产品装配，则方案更优。

七、防错法在制造过程设计中的应用说明

1. 新的制造过程中运用防错方法的流程

这里"制造过程或制造流程"的内容是广义的，可包括人员、设备、工具/装置、方法、标准化作业、材料、检测、环境以及其他方面的内容。

制造过程中防错的三个对策或三个等级：

一是不制造缺陷；二是不接受缺陷；三是不传递缺陷。

显然，保证不发运一个有缺陷产品的最好方法是从来不产生有缺陷的产品——纠错不如不犯错，但基于技术和经济上的限制，并非所有过程都能做到不犯错且完全不产生缺陷。

在一个新的制造过程中运用防错，可参考以下作业流程（见图7-61）。

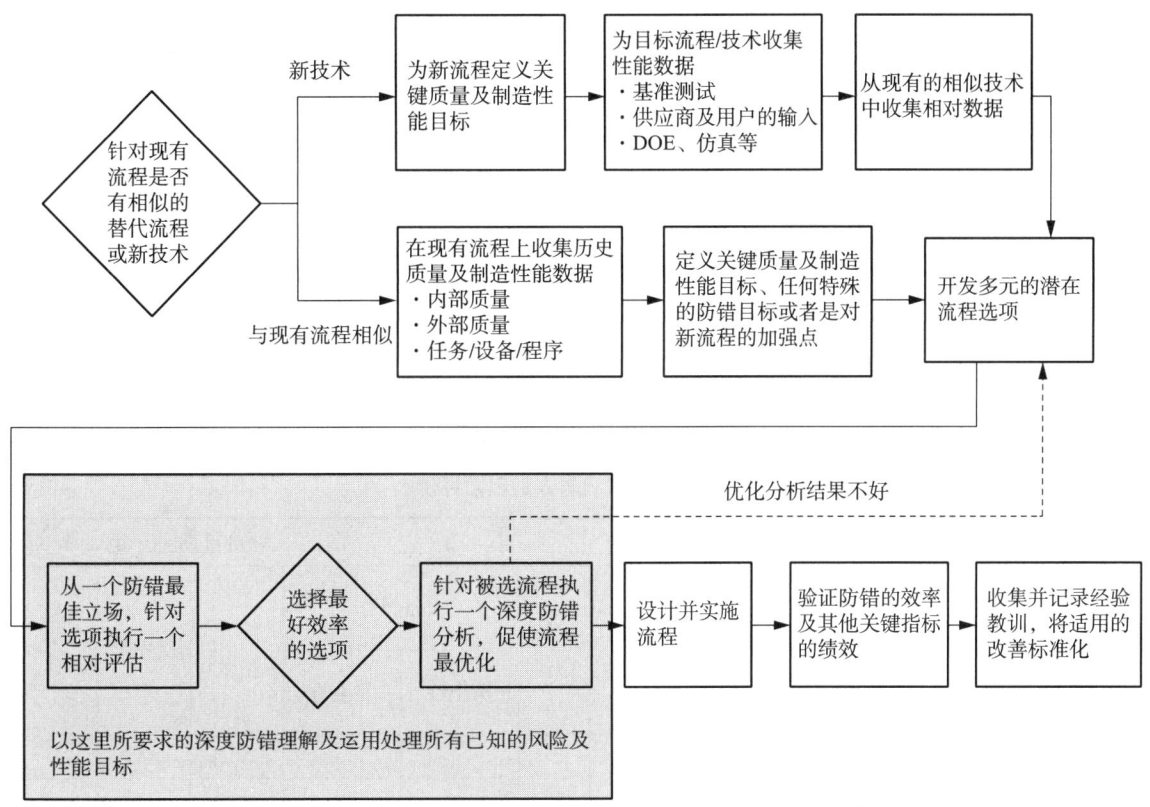

图 7-61 新的制造过程中运用防错方法的流程

2. 历史数据的搜集和分析

搜集类似产品和过程的历史绩效数据及缺陷信息等，将为评价过程风险提供有用的决策信息，并为防错方法的选择和评审提供支持。

历史绩效数据通常可包括一次合格率（FTQ）、报废率、实验室检测不合格、客户退货或投诉以及质保退货等。

针对历史不良信息，一个好的办法是把属于制造过程中的各种质量问题的所有原因按5M1E进行归类。

如表7-6中的一些举例，体现了焊料不足导致的质量不良以及相关的原因归类情况。这些原因和焊锡膏的涂刷工序有关。

表7-6 焊料不足导致质量不良原因归类

质量问题——电路板上的焊锡膏不足造成焊料结点开缝						
原因	人员	材料	设备	方法	检测	环境
焊锡膏过期	×	×		×		
焊锡膏模板上的孔堵塞	×		×	×		
焊锡膏盒空了，设备没有关机			×	×		
车间里的湿度太大导致焊锡膏黏度增大		×				×
橡皮涂刷刮板有问题（掉皮）		×	×	×		
橡皮涂刷刮板上的压力不够（有车间的空气混杂进来）			×	×	×	
设备在运转中停摆，未正确重启			×			
工具没有将电路板准确定位——定位不当			×	×	×	
焊锡膏模板没有按要求清洗	×		×	×		

通过以上的归类分析，我们可以看到，设备和方法这两个因素与质量问题的相关性最强，是我们采取防错的重点。

3. 人机工程与人的因素评价

人机工程与人的因素评价可包括以下几方面（见表7-7）：

- 作业环境；
- 作业姿势；
- 危险物的处理；
- 重物搬运；
- 设备操作。

表7-7 人机工程与人的因素评价表

制造过程：		参与评价人员：									评价日期： 年 月 日		
作业名称	作业环境				作业姿势		危险物的处理	重物搬运	设备操作		综合指数	优先度	备注
	照明	温度	湿度	噪声	站	坐			操作性	安全性			
备注	(1) 评价采用5级负面评分法：劣＝5分；差＝4分；可＝3分；良＝2分；优＝1分 (2) 综合指数的算法：将各项的评价分数予以总计（相加起来） (3) 优先度：评价指数最高者为优先度1，依次类推，优先度被评价为1~3的项目，由评价部门和相关部门对其提出改善对策/措施												
解决方法													
编制							审批						

通过上述几项的综合评价得出优先度，目的是针对高风险作业提前策划和确定可能的防错方法。

第七章 防错技术及应用

4. 特殊特性考虑

在设计开发或 APQP 中已确定的特殊特性，通常代表这些特殊特性给设计和/或过程性能带来的风险高。选择这些特殊特性的目的在于将这种风险化解在制造和装配过程中。这些特殊特性包括尺寸、功能/性能和/或工艺参数等，这些是防错的对象。

因此，需考虑：

- 这些特性是否已经防错？
- 能否对设计或制造过程进行管理，以达到最高的过程能力，同时满足设计意图？（CPK 大于或等于 1.67）
- 是否已制定特殊的控制以检测故障？
- 在任何情况下，控制计划中必须定义用以对特殊特性控制的方法。

表 7-8 为针对产品特殊特性和过程特殊特性防错的示例。

表 7-8 特殊特性在制造过程中的防错示例

工序号	工序名称	特性项目	特性分类	防错方法
30	定子绕线	漆包线绕线圈数	◇	绕线机设定绕线圈数，达到设定圈数后停止绕线
90	测电感	线包的漆包线间短路/断线	◇	设定良品线包电感值，测试超电感值规格标识不良区分
120	装压定子打高压	线包的漆包线保护漆皮破损与铁芯接触	◇	使用高压耐压仪设定电压，一定时间内漏电流超规格声光报警标识不良区分
160	磁轭压轴心	轴心前端外露超规格：22.6±0.1mm	◇	模具限位，卡尺抽检尺寸确认
200	叶轮超声波	叶轮焊接尺寸超规格：12.5±0.15mm	◇	模具限位，卡尺抽检尺寸确认
250	装后端盖锁螺丝	（扭力控制）螺丝未锁到位或锁滑损坏壳料	★	电批扭力设定，作业前确认电批扭力规格：扭力在 12±1kgf.cm 内，达到设定扭力值电批停止转动
260	装锁叶轮	（扭力控制）螺丝未锁到位或锁滑损坏壳料	★	电批扭力设定，作业前确认电批扭力规格：扭力在 6±1kgf.cm 内，达到设定扭力值电批停止转动
270	装锁泵头	（扭力控制）螺丝未锁入到位或锁滑损坏壳料	★	电批扭力设定，作业前确认电批扭力规格：扭力在 12±1kgf.cm 内，达到设定扭力值电批停止转动
280	气密性测试	高/低压漏气	◇	使用气密测试仪设定参数：低压 50±10KPa，高压 500±10KPa，各充气 8s，检测 3s 泄漏量≤360Pa，测试超设定规格声光报警，标识不良区分摆放
300	涂导热膏装锁 PCBA	（扭力控制）螺丝未锁到位或锁滑损坏壳料	★	电批扭力设定，作业前确认电批扭力规格：扭力在 8±1kgf.cm 内，达到设定扭力值电批停止转动
320	焊端子/电机线	烙铁温度过高或焊接时间过长造成 PCBA 板不良	★	作业员烙接技能培训，合格后作业，作业前烙铁温度确认，焊接作业时烙铁温度设定在 450℃～500℃ 恒定工作，焊点焊接时间在 3s 内。后工序对各焊点放大镜/电子显微镜确认

注："◇" 为产品特殊特性，"★" 为过程特殊特性。

八、汽车零部件生产过程常用的防错方法

目前，在汽车配件的机加工线及装配线上，设备防错和人工防错相结合的防错形式应用较广，既有简单实用的防错手段，又有技术含量较高的高科技控制。防错应用于汽车配件制造过程的型号识别、装配验证、尺寸检测、泄漏测试、输送、工件定位、零件盛放等过程，从而避免众多的失效模式，保证汽车配件的制造质量。

1. 设备上的防错装置技术应用

在汽车配件的制造过程中，设备上的防错装置技术应用主要有以下几类：
- 定性的防错；
- 定量的防错；
- 颤动功能的防错。

（1）定性的防错

通过图像识别技术，光电、限位、接触开关的逻辑控制技术等来完成防错。常用防错技术如下（见表7-9）。

表7-9　常用定性防错技术

防错技术	方法说明
即时摄片比较	区分装配零件的方向是否正确
传感器感应检测	机加工自动线根据不同产品型号的外形变化，传感器将感应到的信息反馈给后面的加工工序，使后面的工序调用对应的加工程序，实施相应的加工内容
加工孔探测	在机加工线中的钻孔或攻丝后的工位，对加工孔的断刀检测及切屑冲洗
硬靠山	认准工件的前后流向，如在缸体加工自动线的进料口，利用缸体前后端面的宽度差异，设定硬靠山，保证缸体进入机加工线时前端面流向在前
硬探头	检测零件的不同型号，实施不同的装配或加工工艺，如用探头探测零件的外形，实施不同的装配，例如硬探头探测缸孔，区分3.0L或3.4L缸体
导向挡块	区分零件的输送导向
光栅防错	通过光栅的检测控制，监测工件是否摆放到位
夹具防错	控制装配零件在夹具上的摆放是否到位

（2）定量的防错

定量的防错是通过测量探头感应或经过气电转换的测量技术（气体流量转换成电量）来达到防错的目的，常用防错技术如表7-10所示。

表7-10　常用定量防错技术

防错技术	方法说明
红宝石探头探测数据反馈	通过红宝石探头探测已压装气门座圈的内径来区别零件是3.0L还是3.1L汽车配件的缸盖
BTS刀具长度检测	CNC加工中心刀具检测可防止错误长度的刀具安装在刀库中，防止加工过程中的断刀现象，减少加工首件或加工过程中的废品
定位面气孔压力检测	确认工件正确到位的防错措施
泄漏测试	汽车配件如缸盖、缸体的油道以及水道的在线测试等，控制泄漏件流入下道工序
随线检具直径测量	在机加工自动线中镗孔及铰孔后的工位应用较广，达到100%控制不合格产品的出现
扭矩控制	汽车配件如很多螺栓固定的拧紧程度均通过扭矩枪来控制

（3）颤动功能的防错

颤动功能的防错是指通过颤动机的颤动，零件随着不断颤动并输送至判别零件的方向正确与否处，只有零件处于正确的位置方向时，才能进入送料轨道；位置方向错误的零件则掉入零件颤动料箱里，从而达到预防零件的进给方向错误，避免工件报废。如缸体凸轮轴衬套的方向验证，防止衬套压反；缸体水道闷盖的压装方向防错等。

2. 物料防错

（1）工件盛放器具的防错

加工完成的产品盛放实施防错技术，有方向性地定置摆放，预防工件相互碰撞，保证加工零件的表面质量。

（2）色标防错

装配区域零件的盛放料架，使用色标防错。

3. 人工防错

（1）建立标准的作业规范

如加工过程中的成品、待制品、待处理品、废料、废品等下线零件必须马上按照各类零件的处理规范挂上不同颜色的识别标签；刀具设定正常使用寿命；防错装置建立TPM、PM维护保养制度等。

（2）刀具安装防错

操作工按照刀具换刀规范进行调刀，如核对刀具号、长度类刀具进行长短比较等，预防出现由调刀中的差错造成的不合格零件。

（3）工件目检、测量防错

操作工按照检验频次目检、测量工件加工中及毛坯本身存在的缺陷，把不合格工件剔除出来，在本工位上使其离线。

九、过程防错应用案例

示例1：利用夹具防止装错（见图7-62）。

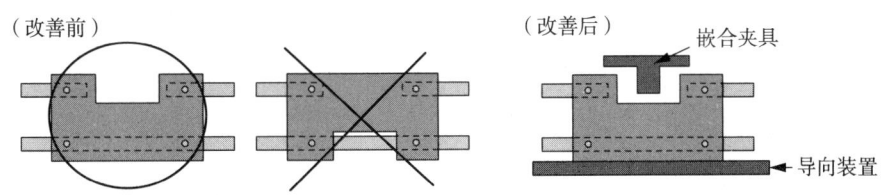

图7-62　利用夹具防止装错（示例）

示例2：加装垫块防止装错（见图7-63）。

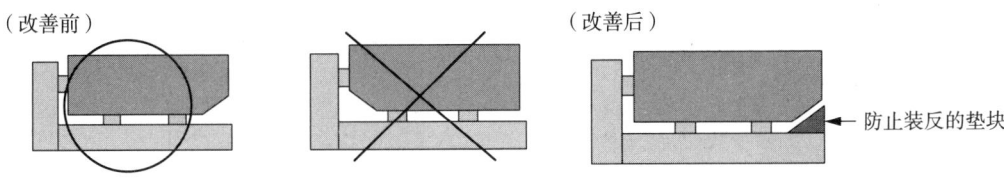

图7-63　加装垫块防止装错（示例）

示例3：改善治具防止装错（见图7-64）。

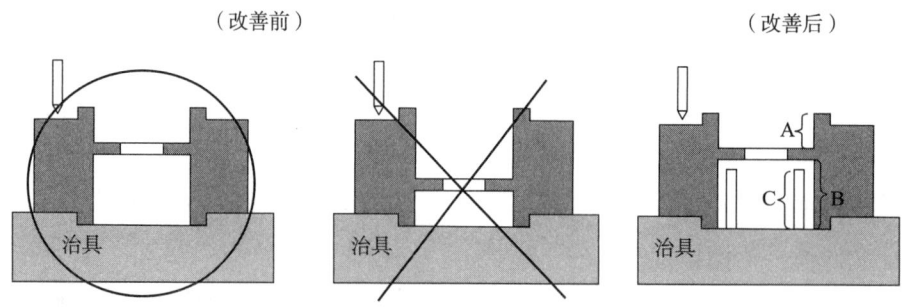

图7-64　改善治具防止装错（示例）

示例4：改善工具防止漏装（见图7-65）。

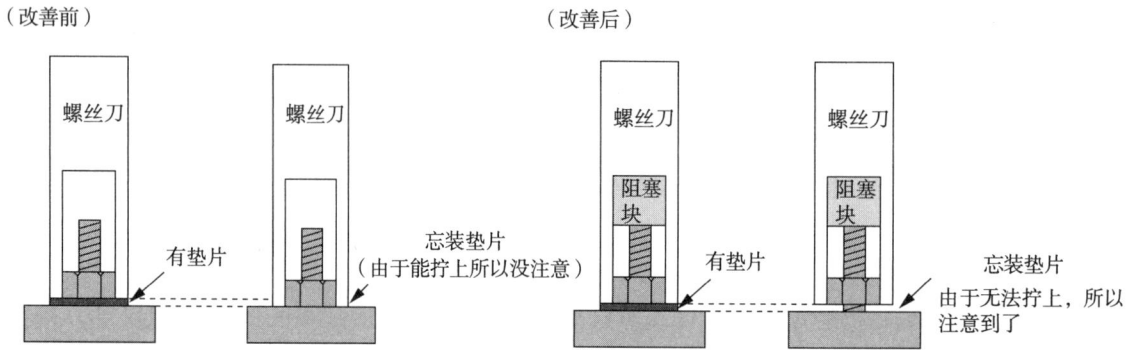

图7-65　改善工具防止漏装（1）（示例）

示例5：改善工具防止漏装（见图7-66）。

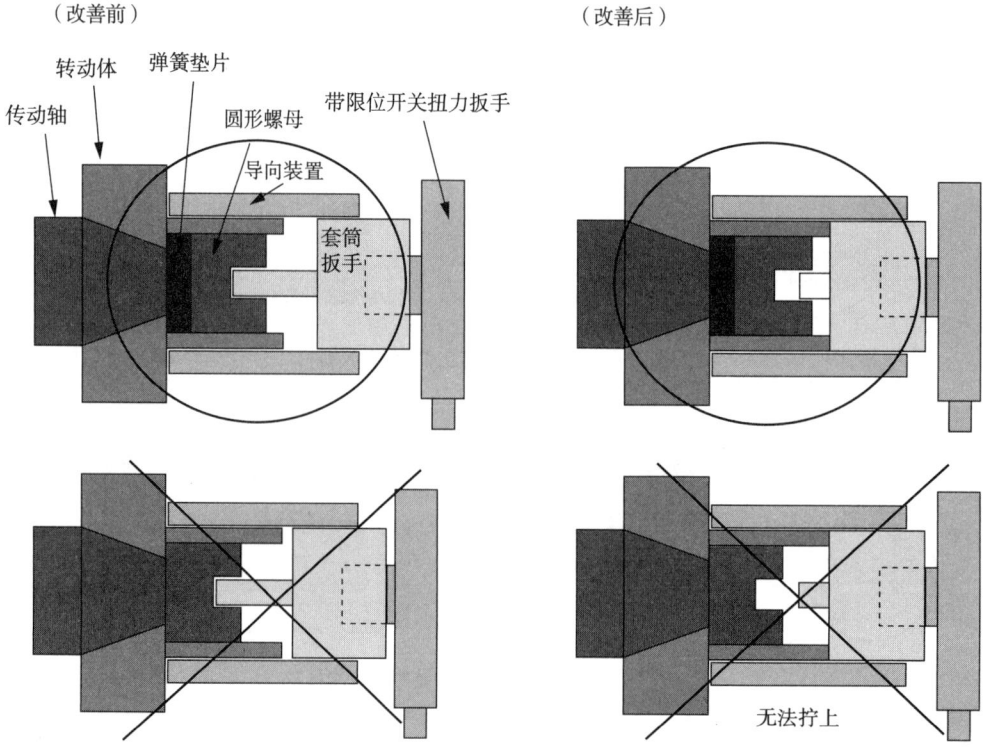

图7-66　改善工具防止漏装（2）（示例）

第七章 防错技术及应用

示例6：夹具与量具结合——不必每次都要测量（见图7-67）。

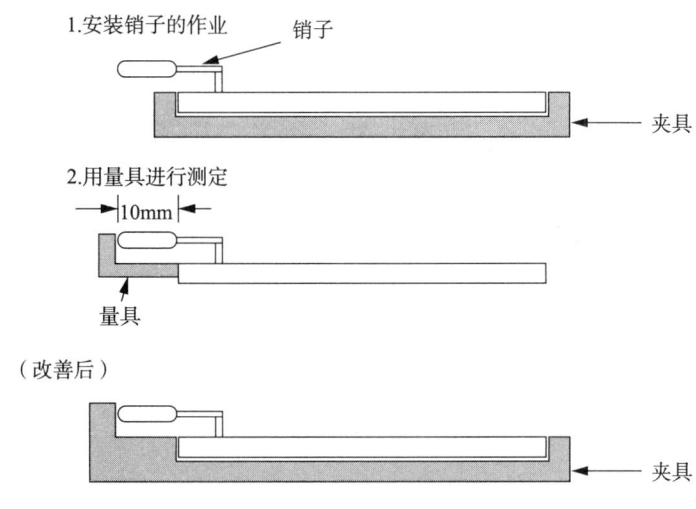

图7-67 夹具与量具的结合

示例7：利用空气原理找出没有装产品的空箱（见图7-68）。

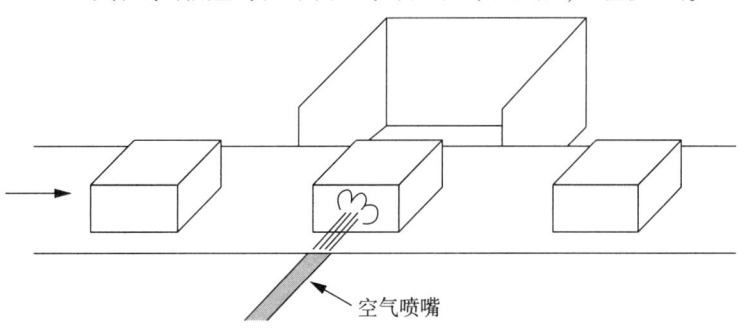

图7-68 利用空气原理防错（示例）

示例8：利用磁铁原理防错（见图7-69）。

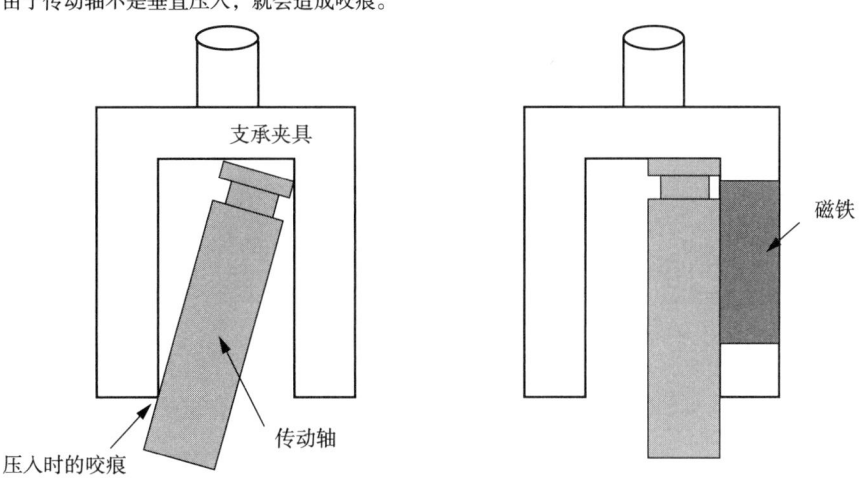

图7-69 利用磁铁原理防错（示例）

示例 9：利用磁铁同极相斥原理，把垫片弹起，每次取一个，拿取方便又整齐（见图 7-70）。

图 7-70　利用磁铁同极相斥原理防错（示例）

示例 10：工具增加导角防错（见图 7-71）。

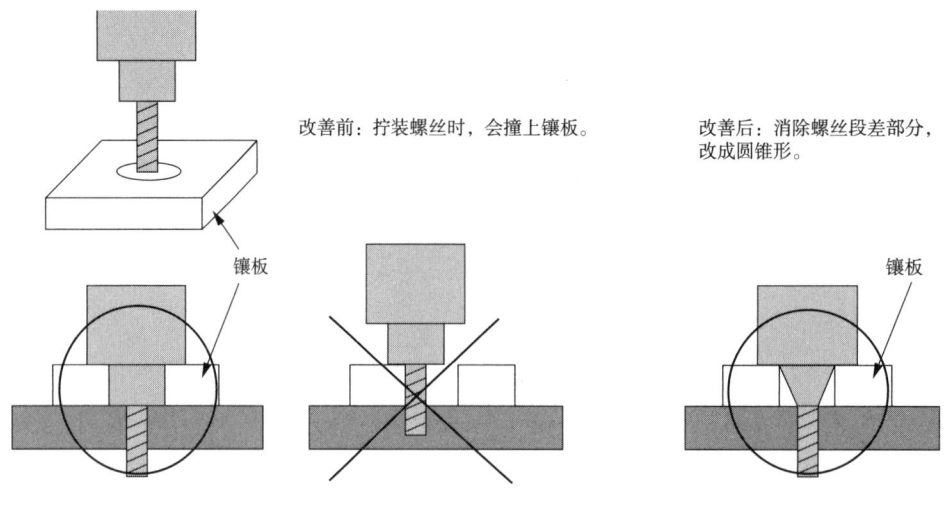

图 7-71　工具增加导角防错（示例）

示例 11：利用滑槽识别尺寸不良（见图 7-72）。

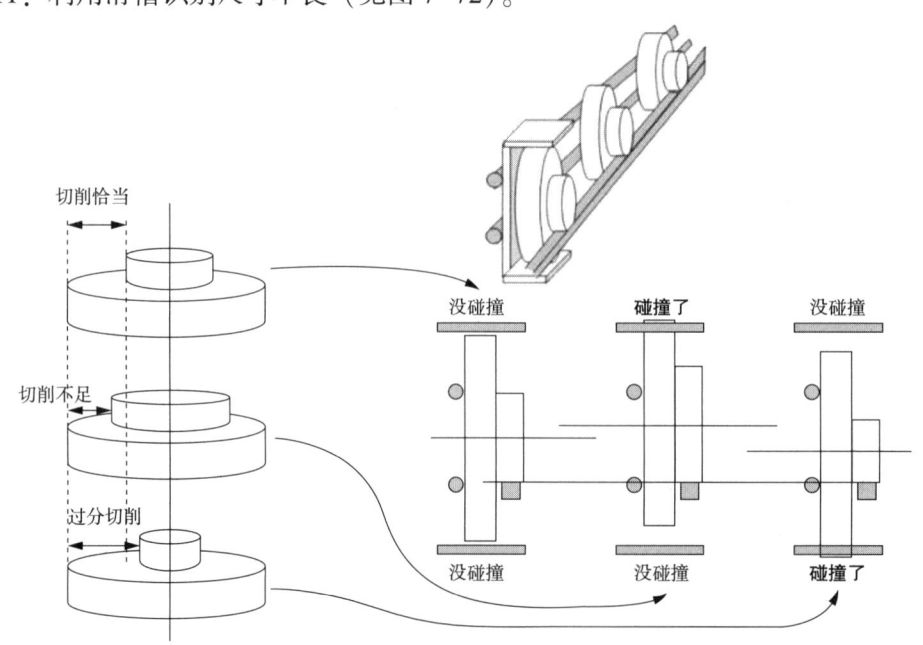

图 7-72　利用滑槽识别尺寸不良（示例）

示例12：分类标示防错（见图7-73）。

改善前：使用树脂试验装置进行试验片的产品测试。品种繁多，且每次都要边看计量仪边设定温度、时间、压力等，如果看错或理解错标准书的内容，会造成组装失误。

改善后：每次取出各品种的条件设定板，对照计量仪进行组装。

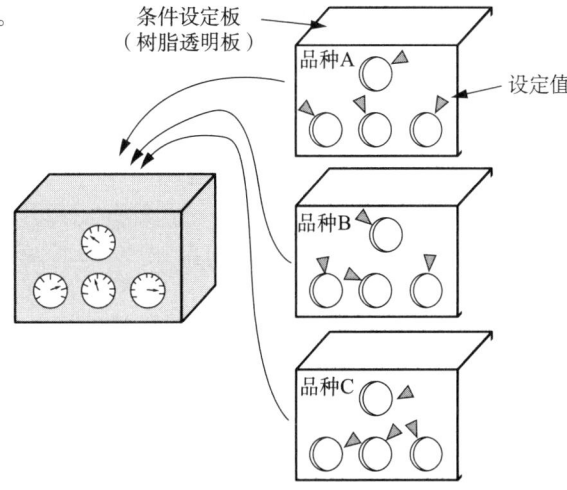

图7-73 分类标示防错（示例）

示例13：利用感应器防错（见图7-74）。

改善前：边看台秤的秤杆动作变化边将产品放入容器中，一旦疲劳的话就会产生计量错误。

改善后：作业人员目视检查范围以外的秤杆动作变化都由光电管捕捉感应，使蜂鸣器警报。

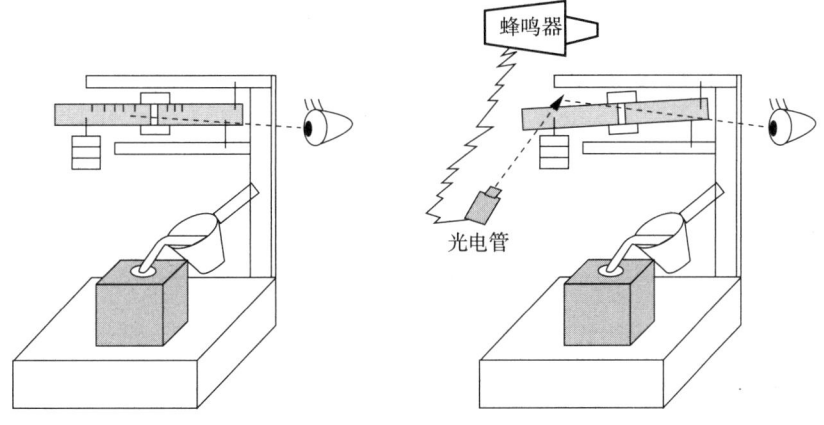

图7-74 利用感应器防错（示例）

示例14：限位防错（见图7-75）。

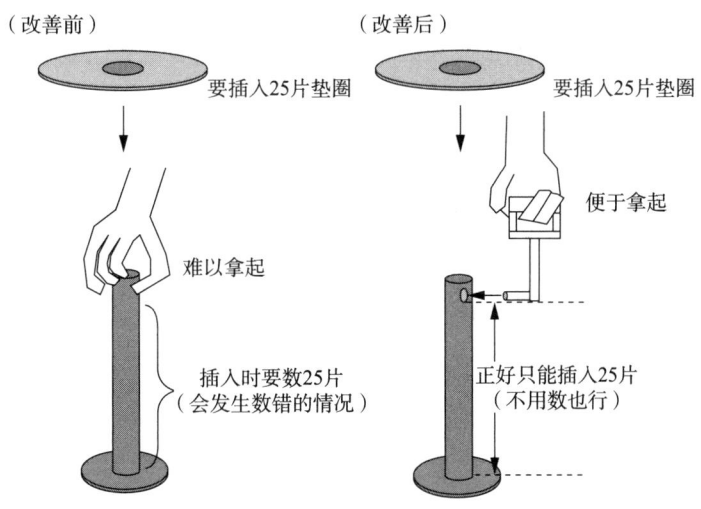

图7-75 限位防错（示例）

十、过程常用防错装置

1. 推荐的过程常用防错装置

常用的过程防错装置及防错类型见表 7-11，仅供参考。

表 7-11 过程常用防错装置及防错类型

序号	防错装置	防错类型
1	导向定位销：工件正确定位	预防
2	干扰定位销：工件正确定位	预防、探测
3	检测定位销：检测零件是否漏加工	预防、探测
4	限位开关：检测零件装反、防止漏序、防止错误零件、机床或工装互锁	预防、探测—停机、报警、控制
5	计数器：检查数量	预防、探测—报警、控制
6	报警器：失控报警	预防—停机、报警
7	光电开关：检查遗漏零件	预防—控制
8	传感器：探测、检查漏装零件、检查临界物理量	探测—停机、控制、报警
9	目视化：实物、图片或色标	预防、警示
10	输送带/槽：检查错误的形状和尺寸	探测—控制

2. 常见检测项目及检测装置

常见检测项目和检测装置见表 7-12，仅供参考。

表 7-12 常见检测项目和检测装置

检测项目	检测装置
压力	压敏开关
温度	温度计、热电偶、温控开关、热敏电阻等
电流	电流表、断路器、继电器等
循环	计数器、传感器等
时间	延时继电器、延时开关
信息	感应器、扫描仪

第五节　对现有过程和问题实施防错改善的流程及方法

一、对现有过程和问题实施防错改善的工作流程

防错法作为非常重要的改进技术，其应用是广泛的，除了用于新产品设计和新的制造过程，也可以用于对现有过程和问题改进。工作流程如图 7-76 所示。

第七章 防错技术及应用

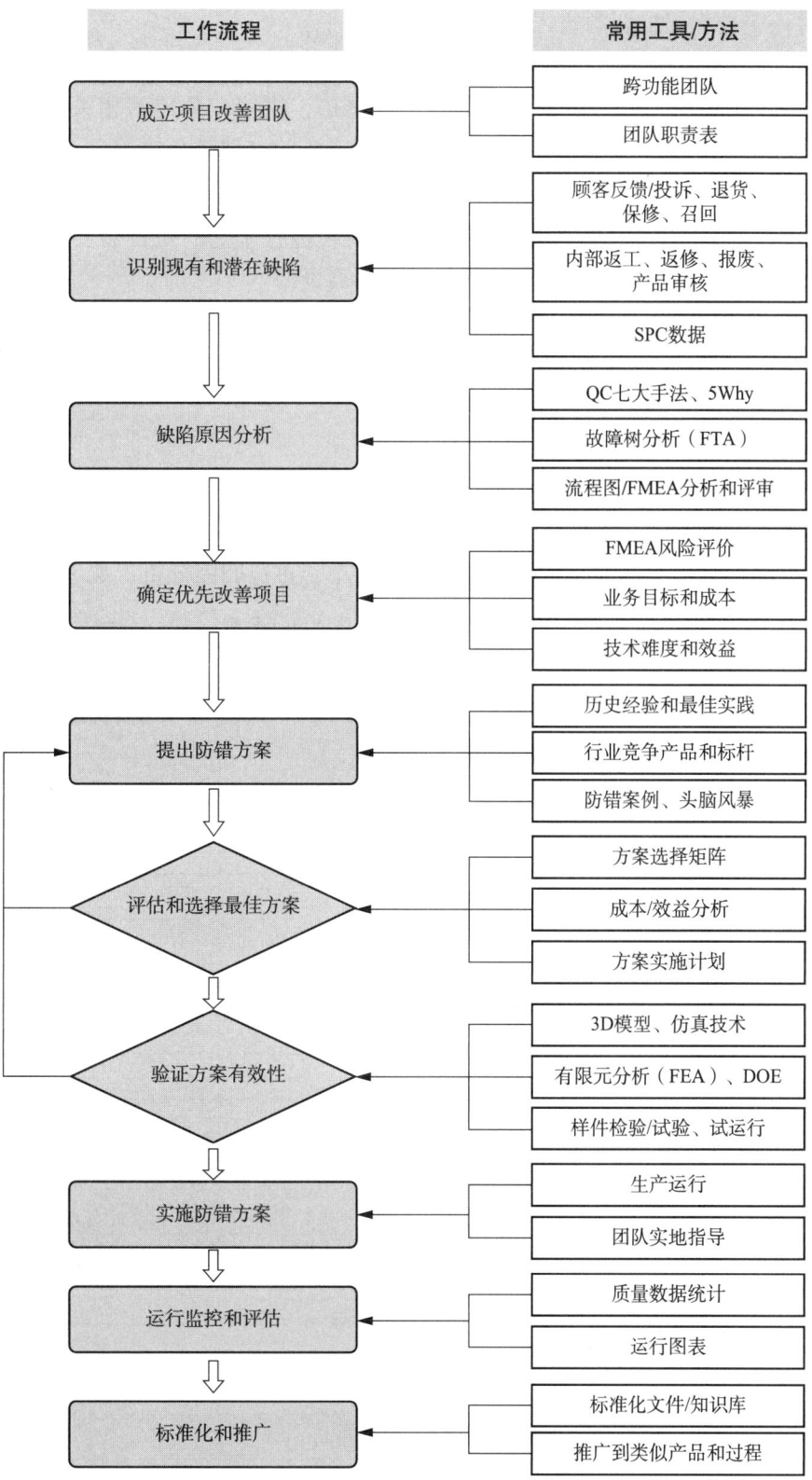

图 7-76 对现有过程和问题实施防错改善的工作流程

二、对现有过程和问题实施防错改善的工作方法

现有过程的防错改善被定义为针对当前生产的产品和过程所做的工作。为有效地和有效率地解决问题，我们应秉持以下的观念：

- 通过持续过程改善和防错，零缺陷是可以实现的；

- 防错并不需要大量的资源投入或很高的技术水平；
- 所有发生错误的场所和过程都可以考虑使用防错。

"工欲善其事，必先利其器"。在进行防错改善之前，组织或公司内相关人员的培训应该围绕防错的概念和应用进行，包括与防错相关的技术和方法的培训是必要的。

1. 成立项目改善团队

防错改善是一项多学科活动，影响整个产品的实现过程，它的执行需要很好的策划才能达到更好的效果。这个过程需要相当多的时间并耗费所需资源。

项目改善的成功依赖于跨功能团队的共同努力，团队成员包括但不限于来自设计、制造、装配、分析/试验、可靠性、材料、质量、设备等相关工程师和技术人员，并指定项目团队管理者，确定团队成员的职责和分工。

2. 识别现有和潜在缺陷

要解决问题，先要定义问题。

可从类似产品召回、产品审核、使用现场的退货和修理、客户退货、投诉、报废及返工/返修中已发生的失效收集信息，列出实际发生失效的清单，进行归因分析。如表7-13所示。

表7-13 类似产品失效信息清单（示例）

信息来源	失效模式	失效影响	归因分析	
			产品设计问题	过程问题
产品召回				
产品审核				
使用现场的退货和修理				
客户退货				
投诉				
报废				
返工/返修				

应收集与特殊特性相关的SPC数据（如果有的话），以便了解这些特性的过程能力和影响因素。

此外，还包括收集必要的质量绩效数据，如一次合格率（FTQ）、报废率、每百万零件的缺陷率（ppm）或每千辆汽车（IPTV）事故率等。

对收集的质量缺陷数据和损失成本进行归类统计，表7-14为示例。

表7-14 质量缺陷统计表（年度）

问题#	问题描述	发生次数	最后发生日期	每发生一次造成的损失
ICA-01	安装的错误配件	21	9月23日	540
CA-12	螺母松动/低于转矩	10	11月4日	950
CA-04	O形圈密封剪切/损坏	8	11月11日	1165
ICA-09	漏装弹簧	8	10月30日	457
ICA-15	处理不当，安装损坏	5	12月31日	3000
ICA-02	密封圈位置错误，错漏，或过大	5	12月4日	864
ICA-05	传感器损坏/破碎	4	11月11日	453

注：CA（外部）、ICA（内部）。

3. 缺陷原因分析

（1）实地调查确认

在分析缺陷原因之前，应对制造过程进行调查和确认，这些工作包括：

- 追溯缺陷的发现工序和产生工序；
- 确认缺陷产生工序的作业指导书；
- 确认实际作业过程与作业指导书之间的差异；
- 确认工序是否存在以下问题：

该工序是否在调整中？
该工序的作业工具或设备是否发生变更？
该工序的规格、参数和作业标准是否发生变化？
该工序是否存在部品相混？
该工序操作步骤是否太多？
该工序是否作业量不足？
该工序作业标准是否充分？
该工序作业是否平衡？
该工序是否堆积过多零部件？
该工序作业环境如何？
该工序生产节拍是否满足需求？

（2）缺陷原因分析

可利用诸如鱼骨图、五个为什么（5Why）方法、故障树分析（FTA）等工具进行缺陷原因分析。

鱼骨图可以从人、机、料、法、环、测6个因素去分析缺陷发生的原因，利用头脑风暴进行鱼骨图分析是一种发散思维，便于充分识别可能的原因。

5Why方法如剥笋般层层深入，找到根本原因。

故障树分析（FTA）可以对导致事故的各种原因和逻辑关系作出全面、形象地描述，从而使有关人员了解和掌握控制的要点和措施。

以上三种方法可以单独使用，也可以组合使用。

图 7-77 为鱼骨图（特性要因图）的一种参考格式。

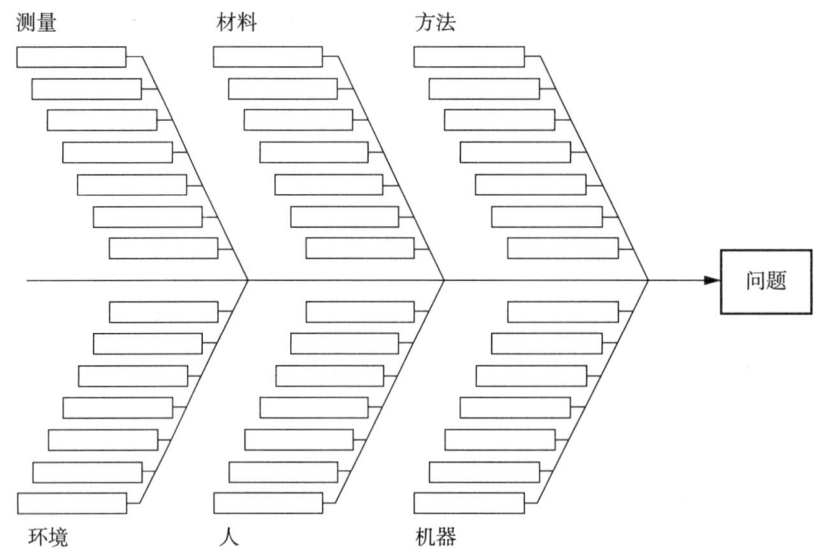

图 7-77　鱼骨图（特性要因图）的一种参考格式

图 7-78 为 5Why 方法参考格式。

5Why 要从"问题为何发生"及"问题为何未被探测到"两个方向展开分析。

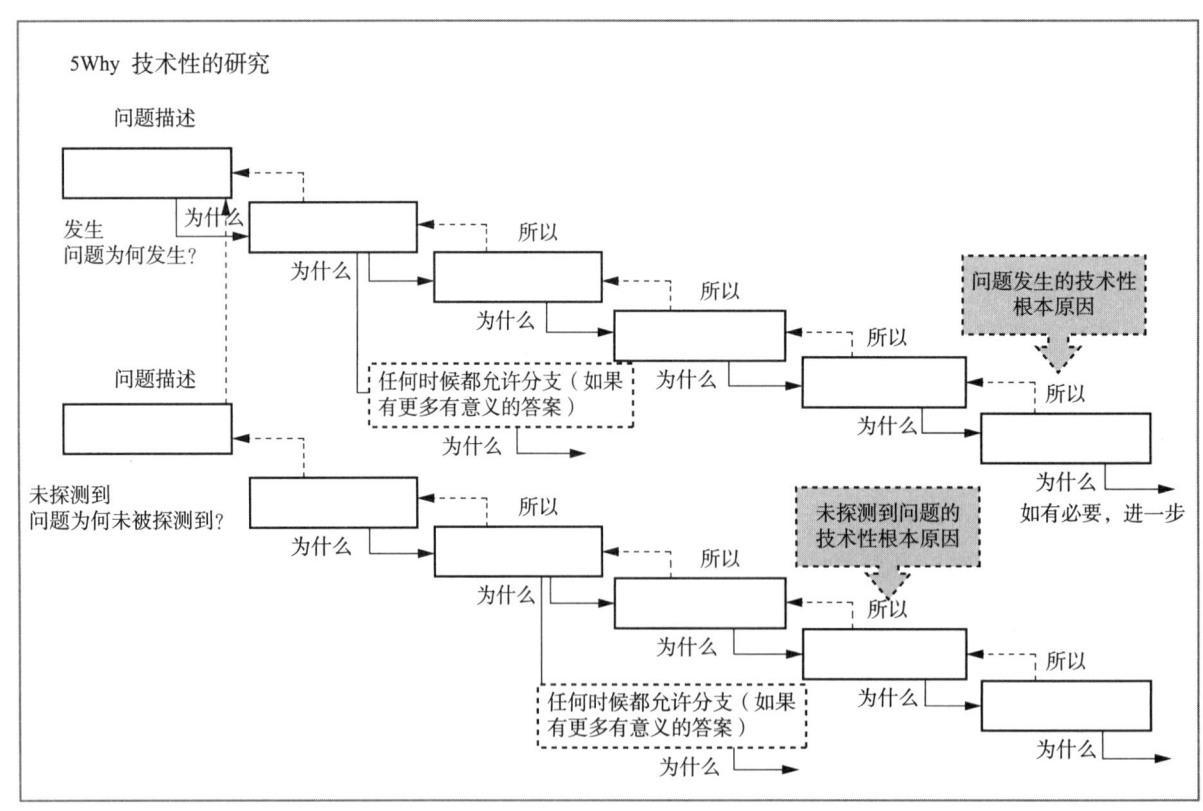

图 7-78　5Why 方法的一种参考格式

（3）FMEA 分析和评审

针对现有产品和制造过程，如果此前没有进行 FMEA 的话，此时应先进行 DFMEA 和 PFMEA，以便评价失效（缺陷）的风险和措施优先级。

如果已经有 FMEA 文件，则应根据上述缺陷及原因分析的结果评价现有 DFMEA 和 PFMEA

是否涵盖了这些失效,以及相应的预防控制和探测控制措施与现状是否相符,严重度、频度、探测度的等级评分是否合理,原FMEA文件中是否提出了优化的对策及对策是否已经落实。

在FMEA评审中,下面的几个问题值得关注:

- 故障对顾客的影响是什么?
- 导致的负面顾客影响的流程或产品的失效模式是什么?
- 缺陷产品交付给顾客了吗?如果是这样,在流程中,是哪个环节发生的?
- 过程中检测到缺陷了吗?如果在过程中没有检测到,为什么?
- 缺陷的根本原因是如何确定?如何证实?
- 处理问题的人能够解决这个问题吗?

对DFMEA和PFMEA重新评审的结果将为选择优先改善项目提供决策依据。

4. 确定优先改善项目

改善团队根据FMEA评价的优先级,并结合发生频次和每发生一次造成的损失,综合考虑后确定改善的问题顺序。

表7-15仅作为示例。

表7-15 综合评价后的改善项目顺序表

问题#	问题描述	发生次数	最后发生日期	每发生一次造成的损失/元	FMEA评价措施优先级	确定的改善顺序
ICA-15	处理不当,安装损坏	5	12月31日	3000	高(H)	1
ICA-01	安装错误配件	21	10月23日	540	高(H)	2
CA-04	O形圈密封剪切/损坏	8	11月11日	1165	高(H)	3
CA-12	螺母松动/低于转矩	10	11月4日	950	中(M)	4
ICA-02	密封圈位置错误、错漏,或过大	5	12月4日	864	中(M)	5
ICA-05	传感器损坏/破碎	4	11月11日	453	高(H)	6
ICA-09	漏装弹簧	8	10月30日	457	中(M)	7

5. 提出防错方案

团队应该制定出针对给定问题的防错方案清单、实施计划。制定防错方案时,可考虑:

- 参考同类问题防错的实例;
- 历史经验和最佳实践;
- 行业竞争产品或标杆;
- 了解该类问题进行防错的基本原则;
- 确定解决该问题最有用的几个原则;
- 确定几个可选择的防错方案。

6. 评估和选择最佳方案

团队应该评估每个潜在解决方案的优点,并选择那些最可行的方案。

在选择最可行的方案时,以下几方面可以作为参考条件采用:

- 成本;
- 迅速执行;
- 新技术;
- 复杂性;
- 100%有效;
- 存在类似的应用程序;

- 需要培训的程度；
- 维护/维护成本；
- 编程所需的水平；
- 可靠性；
- 收益、回报周期。

团队应该在选择的方案上达成共识。

7. 验证方案有效性

为确保防错方案的有效实施，在可能的情况下，应先验证或试用防错方案。

以下验证方法可以考虑：

- 3D 模型；
- 计算机仿真技术；
- 实验设计（DOE）；
- 实物模型；
- 样件试做；
- 实验室检测；
- 生产试运行；
- 其他。

不要苛求防错方案一次可以 100%解决问题，如果有 50%的有效性就值得尝试。

8. 实施防错方案

尽可能快地实施防错计划。在实施中要注意：

- 得到所有相关人员的承诺。鼓励大家说出自己的疑问，澄清相关问题，不要盲从。一旦取得共识，大家就要全力以赴，达成目标。
- 培训操作工使其熟悉装置的使用和对警报或停线的正确反应；
- 自始至终使用相同的人员、零件、设备和程序，以便减少差异，方便查找故障原因，尽量使方案能够完全消除缺陷。
- 检查方案实施过程是否满足周期时间的要求，生产成本是否增加，有没有新的问题出现等。
- 根据顾客的反馈来验证缺陷是否已经消除。
- 用"恶心的试验"来验证防误措施。"恶心的试验"就是故意制造一些错误以试验防错措施是否有效，可以缩短调试时间，使所采取的措施及时得到反馈。

9. 运行监控和评估

在生产运行中，应收集数据并与实施前比较：

- 操作工是距生产线最近的人，最适合填写实际运行记录的工作；
- IE 工程师进行实地评测；
- 质量工程师跟踪产品质量的变化。

不要急于结束改善团队的工作，改进小组还要定时召开会议，收集数据并且与实施前比较，检查缺陷是否已经消除且没有新的问题产生。

防错装置的验证：使用新的防错装置时，必须进行功能准确率的验证，预防差错。只有通过试生产或 PPAP 方式的验证，方可使用。

防错系统的验证应保证：

- 确认防错系统运转正常；

- 确认人为因素处于受控状态；
- 确保防错措施不会引起其他问题。

实际运行结果可以和预期的绩效目标比较，在这一步重要的是要客观和定量。

- 我们希望节省多少时间？实际节省了多少时间？
- 计划节约多少成本？实际节约了多少成本？
- 一次合格率改进了多少？措施是100%有效吗？

如果方案效果欠佳或不完善，寻求进一步的措施；在组织内公布结果，就防错问题进行沟通。图7-79为防错运行监控和评估流程。

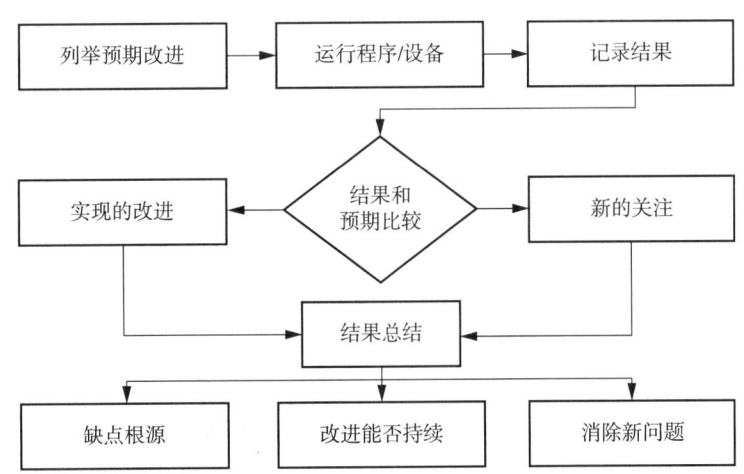

图7-79　防错运行监控和评估流程

10. 标准化和推广

对防错结果评审后，将前面的过程和结果进行总结、归档并补充数据库，探讨方案能否复制、推广至其他类似产品或/和生产线。

特别要强调的是改进工作的标准化，它包括：

- 为新的系统/装置建立文件、图纸；
- 更新现有文件，清理无用的文件；
- 重新评估现有的相关作业文件（包括操作、维护、检查等）并进行必要的修订。

防错推广的关键事项：

- 首先，需要成立一个由高层管理人员组成的指挥小组，以显示管理高层对项目的支持和承诺，并保证能够取得所需的资源。其次，需要成立一个推动小组，负责制定防错装置的实际引入计划和具体实施步骤，并将防错与"零缺陷"的战略目标结合起来。
- 制定培训方案，对相关人员进行防错理论和应用的培训与教育。根据防错的一般理论和方法，结合自己的生产工艺条件和已有的防错案例编写适合的防错培训教材。所有的操作工人、工程人员和管理人员都要经过防错概念和应用方面的培训。培训的目的是通过个人和团队的实践，将防错与日常工作相联系。
- 通过示范项目引入防错体系。示范项目引入使得特别是生产人员感受到防错带来便利和质量提升，从而将防错过程融入日常工作中，培养整个企业的防错意识，形成"零缺陷"文化。
- 防错装置数据库是防错技术实施的重要内容，不仅是以往成果积累的体现，更能为新的防错装置的设计和实施提供有效的参考，实现知识管理。建立的数据库可以按防错装置的功能、工具、产品类别以及安装工位等进行多维查询。

三、防错清单的建立

跨职能小组或改善项目团队通过 FMEA 分析和评价后定义需要设定防错的位置，建立过程防错清单，便于日常的防错装置验证和管理。

不同组织生产的产品和制造过程的复杂程度不同，所采用防错类型和防错活动的多少也不同，应列出所有的防错活动，建立防错清单。以下为示例。

示例1：工装防错清单（见表7-16）。

表7-16 工装防错清单

文件编号					编制		版本	A
序号	防错工装名称	对应夹具工装名称	对应夹具工装编号	个数	所属班组	图片说明（正常放置 / 错误放置）	防错/防漏说明	备注
1	核心件防反工装1	六向电动左侧角调上连接板总成	JY-NL-4-Q6D-7	2	焊接班组		核心件中间定位销设计偏心，放置核心件时正常放置就可以放下，放反就不能随形放下	
2	核心件防反工装2	六向电动右侧角调上连接板总成	JY-NL-4-Q6D-8	2	焊接班组		核心件中间定位销设计偏心，放置核心件时正常放置就可以放下，放反就不能随形放下	
3	头枕管防错工装	六向电动左前座椅靠背框管焊接总成	JY-NL-4-Q6D-2	2	焊接班组		头枕管分左右，工装设计凸台随形区分左右，如果放错，就不能随形放进工装	

示例2：设备感应防错清单（见表7-17）。

表7-17 设备感应防错清单

客户	024	产品料号	92581-1	项目编号	024-044	模具编号	024-044	产品类型	☑汽车 □电子件
序号	工序	防错基本工具类别	应用装置/过程（模具/设备/过程）	防错的目的或用途	防错方法与措施（可图文说明）	点检频率	点检方法	使用样件点检时有效期	点检部门	记录表单	备注
5	注塑/S3Y831-1-4机器人设计	设备感应、紧急停止线	检测探针报警器测试仪	防止产品电流导通测试无法通过	光电感应器	每班生产	生产时，电流导通测试OK，测试机显示PASS且绿色灯亮起，测试NG的话，测试机显示FAIL且红灯亮起，同时报警器红灯报警	不良品测试试作OK	生产单位	92581-1电测样品点检记录表	
6	注塑/S3Y831-1-4机器人设计	设备感应、紧急停止线	检测镶块报警器光电感应器	防止产品端子位置度测试无法通过	光电感应器	每班生产	生产时，产品端子位置度测试OK，灯不亮状态，测试NG，光电感应器红灯会亮起（静止状态感应器灯也是亮的）且报警器红灯报警	不良品测试试作OK	生产单位	92581-1电测样品点检记录表	
7	注塑/S3Y831-1-4机器人设计	设备感应、紧急停止线	检测等高棒报警器光电感应器	防止产品端子高低PIN无法测试通过	不良品箱	每班生产	生产时，产品高低PIN测试OK，产品会正常流向工作台，测试NG的话，产品会分流到不良品箱，同时报警器会红色灯亮起	不良品测试试作OK	生产单位	92581-1电测样品点检记录表	

注 Rev	制/修订日期	修改原因	修改内容	核准	审核	制定
A0		新制作	新制作			
A1		内部变更	修正记录表单			

示例3：组装车间防错清单（见表7-18）。

第七章 防错技术及应用

表7-18 组装车间防错清单

序号	产品	零件名称	零件编号	报警装置	检测内容	作用	验证方法	周期	示例
1	F18	左前车门外	3017301	F18左前车门外组装工装	左右混淆	组装及防止左右混淆	将工件放置到工装内验证（混淆零件不能放置到工装内）	100%验证	① F18车门外左右混淆后不能进行组装
2		右前车门外	3017302	F18右前车门外组装工装	左右混淆	组装及防止左右混淆	将工件放置到工装内验证（混淆零件不能放置到工装内）	100%验证	
3		左后车门外	3017304	F18左后车门外组装工装	左右混淆	组装及防止左右混淆	将工件放置到工装内验证（混淆零件不能放置到工装内）	100%验证	
4		右后车门外	3017303	F18右后车门外组装工装	左右混淆	组装及防止左右混淆	将工件放置到工装内验证（混淆零件不能放置到工装内）	100%验证	
5		左前车门框	3017283	F18左前车门框组卡子工装	左右混淆	组卡子及防止左右混淆	将工件放置到工装内验证（混淆零件不能放置到工装内）	100%验证	
6		右前车门框	3017281	F18右前车门框组卡子工装	左右混淆	组卡子及防止左右混淆	将工件放置到工装内验证（混淆零件不能放置到工装内）	100%验证	② F18车门框左右混淆不能进行组卡子
7		左后车门框	3017286	F18左后车门框组卡子工装	左右混淆	组卡子及防止左右混淆	将工件放置到工装内验证（混淆零件不能放置到工装内）	100%验证	
8		右后车门框	3017285	F18右后车门框组卡子工装	左右混淆	组卡子及防止左右混淆	将工件放置到工装内验证（混淆零件不能放置到工装内）	100%验证	
9		左顶盖	7233895-04	F18左顶盖组装工装	左右混淆	组装及防止左右混淆	将工件放置到工装内验证（混淆零件不能放置到工装内）	首件验证	
10		右顶盖	7233896-04	F18右顶盖组装工装	左右混淆	组装及防止左右混淆	将工件放置到工装内验证（混淆零件不能放置到工装内）	首件验证	
11	Y483	左前车门外	31253378	F18左前车门外检具	左右混淆	测量及防止左右混淆	将工件放置到工装内验证（混淆零件不能放置到应检具内）	首件验证	
12		右前车门外	31253379	F18右前车门外检具	左右混淆	测量及防止左右混淆	将工件放置到工装内验证（混淆零件不能放置到应检具内）	首件验证	
13		左后车门外	31250113	F18左后车门外检具	左右混淆	测量及防止左右混淆	将工件放置到工装内验证（混淆零件不能放置到应检具内）	首件验证	
14		右后车门外	31250114	F18右后车门外检具	左右混淆	测量及防止左右混淆	将工件放置到工装内验证（混淆零件不能放置到应检具内）	首件验证	
15		左前车门框	30784265	Y483左前车门框组卡子工装	左右混淆	组卡子及防止左右混淆	将工件放置到工装内验证（混淆零件不能放置到工装内）	100%验证	
16		右前车门框	30784266	Y483右前车门框组卡子工装	左右混淆	组卡子及防止左右混淆	将工件放置到工装内验证（混淆零件不能放置到工装内）	100%验证	
17		左后车门框	31250107	Y483左后车门框组卡子工装	左右混淆	组卡子及防止左右混淆	将工件放置到工装内验证（混淆零件不能放置到工装内）	100%验证	
18		右后车门框	31250108	Y483右后车门框组卡子工装	左右混淆	组卡子及防止左右混淆	将工件放置到工装内验证（混淆零件不能放置到工装内）	100%验证	
19	W77	左前车门框	8V5 837 643	W77左前车窗冲爪/组卡子工装	左右混淆	冲爪、组装及防止左右混淆	将工件放置到工装内验证（混淆零件不能放置到应检具内）	抽检验证	
20		右前车门框	8V5 837 644	W77右前车窗冲爪/组卡子工装	左右混淆	冲爪、组装及防止左右混淆	将工件放置到工装内验证（混淆零件不能放置到应检具内）	抽检验证	
21		左后车门框	8V5 839 643	W77左后车窗组卡子工装	左右混淆	组卡子及防止左右混淆	将工件放置到工装内验证（混淆零件不能放置到应检具内）	抽检验证	
22		右后车门框	8V5 839 644	W77右后车窗组卡子工装	左右混淆	组卡子及防止左右混淆	将工件放置到工装内验证（混淆零件不能放置到应检具内）	抽检验证	
23		左三角窗	8V5 853 345	W77左三角窗冲爪/组卡子/组装工装	左右混淆	冲爪、组装及防止左右混淆	将工件放置到工装内验证（混淆零件不能放置到应检具内）	100%验证	
24		右三角窗	8V5 853 346	W77右三角窗冲爪/组卡子/组装工装	左右混淆	冲爪、组装及防止左右混淆	将工件放置到工装内验证（混淆零件不能放置到应检具内）	100%验证	
25		左三角窗	8V4 853 345	W66左三角窗组卡子工装	左右混淆	组卡子及防止左右混淆	将工件放置到工装内验证（混淆零件不能放置到应检具内）	100%验证	
26		右三角窗	8V4 853 346	W66右三角窗组卡子工装	左右混淆	组卡子及防止左右混淆	将工件放置到工装内验证（混淆零件不能放置到应检具内）	100%验证	
27	W66	左侧梁	8V4 853 703A	W66左侧梁组装工装	左右混淆	组装及防止左右混淆	将工件放置到工装内验证（混淆零件不能放置到应检具内）	100%验证	
28		右侧梁	8V4 853 704A	W66右侧梁组装工装	左右混淆	组装及防止左右混淆	将工件放置到工装内验证（混淆零件不能放置到应检具内）	100%验证	

第六节　防错装置的验证和防错运行审核

一、防错装置验证

1. **什么是防错装置验证**

就是在使用前或按规定的频次，用一种简单的测试验证防错装置功能是否正常，是故意诱发一个错误来检验防错系统是否能识别出来。

在很多情况下，对防错装置的验证通常使用"特制合格品"或"特制不合格品"，也可能使用挑战件（标准件或特制件）。挑战件是指具有已知规范、经校准并且可追溯到标准的零件，其预期结果（通过或不通过）用于确认防错装置的功能性。图7-80是一个防错装置验证的例子。

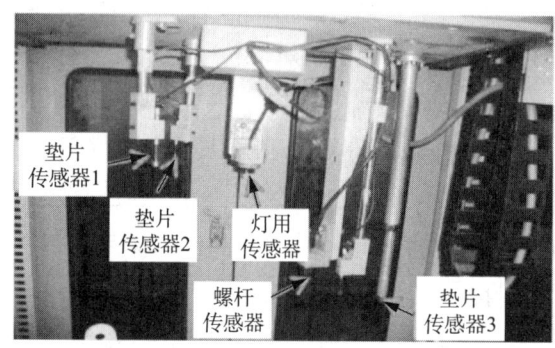

防错装置探测检查5个内容（5个失效模式）

目标测试样件（挑战件）上缺失所有5个内容

如果5个传感器都探测出缺失结果，则防错装置正常

图7-80　防错装置验证

对防错装置验证用的挑战件（标准件或特制件）必须特别标识、控制（存放位置、取用权限、保护和维护）、定期校准。

2. **防错装置验证的作用**

通过防错装置的验证达到以下目的：

- 确保防错/探测装置按照设定的功能正常工作；
- 防止不合格产品被制造或被传递；
- 为每个防错装置建立历史数据记录，表明何时需要进行预防性维护和维修；
- 为不合格品遏制/追溯提供有效的断点信息。

二、建立防错装置验证清单

1. 对防错装置验证的总体要求

- 跨职能小组通过 FMEA 进行分析和评价后定义需要设定防错的位置；
- 建立防错清单以及标注各位置；
- 防错验证的方法和频次应有清楚的文件化定义；
- 验证样件上有清楚的标识；
- 所有防错功能应按计划被检查（开机前、测试前）；
- 验证记录要保存（数据收集表）；
- 每一个防错装置都须配备应急计划并张贴在岗位上，以备不时之需；
- 团队成员必须了解应急计划，包括沟通程序、遏制流程、纠正措施、临时性检查方法，这些内容都应该清楚地记录在标准操作指导书中。

2. 建立防错装置验证清单

示例1：防错装置验证计划（见表7-19）。

表7-19 防错装置验证计划（示例）

防错装置名称	防错装置照片	防错机理	验证方法	验证人	验证时间	验证频率	反应措施
防错夹头（010）		根据坯料形状设计装夹方式	将防错样品（编号FY-7351-01）放到夹头中，如果顺利装入OK，否则NG	作业员	生产第一件零件前	每班一次	更换夹头
防错夹头（020）		根据坯料形状设计装夹方式	将防错样品（编号FY-7351-02）放到夹头中，如果顺利装入OK，否则NG	作业员	生产第一件零件前	每班一次	更换夹头
自动警示风鸣器		在电子称上添加风鸣器，当包装载重达到设定值时自动报警，以防少装料	1.设置零件单重和满箱时的数量 2.将装满零件的包装箱称重，能报警，说明装置OK，否则NG 3.取出1pc零件，不能报警，说明装置OK，否则NG	作业员	第二箱称重	每班一次	不自动控制报警，需及时修理风鸣器
断刀保护器		在设备上添加断刀保护器，防止刀具断后影响加工的工件	1.安装一把断掉的刀具，自动空车运行程式，如果红灯亮，报警系统OK；反之则NG	技术员	生产第一件零件前	每班一次	立即请设备维护员检查设备

示例2：防错清单及定期验证计划（见表7-20）。

表 7-20 防错清单及定期验证计划（示例）

序号	所属工段	工位	防错内容	防错方法	防错结果	纠正方法	防错验证方法	验证责任区域 生产	验证责任区域 维修	验证时机/频次	验证班次
13	G4	DSO50	D06&D16外侧围防错	传感器探测防错	升降机无法上升，且报警	查看实际零件	安装错误的零件后得到预期防错效果	√		开班前1次 每隔4小时1次	每班
14	G4	FO110	D06&16Brace防错	通过扫描条码信息与实际零件比较	雪橇无法运行，且HMI报警	检查条码与跟车单无误后更换正确Brace	安装错误的零件后得到预期防错效果	√		开班前1次 每隔4小时1次	每班
15	G4	FO120	D06&16车顶防错	通过扫描条码信息与实际天窗作比较	雪橇无法运行，且HMI报警	检查条码与跟车单无误后更换正确车顶	安装错误的零件后得到预期防错效果	√		开班前1次 每隔4小时1次	每班
16	G4	FO90	车顶涂胶防错	通过拍照信息与实际车型作比较	雪橇无法运行，且HMI报警	确认涂胶状态，如有问题补胶后恢复自动	实际涂胶状态与采样标准对比不一致后得到预期防错效果		√	开班前1次 每隔4小时1次	每班
17	G4	ESO010L/R	装错零件	机械防错	错误零件无法安装	更换错误零件	安装错误的零件后得到预期防错效果	√		开班前1次 每隔4小时1次	每班
18	G4	ESO025L/R	ECAR外侧围防错	机械防错	错误零件无法安装	更换错误零件	安装错误的零件后得到预期防错效果	√		开班前1次 每隔4小时1次	每班

三、防错装置验证的作业流程

防错装置按以下作业流程执行验证（见图7-81）。

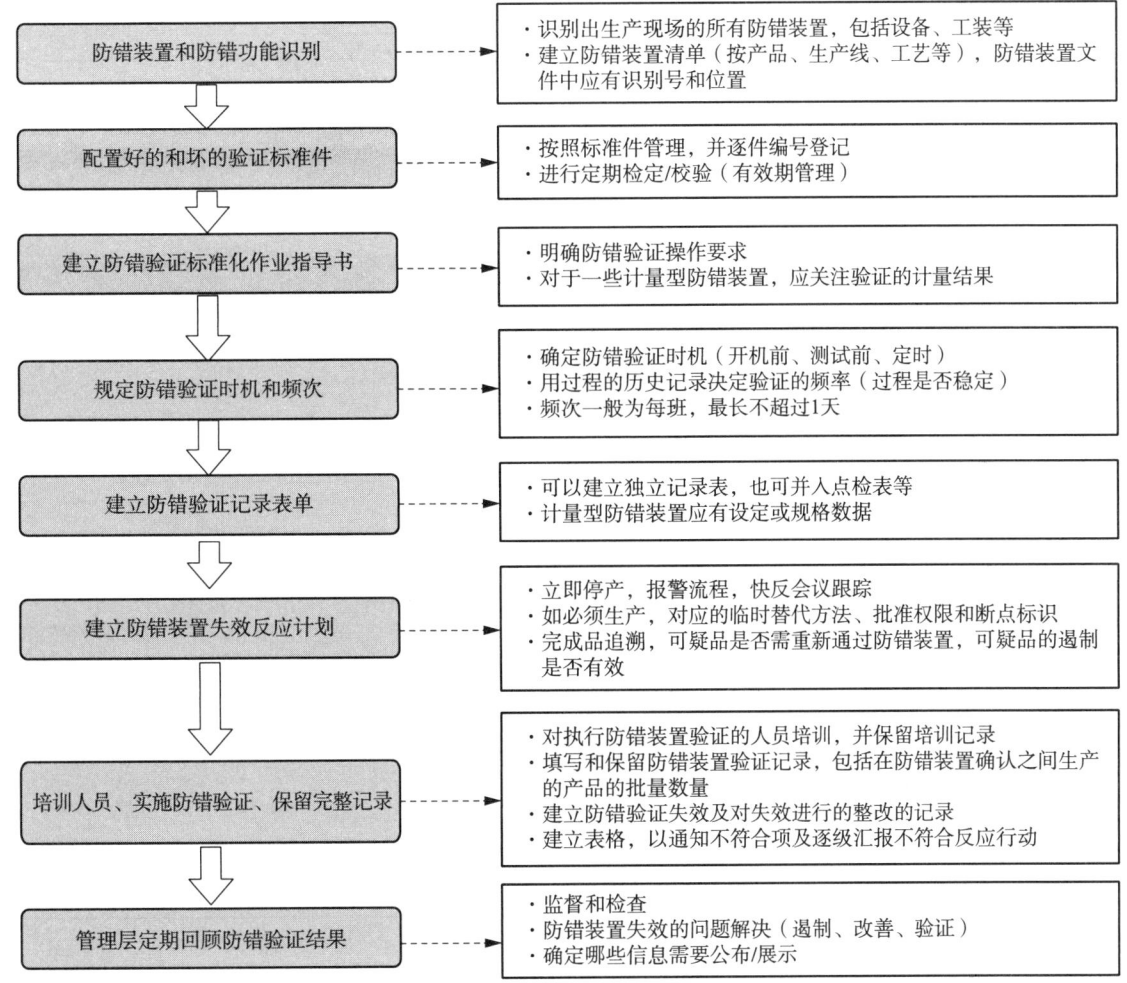

图 7-81 防错装置验证作业流程

注意防错验证与校准的区别：

防错验证是分别将一个已知好的和一个已知坏的（尽可能接近极限）零件，分别通过防错装置，看防错装置是否能准确地识别，来确认防错装置功能是否有效；验证频次至少每天1次。

校准是使用高于检测设备/量具精度的标准件（如量块等），确认设备/量具是否满足计量规范或设定的测量精度要求；校准周期大部分为一个月至一年做一次。

防错验证注意事项：

- 是否是完整的闭环的防错功能；
- 防错报警的有效处置；
- 发现防错装置失效后，遏制的完整性；如应用遏制表，合格/不合格实物核对，数量核对，确保有效追溯、遏制；
- 防错装置不仅仅指设备或探测仪，一个简单的销子可能就是一个防错装置；防错装置不分大小、不分繁简、不分贵贱。

四、防错装置验证作业指导书和验证记录

1. 防错装置验证作业指导书

防错装置验证比较简单的情况可以在防错装置验证计划中表述；如果防错装置验证活动比

较复杂，可以建立单独的防错验证作业指导书。以下为示例（见表7-21）。

表7-21 防错验证作业指导书（示例）

防错验证作业指导书						编 号	
工序大号	400	工序名称	装配	所在区域	装配	适用分公司	
工步号	5	工步名称	防错	产品/设备名称	保险杠总成	共 1 页 第 1 页	
要素名称	质量检查：Q	环境：E	安全：S	关键产品特性：KPC		关键过程特性：KCC	
步骤	标准化作业描述			要素	节拍	要点	附图
1	前保肾形格栅分为三种配置：有银色烫印的X-line，中间有凹槽的S-line，无烫印无凹槽的基本型						
2	前保冲孔机通过在肾型格栅背面贴带色标签区分三种配置：基本型背面贴黄标签，豪华型背面贴绿标签，运动型背面不贴标签			KPC			
3	前保冲孔机肾形格栅防错验证：扫描一种配置的装配单，用另两种肾形格栅进行装配后，查看焊机是否继续运行冲孔，循环测试一轮三种配置						
注意：防错功能故障时，装配班长报修给装配工程师并及时填写《防错验证看板》，装配工程师给出修理完成的时间节点。故障期间，在显示屏上把此检测功能强制关闭。生产时，装配操作工与质量检验工重点关注							此处用绿色显示应装肾形格栅配置
涉及零件及零件号	设备/工装/模具/检具/工具名称及编号			工位器具		涉及的记录表	
	前保冲孔机						
标记	处数	修订版号/描述		编制日期	标准化日期	审核日期	会签/日期

2. 防错装置验证记录

每个涉及防错的工位都必须有防错装置验证的记录，根据不同的验证方式，可以设计不同的记录表格形式。以下为参考示例。

示例1：仅作为验证合格、不合格结果的记录（见表7-22）。

表7-22 防错验证点检表（示例）

线别：	D2UB焊接线	操作工序号：	OP10
产品：	制动与油门踏板总成	操作名称：	BAS pin旋铆及打码
版本：	FNGC-PD-1020 Ver02	日期：	

序号	屏幕确认项目	1	2	3	4	5	6	7	8	9	10	11	12	13	14	15	16	17	18	19	20	21	22	23	24	25	26	27	28	29	30	31
		D N	D N	D N	D N	D N	D N	D N	D N	D N	D N	D N	D N	D N	D N	D N	D N	D N	D N	D N	D N	D N	D N	D N	D N	D N	D N	D N	D N	D N	D N	D N
1	RRM000	旋铆工位无PIN（L/1/I/18）																														
2		旋铆工位缺少零件（L/1/I/17）																														
3		旋铆工位缺少零件（L/1/I/16）																														
4	RRM001	打标工位零件上无PIN（L/1/I/22）																														
5	RRM002	没有检测到打标工位缺少零件（L/1/I/21）																														
操作员																																
线长																																

○ = 检查通过
× = 检查不通过
⊗ = 维修后通过

示例2：验证方法和验证结果的记录合并在一起（见表7-23）。

表7-23 防错验证记录（示例）

产品名称：××××　　产品图号：×××××××　　工序名称：××××××　　生产线：××××
防错装置名称：×××××××××××　　图号/规格型号：×××××××××××××

验证方法
若工件3个铸造孔全部通过3个防错销，工件销孔与工装定位销能顺利配合并卡紧；否则工件与工装发生干涉无法装夹，防错有效。如果3个铸造孔未全部通过防错销，工件与工装仍能顺利配合并装卡，则防错无效

验证频次	1次/班前
备选方案	无

防错图示

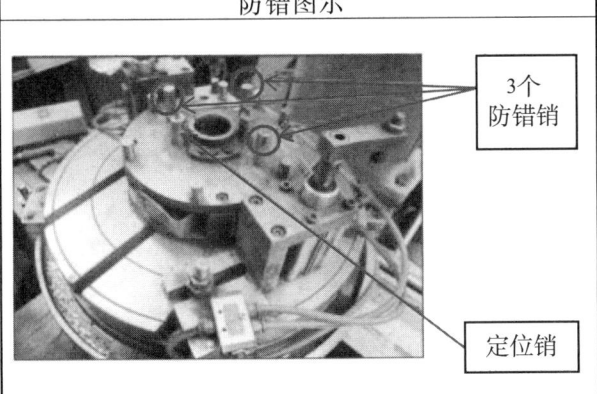

3个防错销

定位销

遏制方法
（1）如发现防错装置故障、失效或其他任何非正常现象，必须立即停止生产并通知班长、现场工程师 （2）现场工程师逐级上报，车间主任组织对产品进行100%遏制 （3）不符合要求项目的整改必须经过质量工程师的检查，或者将整改结果递交给质量工程师

反应措施
（1）操作者对故障或失效发生时间及问题描述进行记录 （2）车间负责对可疑品进行隔离并组织100%检查处理 （3）现场工程师组织对防错装置故障、失效问题加以解决或执行备用方案，故障、失效修复后退出备用方案 （4）如果在防错装置故障或失效的情况下还要继续生产，车间设专职检验员对所生产的产品100%检验，直到问题得以解决 （5）防错装置故障或失效解决后，现场工程师组织对恢复后的防错有效性进行再验证，验证有效后，现场工程师通知恢复生产并记录再验证结果

日期	班次					
	1班		2班		3班	
	操作者	验证结果	操作者	验证结果	操作者	验证结果
26						
27						
28						
29						
30						
31						
1						
2						
3						
4						
5						
6						
7						
8						
9						
10						
11						
12						
13						
14						
15						
16						
17						
18						
19						
20						
21						
22						
23						
24						
25						
全月Y与N的总数	Y			N		

防错装置故障/失效记录						
（操作者填写）			（现场工程师填写）			
序号	故障发生时间	操作者	解决措施	恢复时间	验证结果	签字

填写说明：
验证结果：防错验证有效，填写"Y"；防错验证失效，填写"N"；因休息、停产等原因无需验证，则填"NA"。

五、防错装置验证状态的标识

防错装置验证的完成情况应被记录并展示在工位上,防错装置的验证状态应被所有人清楚地看到。

图 7-82 为防错装置标识牌,绿色为正面,红色为反面,验证状态通过为绿色,不通过为红色。

  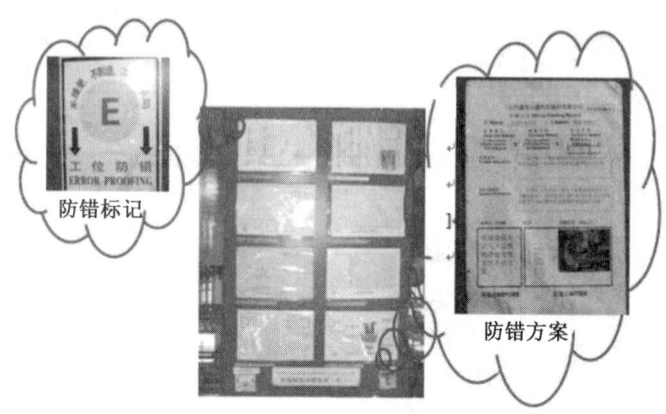

图 7-82 防错验证状态的标识牌　　　　图 7-83 防错工位看板可视化

在有防错的工位可以设置看板可视化,包括防错工位标记、防错方案/原理、防错装置验证指导书、状态标识、验证记录等,如图 7-83 所示。

另外,可以在车间现场展示整个防错系统的运用情况,便于各层级人员学习和随时了解(见图 7-84)。

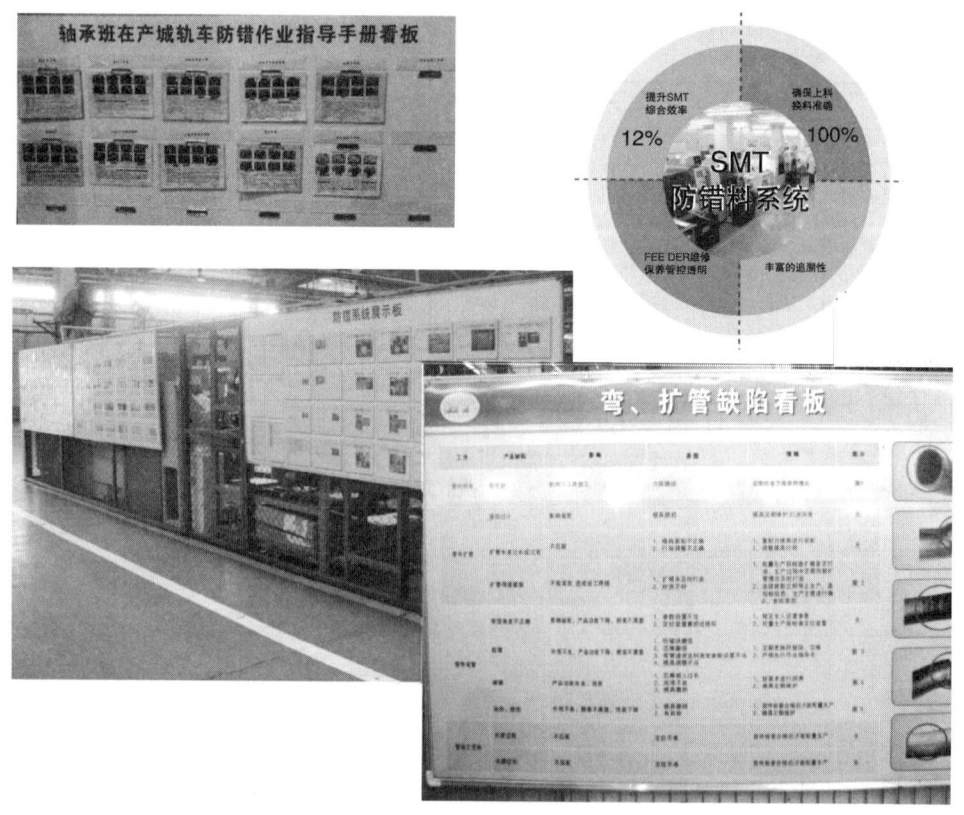

图 7-84 车间防错系统看板展示

六、防错运行审核

防错运行审核是确保整个防错系统能有效运行的手段，不同于防错装置的验证。防错装置验证是由操作者对防错装置是否正常的验证活动，而防错运行审核是由管理者或指定人员进行的。

通常，在新产品进行首次批量生产时，可由质量部门或公司规定的权责部门根据防错清单和控制计划中规定的控制方法对所有防错装置运行情况进行一次审核，确保各生产车间、各生产工位能有效地运行防错系统。

各组织可以策划和确定防错系统运行的审核周期和频次，比如质量部门负责每月一次审核，使用车间负责每周一次审核，使用班组负责每日一次审核，并编制防错运行检查表。如表7-24所示。

表7-24 班组每日防错运行检查表（示例）

工序#		以下项目必须每天检查	编号	YES	NO	问题描述
OP 30	4	在左/右卡环安装工装上不装卡环—工件是否被拒收？				
OP 30	5	灯柱上的红灯是否亮？（左&右）				
OP 30	6	被拒收的工件是否仍然在工作台内？（左&右）				
OP 30	7	按灯报警器是否响起？（左&右）				
OP 40	8	在小卡环安装工装上不装卡环—工件是否被拒收？				
	9	灯柱上的红灯是否亮？（小卡环）				
	10	被拒收的工件是否仍然在工作台内？（小卡环）				
	11	按灯报警器是否响起？（小卡环）				
	12	当手动确认工具上红色拒收灯亮起时，工件是否仍然在工位内？				
	13	是否可看到小卡环？				
	14	当小卡环安装工具出现故障，备份检具是否可用？				
	15	如果没有安装小卡环，备份检具是否可拒收工件？				
	16	红色指示灯是否亮？（小卡环备份安装工具）				
主管： _____			总计	YES	NO	
检查人： _____						

当标为黄色的项目不合格时，必须立即通知主管。
所有不符合项目必须由主管评审，或复印一份检查表交给主管。

在通用汽车的BIQS（通用对供应商制造系统的要求）中，BIQS-2是分层过程审核，其中防错运行是必须纳入分层过程审核的内容。表7-25是对某个工序分层审核的检查表。

表7-25 某个工序分层审核的检查表（示例）

工号30装配	星期一	星期二	星期三	星期四	星期五	星期六
操作人员是按要求通过工作指导书×××-Y在对零件轮流检查并标注记号吗？						
所有要求的尺寸检查结果都记录在ZZZZ-1表格里了吗？						
所有班次每天都把首件检验单做完了吗？						
所有报废的零件都依据TTT-3程序贴上标签了吗？						
每班次都进行防错确认并写成文件了吗？						

在年度策划的制造过程审核中，也应包括对防错系统运行的审核。

参考文献

[1]《质量管理体系 基础和术语》(GB/T 19000—2016/ISO 9000：2015)
[2]《质量管理体系 要求》(GB/T 19001—2016/ISO 9001：2015)
[3]《汽车质量管理体系标准》(IATF 16949：2016)(国际汽车推动小组，2016年10月)
[4]《潜在失效模式与后果分析(FMEA)》(美国汽车工业行动集团，2008年6月)
[5]《产品质量先期策划和控制计划(APQP & CP)》(美国汽车工业行动集团，2008年7月)
[6]《测量系统分析(MSA)》(美国汽车工业行动集团，2010年6月)
[7]《CQI-18有效防错指南》(美国汽车工业行动集团，2011年)
[8]《AIAG & VDA FMEA手册》(美国汽车工业行动集团、德国汽车工业联合会，2019年6月)
[9]《地面车辆标准SAE J1739 FMEA手册》(美国汽车工程师协会，2021年1月)